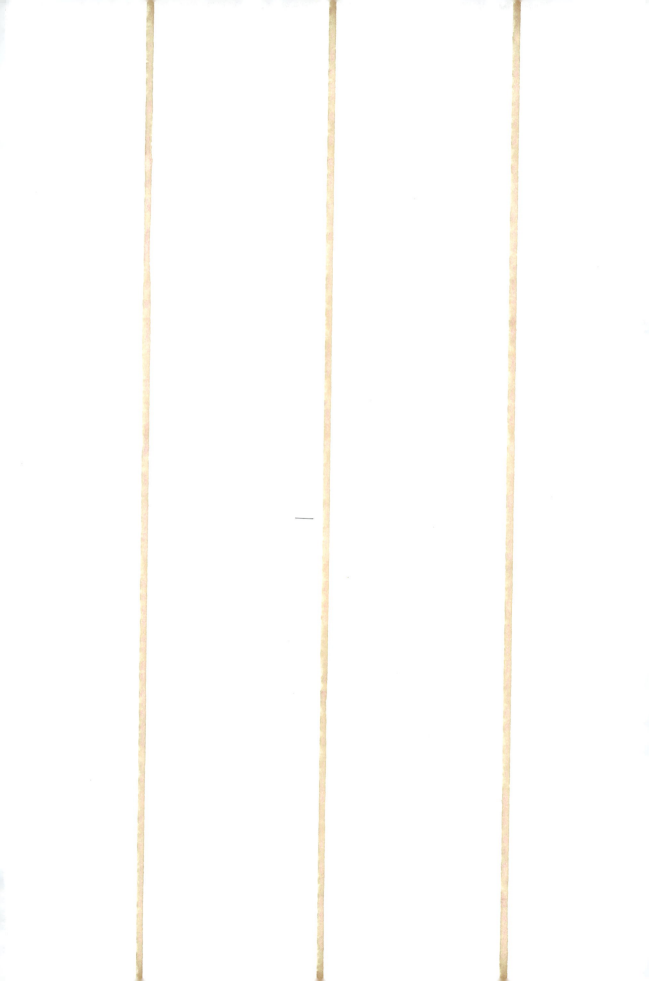

普通高等教育土建学科专业"十二五"规划教材
全国高职高专教育土建类专业教学指导委员会规划推荐教材

建筑法规概论
（第四版）

陈东佐　主　编
张鲁风　主　审

中国建筑工业出版社

图书在版编目（CIP）数据

建筑法规概论/陈东佐主编．—4 版．—北京：中国建筑工业出版社，2013.4

普通高等教育土建学科专业"十二五"规划教材．全国高职高专教育土建类专业教学指导委员会规划推荐教材

ISBN 978-7-112-14990-2

Ⅰ．①建⋯ Ⅱ．①陈⋯ Ⅲ．①建筑法-中国 Ⅳ．①D922.297

中国版本图书馆CIP数据核字（2013）第050888号

本书以市场经济法规为基础，根据《中华人民共和国建筑法》、《中华人民共和国合同法》、《中华人民共和国招标投标法》、《建设工程质量管理条例》、《建设工程勘察设计管理条例》、《建设工程安全生产管理条例》以及有关的部门规章、规范性文件，对建筑法律关系、建筑法律责任、建设用地、建筑工程许可、建筑工程发包与承包、建筑工程招标与投标、建设工程合同、工程建设监理、建筑安全生产、建筑工程质量管理、建设工程纠纷处理、建筑工程消防、建筑工程节能、建筑劳动合同、建设工程档案管理、建设工程环境保护、建设工程税收等建筑法律法规问题进行了较为系统的阐述。

本书可作为高职院校和应用型本科学校土建学科及相关专业的教材，也可作为建设系统机关工作人员、企事业单位管理人员、工程技术人员的学习参考用书。

* * *

责任编辑：朱首明 李 明
责任设计：陈 旭
责任校对：党 蕾 刘梦然

普通高等教育土建学科专业"十二五"规划教材
全国高职高专教育土建类专业教学指导委员会规划推荐教材

建筑法规概论
（第四版）

陈东佐 主 编
张鲁风 主 审

*

中国建筑工业出版社出版、发行（北京西郊百万庄）
各地新华书店、建筑书店经销
霸州市顺浩图文科技发展有限公司制版
北京建筑工业印刷厂印刷

*

开本：787×1092毫米 1/16 印张：22¾ 字数：525千字
2013年6月第四版 2016年7月第三十五次印刷
定价：43.00元（赠课件）
ISBN 978-7-112-14990-2
（23098）

版权所有 翻印必究
如有印装质量问题，可寄本社退换
（邮政编码 100037）

第四版前言

本教材的第三版于 2008 年 12 月由中国建筑工业出版社出版，是普通高等教育"十五"国家级规划教材之一。本书第四版是在第三版的基础上，依据高等学校土建学科教学指导委员会对人才培养目标的要求和《中华人民共和国建筑法》颁布以来的建筑法律、法规、规章以及相关的规范性文件修订而成。

第三版发行后，《中华人民共和国建筑法》进行了修订（2011 年 7 月 1 日）；国务院颁布了《中华人民共和国招标投标法实施条例》（2011 年 12 月 20 日）；住房和城乡建设部颁布了《房屋建筑和市政基础设施工程质量监督管理规定》（2010 年 8 月 1 日）和《房屋建筑工程和市政基础设施工程竣工验收备案管理办法》（2009 年 10 月 19 日）。因此本书第四版相关内容均按上述新发布（或修订）的法律法规进行改写。

同时，为了与全国注册建造师执业资格考试接轨，本书第四版的各章节也都作了针对性的修订。

本次修订的主要内容有：

第一章"绪论"取消了第四节"工程项目建设程序和立项决策阶段的法律制度"，增加了第五节"工程建设项目的'一书两证'制度和地震安全性评价制度"，第六节"建筑法律责任"。

第二章"建筑许可法规"取消了第一节"建筑工程报建制度"，增加了第四节"法律责任"。

第三章"建筑工程发包与承包法规"增加了第四节"法律责任"。

第四章"建筑工程招标投标法规"增加了第五节"法律责任"。

第五章"建设工程合同法规"取消了"建设工程合同的索赔"和"建设工程合同纠纷的解决"两节内容，增加了第七节"建设工程合同的担保"。

第六章"建设工程监理法规"增加了第四节"法律责任"。

第七章"建筑安全生产管理法规"增加了"建筑从业单位的安全生产保障"、"建筑从业人员安全生产的权利和义务"和"法律责任"三节内容。

第八章"建设工程质量管理法规"取消了第一节"建设工程质量标准化管理制度"，增加了"建设工程质量检测制度"、"建筑材料使用许可制度"、"住宅室内装饰装修质量管理制度"和"法律责任"四节内容。

第九章"建设工程纠纷处理法规"为新增加的一章。

第十章"有关工程建设的其他法规知识"增加了"标准化法规中与工程建设相关的内容"、"税收法规中与工程建设相关的内容"和"劳动法规中与工程建设相关的内容"三节内容。

取消了原来的第九章"建筑装饰装修法规"和第十一章"建筑法律责任"。

另外,为了使学生对所学知识能够及时消化理解、记忆掌握、灵活运用,本书第四版精心设计了复习思考题。复习思考题包括单项选择题、多项选择题和简答题,其中部分复习题选自2009年至2011年的全国注册建造师考试真题。

参加本书第四版修订工作的有:

运城职业技术学院陈东佐特聘教授(原太原大学教授)(第一章第一至第四节,第二、五、七、八、十章);太原大学姬慧教授(第三章,第四章第一至第四节);运城职业技术学院任晓菲副教授(第九章);山西同力达建设监理咨询有限公司潘雪桥高级工程师(第六章);山西北方建设工程招标代理中心朱晓钢高级工程师(第四章第五节);太原城市职业技术学院张建隽副教授(第一章第五节);中国铁道科学研究院陈源博士(第一章第六节)。全书由主编陈东佐教授统稿。

特别感谢张鲁风先生,对本书进行了认真细致的审阅,提出了非常宝贵和中肯的建设性的意见、建议。

本书的编写工作,参考了国内多本同类教材和相关文献,同时也得到了相关院校、相关单位以及中国建筑工业出版社的大力支持,在此一并致谢。

本书备有电子课件,需要者可与出版社 lm_bj@126.com 联系,或发电子邮件至 cdz999999@163.com。

由于成书时间仓促和编者水平所限,书中不足之处在所难免,敬请读者在使用过程中给予指正并提出宝贵意见。

第一版前言

随着我国改革开放的不断深入和社会主义市场经济制度的不断完善，建筑业作为国民经济的重要支柱产业得到了长足的发展。不断加强和完善法制建设是市场经济健康发展的重要保障。我国建筑业转入市场机制后，涉及建筑业的法律法规不断地出台和完善，特别是《中华人民共和国建筑法》、《中华人民共和国合同法》、《中华人民共和国招标投标法》、《建设工程质量管理条例》和《建设工程勘察设计管理条例》的发布实施，使得我国建筑业的法制建设出现了一个全新的局面。

在新的世纪里，特别是在中国加入 WTO 后，面对新的机遇和挑战，需要进一步用法律手段来规范建筑市场行为。为加强建筑业的法制建设，并配合高职院校土木工程类专业开设建筑法规课程的需要，我们编写了《建筑法规概论》一书。

本书以市场经济法律为基础，以《建筑法》、《招标投标法》、《合同法》和两个"管理条例"为主线，结合其他相关的法律、行政法规、规定、司法解释，特别是《建筑法》颁布以来的相应法规，对我国建筑法律制度作了简明而全面的论述性介绍，对违反建筑法律法规应负的法律责任也作了必要的阐述。为了强调重点和便于学生自学，在每章之后均附有复习思考题。因此，内容新颖，完整精练，实用性强是本书的特点。

由于学法、懂法、守法是每个公民的义务，学习建筑法规、掌握建筑法规、遵守建筑法规是每个从事建筑业及其相关领域的工作者应当具备的法律素质，因此，本教材也可作为相关领域人员的学习参考用书。

本书由陈东佐主编。全书内容共分九章，其中，第一、第二、第五、第七、第九章由陈东佐编写；第三、第四章由姬慧编写，第六、第八章由陈蓓编写。

本书由张学宏主审，谨此表示衷心感谢。

由于成书时间仓促和编者水平所限，因此，对书中的不妥之处，恳请读者在使用过程中给予指正并提出宝贵意见。

目 录

第一章　绪论 … 1
 第一节　建筑法规的表现形式和作用 … 2
 第二节　建筑法律关系 … 5
 第三节　《建筑法》概述 … 11
 第四节　建设用地法律制度 … 12
 第五节　工程建设项目的"一书两证"制度和地震安全性评价制度 … 19
 第六节　建筑法律责任 … 23
 复习思考题 … 30

第二章　建筑许可法规 … 33
 第一节　建筑工程施工许可 … 34
 第二节　从业单位资格许可 … 39
 第三节　专业技术人员执业资格许可 … 50
 第四节　法律责任 … 65
 复习思考题 … 67

第三章　建筑工程发包与承包法规 … 69
 第一节　建筑工程发包与承包的原则 … 70
 第二节　建筑工程发包 … 71
 第三节　建筑工程承包 … 73
 第四节　法律责任 … 79
 复习思考题 … 80

第四章　建筑工程招标投标法规 … 82
 第一节　建筑工程招标投标概述 … 83
 第二节　招标 … 87
 第三节　投标 … 97
 第四节　开标、评标和中标 … 102
 第五节　法律责任 … 111
 复习思考题 … 118

第五章 建设工程合同法规 ……………………………………………………… 122
第一节 建设工程合同的类型 …………………………………………………… 123
第二节 建设工程合同的订立 …………………………………………………… 124
第三节 建设工程合同的效力 …………………………………………………… 128
第四节 建设工程合同的履行 …………………………………………………… 137
第五节 建设工程合同的变更和解除 …………………………………………… 145
第六节 建设工程合同的违约责任 ……………………………………………… 148
第七节 建设工程合同的担保 …………………………………………………… 153
第八节 FIDIC《施工合同条件》简介 ………………………………………… 157
复习思考题 ………………………………………………………………………… 164

第六章 建设工程监理法规 ……………………………………………………… 167
第一节 建设工程监理概述 ……………………………………………………… 168
第二节 建设工程监理的实施 …………………………………………………… 169
第三节 建设工程监理合同 ……………………………………………………… 174
第四节 法律责任 ………………………………………………………………… 180
复习思考题 ………………………………………………………………………… 181

第七章 建筑安全生产管理法规 ………………………………………………… 183
第一节 建筑安全生产管理的方针和原则 ……………………………………… 184
第二节 建设工程安全生产的监督管理体制 …………………………………… 185
第三节 建筑从业单位的安全生产保障 ………………………………………… 187
第四节 建筑从业人员安全生产的权利和义务 ………………………………… 191
第五节 建设工程安全生产管理基本制度 ……………………………………… 192
第六节 建筑生产的安全责任体系 ……………………………………………… 197
第七节 建筑施工过程中的安全生产管理 ……………………………………… 204
第八节 生产安全事故的应急救援和调查处理 ………………………………… 208
第九节 法律责任 ………………………………………………………………… 214
复习思考题 ………………………………………………………………………… 223

第八章 建设工程质量管理法规 ………………………………………………… 227
第一节 建筑从业单位质量体系认证制度 ……………………………………… 228

目录

第二节　建设工程勘察设计质量管理制度 ⋯⋯⋯⋯⋯⋯⋯⋯⋯⋯⋯⋯⋯⋯⋯ 231
第三节　建设工程质量监督制度 ⋯⋯⋯⋯⋯⋯⋯⋯⋯⋯⋯⋯⋯⋯⋯⋯⋯⋯ 232
第四节　建设工程质量检测制度 ⋯⋯⋯⋯⋯⋯⋯⋯⋯⋯⋯⋯⋯⋯⋯⋯⋯⋯ 236
第五节　建筑材料使用许可制度 ⋯⋯⋯⋯⋯⋯⋯⋯⋯⋯⋯⋯⋯⋯⋯⋯⋯⋯ 237
第六节　建设工程质量责任制度 ⋯⋯⋯⋯⋯⋯⋯⋯⋯⋯⋯⋯⋯⋯⋯⋯⋯⋯ 237
第七节　建设工程竣工验收制度 ⋯⋯⋯⋯⋯⋯⋯⋯⋯⋯⋯⋯⋯⋯⋯⋯⋯⋯ 243
第八节　建设工程质量保修制度 ⋯⋯⋯⋯⋯⋯⋯⋯⋯⋯⋯⋯⋯⋯⋯⋯⋯⋯ 248
第九节　住宅室内装饰装修质量管理制度 ⋯⋯⋯⋯⋯⋯⋯⋯⋯⋯⋯⋯⋯⋯ 251
第十节　法律责任 ⋯⋯⋯⋯⋯⋯⋯⋯⋯⋯⋯⋯⋯⋯⋯⋯⋯⋯⋯⋯⋯⋯⋯⋯ 253
复习思考题 ⋯⋯⋯⋯⋯⋯⋯⋯⋯⋯⋯⋯⋯⋯⋯⋯⋯⋯⋯⋯⋯⋯⋯⋯⋯⋯⋯ 260

第九章　建设工程纠纷处理法规 263

第一节　和解和调解 ⋯⋯⋯⋯⋯⋯⋯⋯⋯⋯⋯⋯⋯⋯⋯⋯⋯⋯⋯⋯⋯⋯⋯ 264
第二节　仲裁 ⋯⋯⋯⋯⋯⋯⋯⋯⋯⋯⋯⋯⋯⋯⋯⋯⋯⋯⋯⋯⋯⋯⋯⋯⋯⋯ 266
第三节　民事诉讼 ⋯⋯⋯⋯⋯⋯⋯⋯⋯⋯⋯⋯⋯⋯⋯⋯⋯⋯⋯⋯⋯⋯⋯⋯ 273
第四节　行政复议和行政诉讼 ⋯⋯⋯⋯⋯⋯⋯⋯⋯⋯⋯⋯⋯⋯⋯⋯⋯⋯⋯ 283
第五节　证据的保全和应用 ⋯⋯⋯⋯⋯⋯⋯⋯⋯⋯⋯⋯⋯⋯⋯⋯⋯⋯⋯⋯ 288
第六节　建设工程施工合同纠纷案件的相关司法解释 ⋯⋯⋯⋯⋯⋯⋯⋯⋯ 293
复习思考题 ⋯⋯⋯⋯⋯⋯⋯⋯⋯⋯⋯⋯⋯⋯⋯⋯⋯⋯⋯⋯⋯⋯⋯⋯⋯⋯⋯ 300

第十章　有关工程建设的其他法规知识 304

第一节　标准化法规中与工程建设相关的内容 ⋯⋯⋯⋯⋯⋯⋯⋯⋯⋯⋯⋯ 305
第二节　环境保护法规中与工程建设相关的内容 ⋯⋯⋯⋯⋯⋯⋯⋯⋯⋯⋯ 309
第三节　消防法规中与工程建设相关的内容 ⋯⋯⋯⋯⋯⋯⋯⋯⋯⋯⋯⋯⋯ 318
第四节　节约能源法规中与工程建设相关的内容 ⋯⋯⋯⋯⋯⋯⋯⋯⋯⋯⋯ 320
第五节　档案法规中与工程建设相关的内容 ⋯⋯⋯⋯⋯⋯⋯⋯⋯⋯⋯⋯⋯ 326
第六节　税收法规中与工程建设相关的内容 ⋯⋯⋯⋯⋯⋯⋯⋯⋯⋯⋯⋯⋯ 331
第七节　劳动法规中与工程建设相关的内容 ⋯⋯⋯⋯⋯⋯⋯⋯⋯⋯⋯⋯⋯ 333
复习思考题 ⋯⋯⋯⋯⋯⋯⋯⋯⋯⋯⋯⋯⋯⋯⋯⋯⋯⋯⋯⋯⋯⋯⋯⋯⋯⋯⋯ 352

主要参考文献 356

第一章

绪 论

学习重点：建筑法规的表现形式和作用；建筑法律关系的构成；建筑法律关系的产生、变更和终止；《建筑法》确立的基本制度；建设项目的地震安全性评价制度；建设项目的一书两证制度；建设用地法律制度；行政处罚的类型；承担民事责任的方式；刑罚的类型；工程建设领域的犯罪构成。

建筑法规是指有立法权的国家机关制定的，旨在调整政府部门、企事业单位、社会团体、其他经济组织以及公民个人在建筑活动中相互之间所发生的各种社会关系的法律规范的总称。建筑活动是指各类房屋及其附属设施的建造和与其配套的线路、管道、设备的安装活动。

本章将分别阐明建筑法规的表现形式和作用、建筑法律关系、《建筑法》的立法宗旨、适用范围和调整对象、《建筑法》确立的基本法律制度、建设项目的地震安全性评价制度和一书两证制度、建设用地法律制度和建筑法律责任。

第一节 建筑法规的表现形式和作用

一、建筑法规的表现形式与效力

根据《中华人民共和国宪法》、《中华人民共和国立法法》以及有关规定，法的形式主要有：宪法，法律，行政法规，部门规章、地方性法规与规章，以及国际条约等。

1. 宪法

宪法是国家的根本大法，具有最高的法律地位和效力，任何其他法律、法规、自治条例和单行条例、规章都必须符合宪法的规定，而不得与之相抵触。

2. 法律

作为建筑法规表现形式的法律，是指行使国家立法权的全国人民代表大会及其常务委员会制定的规范性文件。其法律地位和效力仅次于宪法，在全国范围内具有普遍的约束力。如《中华人民共和国建筑法》、《中华人民共和国招标投标法》、《中华人民共和国安全生产法》等。还有国家正在积极制定的其他法律。

3. 行政法规

行政法规是指作为国家最高行政机关的国务院制定颁布的有关行政管理的规范性文件。行政法规在我国立法体制中具有重要地位，其效力低于宪法和法律，在全国范围内有效。行政法规的名称一般为"管理条例"，如《建设工程质量管理条例》、《建设工程勘察设计管理条例》、《建设工程安全生产管理条例》、《安全生产许可证条例》、《生产安全事故报告和调查处理条例》、《建设项目环境保护管理条例》、《物业管理条例》等。

4. 部门规章

部门规章是指国务院各部、委员会、中国人民银行、审计署和具有行政管理职能的直属机构，可以根据法律和国务院的行政法规、决定、命令，在本部门的权限范围内，制定规章。

部门规章的法律地位和效力低于宪法、法律和行政法规。例如，近几年由国家发展与改革委员会颁布的部门规章有《工程建设项目招标范围和规模标准规定》、《工程建设项目自行招标试行办法》、《招标公告发布暂行办法》等；建设部颁布的部门规章有《注册建造师管理规定》、《注册造价工程师管理办法》、《注册监理工程师管理规定》、《建筑业企业资质管理规定》、《建设工程勘察设计资质管理规定》、《工程监理企业资质管理规定》、《建筑业企业资质等级标准》等。

5. 地方性法规、地方政府规章、自治条例和单行条例

（1）地方性法规

地方性法规是指省、自治区、直辖市以及省级人民政府所在地的市、经济特区所在地的市和经国务院批准的较大的市（国务院1984年12月5日发文批准唐山市、大同市、包头市、大连市、鞍山市、抚顺市、吉林市、齐齐哈尔市、青岛市、无锡市、淮南市、洛阳市、重庆市13市，1988年3月5日批准宁波市，1992年7月25日批准邯郸市、本溪市、淄博市为较大的市）的人民代表大会以及常委会制定的，只在本行政区域内具有法律效力的规范性文件。如山西省人大常委会发布的《山西省建筑市场管理条例》，以及山东省人大常委会发布的《山东省城市房屋拆迁管理条例》、《山东省建设工程招标投标管理条例》等。

（2）地方政府规章

地方政府规章是指由省、自治区、直辖市以及省级人民政府所在地的市和经国务院批准的较大的市人民地方政府制定颁布的规范性文件，如《山西省建筑工程招标投标管理办法》、《山东省建设工程施工招标投标暂行规定》、《山东省关于外国建筑企业承包建设工程施工管理的暂行规定》等。

地方政府规章的法律地位和效力低于上级和本级的地方性法规；地方性法规与地方政府规章的法律地位和效力低于宪法、法律、行政法规，只能在本区域内有效。省、自治区的人民政府制定的规章的效力高于本行政区域内的较大的市的人民政府制定的规章。

部门规章之间、部门规章与地方性法规之间具有同等效力，在各自的权限范围内施行。

当部门规章与地方性法规对同一事项的规定不一致或不能确定如何适用时，由国务院提出意见。国务院认为应当适用地方性法规时，应当决定在该地方使用地方性法规的规定；认为应当适用部门规章时，应当提请全国人大常委会裁决。

当部门规章之间、部门规章与地方规章之间对同一事项的规定不一致时，由国务院裁决。

（3）自治条例和单行条例

民族自治条例和单行条例是指民族自治地方的人民代表大会依照当地民族的政治、经济和文化的特点，制定的自治条例和单行条例。自治区的自治条例和单行条例，报全国人民代表大会常务委员会批准后生效。自治州、自治县的自治条例和单行条例，报省、自治区、直辖市的人民代表大会常务委员会批准后生效。

自治条例和单行条例可以依照当地民族的特点，对法律和行政法规的规定作出变通规定，但不得违背法律或者行政法规的基本原则，不得对宪法和民族区域自治法的规定

以及其他有关法律、行政法规专门就民族自治地方所作的规定作出变通规定。

6. 最高人民法院司法解释规范性文件

最高人民法院对于法律的系统性解释文件和对法律适用的说明，对法院审判有约束力，具有法律规范的性质，在司法实践中具有重要的地位和作用。在民事领域，最高人民法院制定的司法解释文件有很多，例如：《关于贯彻执行〈中华人民共和国民法通则〉若干问题的意见（试行）》、《关于审理建设工程施工合同纠纷案件适用法律问题的解释》等。

7. 国际条约

国际条约是指我国作为国际法主体同外国缔结的双边、多边协议和其他具有条约、协定性质的文件，如《建筑业安全卫生公约》等。国际条约是我国法的一种形式。

我国现行的建筑法规主要是：1997年11月1日第八届全国人民代表大会常务委员会第二十八次会议通过，自1998年3月1日起施行的《中华人民共和国建筑法》（以下简称《建筑法》）；1999年8月30日第九届全国人民代表大会常务委员会第十一次会议通过，自2000年1月1日起施行的《中华人民共和国招标投标法》（以下简称《招标投标法》）；2000年1月10日国务院第25次常务会议通过，1月30日国务院第279号令发布施行的《建设工程质量管理条例》；2000年9月20日国务院第31次常务会议通过，9月25日国务院第293号令发布施行的《建设工程勘察设计管理条例》；以及2003年11月12日国务院第28次常务会议通过，11月24日国务院第393号令发布，自2004年2月1日起施行的《建设工程安全生产管理条例》。

二、建筑法规的作用

建筑业是与社会进步、国家强盛、民族兴衰紧密相连的一个行业。它所从事的生产活动，不仅为人类自身的生存发展提供一个最基本的物质环境，而且反映各个历史时期的社会面貌，反映各个地区、各个民族科学技术、社会经济和文化艺术的综合发展水平。建筑产品是人类精神文明发展史的一个重要标志。建筑业是跨越自然科学与社会科学之间的一个特殊产业部门。

在国民经济中，建筑业是一个重要的物质生产部门，建筑法规的作用就是保护、巩固和发展社会主义的经济基础，最大限度地满足人们日益增长的物质和文化生活的需要。具体来讲，建筑法规的作用主要有：规范指导建筑行为；保护合法建筑行为；处罚违法建筑行为。

（一）规范指导建筑行为

人们所进行的各种具体行为必须遵循一定的准则。只有在法律规定的范围内进行的行为才能得到国家的承认与保护，也才能实现行为人预期的目的。从事各种具体的建筑活动所应遵循的行为规范即建筑法律规范。建筑法规对人们建筑行为的规范性表现为：

1. 有些建筑行为必须做。如《建筑法》第五十八条规定的"建筑施工企业必须按照工程设计图纸和施工技术标准施工"，即为义务性的建筑行为规定。

2. 有些建筑行为禁止做。如《招标投标法》第三十二条规定的"投标人不得相互串通投标报价,不得排挤其他投标人的公平竞争,损害招标人或者其他投标人的合法权益。""投标人不得与招标人串通投标,损害国家利益、社会公共利益或者他人的合法权益。""禁止投标人以向招标人或者评标委员会成员行贿的手段谋取中标。"即为禁止性的建筑行为规定。

3. 授权某些建筑行为。即规定人们有权选择某种建筑行为。它既不禁止人们做出这种建筑行为,也不要求人们必须做出这种建筑行为,而是赋予了一个权利,做与不做都不违反法律,一切由当事人自己决定。如《建筑法》第二十四条规定的"建筑工程的发包单位可以将建筑工程的勘察、设计、施工、设备采购一并发包给一个工程总承包单位,也可以将建筑工程的勘察、设计、施工、设备采购的一项或者多项发包给一个工程总承包单位",就属于授权性的建筑行为。

正是由于有了上述法律的规定,建筑行为主体才明确了自己可以为、不得为和必须为的一定的建筑行为,并以此指导制约自己的行为,体现出建筑法规对具体建筑行为的规范和指导作用。

(二)保护合法建筑行为

建筑法规的作用不仅在于对建筑主体的行为加以规范和指导,还应对一切符合法规的建筑行为给予确认和保护。这种确认和保护一般是通过建筑法规的原则规定反映的。如《建筑法》第四条规定的"国家扶持建筑业的发展,支持建筑科学技术研究,提高房屋建筑设计水平,鼓励节约能源和保护环境,提倡采用先进技术、先进设备、先进工艺、新型建筑材料和现代管理方式。"第五条规定的"任何单位和个人都不得妨碍和阻挠依法进行的建筑活动。"即属于保护合法建筑行为的规定。

(三)处罚违法建筑行为

建筑法规要实现对建筑行为的规范和指导作用,必须对违法建筑行为给予应有的处罚。否则,建筑法规所确定的法律制度在实施过程中由于得不到强制性的法律保障,就会变成无实际意义的规范。因此,建筑法规都有对违法建筑行为的处罚规定。如《建筑法》第七十二条:"建设单位违反本法规定,要求建筑设计单位或者建筑施工企业违反建筑工程质量、安全标准,降低工程质量的,责令改正,可以处以罚款;构成犯罪的,依法追究刑事责任。"即属于处罚违法建筑行为的规定。

第二节 建筑法律关系

法律关系是指由法律规范所确定和调整的人与人或人与社会之间的权利义务关系。这里的"人",从法律意义讲,包括两种意义:一是指自然人,另一是指法人。

自然人是基于出生而成为民事法律关系主体的有生命的人。自然人包括公民、外国人和无国籍的人。自然人作为民事法律关系的主体应当具有相应的民事权利能力和民事行为能力。民事权利能力是法律规定民事主体享有民事权利和承担民事义务的资格，自然人的民事权利能力始于出生，终于死亡，是国家法律直接赋予的。而民事行为能力是指民事主体以自己的行为参与民事法律关系，从而取得享受民事权利和承担民事义务的资格。法律行为主体只有取得了相应的民事权利能力和行为能力以后作出的民事行为法律才能认可。

自然人民事行为能力的类型有三种：

（1）完全民事行为能力人。这类人能够依自己的意志进行活动，独立享有权利、承担义务和责任。完全民事行为能力人包括两种：①年满18周岁且智力与精神状态正常的成年人，可以独立进行民事活动，具有完全民事行为能力，可以独立进行民事活动，是完全民事行为能力人。②16周岁以上不满18周岁的公民，以自己的劳动收入为主要生活来源的，视为完全民事行为能力人。

（2）限制民事行为能力人。这类人能够在法律许可的范围内或者经法定代理人同意，独立进行民事活动。他们也包括两种：①10周岁以上的未成年人。这种人可以进行与他的年龄、智力相适应的民事活动。②不能完全辨认自己行为的精神病人。这种人可以进行与他的精神健康状况相适应的民事活动；其他民事活动由他的法定代理人代理，或者征得他的法定代理人的同意。

（3）无民事行为能力人。从理论上讲，这类人不能实施任何民事行为。他们也包括两种：①不满10周岁的未成年人。这种人由他的法定代理人代理民事活动。②不能辨认自己行为的精神病人。这种人也由他的法定代理人代理民事活动。不满10周岁的未成年人是无民事行为能力人，由他的法定代理人代理民事活动。

法人是具有民事权利能力和民事行为能力，依法独立享有民事权利和承担民事义务的组织。根据《民法通则》第三十七条的规定，法人应当具备4个条件：①依法成立；②有必要的财产和经费；③有自己的名称、组织机构和场所；④能够独立承担民事责任。

法人也具有行为能力，法人的民事行为能力是法律赋予法人独立进行民事活动的能力，其行为能力总是有限的，由其成立的宗旨和业务范围所决定。法人的行为能力始于法人的成立而止于法人的撤销。

人们在社会生活中结成各种社会关系，当某一社会关系为法律规范所调整并在这一关系的参与者之间形成一定权利义务关系时，即构成法律关系。因此，法律关系是诸多社会关系中的一种特殊社会关系。

建筑法律关系则是由建筑法规所确认和调整的，在建筑业管理和建筑活动过程中所产生的具有相关权利、义务内容的社会关系。它是建筑法规与建筑领域中各种活动发生联系的途径，建筑法规是通过建筑法律关系来实现其调整相关社会关系的目的。

建筑法律关系由建筑法律关系主体、建筑法律关系客体和建筑法律关系内容所构成。

一、建筑法律关系主体

建筑法律关系主体是指参加建筑业活动，受建筑法律规范调整，在法律上享有权利和承担义务的当事人,主要有自然人、法人和其他组织,它包括业主方、承包方、相关中介组织等。

(一)业主方

业主方可以是房地产开发公司,也可以是工厂、学校、医院,还可以是个人或各级政府委托的资产管理部门。在我国建筑市场上业主方一般被称之为建设单位或甲方。由于这些建设单位最终得到的是建筑产品的所有权,所以根据国际惯例,也可以称这些建筑工程的发包主体为业主。

业主方作为建筑活动的权利主体,是从可行性研究报告批准开始的。任何一个社会组织,当它的建设项目的可行性研究报告没有被批准之前,建设项目尚未被正式确认,它是不能以权利主体的资格参加工程建设的。当建设项目编有独立的总体设计并单独列入建设计划,获得国家批准时,这个社会组织方能成为建设单位,也才能以已经取得的法人资格及自己的名义对外进行经济活动和法律行为。

建设单位作为工程的需要方,是建设投资的支配者,也是工程建设的组织者和监督者。

(二)承包方

承包方是指有一定生产能力、机械设备、流动资金,具有承包工程建设任务的营业资格,在建筑市场中能够按照业主方的要求,提供不同形态的建筑产品,并最终得到相应工程价款的建筑企业。按照生产的主要形式,承包方主要有:勘察、设计单位,建筑安装施工企业,建筑装饰施工企业,混凝土构配件、非标准预制件等生产厂家,商品混凝土供应站,建筑机械租赁单位,以及专门提供建筑劳务的企业等。按照承包的方式,可以分为总承包企业、专业承包企业和劳务分包企业。在我国建筑市场上承包方一般被称为建筑企业或乙方,在国际工程承包中习惯被称为承包商。

(三)中介组织

作为建筑法律关系主体的中介组织和其他社会组织一般应为法人。中介组织是指具有相应的专业服务资质,在建筑市场中受发包方、承包方或政府管理机构的委托,对工程建设进行估算测量、咨询代理、建设监理等高智能服务,并取得服务费用的咨询服务机构和其他建设专业中介服务组织。在市场经济运行中,中介组织作为政府、市场、企业之间联系的纽带,具有政府行政管理不可替代的作用。而发达的市场中介组织又是市场体系成熟和市场经济发达的重要表现。从市场中介组织工作内容和作用来看,建筑市场中介组织可分为多种类型,如建筑业协会及其下属的设备安装、机械施工、装饰装修、产品厂商等专业分会,建设监理协会;为工程建设服务的专业会计师事务所、律师事务所、资产与资信评估机构、公证机构、合同纠纷的仲裁调解机构、招标代理机构、工程技术咨询公司、监理公司,质量检查、监督、认证机构,以及其他产品检测、鉴定机构等。

(四)自然人

自然人(包括本国公民、外国公民和无国籍人)作为建筑市场主体参与建筑活动近年来呈现日益增多的趋势。随着国家对建筑市场规范化管理的加强,要求建筑业从业人员具有相应的资格，如注册建筑师、注册建造师、注册监理工程师、注册房地产经纪人等，自然人参与建筑活动的范围将更加广泛。自然人同企业单位签订劳动合同时，即成为建筑法律关系的主体。

二、建筑法律关系客体

建筑法律关系客体是指建筑法律关系主体享有的权利和承担的义务所共同指向的事物。在通常情况下，建筑法律关系主体都是为了某一客体，彼此才设立一定的权利、义务，从而产生建筑法律关系，这里的权利、义务所指向的事物，便是建筑法律关系的客体。它既包括有形的产品——建筑物，也包括无形的产品——各种服务。客体凝聚着承包方的劳动，业主方则以投入资金的方式，来取得它的使用价值。在不同的生产交易阶段，建筑产品又表现为不同的形态。它可以是中介服务组织提供的咨询报告、咨询意见或其他服务；可以是勘察设计单位提供的设计方案、设计图纸和勘察报告；可以是生产厂家提供的混凝土构件、非标准预制件等产品；也可以是由施工企业提供的，一般也是最终的产品，即各种各样的建筑物、构筑物。

在法学理论上，一般将客体分为财、物、行为和非物质财富。建筑法律关系的客体也不外乎这四类：

1. 表现为财的客体。财一般指资金及各种有价证券。在建筑法律关系中表现为财的客体主要是建设资金，如固定资产投资贷款合同的标的，即一定数量的货币。

2. 表现为物的客体。法律意义上的物是指可为人们控制和支配的并具有经济价值的生产资料和消费资料。在建筑法律关系中表现为物的客体主要是建筑材料，如钢材、木材、水泥等，以及由其构成的建筑物，另外还有建筑机械等设备。某个具体固定资产投资项目即是建筑法律关系中的客体。

3. 表现为行为的客体。作为法律关系客体的行为是指义务人所要完成的能满足权利人要求的结果。这种结果表现为两种：物化的结果与非物化的结果。

物化的结果指的是义务人的行为凝结于一定的物体，产生一定的物化产品，例如，房屋、道路等建设工程项目。

非物化的结果即承担义务人的行为没有转化为物化实体，而仅表现为一定的行为过程，最终产生了权利人所期望的法律效果，例如，企业对员工的培训行为。

4. 表现为非物质财富的客体。法律意义上的非物质财富是指人们脑力劳动的成果或智力方面的创作也称智力成果，例如，文学作品就是这种智力成果，也称为精神产品。在建筑法律关系中，如果设计单位提供的具有创造性的设计图纸，该设计单位依法享有专有权，使用单位未经允许不能无偿使用。

三、建筑法律关系的内容

建筑法律关系的内容即是建筑法律关系的主体对他方享有的权利和负有的义务，这种内容要由相关的法律或合同来确定，它是联结主体的纽带，如开发权、所有权、经营权以及保证工程质量的经济义务和法律责任都是建筑法律关系的内容。

根据建筑法律关系主体地位不同，其权利义务关系表现为两种不同情况。一是基于主体双方地位平等基础上的对等的权利义务关系，二是在主体双方地位不平等基础上产生的不对等的权利义务关系，如政府有关部门对建设单位和施工企业依法进行的监督和管理活动所形成的法律关系。

我国建筑法规中大部分的规定都是建筑法律关系的内容。

四、建筑法律关系的产生、变更和终止

（一）建筑法律关系的产生

建筑法律关系的产生是指建筑法律关系的主体之间形成了一定的权利和义务关系。某建设单位与施工单位签订了建筑工程承包合同，主体双方产生了相应的权利和义务。此时，受建筑法规调整的建筑法律关系即告产生。

（二）建筑法律关系的变更

建筑法律关系的变更是指建筑法律关系的三个要素发生变化。

1. 主体变更

主体变更有两种表现形式：

（1）主体数目发生变化。主体数目发生变化表现为主体的数目增加或者减少，例如，总承包商将所承揽的工程进行了分包，就导致了主体数目的增加。

（2）主体的改变。主体改变也称为合同转让，由另一个新主体代替了原主体享有权利、承担义务。

2. 客体变更

客体变更是指建筑法律关系中权利义务所指向的事物发生变化。客体变更可以是其范围变更，也可以是其性质变更。

（1）客体范围的变更。客体范围的变更表现为客体的规模、数量发生了变化，例如，由于设计变更，将某分项工程的混凝土工程量由 $200m^3$ 增加到 $300m^3$。

（2）客体性质的变更。客体性质的变更表现为原有的客体已经不复存在，而由新的客体代替了原来的客体，例如，由于设计变更，将原合同中的小桥改成了涵洞。

3. 内容变更

建筑法律关系主体与客体的变更，必然导致相应的权利和义务的变更，即内容的变更。内容变更也有两种表现形式：

（1）权利增加。一方的权利增加，也就意味着另一方的义务的增加，例如，建设单位与施工单位之间经过协商修改了原合同，由施工单位提供工程师的办公场所。

（2）权利减少。一方的权利减少，也就意味着另一方义务的减少，例如，建设单位与施工单位之间经过协商约定，将原合同中的"定时支付工程款"修改为"达到一定的工程量后，支付工程款"，这就导致了施工单位请求工程款次数的权利减少。

（三）建筑法律关系的终止

建筑法律关系的终止是指建筑法律关系主体之间的权利义务不复存在，彼此丧失了约束力。建筑法律关系的终止可以分为自然终止、协议终止和违约终止。

1. 自然终止。建筑法律关系自然终止是指某类建筑法律关系所规范的权利义务顺利得到履行,取得了各自的利益,从而使该法律关系达到完结,例如,施工单位按时竣工,建设单位也依合同支付了工程款,他们的法律关系就终止了,这就是自然终止。

2. 协议终止。建筑法律关系协议终止是指建筑法律关系主体之间协商解除某类建筑法律关系规范的权利或义务,致使该法律关系归于消灭。

3. 违约终止。建筑法律关系违约终止是指建筑法律关系主体一方违约,或发生不可抗力,致使某类建筑法律关系规范的权利不能实现。协议终止有两种表现形式:

(1) 即时协商。这种协议终止是指当事人双方就终止法律关系事宜即时协商,达成了一致意见后终止了他们的法律关系。

(2) 约定终止条件。这种协议终止是指双方当事人在签订合同的时候就约定了终止的条件,当具备这个条件时,不需要与另一方当事人协商,一方当事人即可终止其法律关系。

(四) 建筑法律关系产生、变更和终止的原因

建筑法律关系并不是由建筑法律规范本身直接产生的,它只有在一定的情况下才能产生,而这种法律关系的变更和终止也是由一定的情况决定的。这种引起建筑法律关系产生、变更和终止的情况,即是人们通常所称谓的建筑法律事实。建筑法律事实是建筑法律关系产生、变更和解除的原因。

建筑法律事实按是否包含当事人的意志分为两类。

1. 事件

事件是指法律规范所规定的不以当事人的意志为转移的自然现象,如由于汶川地震导致某些工程延期,致使建筑安装合同不能履行。

事件产生大致有两种情况:

(1) 自然现象引起的,如地震、海啸、台风、水灾、火灾等;

(2) 社会现象引起的,如战争、政府禁令、暴乱、恐怖活动等。

2. 行为

行为是指人们有意识的活动,包括积极的作为和消极的不作为,都能引起法律关系的产生、变更或终止。行为通常表现为以下几种:

(1) 合法行为。合法行为是指实施了建筑法规所要求或允许做的行为,或者没有实施建筑法规所禁止做的行为。合法行为要受到法律的肯定和保护,产生积极的法律后果,如根据批准的可行性研究报告进行的初步设计的行为、依法签订建筑工程承包合同的行为等。

(2) 违法行为。违法行为是指受法律禁止的侵犯其他主体的建设权利和建设义务的行为。违法行为要受到法律的矫正和制裁,产生消极的法律后果,如违反法律规定或因过错不履行建设工程合同;没有国家批准的建设计划,擅自动工建设等行为。

(3) 行政行为。行政行为是指国家授权机关依法行使对建筑业管理权而发生法律后果的行为。如国家建设管理机关下达固定资产投资计划,监督执行工程项目建设程序的行为。

(4) 立法行为。立法行为是指国家机关在法定权限内通过规定的程序,制定、修改、废止建筑法律规范性文件的活动,如国家制定、颁布建筑法律、法规、条例、标准

定额等行为。

（5）司法行为。司法行为是指国家司法机关的法定职能活动。它包括各级检察机构所实施的法律监督，各级审判机构的审判、调解活动等，如人民法院对建筑工程纠纷案件作出判决的行为。

第三节 《建筑法》概述

广义的建筑法，是指调整建筑活动的法律规范的总称。狭义的建筑法是1997年11月1日第八届全国人民代表大会常务委员会第二十八次会议通过的《中华人民共和国建筑法》，自1998年3月1日起实施。2011年4月22日第十一届全国人民代表大会常务委员会第二十次会议作出了《关于修改〈中华人民共和国建筑法〉的决定》，修订后的《建筑法》，自2011年7月1日起施行。

《建筑法》是我国第一次以法律的形式规范建筑活动的行为，它的公布，确立了我国建筑活动的基本法律制度，标志着我国建筑活动开始纳入依法管理的轨道；它的施行，对加强对建筑活动的监督管理，维护建筑市场秩序，保证建筑工程的质量和安全，促进建筑业健康发展，保护建筑活动当事人的合法权益，具有重要的意义。《建筑法》共8章，85条。它以规范建筑市场行为为出发点，以建筑工程质量和安全为主线，内容包括：总则、建筑许可、建筑工程发包与承包、建筑工程监理、建筑安全生产管理、建筑工程质量管理、法律责任、附则等，并确定了建筑活动中的一些基本法律制度。

一、《建筑法》的立法宗旨、适用范围和调整对象

（一）《建筑法》的立法宗旨

任何一项法律制度或者政策性措施的出台，都有着它的一定目的，这就是所谓的立法宗旨。《建筑法》也不例外，《建筑法》第一条规定："为了加强对建筑活动的监督管理，维护建筑市场秩序，保证建筑工程的质量和安全，促进建筑业健康发展，制定本法。"此条即规定了《建筑法》的立法宗旨。

（二）《建筑法》的适用范围

法律适用范围是指法律的效力范围，包括法律的时间效力，即法律从什么时候开始发生效力和什么时候失效；法律的空间效力，即法律适用的地域范围；以及法律对人的效力，即法律对什么人（指具有法律关系主体资格的自然人、法人和其他组织）适用。

1. 关于《建筑法》的时间效力问题。《建筑法》的第八十五条作了规定："本法自1998年3月1日起施行。"

2. 关于《建筑法》的空间效力问题，即《建筑法》适用的地域范围，是中华人民共和国境内，也就是中华人民共和国主权所及的全部领域内。法律空间效力的普遍原则，是适用于制定它的机关所管辖的全部领域。当然，按照我国香港、澳门两个特别行

政区基本法的规定，只有列入这两个基本法附件的全国性法律，才能在这两个特别行政区适用。《建筑法》没有被列入两个基本法的附件中，因此，《建筑法》不适用于我国已恢复行使主权的香港特别行政区和澳门特别行政区。香港和澳门的建筑立法，应由这两个特别行政区的立法机关自行制定。

3. 关于《建筑法》对人的效力问题。《建筑法》适用的主体范围是一切从事建筑活动的主体和各级依法负有对建筑活动实施监督管理的政府机关。

（三）《建筑法》的调整对象

《建筑法》的第二条对适用该法规定的建筑活动的范围作了限定，即适用《建筑法》的建筑活动的范围是各类房屋建筑及其附属设施的建造和与其配套的线路、管道、设备的安装活动。

此外，根据《建筑法》第八十一条的规定，《建筑法》中关于施工许可、建筑施工企业资质审查和建筑工程发包、承包、禁止转包，以及建筑工程监理、建筑工程安全和质量管理的规定，适用于其他专业建筑工程的建筑活动，具体办法由国务院规定。

根据《建筑法》第八十三条的规定，省、自治区、直辖市人民政府确定的小型房屋建筑工程的建筑活动不直接适用《建筑法》，而是参照适用。依照法律规定作为文物保护的纪念建筑物和古建筑等的修缮，按照文物保护的有关法律规定执行。抢险救灾及其他临时性房屋建筑和农民自建低层住宅的建筑活动，不适用《建筑法》。

根据《建筑法》第八十四条的规定，军用房屋建筑工程建筑活动的具体管理办法，由国务院、中央军委依据《建筑法》制定。

二、《建筑法》确立的基本制度

《建筑法》是一部规范建筑活动的重要法律。它以规范建筑市场行为为起点，以建筑工程质量和安全为重点，确立了建筑活动的一些基本制度，主要有：

1. 建筑许可制度；
2. 建筑工程发包与承包制度；
3. 建设工程监理制度；
4. 建筑安全生产管理制度；
5. 建筑工程质量监督制度。

第四节 建设用地法律制度

一、建设用地的概念

建设用地包括土地利用总体规划中已确定的建设用地和因经济和社会发展的需要，

由规划中的非建设用地转成的建设用地。前者称为规划内建设用地，后者则可称为规划外建设用地。

(一) 规划内建设用地

土地利用总体规划内的建设用地，可用于进行工程项目建设。我国土地分属国家和农民集体所有，所以又有国家所有的建设用地和农民集体所有的建设用地。

《土地管理法》和《土地管理法实施条例》规定：

1. 农民集体所有的建设用地只可用于村民住宅建设、乡镇企业建设和乡（镇）村公共设施及公益事业建设等与农业有关的乡村建设，不得出让、转让或出租给他人用于非农业建设。非农业建设确需占用农民集体所有的土地时，必须先由国家将所需土地征为国有，再依法交由用地者使用。

2. 对于规划为建设用地，而现在实为农用地的土地，在土地利用总体规划确定的建设用地规模范围内，由原批准土地利用总体规划的机关审批，按土地利用年度计划，分批次将农用地批转为建设用地。在为实施城市规划而占用土地时，必须先由市县人民政府按土地利用年度计划拟订农用地转用方案，补充耕地方案、征用土地方案，分批次上报给有批准权的人民政府，由其土地行政主管部门先行审查，提出意见，再经其批准后，方可实施。为实施村庄集镇规划而占用土地的，也需按上述规定报批，但报批方案中没有征用土地方案。在已批准的农用地转为建设用地的范围内，具体建设项目用地可由市、县人民政府批准。

3. 具体建设项目需占用国有城市建设用地的，其可行性论证中的用地事项，须交土地行政主管部门审查并出具预审报告；其可行性报告报批时，必须附具该预审报告。在项目批准后，建设单位需持有关批准文件，向市、县人民政府土地行政主管部门提出用地申请，由该土地行政主管部门审查通过后，再拟订供地方案，报市县人民政府批准，然后由市县人民政府向建设单位颁发建设用地批准书。

(二) 规划外建设用地

土地利用总体规划中，除建设用地外，土地还分为农用地和未利用土地。将国有未利用土地转为建设用地，按各省、自治区、直辖市的相关规定办理，但国家重点建设项目、军事设施和跨省、自治区、直辖市的建设项目以及国务院规定的其他建设项目用地，需要报国务院批准。但将农用地转为建设用地，对于耕地稀缺的我国来说，就会严重影响国民经济的发展和社会的稳定，也与我国切实保护耕地的基本国策不符。因此，《土地管理法》对此作了严格的限制，也规定了严格的审批程序。

二、农用地转用审批制度

严格控制农用地转为建设用地，是土地用途管制的基本要求。为此，《土地管理法》设立了农用地转用审批制度。《土地管理法》第四十四条规定："建设占用土地，涉及农用地转为建设用地的，应当办理农用地转用审批手续。"设立此项制度的目的，主要是为了防止用地者随意将耕地转为建设用地，或者将耕地转为其他农用地后再转为建设用地，以有效地保护我们的生命线——耕地。

农用地转为建设用地,原则上采取国务院和省、自治区、直辖市人民政府两级审批:

1. 国务院批准的建设项目、省级人民政府批准的道路、管线工程和大型基础设施建设项目,涉及农用地转为建设用地的,由国务院批准;

2. 其他建设项目,涉及农用地转为建设用地的,由省、自治区、直辖市人民政府批准。

三、土地征收制度

(一)土地征收的概念和特征

随着国民经济的发展和社会进步的需要,一些原属于某些农民集体所有的土地要用于基础设施建设和社会公益事业。所以,《土地管理法》规定,国家为公共利益需要,可以依法对土地实行征收或者征用并给予补偿。为了防止滥征土地和保护农民集体的利益,《土地管理法》对征收土地的审批程序及补偿办法作出了具体规定。

土地征收属于国家或政府行为,具有以下特征:①土地征收权由代表国家的政府享有;②土地征收权的行使不需要征得土地所有人的同意;③土地征收权只能为公共利益的需要而行使;④征收土地必须给予原所有人以公平补偿。

(二)征收土地的审批

1. 下列土地的征收必须报经国务院批准:

(1)基本农田。具体包括:①经国务院有关主管部门或者县级以上地方人民政府批准确定的粮、棉、油生产基地内的耕地;②有良好的水利与水土保持设施的耕地,正在实施改造计划及可以改造的中、低产田;③蔬菜生产基地;④农业科研、教学试验田;⑤国务院规定应当划入基本农田保护区的其他耕地;

(2)基本农田以外的耕地超过35公顷的;

(3)其他土地耕地超过70公顷的。

2. 征收上述规定以外的土地的,由省、自治区、直辖市人民政府批准,并报国务院备案。

3. 农用地的征收比较复杂,必须先办理农用地转用审批,然后才能办理土地征收审批。

抢险救灾等急需使用土地的,可以先行使用。其中,属于临时用地的,灾后应恢复原状并交给原土地使用者使用,不再办理用地审批手续;属于永久性建设用地的,建设单位应在灾情结束后6个月内申请补办建设用地审批手续。

四、国有建设用地的使用制度

国有建设用地包括属国家所有的建设用地和国家征用的原属于农民集体所有的土地。经批准的建设项目需要使用国有建设用地的,建设单位应持法律、行政法规规定的有关文件,向有批准权的县级以上人民政府土地行政主管部门提出建设用地申请,经土地行政主管部门审查,报本级人民政府批准,从而获得建设用地使用权。

建设用地使用权，指建设用地使用权人依法对国家所有的土地享有占有、使用和收益的权利，有权利用该土地建造建筑物、构筑物及其附属设施。

（一）建设用地使用权的设立

1. 建设用地使用权的设立范围

建设用地使用权人依法对国家所有的土地享有占有、使用和收益的权利，有权利用该土地建造建筑物、构筑物及其附属设施。

建设用地使用权可以在土地的地表、地上或者地下分别设立。新设立的建设用地使用权，不得损害已设立的用益物权。

2. 建设用地使用权的设立方式

设立建设用地使用权，可以采取出让或者划拨等方式。工业、商业、旅游、娱乐和商品住宅等经营性用地以及同一土地有两个以上意向用地者的，应当采取招标、拍卖等公开竞价的方式出让。严格限制以划拨方式设立建设用地使用权。采取划拨方式的，应当遵守法律、行政法规关于土地用途的规定。

（1）国有建设用地使用权的划拨

国家从全社会利益出发，进行经济、文化、国防建设以及兴办社会公共事业时，经县级以上人民政府的批准，建设单位可通过划拨的方式取得国有建设用地的使用权。《土地管理法》规定，具体可以划拨的建设用地为：①国家机关用地和军事用地；②城市基础设施用地和公益事业用地；③国家重点扶持的能源、交通、水利等基础设施用地；④法律、行政法规规定的其他用地。

国务院颁发的《土地管理法实施条例》中对以划拨方式取得的国家建设用地的审批程序，作出了具体规定。建设单位必须按批准文件的规定使用土地。

（2）国有建设用地使用权的出让

除上述国家建设项目可通过划拨方式取得国家建设用地的使用权外，其他建设项目均须通过有偿使用的方式来取得国有建设用地的使用权，具体包括：国有土地使用权的出让；国有土地租赁；国有土地使用权作价出资或入股。这时，建设单位应按照国务院规定的标准和办法，缴纳土地使用权出让金等土地有偿使用费和其他费用后，方可使用土地。建设单位必须按土地使用权出让合同或其他有偿使用合同的约定使用土地；确需改变该幅土地建设用途的，应经有关人民政府土地行政主管部门同意，报原批准用地的人民政府批准。在城市规划区内改变土地用途的，在报批前，应先经有关城市规划行政主管部门同意。

（二）国家建设用土地使用权的收回

《土地管理法》规定，出现下列情况时，有关人民政府土地行政主管部门在报经原批准用地的人民政府或有批准权的人民政府批准后，可以将国有建设用地的使用权收回：①为公共利益需要使用土地的；②为实施城市规划进行旧城区改建，需要调整使用土地的；③土地出让等有偿使用合同约定的使用期限届满，土地使用者未申请续期或申请续期未获批准的；④因单位撤销、迁移等原因，停止使用原划拨的国有土地的；⑤公路、铁路、机场、矿场等经核准报废的。

（三）建设用地使用权人的权利和义务

1. 建设用地使用权人的权利

（1）对建设用地上的物享有所有权。建设用地使用权人建造的建筑物、构筑物及其附属设施的所有权属于建设用地使用权人，但有相反证据证明的除外。

（2）建设用地使用权的转让、互换、出资、赠与、抵押权。建设用地使用权人有权将建设用地使用权转让、互换、出资、赠与或者抵押，但法律另有规定的除外。

建设用地使用权转让、互换、出资、赠与或者抵押的，当事人应当采取书面形式订立相应的合同。使用期限由当事人约定，但不得超过建设用地使用权的剩余期限。

建设用地使用权转让、互换、出资或者赠与的，附着于该土地上的建筑物、构筑物及其附属设施一并处分。

建筑物、构筑物及其附属设施转让、互换、出资或者赠与的，该建筑物、构筑物及其附属设施占用范围内的建设用地使用权一并处分。

（3）获得补偿的权利。建设用地使用权期间届满前，因公共利益需要提前收回该土地的，应当依照本法第四十二条的规定对该土地上的房屋及其他不动产给予补偿，并退还相应的出让金。

（4）住宅用地期满续期的权利。住宅建设用地使用权期间届满的，自动续期。这个权利确保了住宅不因建设用地使用权期限届满而必然丧失。

非住宅建设用地使用权期间届满后的续期，依照法律规定办理。该土地上的房屋及其他不动产的归属，有约定的，按照约定；没有约定或者约定不明确的，依照法律、行政法规的规定办理。

2. 建设用地使用权人的义务

（1）履约的义务。采取招标、拍卖、协议等出让方式设立建设用地使用权的，当事人应当采取书面形式订立建设用地使用权出让合同。建设用地使用权人负有履约的义务。

（2）支付出让金的义务。建设用地使用权人应当依照法律规定以及合同约定支付出让金等费用。

（3）不得改变土地用途的义务。建设用地使用权人应当合理利用土地，不得改变土地用途；确需改变土地用途的，应当依法经有关行政主管部门批准。

（4）登记的义务：①设立登记的义务。设立建设用地使用权的，应当向登记机构申请建设用地使用权登记。建设用地使用权自登记时设立。登记机构应当向建设用地使用权人发放建设用地使用权证书。②变更登记的义务。建设用地使用权转让、互换、出资或者赠与的，应当向登记机构申请变更登记。③注销登记的义务。建设用地使用权消灭的，出让人应当及时办理注销登记。登记机构应当收回建设用地使用权证书。

五、工程建设用地的具体管理

（一）工程建设用地的预审

各项工程建设项目用地都必须严格按照法定权限和程序报批。在建设项目可行性研究报告评审阶段,土地行政主管部门就要对项目用地进行预审,并提出意见。预审的内容包括:项目用地是否符合土地利用总体规划和年度土地利用计划,是否符合建设用地标准,是否符合根据国家产业政策确定的鼓励性、限制性和禁止性项目的供地目录。符合条件的,土地行政主管部门应当提出同意建设项目用地的意见,建设项目方可立项。

(二)工程建设用地的审批

建设项目立项后,凡需要使用国有土地的,都必须由建设单位向有审批权的县级以上人民政府土地行政主管部门提出申请。申请时,建设单位须持建设项目的批准文件,包括项目建议书、可行性研究报告、规划许可证等。最后,经土地行政主管部门审查同意后,报本级人民政府批准。

(三)工程建设用地的取得方式

建设用地的取得,是指取得土地的使用权,而非所有权。取得的方式主要有两种:一种是有偿使用方式,一般是通过签订土地使用权出让合同,并缴纳土地出让金取得;另一种是行政划拨方式,由县级以上人民政府依法批准后,无偿取得。其中,以出让等有偿使用方式为原则,只有在特殊情况下才考虑行政划拨。

(四)工程建设用地的用途变更

工程建设用地,必须按照批准文件的规定或出让合同约定的用途来使用,如果确需要改变该幅土地的建设用途,建设单位必须报经有关人民政府土地行政主管部门同意,并报原批准用地的人民政府批准。其中,在城市规划区内改变土地用途的,在报批前,应当先经有关城市规划行政主管部门同意。

(五)工程建设临时用地

所谓临时用地,是指建设项目施工和地质勘查需要使用的国有土地或者农民集体所有的土地。

临时用地也需报批,批准权在县级以上人民政府土地行政主管部门。其中,在城市规划区内的临时用地,在报批前,应当先经有关城市规划行政主管部门同意。临时用地的使用期限一般不得超过两年。

临时用地者报批后,还应当与该土地的产权代表签订临时使用土地合同或协议。如果该土地为国有土地,则临时用地者应当与有关土地行政主管部门签订临时使用土地合同;如果该土地为集体所有的土地,则临时用地者应当与经营、管理该临时用地的农村集体经济组织或村民委员会或个人签订临时使用土地合同。同时,还应当缴纳临时使用土地补偿费,至于补偿费的数量,完全由双方当事人约定,法律未作强制性规定。

临时用地的使用者应按临时使用土地合同约定的用途使用土地,并不得修建永久性建筑。临时用地为耕地的,临时用地的使用者应自临时用地期满之日起1年内恢复种植条件。

六、法律责任

1. 买卖或者以其他形式非法转让土地的,由县级以上人民政府土地行政主管部门没收违法所得;对违反土地利用总体规划擅自将农用地改为建设用地的,限期拆除在非法转让的土地上新建的建筑物和其他设施，恢复土地原状，对符合土地利用总体规划的，没收在非法转让的土地上新建的建筑物和其他设施；可以并处罚款；对直接负责的主管人员和其他直接责任人员，依法给予行政处分，构成犯罪的，依法追究刑事责任。

2. 违反规定，占用耕地建窑、建坟或者擅自在耕地上建房、挖砂、采石、采矿、取土等，破坏种植条件的，或者因开发土地造成土地荒漠化、盐渍化的，由县级以上人民政府土地行政主管部门责令限期改正或者治理，可以并处罚款；构成犯罪的，依法追究刑事责任。

3. 违反规定，拒不履行土地复垦义务的，由县级以上人民政府土地行政主管部门责令限期改正；逾期不改正的，责令缴纳复垦费，专项用于土地复垦，可以处以罚款。

4. 未经批准或者采取欺骗手段骗取批准，非法占用土地的，由县级以上人民政府土地行政主管部门责令退还非法占用的土地，对违反土地利用总体规划擅自将农用地改为建设用地的，限期拆除在非法占用的土地上新建的建筑物和其他设施，恢复土地原状，对符合土地利用总体规划的，没收在非法占用的土地上新建的建筑物和其他设施，可以并处罚款；对非法占用土地单位的直接负责的主管人员和其他直接责任人员，依法给予行政处分；构成犯罪的，依法追究刑事责任。

超过批准的数量占用土地，多占的土地以非法占用土地论处。

5. 农村村民未经批准或者采取欺骗手段骗取批准，非法占用土地建住宅的，由县级以上人民政府土地行政主管部门责令退还非法占用的土地，限期拆除在非法占用的土地上新建的房屋。

超过省、自治区、直辖市规定的标准，多占的土地以非法占用土地论处。

6. 无权批准征收、使用土地的单位或者个人非法批准占用土地的，超越批准权限非法批准占用土地的，不按照土地利用总体规划确定的用途批准用地的，或者违反法律规定的程序批准占用、征收土地的，其批准文件无效，对非法批准征收、使用土地的直接负责的主管人员和其他直接责任人员，依法给予行政处分；构成犯罪的，依法追究刑事责任。

非法批准、使用的土地应当收回，有关当事人拒不归还的，以非法占用土地论处。

非法批准征用、使用土地，对当事人造成损失的，依法应当承担赔偿责任。

侵占、挪用被征收土地单位的征地补偿费用和其他有关费用，构成犯罪的，依法追究刑事责任；尚不构成犯罪的，依法给予行政处分。

7. 依法收回国有土地使用权当事人拒不交出土地的，临时使用土地期满拒不归还的，或者不按照批准的用途使用国有土地的，由县级以上人民政府土地行政主管部门责令交还土地，处以罚款。

8. 擅自将农民集体所有的土地的使用权出让、转让或者出租用于非农业建设的，由县级以上人民政府土地行政主管部门责令限期改正，没收违法所得，并处罚款。

9. 依照规定，责令限期拆除在非法占用的土地上新建的建筑物和其他设施的，建设单位或者个人必须立即停止施工，自行拆除；对继续施工的，作出处罚决定的机关有权制止。建设单位或者个人对责令限期拆除的行政处罚决定不服的，可以在接到责令限期拆除决定之日起15日内,向人民法院起诉;期满不起诉又不自行拆除的,由作出处罚决定的机关依法申请人民法院强制执行,费用由违法者承担。

10. 土地行政主管部门的工作人员玩忽职守、滥用职权、徇私舞弊,构成犯罪的,依法追究刑事责任;尚不构成犯罪的,依法给予行政处分。

第五节　工程建设项目的"一书两证"制度和地震安全性评价制度

一、工程建设项目的"一书两证"制度

一书,指《建设项目选址意见书》;两证,指《建设用地规划许可证》和《建设工程规划许可证》。工程项目建设的前期工作,从投资机会和初步可行性研究开始,经过《项目建议书》批准阶段和《可行性研究报告》批准阶段。其中在《项目建议书》批准以后要向规划管理部门办理《建设项目选址意见书》;在《可行性研究报告》批准以后要向规划管理部门办理《建设用地规划许可证》;在土地管理部门办理了《建设用地批准书》后,再到规划管理部门办理《建设工程规划许可证》。建设项目的选址、用地和规划手续的办理,必须严格遵守《中华人民共和国城乡规划法》和《中华人民共和国土地管理法》的有关规定。

(一)建设项目选址意见书制度

选址意见书是指建设工程(主要是新建的大、中型工业与民用项目)在立项过程中,由城市规划行政主管部门依法核发的有关建设项目的选址和布局的法律凭证,发放目的是为了保障建设项目的选址和布局科学合理,符合城市规划的要求,实现经济效益、社会效益、环境效益的统一。

《中华人民共和国城乡规划法》第三十六条规定,按照国家规定需要有关部门批准或者核准的建设项目,以划拨方式提供国有土地使用权的,建设单位在报送有关部门批准或者核准前,应当向城乡规划主管部门申请核发选址意见书。

(二)建设用地规划许可证制度

1. 建设用地规划许可证的概念

建设用地规划许可证是城市规划行政主管部门依据城市规划的要求建设项目用地的实际需要,向提出用地申请的建设单位或个人核发的确定建设用地的位置、面积、界限的证件。

《城乡规划法》第三十七条规定:"在城市、镇规划区内以划拨方式提供国有土地使用权的建设项目,经有关部门批准、核准、备案后,建设单位应当向城市、县人民政府城乡规划主管部门提出建设用地规划许可申请,由城市、县人民政府城乡规划主管部门

依据控制性详细规划核定建设用地的位置、面积、允许建设的范围，核发建设用地规划许可证。建设单位在取得建设用地规划许可证后，方可向县级以上地方人民政府土地主管部门申请用地，经县级以上人民政府审批后，由土地主管部门划拨土地。"

核发《建设用地规划许可证》的目的，在于确保土地利用符合城乡规划，维护建设单位按照规划使用土地的合法权益，为土地管理部门在城乡规划区内行使对土地权属的管理职能提供必要的法律依据。

2. 临时建设用地许可证

临时建设用地许可证是指由于建设工程施工、堆料或其他原因，需临时使用的土地。《城乡规划法》第四十四条规定："在城市、镇规划区内进行临时建设的，应当经城市、县人民政府城乡规划主管部门批准。临时建设影响近期建设规划或者控制性详细规划的实施以及交通、市容、安全等的，不得批准。"

建设单位须持上级主管部门批准的申请临时用地文件，向城市规划行政主管部门提出临时用地申请，经审核批准后，可取得临时建设用地许可证。临时建设和临时用地规划管理的具体办法，由省、自治区、直辖市人民政府制定，其有效期限一般不超过2年。

（三）建设工程规划许可证制度

1. 建设工程规划许可证的概念

建设工程规划许可证制度是城市规划行政主管部门向建设单位或个人核发的确认其建设工程符合城市规划要求的证件，它也是领取施工许可证或申请工程开工的必备证件。

《城乡规划法》第四十条规定："在城市、镇规划区内进行建筑物、构筑物、道路、管线和其他工程建设的，建设单位或者个人应当向城市、县人民政府城乡规划主管部门或者省、自治区、直辖市人民政府确定的镇人民政府申请办理建设工程规划许可证。

申请办理建设工程规划许可证，应当提交使用土地的有关证明文件、建设工程设计方案等材料。需要建设单位编制修建性详细规划的建设项目，还应当提交修建性详细规划。对符合控制性详细规划和规划条件的，由城市、县人民政府城乡规划主管部门或者省、自治区、直辖市人民政府确定的镇人民政府核发建设工程规划许可证。"

2. 建设工程审批后的管理

建设工程审查批准后，城市规划行政主管部门要加强监督检查工作，防止工程项目在建设过程中出现违法行为。监督检查的主要内容包括验线、现场检查和竣工验收。

《城乡规划法》第四十五条规定："县级以上地方人民政府城乡规划主管部门按照国务院规定对建设工程是否符合规划条件予以核实。未经核实或者经核实不符合规划条件的，建设单位不得组织竣工验收。"

竣工验收是工程项目建设程序中的最后一个阶段。规划部门参加竣工验收，是对建设工程是否符合规划设计条件的要求进行最后把关，以保证城市规划区内各项建设符合城市规划。

城市规划区内的建设工程竣工验收后，建设单位应当在6个月内将竣工资料报送城市规划行政主管部门。

3. 临时建设的管理

临时建设是指企事业单位或者个人因生产、生活的需要临时搭建的结构简易并在规定期限内必须拆除的建设工程或者设施。临时建设应当办理临时建设工程许可证。临时建设期限由各地规划行政主管部门根据实际情况确定，一般不得超过 2 年。在城乡规划区内进行临时建设，必须在批准的使用期限内自行拆除。

4. 法律责任

（1）县级以上人民政府有关部门有下列行为之一的，由本级人民政府或者上级人民政府有关部门责令改正，通报批评；对直接负责的主管人员和其他直接责任人员依法给予处分：

① 对未依法取得选址意见书的建设项目核发建设项目批准文件的；

② 未依法在国有土地使用权出让合同中确定规划条件或者改变国有土地使用权出让合同中依法确定的规划条件的；

③ 对未依法取得建设用地规划许可证的建设单位划拨国有土地使用权的。

（2）未取得建设工程规划许可证或者未按照建设工程规划许可证的规定进行建设的，由县级以上地方人民政府城乡规划主管部门责令停止建设；尚可采取改正措施消除对规划实施的影响的，限期改正，处建设工程造价百分之五以上百分之十以下的罚款；无法采取改正措施消除影响的，限期拆除，不能拆除的，没收实物或者违法收入，可以并处建设工程造价百分之十以下的罚款。

（3）在乡、村庄规划区内未依法取得乡村建设规划许可证或者未按照乡村建设规划许可证的规定进行建设的，由乡、镇人民政府责令停止建设、限期改正；逾期不改正的，可以拆除。

（4）建设单位或者个人有下列行为之一的，由所在地城市、县人民政府城乡规划主管部门责令限期拆除，可以并处临时建设工程造价一倍以下的罚款：

① 未经批准进行临时建设的；

② 未按照批准内容进行临时建设的；

③ 临时建筑物、构筑物超过批准期限不拆除的。

（5）建设单位未在建设工程竣工验收后 6 个月内向城乡规划主管部门报送有关竣工验收资料的，由所在地市、县人民政府城乡规划主管部门责令限期补报；逾期不补报的，处一万元以上五万元以下的罚款。

（6）城乡规划主管部门作出责令停止建设或者限期拆除的决定后，当事人不停止建设或者逾期不拆除的，建设工程所在地县级以上地方人民政府可以责成有关部门采取查封施工现场、强制拆除等措施。

（7）违反规定，构成犯罪的，依法追究刑事责任。

二、建设项目的地震安全性评价制度

（一）地震安全性评价的概念

地震安全性评价是根据对建设工程场址及其周围的地震与地震地质环境的调查，场地地震工程地质条件勘测，通过地震地质、地球物理、地震工程等多学科资料的综合评价和分析计算，按照工程类型、性质、重要性，科学合理地给出与工程抗震设防要求相应的地震动参数，以及场址的地震地质灾害预测结果。

近些年来，我国在一些建设工程中开展了地震安全性评价工作。随着经济的发展，这项工作越来越受到各有关方面的重视。但是，建设工程地震安全性工作还是一项比较新的工作，从总体上看，目前尚处在起步阶段，有些工程建设项目，应当进行地震安全性评价的没有进行，有些虽然进行了，但工作不到位或不规范，甚至存在随意提高或降低抗震设防要求的现象。国家对建设工程的抗震设防工作十分重视，2008年12月27日第十一届全国人大常委会第六次会议修订通过的《中华人民共和国防震减灾法》，用了三个条款，规定抗震设防要求和地震安全性评价工作问题。国务院为了加强对地震安全性评价的管理，防御与减轻地震灾害，保护人民生命和财产安全，根据《中华人民共和国防震减灾法》的有关规定，2001年11月15日颁布了《地震安全性评价管理条例》。

（二）地震安全性评价的范围和要求

根据《中华人民共和国防震减灾法》和《地震安全性评价管理条例》，下列建设工程必须进行地震安全性评价：

1. 国家重大建设工程；
2. 受地震破坏后可能引发水灾、火灾、爆炸、剧毒或者强腐蚀性物质大量泄露或者其他严重次生灾害的建设工程，包括水库大坝、堤防和贮油、贮气、贮存易燃易爆、剧毒或者强腐蚀性物质的设施以及其他可能发生严重次生灾害的建设工程；
3. 受地震破坏后可能引发放射性污染的核电站和核设施建设工程；
4. 省、自治区、直辖市认为对本行政区域有重大价值或者有重大影响的其他建设工程。

（三）地震安全性评价报告的内容

地震安全性评价单位对建设工程进行地震安全性评价后，应当编制该建设工程的地震安全性评价报告。

地震安全性评价报告应当包括下列内容：①工程概况和地震安全性评价的技术要求；②地震活动环境评价；③地震地质构造评价；④设防烈度或者设计地震动参数；⑤地震地质灾害评价；⑥其他有关技术资料。

（四）地震安全性评价报告的审定

建设单位应当将地震安全性评价报告报送国务院地震工作主管部门或者省、自治区、直辖市人民政府负责管理地震工作的部门或者机构审定。

国务院地震工作主管部门负责下列地震安全性评价报告的审定：①国家重大建设工程；②跨省、自治区、直辖市行政区域的建设工程；③核电站和核设施建设工程。

其余建设工程地震安全性评价报告由省、自治区、直辖市人民政府负责管理地震工作的部门或者机构审定。

国务院地震工作主管部门和省、自治区、直辖市人民政府负责管理地震工作的部门或者机构，在收到地震安全性评价报告之日起 15 日内进行审定，确定建设工程的抗震设防要求，并以书面形式通知建设单位和建设工程所在地的市、县人民政府负责管理地震工作的部门或者机构。

县级以上人民政府负责项目审批的部门，要将抗震设防要求纳入建设工程可行性研究报告的审查内容。对可行性研究报告中未包含抗震设防要求的项目，不予批准。

国务院地震工作主管部门和县级以上地方人民政府负责管理地震工作的部门或者机构，应当会同有关专业主管部门，加强对地震安全性评价工作的监督检查。

第六节 建筑法律责任

建筑法律责任根据不同性质的违法行为划分为行政法律责任、民事法律责任和刑事法律责任。

一、行政法律责任

行政法律责任简称行政责任，是指行政法律关系的主体因违反行政法律规范但尚未构成犯罪的违法行为而依法应承担的消极性法律后果。行政法律责任一般分为行政处分和行政处罚两类。

（一）行政处分

行政处分是国家行政机关依照行政隶属关系对违法失职的公务员给予的惩戒。如果国家公务员犯有《公务员法》中所列的违纪行为，尚未构成犯罪的，或者虽然构成犯罪但是依法不追究刑事责任的，应当给予行政处分；违纪行为情节轻微，经过批评教育后改正的，也可以免予行政处分。

依据《公务员法》，行政处分分为：警告、记过、记大过、降级、撤职、开除。

公务员在受处分期间不得晋升职务和级别，其中受记过、记大过、降级、撤职处分的，不得晋升工资档次。受撤职处分的，按照规定降低级别。公务员受开除以外的处分，在受处分期间有悔改表现，并且没有再发生违纪行为的，处分期满后，由处分决定机关解除处分并以书面形式通知本人。解除处分后，晋升工资档次、级别和职务不再受原处分的影响。但是，解除降级、撤职处分的，不视为恢复原级别、原职务。

（二）行政处罚

行政处罚是指特定的国家行政机关对违反行政管理法规的单位或者个人依法给予的制裁。行政处罚是行政法律责任的核心，是国家法律责任制度的重要组成部分，是行政机关依法管理的重要手段之一。

在我国工程建设领域，对于建设单位、勘察设计单位、施工单位、工程监理单位等参建单位而言，行政处罚是更为常见的行政责任形式。《中华人民共和国行政处罚法》

是规范和调整行政处罚的设定和实施的法律依据。

《行政处罚法》为了使行政处罚做到科学化、规范化，对目前法律、法规中的行政处罚依照上述标准进行规范，将行政处罚明确为七种：

1. 警告；
2. 罚款；
3. 没收违法所得，没收非法财物；
4. 责令停产停业；
5. 暂扣或者吊销许可证，暂扣或者吊销执照；
6. 行政拘留；
7. 法律、行政法规规定的其他行政处罚。

二、民事法律责任

民事法律责任，简称民事责任，是指民事主体违反民事法律上的约定或规范规定的义务所应承担的对其不利的法律后果，即由《民法通则》规定的对民事违法行为人依法采取的以恢复被损害的权利为目的，并与一定的民事制裁措施相联系的国家强制形式，其目的主要是恢复受害人的权利和补偿权利人的损失。

（一）民事责任的特点

1. 民事责任是一种救济责任。民事责任的功能主要在于救济当事人的权利，赔偿或补偿当事人的损失。当然，民事责任也执行惩罚的功能，违约金就含有惩罚的意思。

2. 民事责任是一种财产责任。

3. 民事责任是一方当事人对另一方的责任，在法律允许的条件下，多数民事责任可以由当事人协商解决。

（二）民事责任的主要类型

我国《民法通则》根据民事责任的承担原因将民事责任主要划分为两类，即违约责任和侵权责任。

1. 违约责任

违约责任是指公民、法人违反合同义务所应承担的民事法律后果，其构成要件是：

（1）行为人主观上须有过错，即主观上有故意或过失的心理状态；

（2）行为必须是具有民事违法性，违反了合同规定的义务；

（3）责任人具有民事法律责任能力，即具有行为能力。

详见第五章第六节建设工程合同的违约责任。

2. 侵权责任

侵权责任是指公民、法人有故意或过失而侵犯国家、集体、他人的合法权利，致使国家、集体或他人的财产权利或人身权利受到损害，所应承担的民事法律后果。

（1）侵权责任的构成要件

侵权责任的构成要件是：①行为人主观上须有过错，即主观上有故意或过失的心理状态；②行为必须是具有民事违法性，即侵犯国家、集体、他人的合法权利；③责任人具有行为能力；④存在财产权利或人身权利损害的事实，没有损害事实，一般不承担侵权责任；⑤损害事实与违法行为之间有因果关系，违法行为是导致损害事实发生的直接原因。

(2) 侵权行为

侵权行为可分为一般侵权行为与特殊侵权行为。

1) 一般侵权行为。是指行为人基于主观过错实施的，应适用侵权责任一般构成要件和一般责任条款的致人损害的行为，例如故意侵占、毁损他人财物、诽谤他人名誉等诸如此类的行为。

2) 特殊侵权行为。是指由法律直接规定，在侵权责任的主体、主观构成要件、举证责任的分配等方面不同于一般侵权行为，应适用民法上特别责任条款的致人损害的行为。

《民法通则》第一百二十一条至第一百二十七条规定了特殊侵权行为。其中，与工程建设密切相关的有：①违反国家保护环境防止污染的规定，污染环境造成他人损害的，应当依法承担民事责任。②在公共场所、道旁或者通道上挖坑、修缮安装地下设施等，没有设置明显标志和采取安全措施造成他人损害的，施工人应当承担民事责任。③建筑物或者其他设施以及建筑物上的搁置物、悬挂物发生倒塌、脱落、坠落造成他人损害的，它的所有人或者管理人应当承担民事责任，但能够证明自己没有过错的除外。

3. 侵权行为与违约行为的区别

侵权行为与违约行为虽然都是民事违法行为，但亦存在显著区别：

(1) 侵权行为违反的是法定义务，违约行为违反的是合同中的约定义务。

(2) 侵权行为侵犯的是绝对权，违约行为侵犯的是相对权即债权。绝对权是指义务人不确定，权利人无需通过义务人实施一定行为即可实现的权利，例如，所有权、人身权。相对权是指义务人为特定人，权利人必须通过义务人实施一定行为才能实现的权利，例如，债权。

(3) 侵权行为的法律责任包括财产责任和非财产责任，违约行为的法律责任仅限于财产责任。

(三) 承担民事责任的方式

《民法通则》第一百三十四条规定，承担民事责任的方式主要有：

1. 停止侵害

停止侵害，是指侵害人终止其正在进行或者延续的损害他人合法权益的行为，其目的在于及时制止侵害行为，防止损失的扩大。

2. 排除妨碍

排除妨碍，是指侵害人排除由其行为引起的妨碍他人权利正常行使和利益实现的客观事实状态，其目的在于保证他人能够行使自己的合法权益。

3. 消除危险

消除危险，是指侵害人消除由其行为或者物件引起的现实存在的某种有可能对他人的合法权益造成损害的紧急事实状态,其目的在于防止损害或妨碍的发生。

4. 返还财产

返还财产,是指侵害人将其非法占有或者获得的财产转移给所有人或者权利人。

返还的财产包括三种情形:①因不当得利所获得的财产;②民事行为被确认无效或者被撤销而应当返还的财产;③非法侵占他人的财产。

5. 恢复原状

恢复原状,是指使受害人的财产恢复到受侵害之前的状态。使用这种责任形式需要具有两个前提条件:财产恢复的可能性与财产恢复的必要性。

6. 修理、重作、更换

这种责任方式主要适用于违反合同质量条款的民事责任。修理,是指使受损害的财产或者不符合合同约定质量的标的物具有应当具备的功能、质量。重作,是指重新加工、制作标的物。更换,是指以符合质量要求的标的物替代已交付的质量不符合要求的标的物。修理和重作可以适用于种类物或者特定物,而更换只能适用于种类物。

种类物是指不具有独立特征,可以互相代替,并可以用品种、规格、度量衡加以计算的物,如一般商店中的商品等。

特定物是指具有独立特征,不能相互代替,可以与其他物相区别的物。它主要包括两类:①独一无二的物,如齐白石的某幅画等;②特定化的种类物,就是从一般商品中独立出来的物,它可能与一般种类物差不多,规格、质量、性能等方面都一样,但是它却具有特殊的意义,具有不可代替性,如烈士的遗物,结婚纪念物等。

7. 赔偿损失

赔偿损失,是指行为人因违反民事义务致人损害,应以财产赔偿受害人所受的损失。

对于违约责任,赔偿额应当相当于对方因违约造成的损失。对于侵权责任,包括对财产损失和精神损失的赔偿。

8. 支付违约金

违约金分为约定违约金和法定违约金。当事人可以预先在合同中约定违约金的数额或者计算方法。但对于逾期付款的违约金,应执行法定违约金,即按欠款总额的万分之四/日的标准计算,同时违约方支付违约金后,还应当履行债务。

约定的违约金应视为违约的损失赔偿。约定的违约金数额高于或者低于违约行为所造成的损失的,当事人可以请求人民法院或者仲裁机构适当减少或者增加。

9. 消除影响、恢复名誉

消除影响,是指加害人在其不良影响所及范围内消除对受害人不利后果的民事责任。

恢复名誉,是指加害人在其侵权后果所及范围内使受害人的名誉恢复到未曾受损害的状态。

加害人拒不执行生效判决,不为受害人消除影响、恢复名誉的,人民法院可以采取公告、登报方式,将判决的内容和有关情况公布于众,达到消除影响、恢复名誉的目的。公告、登报的费用由加害人承担。

10. 赔礼道歉

赔礼道歉，是指加害人以口头或者书面的方式向受害人承认过错、表示歉意。赔礼道歉一般应当公开进行，否则不足以消除影响。但是，受害人不要求公开进行的，也可以秘密进行。由法院判决加害人承担赔礼道歉责任的，赔礼道歉的内容应当经法院审查同意。

三、刑事法律责任

刑事法律责任，简称刑事责任，是指行为人实施了刑法所禁止的犯罪行为而必须承担的法律后果。认定一个行为是否构成犯罪，要从行为是否违反刑法规定，是否侵害了刑法所保护的社会关系，是否具有了刑事责任能力，以及是否具有主观上的过错等方面进行考察。

（一）刑事责任的特点

1. 行为人的行为具有严重的危害性，达到犯罪的程度。

2. 刑事责任是犯罪人向国家所负的一种法律责任。它是一种惩罚性责任，因而是所有法律责任中最严厉的一种。

3. 刑事法律是追究刑事责任的唯一法律依据，罪行法定。

4. 刑事责任基本上是一种个人责任。《刑法》第一百三十七条规定了建设领域的建筑工程重大安全罪。其主要特征是：建筑重大安全罪是指建设单位、建筑设计单位、施工单位、工程监理单位违反国家规定，故意降低工程标准，造成重大安全事故的行为，应追究刑事责任。

（二）犯罪构成

犯罪，是指具有社会危害性、刑事违法性并应受到刑事处罚的违法行为。犯罪构成，则是指认定犯罪的具体法律标准，是我国刑法规定的某种行为构成犯罪所必须具备的主观要件和客观要件的总和。按照我国犯罪构成的一般理论，我国刑法规定的犯罪都必须具备犯罪客体、犯罪的客观方面、犯罪主体、犯罪的主观方面这四个共同要件。

1. 犯罪客体

犯罪客体，是指我国刑法所保护的而被犯罪所侵害的社会关系。我国《刑法》第十三条和分则的规定，具体指明了刑法所保护的社会关系的种类，例如，《刑法》第一百三十七条规定的工程重大安全事故罪，侵害的是公共安全和国家有关工程建设管理的法律制度。

2. 犯罪的客观方面

犯罪的客观方面，是指刑法所规定的构成犯罪在客观上必须具备的危害社会的行为和由这种行为所引起的危害社会的结果。该要件说明了犯罪客体在什么样的条件下，通过什么样的危害行为而受到什么样的侵害，因此，犯罪客观方面也是犯罪构成不可缺少的要件。

3. 犯罪主体

犯罪主体是指实施了犯罪行为，依法应当承担刑事责任的人。我国《刑法》对犯罪主体的规定包含了两种人：一种是达到刑事责任年龄，具有刑事责任能力，实施了犯罪行为的自然人；另一种是实施了犯罪行为的企业事业单位、国家机关、社会团体等单位。按照对犯罪主体是否有特定要求，又可分为一般主体和特殊主体。

4. 犯罪的主观方面

犯罪的主观方面，是指犯罪主体对自己实施的危害社会行为及其结果所持的心理态度。根据我国《刑法》规定，一个人只有在故意或过失地实施某种危害社会的行为时，才负刑事责任。所以，故意或过失作为犯罪的主观方面，也是构成犯罪必不可少的要件之一。

（三）刑罚

通过刑事诉讼程序对违法行为人所采取的刑事制裁措施，称为刑罚。刑罚是建筑法规关于法律责任中最严厉的一种处罚。根据我国《刑法》的规定，刑罚分为主刑和附加刑两大类。

刑罚分为主刑和附加刑。主刑只能单独使用，不能附加适用。一个罪只能适用一个主刑，不能同时适用两个或两个以上主刑。附加刑（从刑），是指补充主刑适用的刑罚方法。附加刑可以附加主刑适用，也可以单独适用。

1. 主刑

主刑是基本的刑罚方法，只能独立适用，不能附加适用，对一个罪只能适用一个主刑，不能同时适用两个或两个以上的主刑。主刑有管制、拘役、有期徒刑、无期徒刑和死刑五种类型。

（1）管制。管制是对罪犯不予关押，但限制其一定自由，由公安机关执行和群众监督改造的刑罚方法。管制具有一定的期限，管制的期限为3个月以上2年以下，数罪并罚时不得超过3年。管制的刑期从判决执行之日起计算，判决前先行羁押的，羁押1日抵折刑期2日。

数罪并罚是指人民法院对一人犯数罪分别定罪量刑，并根据法定原则与方法决定应当执行的刑罚。

（2）拘役。拘役是短期剥夺犯罪人自由，就近实行劳动的刑法方法。拘役的期限为1个月以上6个月以下，数罪并罚时不得超过1年。拘役的刑期从判决执行之日起计算，判决执行前先行羁押的，羁押1日抵折刑期1日。

拘役由公安机关在就近的拘役所、看守所或者其他监管场所执行。在执行期间，受刑人每月可以回家一天至两天。参加劳动的，可以酌量发给报酬。

（3）有期徒刑。有期徒刑是剥夺犯罪人一定期限的自由，实行强制劳动改造的刑罚方法。有期徒刑的犯罪人拘押于监狱或其他执行场所。有期徒刑的基本内容是对犯罪人实行劳动改造。《刑法》第四十六条规定，被判处徒刑的人凡有劳动能力的，都应当参加劳动，接受教育和改造。

有期徒刑的刑期为6个月以上15年以下，数罪并罚时不得超过20年。刑期从判决执行之日起计算，判决执行以前先行羁押的，羁押1日抵折刑期1日。

(4)无期徒刑。无期徒刑是剥夺犯罪人终身自由,实行强迫劳动改造的刑罚方法。无期徒刑的基本内容也是对犯罪人实施劳动改造。无期徒刑不可能孤立适用,即对于被判处无期徒刑的犯罪分子,应当附加剥夺政治权利终身。而对于被判处管制、拘役、有期徒刑的犯罪分子,不是必须附加剥夺政治权利。

(5)死刑。死刑是剥夺犯罪人生命的刑罚方法,包括立即执行与缓期二年执行两种情况。死刑是刑法体系中最为严厉的刑罚方法。

2. 附加刑

附加刑是既可以独立适用又可以附加于主刑适用的刑罚方法。对一个罪可以适用一个附加刑,也可以适用多个附加刑。附加刑有罚金、剥夺政治权利和没收财产三种。

(1)罚金。罚金是人民法院判处犯罪分子向国家交纳一定数额金钱的刑罚方法。《刑法》第五十二条规定,判处刑罚,应当根据犯罪情节决定罚金数额。

(2)剥夺政治权利。剥夺政治权利,是指剥夺犯罪人参加管理国家和政治活动的权利的刑罚方法。剥夺政治权利时同时剥夺下列权利:①选举权与被选举权;②言论、出版、集会、结社、游行、示威自由的权利。

(3)没收财产。没收财产是将犯罪人所有财产的一部分或者全部强制无偿收归国有的刑罚方法。没收财产与没收犯罪物品有本质区别,没收财产是没收犯罪人合法所有并且没有用于犯罪的财产。

《刑法》第五十九条规定,判处没收财产时,既可以判处没收犯罪人的全部财产,也可以判处没收犯罪人所有的部分财产。没收全部财产的,应当对犯罪分子个人及其抚养的家属保留必要的生活费用。

(四)工程建设领域的犯罪构成

1. 重大责任事故罪

重大责任事故罪,是指在生产、作业中违反有关安全管理的规定,或者强令他人违章冒险作业,因而发生重大伤亡事故或者造成其他严重后果的行为。重大责任事故罪的犯罪构成及其特征是:

(1)犯罪客体。本罪的客体,是生产安全。

(2)犯罪的客观方面。本罪的客观方面,表现为在生产、作业中违反有关安全管理的规定,或者强令他人违章冒险作业,因而发生重大伤亡事故或者造成其他严重后果的行为。

(3)犯罪主体。本罪的主体是一般主体,包括建筑企业的安全生产从业人员、安全生产管理人员以及对安全事故负有责任的包工头和无证从事生产、作业的人员等。

(4)犯罪的主观方面。本罪的主观方面表现为过失。这种过失不论是表现为疏忽大意,还是表现为过于自信,行为人在主观上的心理状态都是一样的,即在主观上都不希望发生危害社会的严重后果。但行为人对于在生产、作业中违反有关安全管理的规定,或者强令他人违章冒险作业行为本身,则可能是故意的。

2. 重大劳动安全事故罪

重大劳动安全事故罪,主要指安全生产设施或者安全生产条件不符合国家规定,因而发生重大伤亡事故或者造成其他严重后果的行为。重大劳动安全事故罪的犯罪构成及其特征是：

（1）犯罪客体。本罪的客体，是劳动安全。

（2）犯罪的客观方面。本罪的客观方面，表现为安全生产设施或者安全生产条件不符合国家规定，因而发生重大伤亡事故或者造成其他严重后果的行为。

（3）犯罪主体。本罪的主体是特殊主体，即直接负责的主管人员和其他直接责任人员。其中，"直接负责的主管人员"包括生产经营单位的负责人、生产经营的指挥人员、实际控制人、投资人。"其他直接责任人员"包括对安全生产设施、安全生产条件负有提供、维护、管理职责的人。

（4）犯罪的主观方面。本罪的主观方面表现为过失，即在主观上都不希望发生危害社会的严重后果。但行为人对安全生产设施或者安全生产条件不符合国家规定，则可能是故意的，也可能是过失。

3. 工程重大安全事故罪

工程重大安全事故罪，是指建设单位、设计单位、施工单位、工程监理单位违反国家规定，降低工程质量标准，造成重大安全事故的行为。工程重大安全事故罪的犯罪构成及其特征是：

（1）犯罪客体。本罪的客体，是公共安全和国家有关工程建设管理的法律制度。

（2）犯罪的客观方面。本罪的客观方面，表现违反国家规定，降低工程质量标准，造成重大安全事故的行为。

（3）犯罪主体。本罪的主体是特殊主体，仅限于建设单位、设计单位、施工单位、工程监理单位。

（4）犯罪的主观方面。本罪的主观方面表现为过失。至于行为人违反国家规定、降低质量标准则可能是故意，也可能是过失。

复习思考题

一、单项选择题

1. 下列规范性文件中，效力最高的是（   ）。
   A. 行政法规　　　　　　　　B. 地方政府规章
   C. 地方性法规　　　　　　　D. 行政规章

2. 行政法规的制定主体是（   ）。
   A. 全国人民代表大会　　　　B. 国务院
   C. 全国人民代表大会常务委员会　　D. 最高人民法院

3. 地方性法规与部门规章之间对同一事项的规定不一致，不能确定如何适用时，由（   ）提出意见，其认为应当适用地方性法规的，应当决定在该地方适用地方性法规的规定。
   A. 全国人民代表大会　　　　B. 国务院
   C. 全国人民代表大会常务委员会　　D. 国家行政机关

4. 发电厂甲与施工单位乙签订了价款为 5000 万元的固定总价建设工程承包合同，则这笔 5000 万

第一章 绪论

元工程价款是（　　）。

A. 建筑法律关系主体　　　　　　B. 建筑法律关系客体

C. 建筑法律关系内容中的义务　　D. 建筑法律关系内容中的权利

5. 消费者王某从某房地产开发公司开发的小区购买别墅一栋，半年后发现屋顶漏水，于是向该公司提出更换别墅。在这个案例中，法律关系的主体是（　　）。

A. 该小区　　　　　　　　　　　B. 王某购买的别墅

C. 别墅的屋顶　　　　　　　　　D. 王某和该房地产开发公司

6. 建设用地使用权人依法对国家所有的土地享有（　　）的权利，有权利用该土地建造建筑物、构筑物及其附属设施。

A. 占有、使用和处分　　　　　　B. 占有、使用和收益

C. 占有、收益和处分　　　　　　D. 占有、转让和处分

7. 建设用地使用权（　　）的，当事人应当采取书面形式订立相应的合同。

A. 转让、互换、抵押、拍卖或者质押

B. 转让、互换、出资、赠与或者质押

C. 转让、拍卖、出资、质押或者抵押

D. 转让、互换、出资、赠与或者抵押

8. 因项目开发，某房地产公司必须在申领施工许可证前，先办妥建设用地管理和城市规划管理方面的手续，在此阶段最后取得的是该项目的（　　）。

A. 建设用地规划许可证　　　　　B. 国有土地使用权批准文件

C. 建设工程规划许可证　　　　　D. 土地使用权证

9. 某工程施工中出现重大安全事故，建设行政主管部门对有关监理公司作出的行政处罚不能包括（　　）。

A. 罚款　　B. 责令停工　　C. 吊销资质证书　　D. 行政处分

10. 建设行政主管部门如果对监理公司进行吊销资质证书的处罚，遵守的处罚程序应是（　　）。

A. 简易程序　　B. 一般程序　　C. 听证程序　　D. 执行程序

11. 承包某楼盘施工的甲公司在施工中偷工减料，降低工程质量标准，结果造成3人死亡的安全事故。对甲公司的行为应当（　　）。

A. 按重大责任事故罪论处　　　　B. 按重大劳动安全事故罪论处

C. 按工程重大安全事故罪论处　　D. 按意外事件处理

12. 张辉是某建筑公司的司机，在施工工地驾车作业时违反操作规程，不慎将一名施工工人轧死，对张辉的行为应当（　　）。

A. 按过失致人死亡罪处理　　　　B. 按交通肇事罪处理

C. 按重大责任事故处理　　　　　D. 按意外事件处理

二、多项选择题

1. 建筑法律关系主体的范围包括（　　）。

A. 承包单位　　　　　　　　　　B. 自然人

C. 建设单位　　　　　　　　　　D. 国家机关

E. 某企业的车间

2. 建筑法律关系的内容是指（　　）。

A. 法律权利　　　　　　　　　　B. 客体

C. 标的 D. 价款

E. 法律义务

3. 建筑法律关系的变更包括（　　）。

A. 合同形式的变更 B. 建筑法律关系主体的变更

C. 建筑法律关系客体的变更 D. 纠纷解决方式的变更

E. 建筑法律关系内容的变更

4. 引起建设工程法律关系发生、变更、终止的情况称为法律事实，按照是否包含当事人的意志，法律事实可以分为（　　）。

A. 事件　　B. 不可抗力事件　　C. 无意识行为　　D. 意外事件　　E. 行为

5. 法律意义上的非物质财富是指人们脑力劳动的成果或智力方面的创作，也称智力成果。下列选项中属于非物质财富的是（　　）。

A. 股票 B. 太阳光 C. 建筑设计图纸

D. 建筑材料的商标 E. 100元人民币

6. 承担民事责任的方式主要有（　　）。

A. 停止侵害 B. 排除妨碍 C. 消除危险

D. 诉诸法院 E. 返还财产

7. 重大责任事故犯罪主体包括（　　）。

A. 生产经营的指挥人员 B. 建筑企业的安全生产从业人员

C. 安全生产管理人员 D. 对安全事故负有责任的包工头

E. 无证从事生产、作业的人员

8. 工程重大安全事故罪是指（　　）违反国家规定，降低工程质量标准，造成重大安全事故的行为。

A. 建设单位 B. 设计单位 C. 管理单位

D. 施工单位 E. 工程监理单位

9. 重大劳动安全事故犯罪客体方面表现为（　　）的行为。

A. 违反劳动规定 B. 违反国家规定

C. 降低工程质量标准 D. 造成重大经济损失

E. 造成重大安全事故

三、简答题

1. 建筑法规有哪些表现形式？它有什么作用？我国目前现行的建筑法规主要由哪些法律规范组成？

2. 什么是建筑法律关系？简述建筑法律关系的主体、客体和内容。

3. 《建筑法》确定的基本制度有哪些？

4. 简述建设用地法律制度。

5. 简述工程建设项目的一书两证制度。

6. 简述工程建设项目的地震安全性评价制度。

7. 建筑法律责任主要有哪几种形式？什么是行政责任、民事责任、刑事责任？它们又各分为哪几种类型？

第二章

建筑许可法规

学习重点：施工许可证的申领时间、范围和条件；施工许可证的有效期与延期；建筑活动从业单位的条件；建筑勘察、设计、施工、监理、工程造价咨询、城市规划编制单位的资质等级及其业务范围；注册建筑师、注册结构工程师、注册建造师、注册监理工程师、注册造价工程师的报考条件和注册内容。

建筑许可是指建设行政主管部门根据建设单位和从事建筑活动的单位、个人的申请，依法准许建设单位开工或确认单位、个人具备从事建筑活动资格的行政行为。需要指出的是，申请是许可的必要条件，也就是说没有申请，就没有许可。

由于建筑业在国民经济和社会发展中的地位和作用，加之建筑工程建设周期长、投资规模大、专业技术性强，对工程建设活动进行事前的审查控制是非常必要的。为了加强对工程建设活动的监督管理，在建筑立法中，确立了建筑工程施工许可、从业单位的资质许可和专业技术人员执业资格许可的法律制度。本章将分别阐述这三项法律制度。

第一节 建筑工程施工许可

对建筑工程实行施工许可制度，是许多国家对建筑活动实施监督管理所采用的做法，不少国家在其建筑立法中都对此做出了规定。这项制度是指由国家授权有关行政主管部门，在建筑工程施工开始以前，对该项工程是否符合法定的开工必备条件进行审查，对符合条件的建筑工程发给施工许可证，允许该工程开工建设的一项制度。在我国，对有关建筑工程实行施工许可制度，有利于保证开工建设的工程符合法定条件，在开工后能够顺利进行，避免不具备条件的建筑工程盲目开工而给相关当事人造成损失和社会财富的浪费，同时也便于有关行政主管部门全面掌握和了解其管辖范围内有关建筑工程的数量、规模、施工队伍等基本情况，及时对各个建筑工程依法进行监督和指导，保证建筑活动依法进行。

一、建筑工程施工许可证的申领时间与范围

（一）施工许可证的申领时间

施工许可证是指建筑工程开始施工前，建设单位向建设行政主管部门申请的可以施工的证明。根据《建筑法》第七条的规定，施工许可证应在建筑工程开工前申请领取。

根据国家计划主管部门的有关规定，开工日期是指建设项目或单项工程设计文件中规定的永久性工程计划开始施工的时间，以永久性工程正式破土开槽开始施工的时间为准，在此之前的准备工作，如地质勘察、平整场地、拆除旧有建筑物、临时建筑、施工用临时道路、水、电等工程都不算正式开工。建设单位未依法在开工前申请领取施工许可证便开工建设的，属于违法行为，应当按照《建筑法》第六十四条的规定追究其行政法律责任。

（二）申领施工许可证的范围

申领施工许可证的范围，是指什么情况下的建筑工程需要领取施工许可证。根据《建筑法》的规定，除下列六类工程不需要办理施工许可证外，其余所有在我国境内的

建筑工程均应领取施工许可证。这六类工程是：

1. 国务院建设行政主管部门确定的限额以下的小型工程

根据2001年7月4日建设部发布的《建筑工程施工许可管理办法》第二条，所谓的限额以下的小型工程指的是：工程投资额在30万元以下或者建筑面积在300平方米以下的建筑工程。同时，该《办法》，也进一步作出了说明，省、自治区、直辖市人民政府建设行政主管部门可以根据当地的实际情况，对限额进行调整，并报国务院建设行政主管部门备案。

2. 作为文物保护的建筑工程

《建筑法》第八十三条规定："依法核定作为文物保护的纪念建筑物和古建筑等的修缮，依照文物保护的有关法律规定执行。"

3. 抢险救灾工程

由于此类工程的特殊性，《建筑法》第八十三条同样规定此类工程开工前不需要申请施工许可证。

4. 临时性房屋建筑和农民自建低层住宅

工程建设中经常会出现临时性房屋建筑，例如工人的宿舍、食堂等。这些临时性建筑由于其生命周期短，《建筑法》也规定此类工程不需要申请施工许可证。农民自建的低层住宅，由于其建筑规模较小，也没有必要申请施工许可证。

5. 军用房屋建筑

由于此类工程涉及到军事秘密，不宜过多公开信息，《建筑法》第八十四条明确规定："军用房屋建筑工程建筑活动的具体管理办法，由国务院、中央军事委员会依据本法制定。"

6. 按照国务院规定的权限和程序批准开工报告的建筑工程

此类工程开工的前提是已经有经批准的开工报告，而不是施工许可证，因此，此类工程自然是不需要申请施工许可证的。

从以上的规定中可以看出，并不是所有的建筑工程都必须申请领取施工许可证，而只是对投资额较大、结构较复杂的工程，才领取施工许可证。限定领取施工许可证的范围，一是考虑到我国正在进行大规模的经济建设，工程建设的任务繁重，如果工程不分大小均要领取施工许可证，既无必要，也难以做到；二是考虑到要突出政府对工程管理的重点，提高行政办事效率；三是避免与开工报告重复审批。

二、建筑工程施工许可证的申领条件

施工许可证的申领条件，是指申请领取施工许可证应当达到的要求。

施工许可证申领条件的确定是为了保证建筑工程开工后，组织施工能够顺利进行。根据《建筑法》第八条和《建筑工程施工许可管理办法》第四条的规定，申请领取施工许可证，应当具备下列条件：

（1）已经办理该建筑工程用地批准手续：根据我国《城市房地产管理法》和《土地管理法》的规定，建设单位取得建筑工程用地使用权，可以通过两种方式，即出让和划拨。建设单位依法以出让或划拨方式取得土地使用权，应当向县级以上地方人民政府土地管理部门申请登记，经县级以上地方人民政府土地管理部门核实，由同级人民政府颁发土地使用权证书。建设单位取得土地使用权证书表明已经办理了该建筑工程用地批准手续。

（2）在城市规划区的建筑工程，已经取得建设工程规划许可证：这是在城市规划区的建筑工程开工建设的前提条件。规划许可证包括建设用地规划许可证和建设工程规划许可证，详见第一章第四节。

（3）施工场地已经基本具备施工条件，需要拆迁的，其拆迁进度符合施工要求。

（4）已经确定建筑施工企业：建筑工程的施工必须由具备相应资质的建筑施工企业来承担。建设单位要依法确定建筑施工企业。

（5）有满足施工需要的施工图纸及技术资料，施工图设计文件已按规定进行了审查，这一项包含三层意思：一是要有满足施工需要的施工图纸，二是要有满足施工需要的技术资料，三是施工图设计文件已按规定进行了审查。

（6）有保证工程质量和安全的具体措施，并按照规定办理了工程质量、安全监督手续：施工企业编制的施工组织设计中有根据建筑工程特点制定的相应质量、安全技术措施，专业性较强的工程项目编制了专项质量、安全施工组织设计，并按照规定办理了工程质量、安全监督手续。

（7）按照规定应该委托监理的工程已委托监理。

（8）建设资金已经落实：建设资金的落实是建筑工程开工后顺利实施的关键。根据《建筑工程施工许可管理办法》第四条的规定，建设工期不足1年的，到位资金原则上不得少于工程合同价的50%，建设工期超过1年的，到位资金原则上不得少于工程合同价的30%。建设单位应当提供银行出具的到位资金证明，有条件的可以实行银行付款保函或者其他第三方担保。计划、财政、审计等部门应严格审查建设项目开工前和年度计划中的资金来源，据实出具资金证明。

（9）法律、行政法规规定的其他条件。

上述九个方面的条件，是建设单位申请领取施工许可证所必须同时具备的必要条件，缺一不可。

三、未取得施工许可证擅自开工的后果

《建筑法》第六十四条规定："违反本法规定，未取得施工许可证或者开工报告未经批准擅自施工的，责令改正，对不符合开工条件的责令停止施工，可以处以罚款。"

《建筑工程施工许可管理办法》第十条规定："对于未取得施工许可证或者为规避办理施工许可证将工程项目分解后擅自施工的，由有管辖权的发证机关责令改正，对于不符合开工条件的责令停止施工，并对建设单位和施工单位分别处以罚款。"

对这两条规定进行分析，我们可以对未取得施工许可证擅自开工的建设项目得出下面的结论：

1. 都将被责令改正，也就是要去申请领取施工许可证。

2. 对于不符合开工条件的，都要被责令停工。至于是否要对建设单位或者施工单位进行罚款，《建筑法》并没有作出强制性规定，而是"可以处以罚款"。《建筑工程施工许可管理办法》则作出了强制性规定，"并对建设单位和施工单位分别处以罚款"。

3. 对于符合开工条件的，《建筑法》与《建筑工程施工许可管理办法》都没有作出明确规定。我们可以根据存在的条款推断出，这种情况不需要停工，也不可以对建设单位或者施工单位处以罚款。

四、申请办理施工许可证的程序

（一）建设单位要取得施工许可证，必须先提出申请

建设单位，又称业主或项目法人，是指建设项目的投资者。做好各项施工准备工作，是建设单位应尽的义务，因此，施工许可证的申领，应当由建设单位来承担，而不是施工单位或其他单位。

建设单位申请领取施工许可证的工程名称、地点、规模，应当与依法签订的施工承包合同一致。

（二）申请办理施工许可证的程序

根据《建筑法》和《建筑工程施工许可管理办法》的规定，建设单位在提出申请办理施工许可证时，应当按照下列程序进行：

1. 建设单位向有权颁发施工许可证的建设行政主管部门领取《建筑工程施工许可证申请表》。

2. 建设单位持加盖单位及法定代表人印鉴的《建筑工程施工许可证申请表》，并附上规定的证明文件，向发证机关提出申请。

3. 发证机关在收到建设单位报送的《建筑工程施工许可证申请表》和所附证明文件后，要对申请进行认真全面的审查，对于符合条件的，应当自收到申请之日起15日内颁发施工许可证；对于证明文件不齐全或者失效的，应当限期要求建设单位补正，审批时间可以自证明文件补正齐全后作相应顺延；对于不符合条件的，应当自收到申请之日起15日内书面通知建设单位，并说明理由。

建筑工程在施工过程中，建设单位或者施工单位发生变更的，应当重新申请领取施工许可证。

施工许可证不得伪造和涂改。施工许可证应当放置在施工现场备查。

五、施工许可证争议的解决

对建筑行政主管部门不批准施工许可证申请，或长期无故拖延不作决定的，建设单位可以根据《行政复议条例》的规定，向复议机关申请行政复议，对复议决定不服的，可以根据《行政诉讼法》的规定，向人民法院起诉；建设单位也可以根据《行政诉讼法》的规定，直接向人民法院起诉。

行政复议的含义和申请程序，行政诉讼的含义和诉讼程序详见第九章第四节。

六、施工许可证的有效期与延期

施工许可证是建筑活动开始进行的有效法律凭证,为了维护施工许可证的严肃性,对施工许可证的有效期与延期进行限定是非常必要的。根据《建筑法》第九条和《建筑工程施工许可管理办法》第八条的规定,施工许可证的有效期与延期有以下几层涵义:

1. 建设单位应当自领取施工许可证之日起3个月内开工,这是一项义务规定,目的是保证施工许可证的有效性,利于发证机关进行监督。

2. 施工许可证的延期。工程因故不能开工的,可以申请延期。申请时间是在施工许可证期满前由建设单位向发证机关提出,并说明理由。理由应当是合理的,比如不可抗力的原因,"三通一平"没有完成,材料、构件等没有按计划进场等。延期以两次为限,每次不超过3个月。

3. 施工许可证的自行废止。所谓自行废止,即自动失去法律效力。施工许可证失去法律效力后,建设单位如组织开工,还必须重新领取新的施工许可证。施工许可证自动废止的情况有两种,一是既不在3个月内开工,又不向发证机关申请延期;二是超过延期的次数和时限,即建设单位在申请的延期内仍没有开工。

《建筑法》对施工许可证的有效期和延期作出规定非常必要,体现了行政机关对施工许可证的原则性与灵活性的结合。一方面,建设行政主管部门依法颁发施工许可证,是国家对建筑活动进行宏观调控的一种手段,建设单位必须在施工许可证规定的有效期内开工,不得无故拖延;另一方面,由于不可抗力和某些合理的客观原因,可能影响建筑工程的如期开工,因此,根据客观情况的变化,允许延期是必要的。明确规定施工许可证的有效期限,可以督促建设单位及时开工,保证施工的顺利进行,有利于加强对建筑施工的监督管理,保护参与施工活动各方的合法权益,提高投资效益,维护施工许可证的严肃性。

七、中止施工与恢复施工

中止施工与恢复施工是施工活动中两项非常重要的行为,《建筑法》第十条和《建筑工程施工许可管理办法》第九条对此作出了明确的规定,这样有利于建设行政主管部门掌握建筑工程的基本情况,加强对建筑施工的监督管理,有利于保证建筑工程质量和搞好建筑安全生产。

(一)中止施工

中止施工,是指建筑施工开工后,在施工过程中,因特殊情况的发生而中途停止施工的一种行为。中止施工的时间一般都较长,恢复施工的日期难以在中止时确定。

中止施工后,建设单位应做好两方面工作:一是向发证机关报告中止施工的情况包括中止施工的时间、原因、在施部位、维护管理措施等,此报告应在中止施工起1个月内完成;二是按照规定作好建筑工程的维护管理工作。

(二)恢复施工

恢复施工,是指建筑工程中止施工后,造成中止施工的情况消除,而继续进行施工的一种行为。在恢复施工时,中止施工不满1年的,建设单位应当向该建筑工程的发证机关报告恢复施工的有关情况;中止施工满1年的,建筑工程恢复施工前,建设单位应当报发证机关核验施工许可证。建设行政主管部门对中止施工满1年的建筑工程进行审查,重新确定其是否仍具备组织施工的条件。符合条件的,应允许恢复施工,施工许可证继续有效;对不符合条件的,不许恢复施工,施工许可证收回,待具备条件后,建设单位重新申领施工许可证。

八、建筑工程开工报告的管理

开工报告的审批也是一种政府行政许可的行为。开工报告批准后,建设单位也应按照开工报告规定的期限尽快开工,不得随意改变和拖延时间。为了维护政府的权威和政府许可行为的严肃性,《建筑法》第七条、第十一条对此作出了规定。

1. 按照国务院有关规定批准开工报告的建筑工程,因特殊情况发生,不能按照开工报告规定期限开工的,建设单位应尽快向批准该开工报告的机关报告情况。

2. 按照国务院有关规定批准开工报告的建筑工程,已经按照开工报告规定的期限开始施工,在施工过程中,因特殊情况发生,而中途停止施工的,建设单位应尽快向批准该开工报告的机关报告中止施工的有关情况。

3. 因特殊情况不能按照开工报告规定的期限开工,时间超过6个月的,开工报告自行失效。建设单位应当按照国务院有关规定重新向批准开工报告的机关办理开工报告的批准手续。

第二节 从业单位资格许可

从业单位资格许可包括从业单位的条件和从业单位的资质。为了建立和维护建筑市场的正常秩序,确立进入建筑市场从事建筑活动的准入规则,《建筑法》第十二条和第十三条规定了从事建筑活动的建筑施工企业、勘察单位、设计单位、工程监理单位进入建筑市场应当具备的条件和资质审查制度。建设部第84号令、第149号令规定了城市规划编制单位和工程造价咨询企业进入建筑市场应当具备的条件和资质审查制度。

一、从业单位的条件

建筑活动不同于一般的经济活动,从业单位条件的高低直接影响建筑工程质量和建筑安全生产,因此,从事建筑活动的单位必须符合严格的资格条件。

根据《建筑法》的规定,从事建筑活动的建筑施工企业、勘察单位、设计单位和工程监理单位,应当具备下列条件:

(一)有符合国家规定的注册资本

注册资本反映的是企业法人的财产权,也是判断企业经济力量的依据之一。建筑从业单位的注册资本必须适应从事建筑活动的需要，不得低于某限额。

1. 建设部最近制定的《建筑业企业资质管理规定》（建设部令第159号，2007年6月26日）对房屋建筑工程施工总承包企业和公路工程施工总承包企业的注册资本的最低限额做出的规定是：

（1）房建工程：特级企业注册资本金3亿元以上；一级企业注册资本金5000万元以上；二级企业注册资本金2000万元以上；三级企业注册资本金600万元以上。

（2）公路工程：特级企业注册资本金3亿元以上；一级企业注册资本金6000万元以上；二级企业注册资本金3000万元以上；三级企业注册资本金1000万元以上。

2. 建设部最近发布的《建设工程勘察设计资质管理规定》（建设部令第160号，2007年6月26日）对工程勘察设计单位的注册资本的最低限额做出了明确规定：

（1）工程勘察综合类资质注册资本金不少于800万元；工程勘察专业类甲级资质注册资本金不少于150万元，乙级不少于80万元，丙级不少于50万元。

（2）工程设计综合类资质注册资本金不少于6000万元；工程设计行业类甲级资质注册资本金不少于600万元，乙级不少于300万元，丙级不少于100万元；工程设计专业类甲级资质注册资本金不少于300万元，乙级不少于100万元，丙级不少于50万元。

3. 建设部2007年5月21日发布的《工程监理企业资质标准》（建市[2007]131号）对工程监理单位注册资本的最低限额作出的规定是：

工程监理综合类资质注册资本金不少于600万元；工程监理专业类甲级资质注册资本金不少于300万元，乙级不少于100万元，丙级不少于50万元。

4. 建设部2006年3月22日发布的《工程造价咨询企业管理办法》（建设部令第149号）对工程造价咨询单位注册资本的最低限额作出的规定是：

甲级工程造价咨询企业注册资本不少于人民币100万元；乙级工程造价咨询企业注册资本不少于人民币50万元。

（二）有与其从事的建筑活动相适应的具有法定执业资格的专业技术人员

本条有两层涵义：①由于建筑活动是一种专业性、技术性很强的活动，而且建筑工程的规模和复杂程度各不相同，所以从事建筑活动的建筑施工企业、勘察单位、设计单位和工程监理单位必须有与其从事的建筑活动相适应的专业技术人员；②建筑活动是一种涉及到公民生命和财产安全的一种特殊活动，因而从事建筑活动的专业技术人员，还必须有法定执业资格。这种法定执业资格必须依法通过考试和注册才能取得，例如施工总承包企业特级资质要求：具有注册一级建造师（一级项目经理）50人以上；具有本类别相关的行业工程设计甲级资质标准要求的专业技术人员；财务负责人具有高级会计师职称及注册会计师资格。

（三）有从事相关建筑活动所应有的技术装备

建筑活动具有专业性强、技术性强的特点，没有相应的技术装备无法进行，如从事建筑施工活动，必须有相应的施工机械设备与质量检验测试手段；从事勘察设计活动的建筑施工企业、勘察单位、设计单位和工程监理单位必须有从事相关建筑活动所应有的技术装备。没有相应技术装备的单位，不得从事建筑活动。

(四)法律、行政法规的其他条件

建筑施工企业、勘察单位、设计单位和工程监理单位,除了应具备以上三项条件外,还必须具备从事经营活动所应具备的其他条件。如按照《民法通则》第三十七条规定,法人应当有自己的名称、组织机构和场所。按照《公司法》规定设立从事建筑活动的有限责任公司和股份有限公司,股东或发起人必须符合法定人数;股东或发起人共同制定公司章程;有公司名称,建立符合要求的组织机构;有固定的生产经营场所和必要的生产条件等。

这里需要指出的是"其他条件"仅指法律、行政法规规定的条件,不包括部门规章、地方性法规和规章及其他规范性文件的规定,因为涉及市场准入规则的问题,应当由法律、行政法规作出统一的规定。

二、从业单位的资质管理体制

国务院建设行政主管部门负责全国建筑业企业资质、建设工程勘察资质、设计资质、工程监理企业资质的归口管理工作,国务院铁道、交通、水利、信息产业、民航等有关部门配合国务院建设行政主管部门实施相关资质类别和相应行业企业资质的管理工作。

新设立的企业,应到工商行政主管部门登记注册手续并取得企业法人营业执照后,方可到建设行政主管部门办理资质申请手续。任何单位和个人不得涂改、伪造、出借、转让企业资质证书,不得非法扣押、没收资质证书。

三、建筑施工企业从业资质管理制度

《建筑法》第十三条对从事建筑活动的各类单位作出了必须进行资质审查的明确规定:"从事建筑活动的建筑施工企业、勘察单位、设计单位和工程监理单位,按照其拥有的注册资本、专业技术人员、技术装备和已完成的建筑工程业绩等资质条件,划分不同的资质等级,经资质审查合格,取得相应等级资质证书后,方可在其资质等级许可的范围内从事建筑活动。"从而在法律上确定了从业单位资质管理制度。

建设部发布的《建筑业企业资质管理规定》(2007年9月1日)和《施工总承包企业特级资质标准》(2007年3月13日),以及《建筑业企业资质等级标准》(2001年7月1日),对建筑施工企业的资质等级与标准、申请与审批、监督与管理、业务范围等作出了明确规定。

(一)资质序列、资质类别、资质等级和工程承接范围

《建筑业企业资质管理规定》规定:建筑业企业应当按照其拥有的注册资本、专业技术人员、技术装备和已完成的建筑工程业绩等条件申请资质,经审查合格,取得建筑业企业资质证书后,方可在资质许可的范围内从事建筑施工活动。

1. 资质序列

建筑业企业资质分为施工总承包、专业承包和劳务分包三个序列。

2. 资质类别

施工总承包资质、专业承包资质、劳务分包资质这三个序列的建筑业企业按照各自的工程性质和技术特点分别划分为若干资质类别。

(1) 施工总承包企业资质划分为12个资质类别。

(2) 专业承包企业资质划分为60个资质类别。

(3) 劳务分包企业资质划分为13个资质类别。

3. 资质等级

各资质类别按照各自规定的条件划分为若干资质等级：

(1) 施工总承包企业资质分为特级、一、二、三级。

(2) 专业承包企业资质分为一、二、三级或无级别，例如，地基与基础工程专业承包企业资质分为一级、二级、三级；桥梁工程专业承包企业资质分为一级、二级；预应力工程专业承包企业资质分为二级、三级；城市轨道交通工程专业承包企业资质不分等级。

(3) 劳务分包企业资质分为一、二级或无级别，例如，木工作业分包企业资质分为一级、二级；抹灰作业分包企业资质不分等级。

4. 工程承接范围

各个序列的建筑业企业资质工程承接范围如表2-1所示。

表2-1 建筑业企业资质序列划分及工程承接范围

资质序列	工程承接范围	
施工总承包	可以承接施工总承包工程	可以对所承接的施工总承包工程内各专业工程全部自行施工，也可以将专业工程或劳务作业依法分包给具有相应资质的专业承包企业或劳务分包企业
专业承包	可以承接施工总承包企业分包的专业工程和建设单位依法发包的专业工程	可以对所承接的专业工程全部自行施工，也可以将劳务作业依法分包给具有相应资质的劳务分包企业
劳务分包	可以承接施工总承包企业或专业承包企业分包的劳务作业	

(二) 资质许可

《建筑业企业资质管理规定》第三条规定，建筑业企业应当按照其拥有的注册资本、专业技术人员、技术装备和已完成的建筑工程业绩等条件申请资质，经审查合格，取得建筑业企业资质证书后，方可在资质许可的范围内从事建筑施工活动。建筑业企业资质许可包括资质申请和审批、资质升级和资质增项、资质证书延续、资质证书变更等。

1. 资质申请和审批

建筑业企业可以申请一项或多项建筑业企业资质；申请多项建筑业企业资质的，应当选择等级最高的一项资质为企业主项资质。企业领取新的建筑业企业资质证书时，应当将原资质证书交回原发证机关予以注销。

资质申请和审批根据管理机构的管辖权限实行分级申请和审批。

各级人民政府建设主管部门都应当将准予资质许可的决定报国务院建设主管部门备案。

2. 首次申请建筑业企业资质

（1）企业首次申请建筑业企业资质，不考核企业工程业绩，其资质等级按照最低资质等级核定。

（2）已取得工程设计资质的企业首次申请同类别或相近类别的建筑业企业资质的，可以将相应规模的工程总承包业绩作为工程业绩予以申报，但申请资质等级最高不超过其现有工程设计资质等级。

3. 增项申请

增项申请建筑业企业资质，与首次申请建筑业企业资质提交的材料完全一样。企业增项申请建筑业企业资质，不考核企业工程业绩，其资质等级按照最低资质等级核定。

4. 不予批准企业资质升级申请和增项申请的情况

取得建筑业企业资质的企业，申请资质升级、资质增项，在申请之日起前一年内有下列情形之一的，资质许可机关不予批准企业的资质升级申请和增项申请：

（1）超越本企业资质等级或以其他企业的名义承揽工程，或允许其他企业或个人以本企业的名义承揽工程的；

（2）与建设单位或企业之间相互串通投标，或以行贿等不正当手段谋取中标的；

（3）未取得施工许可证擅自施工的；

（4）将承包的工程转包或违法分包的；

（5）违反国家工程建设强制性标准的；

（6）发生过较大生产安全事故或者发生过两起以上一般生产安全事故的；

（7）恶意拖欠分包企业工程款或者农民工工资的；

（8）隐瞒或谎报、拖延报告工程质量安全事故或破坏事故现场、阻碍对事故调查的；

（9）按照国家法律、法规和标准规定需要持证上岗的技术工种的作业人员未取得证书上岗，情节严重的；

（10）未依法履行工程质量保修义务或拖延履行保修义务，造成严重后果的；

（11）涂改、倒卖、出租、出借或者以其他形式非法转让建筑业企业资质证书的；

（12）其他违反法律、法规的行为。

5. 资质证书

建筑业企业资质证书分为正本和副本，正本一份，副本若干份，由国务院建设主管部门统一印制，正、副本具备同等法律效力。资质证书有效期为5年。

企业需增补（含增加、更换、遗失补办）建筑业企业资质证书的，应当持资质证书增补申请等材料向资质许可机关申请办理。遗失资质证书的，在申请补办前应当在公众媒体上刊登遗失声明。资质许可机关应当在2日内办理完毕。

6. 资质延续

资质有效期届满，企业需要延续资质证书有效期的，应当在资质证书有效期届满

60日前，申请办理资质延续手续。

对在资质有效期内遵守有关法律、法规、规章、技术标准，信用档案中无不良行为记录，且注册资本、专业技术人员满足资质标准要求的企业，经资质许可机关同意，有效期延续5年。

7. 资质变更

建筑业企业在资质证书有效期内名称、地址、注册资本、法定代表人等发生变更的，应当在工商部门办理变更手续后30日内办理资质证书变更手续。

（三）建筑业企业资质的监督管理

1. 监督检查资质管理工作的实施

建设主管部门、其他有关部门在履行对资质管理工作的监督检查职责时，有权采取下列措施：

（1）要求被检查单位提供建筑业企业资质证书、注册执业人员的注册执业证书，有关施工业务的文档，有关质量管理、安全生产管理、档案管理、财务管理等企业内部管理制度的文件；

（2）进入被检查单位进行检查，查阅相关资料；

（3）纠正违反有关法律、法规、规章及有关规范和标准的行为。

建设主管部门、其他有关部门依法对企业从事行政许可事项的活动进行监督检查时，应当将监督检查情况和处理结果予以记录，由监督检查人员签字后归档。

建设主管部门、其他有关部门在实施监督检查时，应当有两名以上监督检查人员参加，并出示执法证件，不得妨碍企业正常的生产经营活动，不得索取或者收受企业的财物，不得谋取其他利益。

有关单位和个人对依法进行的监督检查应当协助与配合，不得拒绝或者阻挠。

监督检查机关应当将监督检查的处理结果向社会公布。

2. 违法行为的处理

建筑业企业违法从事建筑活动的，违法行为发生地的县级以上地方人民政府建设主管部门或者其他有关部门应当依法查处，并将违法事实、处理结果或处理建议及时告知该建筑业企业的资质许可机关。

（1）企业资质不符合相应资质条件的处理

企业取得建筑业企业资质后不再符合相应资质条件的，建设主管部门、其他有关部门根据利害关系人的请求或者依据职权，可以责令其限期改正；逾期不改的，资质许可机关可以撤回其资质。被撤回建筑业企业资质的企业，可以申请资质许可机关按照其实际达到的资质标准，重新核定资质。

（2）企业资质的撤销

有下列情形之一的，资质许可机关或者其上级机关，根据利害关系人的请求或者依据职权，可以撤销建筑业企业资质：①资质许可机关工作人员滥用职权、玩忽职守作出准予建筑业企业资质许可的；②超越法定职权作出准予建筑业企业资质许可的；③违反法定程序作出准予建筑业企业资质许可的；④对不符合许可条件的申请人作出准予建筑业企业资质许可的；⑤以欺骗、贿赂等不正当手段取得建筑业企业资质证书的；⑥依法可以撤销资质证书的其他情形。

(3) 企业资质的注销

有下列情形之一的，资质许可机关应当依法注销建筑业企业资质，并公告其资质证书作废，建筑业企业应当及时将资质证书交回资质许可机关：①资质证书有效期届满，未依法申请延续的；②建筑业企业依法终止的；③建筑业企业资质依法被撤销、撤回或吊销的；④法律、法规规定的应当注销资质的其他情形。

有关部门应当将监督检查情况和处理意见及时告知资质许可机关。资质许可机关应当将涉及有关铁路、交通、水利、信息产业、民航等方面的建筑业企业资质被撤回、撤销和注销的情况告知同级有关部门。

3. 企业信用档案信息的建立和公示

企业应当按照有关规定，向资质许可机关提供真实、准确、完整的企业信用档案信息。

企业的信用档案应当包括企业基本情况、业绩、工程质量和安全、合同履约等情况。被投诉举报和处理、行政处罚等情况应当作为不良行为记入其信用档案。

企业的信用档案信息按照有关规定向社会公示。

四、勘察设计单位从业资质管理制度

《建设工程勘察设计企业资质管理规定》（2007年9月1日）和《关于印发"工程设计资质标准"的通知》（2007年3月29日），以及建设部修订实施的《工程勘察资质分级标准》（2001年1月20日），对工程勘察设计企业的资质等级与标准、申请与审批、业务范围等作出了明确规定。

（一）工程勘察资质的分类、分级和工程承接范围

《建设工程勘察设计企业资质管理规定》规定，建设工程勘察企业应当按照其拥有的注册资本、专业技术人员、技术装备和勘察设计业绩等条件申请资质，经审查合格，取得建设工程勘察资质证书后，方可在资质等级许可的范围内从事建设工程勘察活动。

工程勘察资质范围包括建设项目的岩土工程、水文地质勘察和工程测量等专业。其中岩土工程是指：岩土工程勘察、岩土工程工程设计、岩土工程测试监测检测、岩土工程咨询监理、岩土工程治理。

工程勘察资质的分类、分级和工程承接范围如表 2-2 所示。

表 2-2 工程勘察资质的分类、分级和工程承接范围

资质类别	资质分级	工程承接范围
工程勘察综合资质	只设甲级	可以承接各专业（海洋工程勘察除外）、各等级工程勘察业务
工程勘察专业资质	设甲级、乙级，根据工程性质和技术特点，部分专业可以设丙级	可以承接相应等级相应专业的工程勘察业务
工程勘察劳务资质	不分等级	可以承接岩土工程治理、工程钻探、凿井等工程勘察劳务业务

（二）工程设计资质的分类、分级和工程承接范围

1. 工程设计资质的分类

工程设计资质分为工程设计综合资质、工程设计行业资质、工程设计专业资质和工程设计专项资质四个类别。

（1）工程设计综合资质是指涵盖21个行业的设计资质。

（2）工程设计行业资质是指涵盖某个行业资质标准中的全部设计类型的设计资质。

（3）工程设计专业资质是指某个行业资质标准中的某一个专业的设计资质。

（4）工程设计专项资质是指为适应和满足行业发展的需求，对已形成产业的专项技术独立进行设计以及设计、施工一体化而设立的资质。

2. 工程设计资质的分级

工程设计资质的分级和工程承接范围如表2-3所示。

表 2-3　工程设计资质的分级和工程承接范围

资质类别	资质分级	工程承接范围
工程设计综合资质	只设甲级	可以承接各行业、各等级的建设工程设计业务
工程设计行业资质	设甲、乙两个级别；根据工程性质和技术特点，个别行业、专业、专项资质可以设丙级，建筑工程专业资质可以设丁级	可以承接相应行业相应等级的工程设计业务及本行业范围内同级别的相应专业、专项（设计施工一体化资质除外）工程设计业务
工程设计专业资质		可以承接本专业相应等级的专业工程设计业务及同级别的相应专项工程设计业务（设计施工一体化资质除外）
工程设计专项资质		可以承接本专项相应等级的专项工程设计业务

（三）资质许可

《建设工程勘察设计资质管理规定》第三条规定，从事建设工程勘察、工程设计活动的企业，应当按照其拥有的注册资本、专业技术人员、技术装备和勘察设计业绩等条件申请资质，经审查合格，取得建设工程勘察、工程设计资质证书后，方可在资质许可的范围内从事建设工程勘察、工程设计活动。建设工程勘察设计的资质许可包括资质申请和审批、资质升级和资质增项、资质证书延续、资质证书变更等。

建设工程勘察、设计企业的资质实行分级审批。工程勘察、工程设计资质证书分为正本和副本，正本一份，副本六份，由国务院建设主管部门统一印制，正、副本具备同等法律效力。资质证书有效期为5年。

五、工程监理企业从业资质管理制度

2007年6月26日，建设部以第158号令发布的《工程监理企业资质管理规定》（自2007年8月1日起施行），以及2007年7月31日建设部颁布实施的关于印发《工程监理企业资质管理规定实施意见》的通知（建市［2007］190号），对工程监理企业的资质等级、资质标准、申请与审批、业务范围等作了明确规定。

第二章 建筑许可法规

（一）工程监理资质的分类、分级和工程承接范围

1. 工程监理资质的分类

工程监理企业资质分为综合资质、专业资质和事务所资质，其中，专业资质按照工程性质和技术特点划分为房屋建筑工程、市政公用工程、水利水电工程、铁路工程、公路工程等14个工程类别。

2. 工程监理企业资质的分级和工程承接范围

工程监理资质的分级和工程承接范围如表2-4所示。

表2-4 工程监理资质的分级和工程承接范围

资质类别	资质分级	工程承接范围
工程监理综合资质	不分等级	可以承担所有专业工程类别建设工程项目的工程监理业务
工程监理专业资质	分为甲级、乙级，其中，房屋建筑、水利水电、公路和市政公用专业资质可设立丙级	专业甲级资质可承担相应专业工程类别各个级别建设工程项目的工程监理业务；专业乙级资质可承担相应专业工程类别二级以下（含二级）建设工程项目的工程监理业务；专业丙级资质可承担相应专业工程类别三级建设工程项目的工程监理业务
工程监理事务所资质	不分等级	可承担三级建设工程项目的工程监理业务，但是，国家规定必须实行强制监理的工程除外

（二）资质许可

《工程监理企业资质管理规定》第三条规定，从事建设工程监理活动的企业，应当按照本规定取得工程监理企业资质，并在工程监理企业资质证书许可的范围内从事工程监理活动。工程监理企业的资质许可包括资质申请和审批、资质升级和资质增项、资质证书延续、资质证书变更等。

1. 工程监理企业的资质审批

工程监理企业的资质实行分级审批。

（1）工程监理综合资质、专业类甲级资质由国务院建设主管部门审批。

（2）申请工程监理专业类乙级、丙级资质和事务所类资质由企业所在地省、自治区、直辖市人民政府建设主管部门审批。

（3）工程监理企业资质证书的有效期为5年，正本1份，副本4份。

2. 新设立的工程监理企业的资质申请

新设立的企业申请工程监理企业资质，应先取得《企业法人营业执照》或《合伙企业营业执照》，办理完相应的执业人员注册手续后，方可申请资质。

取得《企业法人营业执照》的企业，只可申请综合资质和专业资质，取得《合伙企业营业执照》的企业，只可申请事务所资质。

新设立的企业申请工程监理企业资质，应从专业乙级、丙级资质或事务所资质开始申请，不需要提供业绩证明材料。申请房屋建筑、水利水电、公路和市政公用工程专业资质的企业，也可以直接申请专业乙级资质。

六、工程造价咨询企业从业资质管理制度

工程造价咨询企业,是指接受委托,对建设项目投资、工程造价的确定与控制提供专业咨询服务的企业。2006年3月22日,建设部以第149号令发布的《工程造价咨询企业管理办法》(自2006年7月1日起施行),对工程造价咨询企业的资质等级、资质标准、申请与审批、业务范围等作了明确规定。

(一)工程造价咨询企业的资质等级与业务承接范围

工程造价咨询企业资质等级分为甲级、乙级。

新申请工程造价咨询企业资质的,其资质等级按照规定的资质标准核定为乙级,设暂定期1年。

暂定期届满需继续从事工程造价咨询活动的,应当在暂定期届满30日前,向资质许可机关申请换发资质证书。符合乙级资质条件的,由资质许可机关换发资质证书。

工程造价咨询企业依法从事工程造价咨询活动,不受行政区域限制。工程造价咨询企业的资质等级与业务承接范围如表2-5所示。

表2-5 工程造价咨询企业的资质等级与业务承接范围

资质等级	业务承接范围
甲级	可以从事各类建设项目的工程造价咨询业务
乙级	可以从事工程造价5000万元人民币以下的各类建设项目的工程造价咨询业务

(二)资质许可

工程造价咨询企业的资质许可包括资质申请和许可、资质证书延续、资质证书变更等。

工程造价咨询企业的资质实行分级审批。工程造价咨询企业资质证书由国务院建设主管部门统一印制,分正本和副本。正本和副本具有同等法律效力。

工程造价咨询企业资质有效期为3年。

七、城市规划设计单位从业资质管理制度

为了加强城市规划设计单位的管理,提高城市规划设计质量,促进技术进步,维护城市规划设计市场正常秩序,建设部针对以往城市规划设计管理中存在的问题,决定实行城市规划设计资格许可证制度,并于1992年10月和1993年2月分别颁布了《城市规划设计单位资格管理办法》、《城市规划设计单位资格管理补充规定》。2001年1月23日,建设部又对以上两个规定作了修改并颁布了新的《城市规划编制单位资质管理规定》,自2001年3月1日起施行。

(一)城市规划编制单位的资质等级与业务承接范围

凡从事城市规划编制的单位,必须按照规定申请资格证书,经审查合格并取得《城市规划编制资质证书》后方可承担规划编制任务。

城市规划编制单位资质分为甲、乙、丙三级。

新设立的城市规划编制单位,在具备相应的技术人员、技术装备和注册资金时,可以申请暂定资质等级,暂定等级有效期 2 年。有效期满后,发证部门根据其业务情况,确定其资质等级。

城市规划编制单位的资质等级与业务承接范围如表 2-6 所示。

表 2-6 城市规划编制单位的资质等级与业务承接范围

资质等级	业务承接范围
甲级	承担城市规划编制任务的范围不受限制
乙级	可以在全国承担下列任务:20 万人口以下城市总体规划和各种专项规划和编制(含修订或者调整);详细规划的编制;研究拟定大型工程项目规划选址意见书
丙级	可以在本省、自治区、直辖市承担下列任务:建制镇总体规划编制和修订;20 万人口以下城市的详细规划和各种专项规划的编制;中、小型建设工程项目规划选址的可行性研究

(二)资质许可

城市规划编制单位的资质,实行分级审批制度。城市规划编制单位的资质证书由国务院城市规划行政主管部门统一印制,分正本和副本。正本和副本具有同等法律效力。城市规划编制单位资质有效期为 6 年。

八、建筑装饰装修单位从业资质管理制度

(一)建筑装饰设计单位资质与业务承接范围

从事建筑装饰设计活动的单位,应当按照其拥有的注册资本、专业技术人员、技术装备和建筑装饰设计业绩等条件申请资质,经审查合格,取得建筑装饰设计资质证书后,方可在资质等级许可的范围内从事建筑装饰设计活动。

2001 年 1 月 9 日,建设部发布了《建筑装饰设计资质分级标准》,对建筑装饰设计单位的资质等级、资质标准、业务范围等作了明确规定。

建筑装饰设计单位的资质等级与业务承接范围如表 2-7 所示。

表 2-7 建筑装饰设计单位的资质等级与业务承接范围

资质等级	业务承接范围
甲级	承担建筑装饰设计项目的范围不受限制
乙级	可承担民用建筑工程设计等级二级及二级以下的民用建筑工程装饰设计项目
丙级	可承担民用建筑工程设计等级三级及三级以下的民用建筑工程装饰设计项目

(二)建筑装饰装修工程专业承包企业资质与业务承接范围

建筑装饰装修工程专业承包企业资质等级与业务承接范围如表 2-8 所示。

表 2-8 建筑装饰装修工程专业承包企业资质的资质等级与业务承接范围

资质等级	业务承接范围
一级	可承担各类建筑室内、室外装饰装修工程(建筑幕墙工程除外)的施工
二级	可承担单位工程造价 1200 万元及以下建筑室内、室外装饰装修工程(建筑幕墙工程除外)的施工
三级	可承担单位工程造价 60 万元及以下建筑室内、室外装饰装修工程(建筑幕墙工程除外)的施工

第三节　专业技术人员执业资格许可

执业资格许可制度是指对具备一定专业学历的从事建筑活动的专业技术人员，通过考试和注册确定其执业的技术资格，获得相应建筑工程文件签字权的一种制度。

对从事建筑活动的专业技术人员实行执业资格制度是非常必要的。《建筑法》第十四条对此作出了规定："从事建筑活动的专业技术人员，应当依法取得相应的执业资格证书，并在执业资格证书许可的范围内从事建筑活动。"

目前，我国对从事建筑活动的专业技术人员已建立起13种执业资格制度，即：注册城市规划师、注册建筑师、注册结构工程师、注册建造师、注册土木工程师（岩土）、注册土木工程师（港口与航道工程）、注册监理工程师、注册造价工程师、注册房地产估价师、注册安全工程师、注册公用设备工程师、注册电气工程师、注册化工工程师的执业资格制度。下面重点介绍注册建造师、注册建筑师、注册结构工程师、注册监理工程师、注册造价工程师的执业资格制度。

一、注册建筑师执业资格制度

注册建筑师，是指经考试、特许、考核认定取得中华人民共和国注册建筑师执业资格证书，或者经资格互认方式取得建筑师互认资格证书，并按照规定注册，取得中华人民共和国注册建筑师注册证书和中华人民共和国注册建筑师执业印章，从事建筑设计及相关业务活动的专业技术人员。

1995年9月国务院发布的《中华人民共和国注册建筑师条例》和2008年1月建设部发布的《中华人民共和国注册建筑师条例实施细则》，对注册建筑师执业资格做出了具体规定。我国注册建筑师分为两级，即一级注册建筑师和二级注册建筑师。

（一）注册建筑师的考试

申请参加注册建筑师考试，必须符合国家规定的教育标准和职业实践要求。

1. 一级注册建筑师考试报名条件

符合下列条件之一者，可申请参加一级注册建筑师考试：

（1）已取得建筑学硕士以上学位或者相近专业工学博士学位，并从事建筑设计或者相关业务2年以上；

（2）已取得建筑学学士学位或者相近专业工学硕士学位，并从事建筑设计或者相关业务3年以上；

（3）具有建筑学专业大学本科毕业学历，并从事建筑设计或者相关业务5年以上；或者具有建筑学相近专业大学本科毕业学历，并从事建筑设计或者相关业务7年以上；

（4）取得高级工程师技术职称并从事建筑设计或者相关业务3年以上；或者取得工

程师技术职称并从事建筑设计或者相关业务5年以上；

（5）不具有前四项规定的条件，但设计成绩突出（指获得国家或省部级优秀工程设计铜质或二等奖（建筑）及以上奖励），经全国注册建筑师管理委员会认定达到前四项的专业水平。

2. 二级注册建筑师考试报名条件

符合下列条件之一者，可申请参加二级注册建筑师考试：

（1）具有建筑学或者相近专业大学本科毕业以上学历，并从事建筑设计或者相关业务2年以上；

（2）具有建筑设计技术专业或者相近专业大专毕业以上学历，并从事建筑设计或者相关业务3年以上；

（3）具有建筑设计技术专业4年制中专毕业学历，并从事建筑设计或者相关业务5年以上；

（4）具有建筑设计技术相近专业中专毕业学历，并从事建筑设计或者相关业务7年以上；

（5）取得助理工程师以上技术职称，并从事建筑设计或者相关业务3年以上。

3. 考试合格证书的颁发

经一级注册建筑师考试，在有效期内全部科目考试合格的，由全国注册建筑师管理委员会核发国务院建设主管部门和人事主管部门共同用印的一级注册建筑师执业资格证书。

经二级注册建筑师考试，在有效期内全部科目考试合格的，由省、自治区、直辖市注册建筑师管理委员会核发国务院建设主管部门和人事主管部门共同用印的二级注册建筑师执业资格证书。

（二）注册建筑师的注册

注册建筑师实行注册执业管理制度。取得执业资格证书或者互认资格证书的人员，必须经过注册方可以注册建筑师的名义执业。建筑师的注册，根据注册内容的不同分为3种形式，即初始注册、延续注册和变更注册。

1. 注册管理规定

取得一级注册建筑师资格证书并受聘于一个相关单位的人员，应当通过聘用单位向单位工商注册所在地的省、自治区、直辖市注册建筑师管理委员会提出申请；省、自治区、直辖市注册建筑师管理委员会受理后提出初审意见，并将初审意见和申请材料报全国注册建筑师管理委员会审批；符合条件的，由全国注册建筑师管理委员会颁发一级注册建筑师注册证书和执业印章。

二级注册建筑师的注册办法由省、自治区、直辖市注册建筑师管理委员会依法制定。

2. 初始注册

（1）初始注册的条件

初始注册者可以自执业资格证书签发之日起3年内提出申请。逾期未申请者，须符合继续教育的要求后方可申请初始注册。

建筑师申请初始注册，应当具备以下条件：①依法取得执业资格证书或者互认资格证书；②只受聘于中华人民共和国境内的一个建设工程勘察、设计、施工、监理、招标代理、造价咨询、施工图审查、城乡规划编制等单位；③近三年内在中华人民共和国境内从事建筑设计及相关业务一年以上；④达到继续教育要求；⑤没有下面不予注册所列的情形。

(2) 申请初始注册应当提交的材料

申请建筑师初始注册，应当提交下列材料：①初始注册申请表；②资格证书复印件；③身份证明复印件；④聘用单位资质证书副本复印件；⑤与聘用单位签订的聘用劳动合同复印件；⑥相应的业绩证明；⑦逾期初始注册的，应当提交达到继续教育要求的证明材料。

(3) 不予注册（包括初始注册、延续注册和变更注册）的情形

申请人有下列情形之一的，不予初始注册：①不具备完全民事行为能力的；②申请在两个或者两个以上单位注册的；③未达到注册建筑师继续教育要求的；④受过刑事处罚，且自刑事处罚执行完毕之日起至申请注册之日不满5年的；⑤因在建筑设计或者相关业务中犯有错误受行政处罚或者撤职以上行政处分，自处罚、处分决定之日起至申请之日止不满2年的；⑥受吊销注册建筑师证书的行政处罚，自处罚决定之日起至申请注册之日止不满5年的；⑦申请人的聘用单位不符合注册单位要求的；⑧法律、法规规定不予注册的其他情形。

(4) 初始注册的有效期

注册建筑师初始注册的有效期限为2年。

3. 延续注册

注册建筑师注册有效期满需继续执业的，应在注册有效期届满30日前，按照规定的程序申请延续注册。延续注册有效期为2年。

延续注册需要提交下列材料：①延续注册申请表；②与聘用单位签订的聘用劳动合同复印件；③注册期内达到继续教育要求的证明材料。

4. 变更注册

注册建筑师变更执业单位，应当与原聘用单位解除劳动关系，并按照规定的程序办理变更注册手续。变更注册后，仍延续原注册有效期。

原注册有效期届满在半年以内的，可以同时提出延续注册申请。准予延续的，注册有效期重新计算。

5. 注册证书的补办

注册建筑师因遗失、污损注册证书或者执业印章，需要补办的，应当持在公众媒体上刊登的遗失声明的证明，或者污损的原注册证书和执业印章，向原注册机关申请补办。原注册机关应当在10日内办理完毕。

6. 重新申请注册

被注销注册者或者不予注册的，在重新具备注册条件后，可以按照前述规定的程序

重新申请注册。

（三）注册建筑师的执业

取得资格证书的人员，应当受聘于中华人民共和国境内的一个建设工程勘察、设计、施工、监理、招标代理、造价咨询、施工图审查、城乡规划编制等单位，经注册后方可从事相应的执业活动。

从事建筑工程设计执业活动的，应当受聘并注册于中华人民共和国境内一个具有工程设计资质的单位。

一级注册建筑师的执业范围不受工程项目规模和工程复杂程度的限制。二级注册建筑师的执业范围只限于承担工程设计资质标准中建设项目设计规模划分表中规定的小型规模的项目。

（四）注册建筑师的继续教育

注册建筑师在每一注册有效期内应当达到全国注册建筑师管理委员会制定的继续教育标准。继续教育作为注册建筑师逾期初始注册、延续注册、重新申请注册的条件之一。

继续教育分为必修课和选修课，在每一注册有效期内各为40学时。

二、注册结构工程师执业资格制度

注册结构工程师是指取得中华人民共和国注册结构工程师执业资格证书和注册证书，从事房屋结构、桥梁结构及塔架结构等工程设计及相关业务的专业技术人员。1997年9月1日建设部、人事部联合发布了《注册结构工程师执业资格制度暂行规定》，2005年2月4日建设部又发布了《勘察设计注册工程师管理规定》（建设部令第137号），对注册结构工程师的执业资格作出了规定。我国注册结构工程师分为两级，即一级注册结构工程师和二级注册结构工程师。

（一）注册结构工程师的执业资格考试

1. 考试的方式

一级注册结构工程师资格考试由基础考试和专业考试两部分组成。通过基础考试的人员从事结构工程设计或相关业务满规定年限，方可申请参加专业考试。二级注册结构工程师资格考试只有专业考试。

一、二级注册结构工程师《专业考试》均为开卷考试，允许考生携带正规出版社出版的各种专业规范和参考书；一级注册结构工程师《基础考试》为闭卷考试。

参加一、二级注册结构工程师考试的人员，须在1个考试年度内通过全部科目的考试。

注册结构工程师资格考试合格者，颁发注册结构工程师执业证书。

2. 考试报名条件

申请参加注册建筑师考试，必须符合国家规定的教育标准和职业实践要求。

（1）一级注册结构工程师考试报名条件

1）基础考试报名条件

凡中华人民共和国公民，遵守国家法律、法规，恪守职业道德，并符合下列条件之一者，可申请参加一级注册结构工程师基础考试：

① 取得本专业（指结构工程、建筑工程专业，下同）或相近专业（指建筑工程的岩土工程、交通土建工程、矿井建设与水利水电建筑工程、港口航道及治河工程、海岸与海洋工程、农业建筑与环境工程、建筑学、工程力学专业，下同）大学本科及以上学历或工学学士及以上学位；

② 取得本专业或相近专业大学专科学历，毕业职业实践年限不少于1年；

③ 其他工科专业，获得大学本科及以上学历或工学学士及以上学位，毕业职业实践年限不少于1年。

2）专业考试报名条件

基础考试合格，并符合下列条件之一者，可申请参加一级注册结构工程师专业考试：

① 取得本专业大学本科及以上学历或工学学士及以上学位，职业实践最少年限4～5年（未通过评估的工学学士学位或本科毕业的5年，通过评估及以上学历学位4年）；或取得本专业专科学历职业实践最少年限6年；

② 取得相近专业大学本科及以上学历或工学学士及以上学位，职业实践最少年限5～6年（工学学士或本科毕业6年，以上学历学位5年）；或取得相近专业专科学历职业实践最少年限7年；

③ 其他工科专业，获得大学本科及以上学历或工学学士及以上学位，职业实践年限不少于8年。

(2) 二级注册结构工程师考试报名条件

二级注册结构工程师资格考试只有专业考试。凡中华人民共和国公民，遵守国家法律、法规，恪守职业道德，符合下列条件之一者，可申请参加二级注册结构工程师考试：

① 具有本专业（指工业与民用建筑专业，下同）本科以及以上学历、普通大专毕业、成人大专毕业、普通中专毕业、成人中专毕业，其相应的职业实践最少年限分别达到2、3、4、6、7年；

② 具有相近专业（指建筑设计技术、村镇建设、公路与桥梁、城市地下铁道、铁道工程、铁道桥梁与隧道、小型土木工程、水利水电工程建筑、水利工程、港口与航道工程）本科及以上学历、普通大专毕业、成人大专毕业、普通中专毕业、成人中专毕业，其相应的职业实践最少年限分别达到4、6、7、9、10年。

(二) 结构工程师的注册

注册结构工程师实行注册执业管理制度。取得资格证书的人员，必须经过注册方能以注册结构工程师的名义执业。

结构工程师的注册，与建筑师的注册基本一样，也是分为初始注册、延续注册和变更注册3种形式；不同的是注册结构工程师每一注册有效期为3年。

(三) 注册结构工程师的执业

取得资格证书的人员，应受聘于一个具有建设工程勘察、设计、施工、监理、招标代理、造价咨询等一项或多项资质的单位，经注册后方可从事相应的执业活动。但从事建设工程勘察、设计执业活动的，应受聘并注册于一个具有建设工程勘察、设计资质的单位。

一级注册结构工程师的执业范围不受工程规模及工程复杂程度的限制。二级注册结构工程师执业范围按照国家规定执行。

（四）注册结构工程师的继续教育

注册结构工程师的继续教育按照注册工程师专业类别设置，分为必修课和选修课，每一注册期各为60学时。

三、注册建造师执业资格制度

注册建造师，是指通过考核认定或考试合格取得中华人民共和国建造师资格证书，并按照规定注册，取得中华人民共和国建造师注册证书和执业印章，担任施工单位项目负责人及从事相关活动的专业技术人员。

建造师执业资格制度起源于1834年的英国，近30年在美国得到进一步深化和发展。目前，世界上成立了国际建造师协会，成员有美国、英国、印度、南非、智利、日本、澳大利亚等17个国家和地区。

我国于1994年开始研究建立注册建造师制度。2002年12月5日人事部、建设部联合印发《建造师执业资格制度暂行规定》（人发［2002］111号），对注册建造师的执业资格作出了规定，正式建立了建造师执业资格制度。2006年12月28日建设部又发布了《注册建造师管理规定》（中华人民共和国建设部令第153号），对注册建造师的注册、执业、监督管理和法律责任做出了详细规定，并自2007年3月1日起开始施行。

我国注册建造师分为两级，即一级注册建造师和二级注册建造师（英文分别译为：Constructor 和 Associate Constructor）

（一）注册建造师的管理体制

建造师执业资格制度的实施工作由人力资源和社会保障部与住房和城乡建设部共同负责，两个部门在具体实施工作中既有合作，又有分工。

建造师管理体制遵循"分级管理、条块结合"的原则。住房和城乡建设部负责对全国注册建造师实行统一的监督管理，国务院各专业部门按照职责分工，负责对本专业注册建造师监督管理。各省建设厅和同级的各专业部门负责本省和本专业的二级注册建造师监督管理。

建造师执业资格制度遵循"分级别、分专业"的原则。根据我国现行行政管理体制实际情况，结合现行的施工企业资质管理办法，将建造师划分为两个级别，每个级别划分若干个专业，其中，一级设置10个专业，二级设置6个专业。

注册建造师制度体系由"1+6"个文件构成："1"为《注册建造师管理规定》；"6"为《一级建造师注册实施办法》、《注册建造师执业工程规模标准》（试行）、《注册建造师施工管理签章文件目录》（试行）、《注册建造师执业管理办法》（试行）、《注册建造师继续教育管理办法》和《注册建造师信用档案管理办法》，其中，执业制度体系由"1+3"个文件构成："1"为《注册建造师管理规定》；"3"为《注册建造师执业管理办法》（试行）、《注册建造师执业工程规模标准》（试行）和《注册建造师施工管理签章文件目录》（试行）。

建造师执业资格制度体系由六大标准作为支撑，即职业实践标准（含职业道德标准）、教育和评估标准、考试标准、注册标准、执业标准和继续教育标准。

（二）建造师的执业资格考试

1. 考试的级别和科目

我国建造师执业资格考试分为一级建造师执业资格考试和二级建造师执业资格考试两个级别。

（1）一级建造师执业资格考试

一级建造师执业资格考试实行"统一大纲、统一命题、统一组织"的考试制度，由国家统一组织，人力资源和社会保障部、住房和城乡建设部共同负责具体组织实施，原则上每年举行一次。

一级建造师执业资格考试设《建设工程经济》、《建设工程法规及相关知识》、《建设工程项目管理》和《专业工程管理与实务》4个科目。前三个科目属综合知识与能力部分，第四个科目属于专业知识与能力部分。《专业工程管理与实务》按照建设工程的专业要求进行，由考生根据工作需要选择10个专业的其中一个专业参加考试。这10个专业是：建筑工程、公路工程、铁路工程、民航机场工程、港口与航道工程、水利水电工程、市政公用工程、通信与广电工程、矿业工程和机电工程。

一级建造师执业资格考试分4个半天，以纸笔作答方式进行。《建设工程经济》科目的考试时间为2小时，《建设工程法规及相关知识》和《建设工程项目管理》科目的考试时间均为3小时，《专业工程管理与实务》科目的考试时间为4小时。

（2）二级建造师执业资格考试

二级建造师执业资格实行全国统一大纲，各省、自治区、直辖市组织命题考试的制度。同时，考生也可以选择参加二级建造师执业资格全国统一考试。全国统一考试由国家统一组织命题和考试。

二级建造师执业资格考试设《建设工程施工管理》、《建设工程法规及相关知识》、《专业工程管理与实务》3个科目。《专业工程管理与实务》按照建设工程的专业分为：建筑工程、公路工程、水利水电工程、市政公用工程、矿业工程和机电工程6个专业类别。

两个级别的考试成绩均实行2年为一个周期的滚动管理办法，即必须在连续的两个考试年度内通过全部科目。

2. 考试的条件

申请参加注册建造师考试，必须符合国家规定的教育标准和职业实践要求。

（1）一级注册建造师考试报名的条件

凡中华人民共和国公民，遵守国家法律、法规，恪守职业道德，并具备下列条件之一者，可以申请参加一级建造师执业资格考试：

1）取得工程类或工程经济类大学专科学历，工作满6年，其中从事建设工程项目施工管理工作满4年。

2）取得工程类或工程经济类大学本科学历，工作满4年，其中从事建设工程项目施工管理工作满3年。

3）取得工程类或工程经济类双学士学位或研究生班毕业，工作满3年，其中从事建设工程项目施工管理工作满2年。

4）取得工程类或工程经济类硕士学位，工作满2年，其中从事建设工程项目施工管理工作满1年。

5）取得工程类或工程经济类博士学位，从事建设工程项目施工管理工作满1年。

已取得一级建造师执业资格证书的人员，也可根据实际工作需要，选择《专业工程管理与实务》科目的相应专业，报名参加考试。考试合格后核发国家统一印制的相应专业合格证明。该证明作为注册时增加执业专业类别的依据。

(2) 二级注册建造师考试报名的条件

凡遵纪守法并具备工程类或工程经济类中等专科以上学历并从事建设工程项目施工管理工作满2年，可报名参加二级建造师执业资格考试。

3. 考试合格证书的颁发

参加一级建造师执业资格考试合格，由各省、自治区、直辖市人事部门颁发人事部统一印制，人事部、建设部用印的《中华人民共和国一级建造师执业资格证书》。该证书在全国范围内有效。

二级建造师执业资格考试合格者，由省、自治区、直辖市人事部门颁发由人事部、建设部统一格式的《中华人民共和国二级建造师执业资格证书》。该证书在所在行政区域内有效。其中通过二级建造师资格考核认定，或参加全国统考取得二级建造师资格证书的，该证书在全国范围内有效。

(三) 建造师的注册

注册建造师实行注册执业管理制度。取得建造师执业资格证书的人员，必须经过注册登记，方可以注册建造师的名义执业。建造师的注册，根据注册内容的不同分为四种形式，即初始注册、延续注册、变更注册和增项注册。注册证书和执业印章是注册建造师的执业凭证，由注册建造师本人保管、使用。

1. 建造师的注册管理机构

建设部或其授权的机构为一级建造师执业资格的注册管理机构。省、自治区、直辖市建设行政主管部门或其授权的机构为二级建造师执业资格的注册管理机构。

2. 初始注册

(1) 申请初始注册的条件

申请初始注册时应当具备以下条件：①经考核认定或考试合格取得资格证书；②受聘于一个相关单位。

初始注册者，可自资格证书签发之日起3年内提出申请。逾期未申请者，除具备上述两条外，还须符合本专业继续教育的要求后方可申请初始注册。

（2）申请初始注册需要提交的材料

申请初始注册需要提交下列材料：①注册建造师初始注册申请表；②资格证书、学历证书和身份证明复印件；③申请人与聘用单位签订的聘用劳动合同复印件或其他有效证明文件；④逾期申请初始注册的，应当提供达到继续教育要求的证明材料。

（3）不予注册（包括初始注册、延续注册、变更注册、增项注册）的情形

建造师申请人有下列情形之一的，不予初始注册（延续注册、变更注册或增项注册）：①不具有完全民事行为能力的；②申请在两个或者两个以上单位注册的；③未达到注册建造师继续教育要求的；④受到刑事处罚，刑事处罚尚未执行完毕的；⑤因执业活动受到刑事处罚，自刑事处罚执行完毕之日起至申请注册之日止不满5年的；⑥因前项规定以外的原因受到刑事处罚，自处罚决定之日起至申请注册之日止不满3年的；⑦被吊销注册证书，自处罚决定之日起至申请注册之日止不满2年的；⑧在申请注册之日前3年内担任项目经理期间，所负责项目发生过重大质量和安全事故的；⑨申请人的聘用单位不符合注册单位要求的；⑩年龄超过65周岁的。

（4）初始注册的有效期

注册建造师初始注册的有效期限为3年，自核准注册之日起计算。

3. 延续注册

注册有效期满需继续执业的，应当在注册有效期届满30日前，按规定申请延续注册。延续注册的，有效期为3年。

申请延续注册的，应当提交下列材料：①注册建造师延续注册申请表；②原注册证书；③申请人与聘用单位签订的聘用劳动合同复印件或其他有效证明文件；④申请人注册有效期内达到继续教育要求的证明材料。

4. 变更注册

在注册有效期内，注册建造师变更执业单位，应当与原聘用单位解除劳动关系，并按规定的程序办理变更注册手续，变更注册后仍延续原注册有效期。

申请变更注册的，应当提交下列材料：①注册建造师变更注册申请表；②注册证书和执业印章；③申请人与新聘用单位签订的聘用合同复印件或有效证明文件；④工作调动证明（与原聘用单位解除聘用合同或聘用合同到期的证明文件、退休人员的退休证明）。

因变更注册申报不及时影响注册建造师执业、导致工程项目出现损失的，由注册建造师所在聘用企业承担责任，并作为不良行为记入企业信用档案。

5. 增项注册

注册建造师需要增加执业专业的，应当按规定申请专业增项注册，并提供相应的资格证明。

6. 注册证书和执业印章的补办

注册建造师因遗失、污损注册证书或执业印章，需要补办的，应当持在公众媒体上刊登的遗失声明的证明，向原注册机关申请补办。原注册机关应当在5日内办理完毕。

7. 重新申请注册

被注销注册或者不予注册的，在重新具备注册条件后，可按前述规定重新申请注册。

（四）注册建造师的执业

取得建造师资格证书的人员应当受聘于一个具有建设工程勘察、设计、施工、监理、招标代理、造价咨询等一项或者多项资质的单位，经注册后有权以注册建造师名义从事建设工程项目总承包管理或施工管理，建设工程项目管理服务，建设工程技术经济咨询，以及法律、行政法规和国务院建设主管部门规定的其他业务。

担任施工单位项目负责人的，应当受聘并注册于一个具有施工资质的企业。注册建造师不得同时在两个及两个以上的建设工程项目上担任施工单位项目负责人。

建设工程施工活动中形成的有关工程施工管理文件，应当由注册建造师签字并加盖执业印章。施工单位签署质量合格的文件上，必须有注册建造师的签字盖章。注册建造师签章完整的工程施工管理文件方为有效。

1. 注册建造师的执业范围

注册建造师执业工程规模标准依据不同专业设置为多个工程类别，不同的工程类别又进一步细分为不同的项目。这些项目依据相应的、不同的计量单位分为大型、中型和小型工程。大中型工程项目施工负责人必须由本专业注册建造师担任，其中大型工程项目负责人必须由本专业一级注册建造师担任。

2. 注册建造师的执业技术能力

（1）一级注册建造师应当具备的执业技术能力：①具有一定的工程技术、工程管理理论和相关经济理论水平，并具有丰富的施工管理专业知识；②能够熟练掌握和运用与施工管理业务相关的法律、法规、工程建设强制性标准和行业管理的各项规定；③具有丰富的施工管理实践经验和资历，有较强的施工组织能力，能保证工程质量和安全生产；④有一定的外语水平。

（2）二级注册建造师应当具备的执业技术能力：①了解工程建设的法律、法规、工程建设强制性标准及有关行业管理的规定；②具有一定的施工管理专业知识；③具有一定的施工管理实践经验和资历，有一定的施工组织能力，能保证工程质量和安全生产。

（五）注册建造师的继续教育

注册建造师在每一个注册有效期内应当达到国务院建设主管部门规定的继续教育要求。继续教育作为申请逾期初始注册、延续注册、增项注册和重新申请注册的条件之一。

注册建造师的继续教育分为必修课和选修课，每注册期各为60学时。必修课和选修课的60学时中，30学时为公共课、30学时为专业课。注册两个及以上专业的，除接受公共课的继续教育外，每年应接受相应注册专业的专业课各20学时的继续教育。

（六）注册建造师的权利和义务

1. 注册建造师的权利

注册建造师享有下列权利：①使用注册建造师名称；②在规定范围内从事执业活

动；③在本人执业活动中形成的文件上签字并加盖执业印章；④保管和使用本人注册证书、执业印章；⑤对本人执业活动进行解释和辩护；⑥接受继续教育；⑦获得相应的劳动报酬；⑧对侵犯本人权利的行为进行申述。

2. 注册建造师的义务

注册建造师应当履行下列义务：①遵守法律、法规和有关管理规定，恪守职业道德；②执行技术标准、规范和规程；③保证执业成果的质量，并承担相应责任；④接受继续教育，努力提高执业水准；⑤保守在执业中知悉的国家秘密和他人的商业、技术等秘密；⑥与当事人有利害关系的，应当主动回避；⑦协助注册管理机关完成相关工作。

（七）注册建造师的行为规范

注册建造师不得有下列行为：

1. 不按设计图纸施工；

2. 使用不合格建筑材料；

3. 使用不合格设备、建筑构配件；

4. 违反工程质量、安全、环保和用工方面的规定；

5. 在执业过程中，索贿、行贿、受贿或者谋取合同约定费用外的其他不法利益；

6. 签署弄虚作假或在不合格文件上签章；

7. 以他人名义或允许他人以自己的名义从事执业活动；

8. 同时在两个或者两个以上企业受聘并执业；

9. 超出执业范围和聘用企业业务范围从事执业活动；

10. 未变更注册单位，而在另一家企业从事执业活动；

11. 所负责工程未办理竣工验收或移交手续前，变更注册到另一企业；

12. 伪造、涂改、倒卖、出租、出借或以其他形式非法转让资格证书、注册证书和执业印章；

13. 不履行注册建造师义务和法律、法规、规章禁止的其他行为。

（八）注册建造师的监督管理

县级以上人民政府建设主管部门、其他有关部门应当依照有关法律、法规和相关规定，对注册建造师的注册、执业和继续教育实施监督检查。

国务院建设主管部门应当将注册建造师注册信息告知省、自治区、直辖市人民政府建设主管部门。省、自治区、直辖市人民政府建设主管部门应当将注册建造师注册信息告知本行政区域内市、县、市辖区人民政府建设主管部门。

注册建造师违法从事相关活动的，违法行为发生地县级以上地方人民政府建设主管部门或者其他有关部门应当依法查处，并将违法事实、处理结果告知注册机关；依法应当撤销注册的，应当将违法事实、处理建议及有关材料报注册机关。

1. 注册证书和执业印章失效

注册建造师有下列情形之一的，其注册证书和执业印章失效：①聘用单位破产的；②聘用单位被吊销营业执照的；③聘用单位被吊销或者撤回资质证书的；④已与聘用单位解除聘用合同关系的；⑤注册有效期满且未延续注册的；⑥年龄超过65周岁的；

⑦死亡或不具有完全民事行为能力的；⑧其他导致注册失效的情形。

2. 注销注册

注册建造师有下列情形之一的，负责审批的部门应当办理注销手续，收回注册证书和执业印章或者公告其注册证书和执业印章作废：①有上述注册证书和执业印章失效所列情形发生的；②依法被撤销注册的；③依法被吊销注册证书的；④受到刑事处罚的；⑤法律、法规规定应当注销注册的其他情形。

注册建造师有上述所列情形之一的，注册建造师本人和聘用单位应当及时向注册机关提出注销注册申请；有关单位和个人有权向注册机关举报；县级以上地方人民政府建设主管部门或者有关部门应当及时告知注册机关。

3. 撤销注册

有下列情形之一的，注册机关依据职权或者根据利害关系人的请求，可以撤销注册建造师的注册：①注册机关工作人员滥用职权、玩忽职守作出准予注册许可的；②超越法定职权作出准予注册许可的；③违反法定程序作出准予注册许可的；④对不符合法定条件的申请人颁发注册证书和执业印章的；⑤依法可以撤销注册的其他情形。

申请人以欺骗、贿赂等不正当手段获准注册的，应当予以撤销。

四、注册监理工程师执业资格制度

注册监理工程师，是指通过全国统一考试，取得《中华人民共和国监理工程师资格证书》，并按照规定注册，取得《中华人民共和国注册监理工程师注册执业证书》和《执业印章》，从事工程监理及相关业务活动的专业技术人员。未取得注册证书和执业印章的人员，不得以注册监理工程师的名义从事工程监理及相关业务活动。

建设部于2006年1月26日发布了《注册监理工程师管理规定》（中华人民共和国建设部令第147号），对注册监理工程师的执业资格作出了规定。

（一）注册监理工程师的执业资格考试

1. 考试报名条件

凡中华人民共和国公民，遵纪守法，具有工程技术或工程经济专业大专以上（含大专）学历，并符合下列条件之一者，可申请参加监理工程师执业资格考试：

（1）具有按照国家有关规定评聘的工程技术或工程经济专业中级专业技术职务，并任职满三年。

（2）具有按照国家有关规定评聘的工程技术或工程经济专业高级专业技术职务。

2. 考试科目及方式

注册监理工程师执业资格考试实行全国统一大纲、统一命题、统一组织的办法，每年举行一次。

考试科目共有4门：《工程建设监理基本理论和相关法规》、《工程建设合同管理》、《工程建设质量、投资、进度控制》、《工程建设监理案例分析》。

自2000年起，全国监理工程师职业资格考试成绩，均以2年为一个周期，即参加考试的人员须在连续的两个考试年度内，通过全部科目的考试。

3. 考试合格证书的颁发

监理工程师执业资格考试合格者,由各省、自治区、直辖市人事部门颁发人事部统一印制,人事部和建设部共同盖印的《中华人民共和国监理工程师执业资格证书》,该证书在全国范围有效。

(二)监理工程师的注册

注册监理工程师实行注册执业管理制度。取得监理工程师资格证书的人员,必须经过注册登记,方能以注册监理工程师的名义执业。

监理工程师依据其所学专业、工作经历、工程业绩,按照《工程监理企业资质管理规定》划分的工程类别,按专业注册。每人最多可以申请两个专业注册。

监理工程师的注册,与结构工程师的注册基本一样,也是分为初始注册、延续注册和变更注册3种形式,每一注册有效期为3年。

(三)注册监理工程师的执业

取得监理工程师资格证书的人员,应当受聘于一个具有建设工程勘察、设计、施工、监理、招标代理、造价咨询等一项或者多项资质的单位,经注册后方可从事相应的执业活动。从事工程监理执业活动的,应当受聘并注册于一个具有工程监理资质的单位。

注册监理工程师可以从事工程监理、工程经济与技术咨询、工程招标与采购咨询、工程项目管理服务以及国务院有关部门规定的其他业务。

工程监理活动中形成的监理文件由注册监理工程师按照规定签字盖章后方可生效。

修改经注册监理工程师签字盖章的工程监理文件,应当由该注册监理工程师进行;因特殊情况,该注册监理工程师不能进行修改的,应当由其他注册监理工程师修改,并签字、加盖执业印章,对修改部分承担责任。

因工程监理事故及相关业务造成的经济损失,聘用单位应当承担赔偿责任;聘用单位承担赔偿责任后,可依法向负有过错的注册监理工程师追偿。

(四)注册监理工程师的继续教育

注册监理工程师的继续教育分为必修课和选修课,在每一注册有效期内各为48学时。

五、注册造价工程师执业资格制度

注册造价工程师,是指通过全国造价工程师执业资格统一考试或者资格认定、资格互认,取得中华人民共和国造价工程师执业资格,并按照规定的程序注册,取得中华人民共和国造价工程师注册执业证书和执业印章,从事工程造价活动的专业人员。

未取得注册证书和执业印章的人员,不得以注册造价工程师的名义从事工程造价活动。

建设部于2006年12月25日发布了《注册造价工程师管理办法》(中华人民共和国建设部令第150号),对注册造价工程师的执业资格作出了规定。

(一)造价工程师的执业资格考试

1. 考试组织管理

造价工程师执业资格考试实行全国统一大纲、统一命题、统一组织的方法，原则上每年举行一次。

2. 考试报名条件

凡中华人民共和国公民，遵纪守法并具备下列条件之一者，均可申请参加造价工程师执业资格考试：①工程造价专业大专毕业后，从事工程造价业务工作满5年；工程或工程经济类大专毕业后，从事工程造价业务工作满6年。②工程造价专业本科毕业后，从事工程造价业务工作满4年；工程或工程经济类本科毕业后，从事工程造价业务工作满5年。③获上述专业第二学士学位或研究生班毕业或获硕士学位后，从事工程造价业务工作满3年。④获上述专业博士学位后，从事工程造价业务工作满2年。

3. 考试科目

考试科目共4门：工程造价管理基础理论与相关法规、工程造价计价与控制、建设工程技术与计量（土建或安装）、工程造价案例分析。考试采用滚动管理，单科滚动周期为2年。

(二) 造价工程师的注册

注册造价工程师实行注册执业管理制度。取得造价工程师资格证书的人员，必须经过注册登记，方能以注册造价工程师的名义执业。造价工程师的注册，根据注册内容的不同分为三种形式，即初始注册、延续注册和变更注册。

1. 初始注册

(1) 申请初始注册的条件

申请初始注册时应当具备以下条件：①经全国注册造价工程师执业资格统一考试合格，取得资格证书；②受聘于一个工程造价咨询企业或者工程建设领域的建设、勘察设计、施工、招标代理、工程监理、工程造价管理等单位。

初始注册者，可自资格证书签发之日起1年内提出申请。逾期未申请者，除具备上述两条外，还须符合本专业继续教育的要求后方可申请初始注册。

(2) 申请初始注册需要提交的材料

申请初始注册的，应当提交下列材料：①初始注册申请表；②执业资格证件和身份证件复印件；③与聘用单位签订的劳动合同复印件；④工程造价岗位工作证明；⑤取得资格证书的人员，自资格证书签发之日起1年后申请初始注册的，应当提供继续教育合格证明；⑥受聘于具有工程造价咨询资质的中介机构的，应当提供聘用单位为其交纳的社会基本养老保险凭证、人事代理合同复印件，或者劳动、人事部门颁发的离退休证复印件；⑦外国人、台港澳人员应当提供外国人就业许可证书、台港澳人员就业证书复印件。

(3) 不予初始注册的情形

有下列情形之一的，不予初始（延续或变更）注册：①不具有完全民事行为能力的；②申请在两个或者两个以上单位注册的；③未达到造价工程师继续教育合格标准的；④前一个注册期内工作业绩达不到规定标准或未办理暂停执业手续而脱离工程造价业务岗位的；⑤受刑事处罚，刑事处罚尚未执行完毕的；⑥因工程造价业务活动受刑事处罚，自刑事处罚执行完毕之日起至申请注册之日止不满5年的；⑦因前项规定以外原因受刑事处罚，自处罚决定之日起至申请注册之日止不满3年的；⑧被吊销注册证书，自被处罚决定之日起至申请注册之日止不满3年的；⑨以欺骗、贿赂等不正当手段获准注册被撤销，自被撤销注册之日起至申请注册之日止不满3年的；⑩法律、法规规定不予注册的其他情形。

（4）初始注册的有效期

造价工程师初始注册的有效期限为4年，自核准注册之日起计算。

在注册有效期内，注册造价工程师因特殊原因需要暂停执业的，应当到注册初审机关办理暂停执业手续，并交回注册证书和执业印章。

2. 延续注册

注册造价工程师注册有效期满需继续执业的，应当在注册有效期满30日前，按照规定的程序申请延续注册。延续注册的有效期为4年。

申请延续注册的，应当提交下列材料：①延续注册申请表；②注册证书；③与聘用单位签订的劳动合同复印件；④前一个注册期内的工作业绩证明；⑤继续教育合格证明。

3. 变更注册

在注册有效期内，注册造价工程师变更执业单位的，应当与原聘用单位解除劳动合同，并按照规定的程序办理变更注册手续。变更注册后延续原注册有效期。

4. 注册证书的补发

注册造价工程师遗失注册证书、执业印章，应当在公众媒体上声明作废后，按照规定的程序申请补发。

（三）注册造价工程师的执业

注册造价工程师只能在一个单位执业。

注册造价工程师执业范围包括：①建设项目建议书、可行性研究投资估算的编制和审核，项目经济评价，工程概、预、结算、竣工结（决）算的编制和审核；②工程量清单、标底（或者控制价）、投标报价的编制和审核，工程合同价款的签订及变更、调整、工程款支付与工程索赔费用的计算；③建设项目管理过程中设计方案的优化、限额设计等工程造价分析与控制，工程保险理赔的核查；④工程经济纠纷的鉴定。

注册造价工程师应当在本人承担的工程造价成果文件上签字并盖章。

修改经注册造价工程师签字盖章的工程造价成果文件，应当由签字盖章的注册造价工程师本人进行；注册造价工程师本人因特殊情况不能进行修改的，应当由其他注册造价工程师修改，并签字盖章；修改工程造价成果文件的注册造价工程师对修改部分承担相应的法律责任。

（四）注册造价工程师的继续教育

注册造价工程师的继续教育分为必修课和选修课，在每一注册有效期内各为60学时。

第四节 法律责任

一、建设工程勘察设计等企业和资质许可机关在资质申请和资质许可中的法律责任

（一）建设工程勘察设计等从业单位的违法行为和法律责任

1. 企业隐瞒有关情况或者提供虚假材料申请资质的，资质许可机关不予受理或者不予行政许可，并给予警告，该企业在1年内不得再次申请该资质。

2. 企业以欺骗、贿赂等不正当手段取得资质证书的，由县级以上地方人民政府建设主管部门或者有关部门给予警告，并依法处以罚款；该企业在3年内不得再次申请该资质。

3. 企业不及时办理资质证书变更手续的，由资质许可机关责令限期办理；逾期不办理的，可处以1000元以上1万元以下的罚款。

4. 企业未按照规定提供信用档案信息的，由县级以上地方人民政府建设主管部门给予警告，责令限期改正；逾期未改正的，可处以1000元以上1万元以下的罚款。

5. 涂改、倒卖、出租、出借或者以其他形式非法转让资质证书的，由县级以上地方人民政府建设主管部门或者有关部门给予警告，责令改正，并处以1万元以上3万元以下的罚款；造成损失的，依法承担赔偿责任；构成犯罪的，依法追究刑事责任。

（二）建设主管部门及其工作人员的违法行为和法律责任

1. 建设主管部门及其工作人员，违反规定，有下列情形之一的，由其上级行政机关或者监察机关责令改正；情节严重的，对直接负责的主管人员和其他直接责任人员，依法给予行政处分：

（1）对不符合条件的申请人准予工程勘察、设计资质许可的；

（2）对符合条件的申请人不予工程勘察、设计资质许可或者未在法定期限内作出许可决定的；

（3）对符合条件的申请不予受理或者未在法定期限内初审完毕的；

（4）利用职务上的便利，收受他人财物或者其他好处的；

（5）不依法履行监督职责或者监督不力，造成严重后果的。

2. 负责颁发建筑工程施工许可证的部门及其工作人员对不符合施工条件的建筑工程颁发施工许可证的，由上级机关责令改正，对责任人员给予行政处分；构成犯罪的，依法追究刑事责任；造成损失的，由该部门承担相应的赔偿责任。

二、注册建造师等注册人员的法律责任

《勘察设计注册工程师管理规定》（建设部令第137号，自2005年4月1日起施行）

对注册建筑师、结构工程师、土木工程师、建造师、监理工程师、造价工程师等注册人员规定了法律责任。

（一）注册人员的违法行为和法律责任

1. 隐瞒有关情况或者提供虚假材料申请注册的，审批部门不予受理，并给予警告，申请人一年之内不得再次申请注册。

2. 以欺骗、贿赂等不正当手段取得注册证书的，由负责审批的部门撤销其注册，3年内不得再次申请注册；并由县级以上人民政府建设主管部门或者有关部门处以罚款，其中没有违法所得的，处以1万元以下的罚款；有违法所得的，处以违法所得3倍以下且不超过3万元的罚款；构成犯罪的，依法追究刑事责任。

3. 未办理变更注册而继续执业的，由县级以上人民政府建设主管部门责令限期改正；逾期未改正的，可处以5000元以下的罚款。

4. 注册人员或者其聘用单位未按照要求提供注册人员信用档案信息的，由县级以上地方人民政府建设主管部门或者其他有关部门责令限期改正；逾期未改正的，可处以1000元以上1万元以下的罚款。

5. 注册勘察设计工程师、监理工程师在执业活动中有下列行为之一的，由县级以上人民政府建设主管部门或者有关部门予以警告，责令其改正，没有违法所得的，处以1万元以下的罚款；有违法所得的，处以违法所得3倍以下且不超过3万元的罚款；造成损失的，应当承担赔偿责任；构成犯罪的，依法追究刑事责任：

（1）以个人名义承接业务的；

（2）涂改、出租、出借或者以形式非法转让注册证书或者执业印章的；

（3）泄露执业中应当保守的秘密并造成严重后果的；

（4）超出本专业规定范围或者聘用单位业务范围从事执业活动的；

（5）弄虚作假提供执业活动成果的；

（6）同时受聘于两个或者两个以上的单位，从事执业活动的；

（7）其他违反法律、法规、规章的行为。

6. 建筑师，未受聘并注册于中华人民共和国境内一个具有工程设计资质的单位，从事建筑工程设计执业活动的，由县级以上人民政府建设主管部门给予警告，责令停止违法活动，并可处以1万元以上3万元以下的罚款。

7. 建造师，未取得注册证书和执业印章，担任大中型建设工程项目施工单位项目负责人，或者以注册建造师的名义从事相关活动的，其所签署的工程文件无效，由县级以上地方人民政府建设主管部门或者其他有关部门给予警告，责令停止违法活动，并可处以1万元以上3万元以下的罚款。

8. 监理工程师，未经注册，擅自以注册监理工程师的名义从事工程监理及相关业务活动的，由县级以上地方人民政府建设主管部门给予警告，责令停止违法行为，处以3万元以下罚款；造成损失的，依法承担赔偿责任。

9. 造价工程师，未经注册而以注册造价工程师的名义从事工程造价活动的，所签署的工程造价成果文件无效，由县级以上地方人民政府建设主管部门或者其他有关部门

第二章 建筑许可法规

给予警告,责令停止违法活动,并可处以1万元以上3万元以下的罚款。

（二）聘用单位的违法行为和法律责任

聘用单位为申请人提供虚假注册材料的,由县级以上地方人民政府建设主管部门或者其他有关部门给予警告,并可处以1万元以上3万元以下的罚款。

（三）主管部门的违法行为和法律责任

县级以上人民政府建设主管部门及有关部门的工作人员,在注册工程师管理工作中,有下列情形之一的,依法给予行政处分;构成犯罪的,依法追究刑事责任:

1. 对不符合法定条件的申请人颁发注册证书和执业印章的;
2. 对符合法定条件的申请人不予颁发注册证书和执业印章的;
3. 对符合法定条件的申请人未在法定期限内颁发注册证书和执业印章的;
4. 利用职务上的便利,收受他人财物或者其他好处的;
5. 不依法履行监督管理职责,或者发现违法行为不予查处的。

复习思考题

一、单项选择题

1. 某建设工程施工合同约定,合同工期为18个月,合同价款为2000万元。根据法律规定,建设单位在申请领取施工许可证时,原则上最少应到位资金为（　　）万元。
   A. 100　　　B. 200　　　C. 600　　　D. 1000

2. 红星建筑公司欲建一住宅小区,预计于2007年2月10日开工,该单位于2007年1月30日领到工程施工许可证。领取施工许可证后因故不能按规定期限正常开工,故向发证机关申请延期。根据《建筑法》的规定,该工程如正常开工,最迟允许日期为（　　）。
   A. 2007年4月29日　　　B. 2007年5月9日
   C. 2008年4月30日　　　D. 2008年5月10日

3. 取得二级建造师资格证书的李某因故未能在3年内申请注册,3年后申请注册时必须（　　）。
   A. 重新取得资格证书　　　B. 提供达到继续教育要求的证明材料
   C. 提供新的业绩证明　　　D. 符合延续注册的条件

4. 某建设单位于2010年9月1日领取了施工许可证,但由于特殊原因不能按期开工,故向发证机关申请延期。根据《建筑法》的规定,下列关于延期的说法正确的是（　　）。
   A. 领取施工许可证不能延期
   B. 可以延期,但只能延期一次
   C. 延期以两次为限,每次不超过2个月
   D. 既不开工又不申请延期或者超过延期时限的,施工许可证自行废止

5. 下列选项中,不属于我国建造师注册类型的是（　　）。
   A. 初始注册　　　B. 年检注册　　　C. 变更注册　　　D. 增项注册

6. 注册建造师继续教育证书可作为申请逾期（　　）的证明。
   A. 初始注册、增项注册、减项注册和重新注册
   B. 初始注册、延续注册、增项注册和变更注册
   C. 初始注册、变更注册、增项注册和重新注册

D. 初始注册、延续注册、增项注册和重新注册

7. 因（　　）申报不及时影响注册建造师执业、导致工程项目出现损失的，由注册建造师所在聘用企业承担责任，并作为不良行为记入企业信用档案。

A. 初始注册　　B. 延续注册　　C. 增项注册　　D. 变更注册

8. 按照建筑业企业资质管理的有关规定，我国建筑业企业的三个资质序列是（　　）。

A. 工程总承包、专业总承包、劳务承包

B. 综合总承包、建筑专业承包、建筑劳务承包

C. 施工总承包、专业承包、劳务分包

D. 项目总承包、建筑总承包、劳务专业分包

9. 根据国家现行工程监理企业资质管理规定，工程监理企业资质种类分为（　　）资质。

A. 综合、专业、事务所　　　　B. 甲级、乙级、丙级

C. 一级、二级、三级　　　　　D. 一等、二等、三等

二、多项选择题

1. 根据《建设工程施工许可管理办法》的规定，下列工程项目无需申请施工许可证的是（　　）。

A. 北京故宫修缮工程　　B. 长江汛期抢险工程　　C. 工地上的工人宿舍

D. 某私人投资工程　　　E. 部队导弹发射塔

2. 《建筑法》规定建设单位申请领取施工许可证时，应当具备一系列的前提条件是（　　）。

A. 已经办理该建筑工程用地批准手续

B. 在城市规划区的建筑工程已经取得规划许可证

C. 需要拆迁的，其拆迁进度符合施工要求

D. 已经批准办理施工手续

E. 已经确定建筑施工企业

3. 甲建设单位改建办公大楼，由乙建筑公司承建，下列有关施工许可证的说法，正确的有（　　）。

A. 该改建工程无需领取施工许可证

B. 应由甲向建设行政主管部门申领施工许可证

C. 应由乙向建设行政主管部门申领施工许可证

D. 申请施工许可证时，应当提供安全施工措施的资料

E. 申请施工许可证时，该工程应当有满足施工需要的施工图纸

三、简答题

1. 简述建筑工程报建的时间、范围、内容和程序。

2. 简述施工许可证的申领时间、申领范围、申领条件和申领程序。

3. 施工许可证争议的解决途径有哪些？

4. 施工许可证的有效期与延期的涵义是什么？

5. 中止施工后，建设单位应做好哪些工作？恢复施工时，建设单位要办理哪些手续？

6. 建筑活动从业单位应具备哪些条件？

7. 简述建筑勘察、设计、施工、监理、工程造价咨询企业、城市规划编制单位的资质等级，资质标准及其业务范围。

8. 简述注册建造师、注册建筑师、注册结构工程师、注册监理工程师、注册造价工程师的注册内容、执业范围、享有的权利和应履行的义务。

第三章

建筑工程发包与承包法规

学习重点：建筑工程发包的方式；建筑工程总承包制度、联合承包制度和分包制度；建筑工程发包承包的行为规范；对外承包工程的管理制度。

建筑工程发包、承包，是指经济活动中，作为交易一方的建设单位，将需要完成的建筑工程勘察、设计、施工等工作全部或者其中一部分工作交给交易的另一方勘察、设计、施工单位去完成，并按照双方约定支付报酬的行为。其中，建设单位是以建筑工程所有者的身份委托他人完成勘察、设计、施工、安装等工作并支付报酬的公民、法人或其他组织，是发包人，又称甲方；以建筑工程勘察、设计、施工、安装者的身份向建设单位承包，有义务完成发包人交给的建筑工程勘察、设计、施工、安装等工作，并有权获得报酬的企业是承包人，又称乙方。

建筑工程发包、承包制度，是建筑业适应市场经济的产物。建筑工程勘察、设计、施工、安装单位要通过参加市场竞争来承揽建设工程项目。这样，可以激发企业活力，改变计划经济体制下建筑活动僵化的体制，有利于建筑业健康发展，有利于建筑市场的活跃和繁荣。本章将对建筑工程发包与承包的原则，建筑工程发包的条件与方式，建筑工程总承包制度、联合承包制度、分包制度，以及建筑工程发包与承包行为的规范分别加以阐明。

第一节 建筑工程发包与承包的原则

建筑工程发包、承包活动是一项特殊的商品交易活动，同时又是一项重要的法律活动，因此，承发包双方必须共同遵循交易活动的一些基本原则，依法进行，才能确保活动的顺利、高效、公平地进行。《建筑法》将这些基本原则以法律的形式作了如下规定：

1. 承发包双方依法订立书面合同和全面履行合同义务的原则

这是国际通行的原则。这里所称的书面合同是指建筑工程承包合同。由于建筑工程承包合同所涉及的内容特别复杂，合同履行期较长，为便于明确各自的权利与义务，减少纷争，《建筑法》和《合同法》都明确规定，建筑工程承包合同应当采用书面形式。这包括建筑工程合同的订立、合同条款的变更，均应采用书面形式。全部或者部分使用国有资金投资或者国家融资的建筑工程应当采用国家发布的建设工程示范合同文本。

2. 建筑工程发包、承包实行以招标发包为主，直接发包为辅的原则

工程发包可以分为招标发包与直接发包两种形式。《建筑法》第十九条规定：建筑工程依法实行招标发包，对不适于招标发包的可以直接发包。由于我国已于2000年1月1日起，开始实施《中华人民共和国招标投标法》，因此，对于符合该法要求招标范围的建筑工程，必须依照《招标投标法》实行招标发包。招标投标活动，应该遵循公开、公正、公平的原则，择优选择承包单位。

3. 禁止承发包双方采取不正当竞争手段的原则

发包单位及其工作人员在建筑工程发包中不得收受贿赂、回扣或者索取其他好处。承包单位及其工作人员不得利用向发包单位及其他工作人员行贿、提供回扣或者给予其

他好处等不正当手段承揽工程。

4. 建筑工程合同价款依法约定的原则

建筑工程合同价款应当按照国家有关规定,由发包单位与承包单位在合同中约定。

全部或者部分使用国有资金投资或者国家融资的建设工程,应当按照国家发布的计价规则和标准编制招标文件、进行评标定标、确定工程承包合同价款。

2001年11月5日中华人民共和国建设部以第107号部令形式,发布了《建筑工程施工发包与承包计价管理办法》,自2001年12月1日起施行。根据该《办法》,工程发承包计价包括编制施工预算、招标标底、投标报价、工程结算和签订合同价等活动。该《办法》还对以上工程发包承包计价的原则以及具体方法作出了详细规定。

第二节 建筑工程发包

一、建筑工程发包的方式

建筑工程的发包方式可分为招标发包和直接发包两种。

(一)招标发包

招标发包是指建设单位通过招标确定承包单位的一种发包方式。招标发包又有两种方式:一种是公开招标发包,即由建设单位按照法定程序,在规定的公开的媒体上发布招标公告,公开提供招标文件,使所有潜在的投标人都可以平等参加投标竞争,从中择优选定中标人;另一种方式是邀请招标发包,即招标人根据自己所掌握的情况,预先确定一定数量的符合招标项目基本要求的潜在投标人并发出邀请,从中确定承包单位。全部或者部分使用国有资金投资或者国家融资的建设工程,应当依法采用招标方式发包。有关招标发包法律的详细规定,本书将在下一章中作专门介绍。

(二)直接发包

直接发包是指发包方直接与承包方签订承包合同的一种发包方式。如建设单位直接同一个有资质证书的建筑施工企业商谈建筑工程的事宜,通过商谈来确定承包单位。

根据《建筑法》第十九条的规定,对不适于招标发包的建筑工程,可以直接发包。

根据《建筑法》、《招标投标法》和《招标投标法实施条例》,下列工程可以直接发包:

1. 涉及国家安全、国家秘密、抢险救灾或者属于利用扶贫资金实行以工代赈、需要使用农民工等特殊情况,不适宜进行招标的工程项目;

2. 需要采用不可替代的专利或者专有技术的工程项目;

3. 采购人依法能够自行建设、生产或者提供的工程项目;

4. 已通过招标方式选定的特许经营项目,投资人依法能够自行建设、生产或者提

供的;
5. 需要向原中标人采购工程、货物或者服务,否则将影响施工或者功能配套要求的;
6. 国家规定的其他特殊情形。

二、建筑工程发包前的准备工作

依据工程建设报建制度,建筑工程发包前,大中型建设项目的建设单位须向工程所在地的省、自治区、直辖市人民政府行政主管部门或其授权的机构办理报建手续。其他建设项目按国家和地方的有关规定向相应的建设行政主管部门申请办理报建手续。另外,还需要完成工程项目建设的其他前期准备工作,如建设用地的征用工作已经完成,建设资金已经落实,施工前施工现场至少完成了"三通一平"等。

三、建筑工程发包的行为规范

建筑工程发包单位必须依照法律、法规规定的发包要求发包建筑工程。

(一)发包单位应当将建筑工程发包给合格的承包人

《建筑法》第二十二条规定,实行招标发包的建筑工程,发包人应当将建筑工程发包给依法中标的承包人;实行直接发包的建筑工程,发包人应将建筑工程发包给具有相应资质的承包人。

所谓依法中标的单位,包括:①中标的单位是经过《中华人民共和国招标投标法》法定程序选中的;②中标的单位符合招标要求且具备建造该工程的相应资质条件。

直接发包的随意性比较大,为保证建筑工程质量和安全,承包单位必须具备:①资质证书;②所建工程的要求和承包单位的资质证书的级别相一致。

(二)发包单位应当按照合同的约定,及时拨付工程款项

这是《建筑法》第十八条第二款的规定。拖欠工程款,是目前规范建筑市场的难点问题,它不仅严重地影响了企业的生产经营,制约了企业的发展,而且也影响了工程建设的顺利进行,制约了投资效益的提高。法律对此作出规定,不仅规范了发包单位拖欠工程款的行为,同时也为施工企业追回拖欠工程款提供了法律依据。

(三)发包单位及其工作人员不得在发包过程中收受贿赂、回扣或者索取其他好处

根据《建筑法》第十七条规定,发包人应当公平、公正地进行工程发包,不得利用工程发包机会接受承包人提供的贿赂、回扣或者向承包人索取其他好处。

(四)发包单位应当依照法律、法规规定的程序和方式进行招标并接受有关行政主管部门的监督

根据《建筑法》第二十条、第二十一条规定,建筑工程招标的开标、评标、定标由建设单位依法组织实施,并接受有关行政主管部门的监督。详见第四章。

(五)发包人不得将建筑工程肢解发包

肢解发包是指发包人将应当由一个承包人完成的建筑工程肢解成若干部分分别发包给几个承包人的行为。这种行为可能导致发包人变相规避招标,造成建筑工程管理上的混乱,不利于投资和进度目标的控制,不能保证建筑工程的质量与安全,容易造成建筑

工期的延长，增加建设成本。肢解发包是我国目前建筑市场混乱的重要诱因，危害公共安全，因此，《建筑法》第二十四条规定，禁止发包人将建筑工程肢解发包。

禁止肢解发包并不等于禁止分包。关于分包，见本章第三节。

（六）发包人不得向承包人指定购入用于建筑工程的建筑材料、建筑构配件和设备或指定生产厂、供应商

建筑材料、建筑构配件和设备的采购问题应当是合同的一项内容，这项内容在合同中应当做出明确的规定。建筑材料、建筑构配件和设备的采购可以由发包单位采购，也可以由承包单位采购，但是，合同一经确定就必须依照合同的约定进行。

如果发包人与承包人在建设工程合同中明确约定由承包人包工包料，那么，承包人按照合同的要求有权自行安排和购买建筑材料、建筑构配件和设备，自由选择生产厂家或者供应商家，发包人无权为承包人进行指定购买，否则就是违反合同约定，侵犯承包人的合法权益。因此《建筑法》第二十五条对此明确规定，按照合同规定，建筑材料、建筑构配件和设备由工程承包单位采购的，发包单位不得指定购入用于工程的建筑材料、建筑构配件和设备或指定生产厂、供应商。

第三节　建筑工程承包

一、承包单位的资质管理

根据《建筑法》第二十六条规定，承包建筑工程的单位应当持有依法取得的资质证书，并在其资质等级许可的业务范围内承包工程。

资质证书，是承包建筑工程的单位承包建筑工程所必需的凭证。承包建筑工程的单位，因其单位性质和技术、设备不同，其资质等级也不完全一样。级别不同，所从事的业务范围也不完全相同。承包建筑工程的单位应当"在其资质等级许可的业务范围内承揽工程"。若违反此项规定，则应当承担法律责任。

《建筑法》第二十六条还规定："禁止建筑施工企业超越本企业资质等级许可的业务范围或者以任何形式用其他建筑施工企业的名义承揽工程。""禁止建筑施工企业以任何形式允许其他单位或者个人使用本企业的资质证书、营业执照，以本企业的名义承揽工程。"

这就要求建筑施工企业必须根据自己所具备的资质等级从事建筑承揽活动，不能以借用其他建筑施工企业的资质或者以挂靠等形式以其他建筑施工企业的名义来承揽工程。另外，建筑施工企业也不得出借自己的资质证书、营业执照，不得出租自己的资质证书、营业执照，不得允许其他建筑施工企业挂靠在自己企业之下。这些规定都是强制性规定，建筑施工企业必须遵守，否则应承担法律责任。

二、建筑工程总承包制度

《建筑法》第二十四条规定，国家提倡建筑工程实行总承包制度。即提倡将一个建筑工程由一个承包单位负责组织实施，由其统一指挥协调，并向发包单位承担统一的经济法律责任的承包形式。

目前，在建筑工程总承包中，有以下两种情况：

1. 全部建筑工程的总承包。即建筑工程的发包单位将建筑工程的勘察、设计、施工、设备采购和试运行一并发包给一个工程总承包单位，由总承包单位直接向发包单位负责。总承包单位可以自己负责整个建筑工程的全过程，也可以依法再分包给若干个专业分包单位来完成。

2. 分项总承包。即建筑工程的发包单位将建筑工程勘察、设计、施工、设备采购的一项或者多项发包给一个工程总承包单位。

建筑工程总承包制度是建筑工程承包方式多样化的产物，是我国工程建设领域改革不断深入的结果，也是借鉴国际建筑工程管理经验的结果。它有利于充分发挥那些在建设工程方面具有较强的技术力量、丰富的经验和组织管理能力的大承包商的专业优势，综合协调工程建设中的各种关系，强化对工程建设的统一指挥和组织管理，保证工程质量和进度，缩短建设工期，减少开支，提高投资效益。因此，国家明确提倡工程总承包制度，并予以鼓励和推荐。

三、建筑工程联合承包制度

《建筑法》第二十七条规定："大型建筑工程或者结构复杂的建筑工程，可以由两个以上的承包单位联合共同承包。共同承包的各方对承包合同的履行承担连带责任。""两个以上不同资质等级的单位实行联合共同承包的，应当按照资质等级低的单位的业务许可范围承揽工程。"联合承包须注意下列问题：

1. 联合承包的前提条件

承包单位联合承包的前提是大型建筑工程或者是结构复杂的建筑工程。也就是说，一些中小型工程以及结构不复杂的不可以采取联合承包工程的方式。对于什么是大型建筑工程和结构复杂的建筑工程应以国务院、地方政府或者国务院有关部门确定的标准为准。大型建筑工程的划分应当以建筑面积或者总造价来划分为宜；结构复杂的建筑工程一般应是结构的专业性较强的建筑工程。

2. 联合承包的责任分担

共同承包的各方对承包合同的履行应承担连带责任。所谓连带责任，是指一方不能履行义务时，由另一方来承担责任。连带责任是对他方讲的，对于联合共同承包的内部各方来讲应当根据自己各自的过错承担责任。联合承包既然是共同施工、共同承包、共享利润，相应地必须共担风险，共负亏损。这样，联合承包才可以既能发挥企业互补优势的好处，又能通过连带民事责任的规定加强联合承包各企业的责任感，防患于未然，从而使建筑工程联合承包能健康、活跃地进行和发展。

3. 高资质与低资质联合承包

在联合承包过程中，如果企业资质等级不同，要按照资质等级低的业务许可范围来承包工程。这样规定是为了防止低资质等级企业通过联合承包这种形式进行投机行为，确保业主的利益。这一规定是一个义务性规定，联合承包各方应当履行这一义务。

4. 不同类别资质联合承包

两个以上资质类别不同的承包单位实行联合承包的，应当按照联合体的内部分工，各自按资质类别及等级的许可范围承担工程。

四、建筑工程分包制度

（一）分包的类型

分包分为专业工程分包和劳务作业分包。

专业工程分包，是指总承包单位将其所承包工程中的专业工程发包给具有相应资质的其他承包单位完成的活动。

劳务作业分包，是指施工总承包企业或者专业承包企业将其承包工程中的劳务作业发包给劳务分包企业完成的活动。

（二）分包的资质管理

《建筑法》第二十九条规定，"建筑工程总承包单位可以将承包工程中的部分工程发包给具有相应资质条件的分包单位。""施工总承包的，建筑工程主体结构的施工必须由总承包单位自行完成。"例如，对于建筑业企业依据下列原则承揽工程：

(1) 施工总承包企业

获得施工总承包资质的企业，可以对工程实行施工总承包或者对主体工程实行施工承包。承担施工总承包的企业可以对所承接的工程全部自行施工，也可以将非主体工程或者劳务作业分包给具有相应专业承包资质或者劳务分包资质的其他建筑业企业。

(2) 专业承包企业

获得专业承包资质的企业，可以承接施工总承包企业分包的专业工程或者建设单位按照规定发包的专业工程。专业承包企业可以对所承接的工程全部自行施工，也可以将劳务作业分包给具有相应劳务分包资质的劳务分包企业。

(3) 劳务分包企业

获得劳务分包资质的企业，可以承接施工总承包企业或者专业承包企业分包的劳务作业。

（三）对分包单位的认可

《建筑法》第二十九条规定："除总承包合同中约定的分包外，必须经建设单位认可。"

这条规定实际上赋予了建设单位对分包商的否决权，即没有经过建设单位认可的分包商是违法的分包商。尽管《建筑法》将认可的范围局限于"总承包合同中约定的分包单位"以外的分包商。但是，由于总承包合同中的分包单位已经在合同中得到了建设单位的认可，所以，实质上需要建设单位认可的分包单位的范围包含了所有的分包单位。

然而，认可分包单位与指定分包单位是不同的。认可是在总承包单位已经作出选择的基础上进行确认，而指定则是首先由建设单位作出选择。在国外，可以存在指定分包商，例如《FIDIC施工合同条件》中就有指定分包商。但是，指定分包商在国内是违法的。《房屋建筑和市政基础设施工程施工分包管理办法》第七条明确规定："建设单位不得直接指定分包工程承包人。"《工程建设项目施工招标投标办法》第六十六条也规定："招标人不得直接指定分包人。"

（四）总承包单位与分包单位的连带责任

《建筑法》第二十九条第二款规定："建筑工程总承包单位按照总承包合同的约定对建设单位负责；分包单位按照分包合同的约定对总承包单位负责。总承包单位和分包单位就分包工程对建设单位承担连带责任。"

所谓连带责任，是指依照法律规定或者当事人约定，两个或者两个以上当事人对其共同债务全部承担或部分承担，并能因此引起其内部债务关系的一种民事责任。当责任人为多人时，每个人都负有清偿全部债务的责任，各责任人之间有连带关系。

《合同法》第八十七条规定：债权人或者债务人一方人数为二人以上的，依照法律的规定或者当事人的约定，享有连带权利的每个债权人，都有权要求债务人履行义务；负有连带义务的每个债务人，都负有清偿全部债务的义务，履行了义务的人，有权要求其他负有连带义务的人偿付他应当承担的份额。

连带责任既可以依合同约定产生，也可以依法律规定产生。建设单位虽然和分包单位之间没有合同关系，但是当分包工程发生质量、安全、进度等方面问题给建设单位造成损失时，建设单位既可以根据总承包合同向总承包单位追究违约责任，也可以根据法律规定直接要求分包单位承担损害赔偿责任，分包单位不得拒绝。总承包单位和分包单位之间的责任划分，应当根据双方的合同约定或者各自过错大小确定；一方向建设单位承担的责任超过其应承担份额的，有权向另一方追偿。

五、建筑工程承包的行为规范

1. 建设单位不得直接指定分包工程承包人。任何单位和个人不得对依法实施的分包活动进行干预。

2. 承包单位及其工作人员不得利用向发包单位及其工作人员行贿、提供回扣或者给予其他好处等不正当手段承揽工程。

3. 禁止转让、出借企业资质证书或者以其他方式允许他人以本企业名义承揽工程。分包工程发包人没有将其承包的工程进行分包，在施工现场所设项目管理机构的项目负责人、技术负责人、项目核算负责人、质量管理人员、安全管理人员不是工程承包人本单位人员的，视同允许他人以本企业名义承揽工程。

4. 禁止将承包的工程进行违法分包。《建筑法》禁止总承包单位将工程分包给不具备相应资质条件的单位。也禁止分包单位将其承包的工程再分包。

依据《建筑法》，《建设工程质量管理条例》进一步将违法分包的情形界定为：

（1）总承包单位将建设工程分包给不具备相应资质条件的单位的；

(2) 建设工程总承包合同中未有约定，又未经建设单位认可，承包单位将其承包的部分建设工程交由其他单位完成的；

(3) 施工总承包单位将建设工程主体结构的施工分包给其他单位的；

(4) 分包单位将其承包的建设工程再分包的。

5. 禁止建筑工程转包。所谓转包，是指承包单位不行使承包者的管理职能，将所承包的工程完全转手给他人承包的行为。转包的形式有两种：一种是承包单位将其承包的全部建筑工程转包给他人；另一种是承包单位将其承包的全部工程肢解以后以分包的名义发包给他人即变相的转包。分包工程发包人将工程分包后，未在施工现场设立项目管理机构和派驻相应人员，并未对该工程的施工活动进行组织管理的，视同转包行为。

转包工程容易使建设单位失去对其承包人的控制和监督，造成投机行为，引起建筑工程质量与安全事故等，是一种违反双方合同的行为。因此，《建筑法》第二十八条明确规定禁止转包工程，禁止以分包名义将工程肢解后分别转包给他人。

最高人民法院《关于审理建设工程施工合同纠纷案件适用法律问题的解释》第四条规定，承包人非法转包、违法分包建设工程或者没有资质的实际施工人借用有资质的建筑施工企业名义与他人签订建设工程施工合同的行为无效。人民法院可以根据《民法通则》的规定，收缴当事人已经取得的非法所得。这里的非法所得，依照相关司法解释，应理解为"扣除成本后的获利部分"。

六、对外承包工程

国务院 2008 年 7 月 21 日发布了《对外承包工程管理条例》，对对外承包工程的资格、业务活动行为和法律责任作出了规定。

所称对外承包工程，是指中国的企业或者其他单位（以下统称单位）承包境外建设工程项目（以下简称工程项目）的活动。

开展对外承包工程，应当维护国家利益和社会公共利益，保障外派人员的合法权益，遵守工程项目所在国家或者地区的法律，信守合同，尊重当地的风俗习惯，注重生态环境保护，促进当地经济社会发展。

国务院商务主管部门负责全国对外承包工程的监督管理，国务院有关部门在各自的职责范围内负责与对外承包工程有关的管理工作。国务院建设主管部门组织协调建设企业参与对外承包工程。省、自治区、直辖市人民政府商务主管部门负责本行政区域内对外承包工程的监督管理。有关对外承包工程的协会、商会按照章程为其成员提供与对外承包工程有关的信息、培训等方面的服务，依法制定行业规范，发挥协调和自律作用，维护公平竞争和成员利益。

国务院商务主管部门会同国务院有关部门建立对外承包工程安全风险评估机制，定期发布有关国家和地区安全状况的评估结果，及时提供预警信息，指导对外承包工程的单位做好安全风险防范。

（一）对外承包工程资格

申请对外承包工程资格，应当具备下列条件：

1. 有法人资格，工程建设类单位还应当依法取得建设主管部门或者其他有关部门颁发的特级或者一级（甲级）资质证书；

2. 有与开展对外承包工程相适应的资金和专业技术人员，管理人员中至少2人具有2年以上从事对外承包工程的经历；

3. 有与开展对外承包工程相适应的安全防范能力；

4. 有保障工程质量和安全生产的规章制度，最近2年内没有发生重大工程质量问题和较大事故以上的生产安全事故；

5. 有良好的商业信誉，最近3年内没有重大违约行为和重大违法经营记录。

申请对外承包工程资格，中央企业和中央管理的其他单位（以下称中央单位）应当向国务院商务主管部门提出申请，中央单位以外的单位应当向所在地省、自治区、直辖市人民政府商务主管部门提出申请；申请时应当提交申请书和符合上述规定条件的证明材料。国务院商务主管部门或者省、自治区、直辖市人民政府商务主管部门应当自收到申请书和证明材料之日起30日内，会同同级建设主管部门进行审查，作出批准或者不予批准的决定。予以批准的，由受理申请的国务院商务主管部门或者省、自治区、直辖市人民政府商务主管部门颁发对外承包工程资格证书；不予批准的，书面通知申请单位并说明理由。

省、自治区、直辖市人民政府商务主管部门应当将其颁发对外承包工程资格证书的情况报国务院商务主管部门备案。

国务院商务主管部门和省、自治区、直辖市人民政府商务主管部门在监督检查中，发现对外承包工程的单位不再具备规定条件的，应当责令其限期整改；逾期仍达不到规定条件的，吊销其对外承包工程资格证书。

（二）对外承包工程的行为规范

1. 对外承包工程的单位不得以不正当的低价承揽工程项目、串通投标，不得进行商业贿赂。

2. 对外承包工程的单位应当与境外工程项目发包人订立书面合同，明确双方的权利和义务，并按照合同约定履行义务。

3. 对外承包工程的单位应当加强对工程质量和安全生产的管理，建立、健全并严格执行工程质量和安全生产管理的规章制度。

4. 对外承包工程的单位将工程项目分包的，应当与分包单位订立专门的工程质量和安全生产管理协议，或者在分包合同中约定各自的工程质量和安全生产管理责任，并对分包单位的工程质量和安全生产工作统一协调、管理。

对外承包工程的单位不得将工程项目分包给不具备国家规定的相应资质的单位；工程项目的建筑施工部分不得分包给未依法取得安全生产许可证的境内建筑施工企业。分包单位不得将工程项目转包或者再分包。对外承包工程的单位应当在分包合同中明确约定分包单位不得将工程项目转包或者再分包，并负责监督。

5. 从事对外承包工程外派人员中介服务的机构应当取得国务院商务主管部门的许可，并按照国务院商务主管部门的规定从事对外承包工程外派人员中介服务。

对外承包工程的单位通过中介机构招用外派人员的,应当选择依法取得许可并合法经营的中介机构,不得通过未依法取得许可或者有重大违法行为的中介机构招用外派人员。

6. 对外承包工程的单位应当依法与其招用的外派人员订立劳动合同,按照合同约定向外派人员提供工作条件和支付报酬,履行用人单位义务。

7. 对外承包工程的单位应当有专门的安全管理机构和人员,负责保护外派人员的人身和财产安全,并根据所承包工程项目的具体情况,制定保护外派人员人身和财产安全的方案,落实所需经费。对外承包工程的单位应当根据工程项目所在国家或者地区的安全状况,有针对性地对外派人员进行安全防范教育和应急知识培训,增强外派人员的安全防范意识和自我保护能力。

8. 对外承包工程的单位应当为外派人员购买境外人身意外伤害保险,应当按照国务院商务主管部门和国务院财政部门的规定,及时存缴备用金,用于支付对外承包工程的单位拒绝承担或者无力承担的有关费用。

9. 对外承包工程的单位与境外工程项目发包人订立合同后,应当及时向中国驻该工程项目所在国使馆(领馆)报告,并接受中国驻该工程项目所在国使馆(领馆)在突发事件防范、工程质量、安全生产及外派人员保护等方面的指导;应当定期向商务主管部门报告其开展对外承包工程的情况,并按照国务院商务主管部门和国务院统计部门的规定,向有关部门报送业务统计资料。

10. 对外承包工程的单位应当制定突发事件应急预案;在境外发生突发事件时,应当及时、妥善处理,并立即向中国驻该工程项目所在国使馆(领馆)和国内有关主管部门报告。

第四节 法律责任

一、工程发包与承包中的法律责任

1. 根据《建筑法》第六十五条,建设工程发包单位将工程发包给不具有相应资质条件的承包单位的,或者违反本法规定将建筑工程肢解发包的,责令改正,处以罚款。

2. 根据《建筑法》第六十八条,在工程发包与承包中索贿、受贿、行贿,构成犯罪的,依法追究刑事责任;不构成犯罪的,分别处以罚款,没收贿赂的财物,对直接负责的主管人员和其他直接责任人员给予处分。

对在工程承包中行贿的承包单位,除依照前款规定处罚外,可以责令停业整顿,降低资质等级或者吊销资质证书。

二、违反资质管理制度的法律责任

1. 根据《建筑法》第六十五条，超越本单位资质等级承揽工程的，责令停止违法行为，处以罚款，可以责令停业整顿，降低资质等级；情节严重的，吊销资质证书；有违法所得的，予以没收。

未取得资质证书承揽工程的，予以取缔，并处罚款；有违法所得的，予以没收。

以欺骗手段取得资质证书的，吊销资质证书，处以罚款；构成犯罪的，依法追究其刑事责任。

2. 根据《建筑法》第六十六条，建筑施工企业转让、出借资质证书或者以其他方式允许他人以本企业的名义承揽工程的，责令改正，没收违法所得，并处罚款，可以责令停业整顿，降低资质等级；情节严重的，吊销资质证书。对因该项承揽工程不符合规定的质量标准造成的损失，建筑施工企业与使用本企业名义的单位或者个人承担连带赔偿责任。

三、违法转包、分包的法律责任

根据《建筑法》第六十七条，承包单位将承包的工程转包的，或者违反规定进行分包的，责令改正，没收违法所得，并处罚款；可以责令停业整顿，降低资质等级；情节严重的，吊销资质证书。

承包单位违反规定，对因转包工程或者违法分包的工程不符合规定的质量标准造成的损失，与接受转包或者分包的单位承担连带赔偿责任。

复习思考题

一、单项选择题

1. 关于建筑工程发包承包制度的说法，正确的是（　　）。
A. 总承包合同可以采用书面形式或口头形式
B. 发包人可以将一个单位工程的主体分解成若干部分发包
C. 建筑工程只能招标发包，不能直接发包
D. 国家提倡对建筑工程实行总承包

2. 下列关于建设工程分包的说法中，承包人不违法的是（　　）。
A. 未经建设单位许可将承包工程中的劳务进行分包
B. 专业工程分包给不具备资质的承包人
C. 将劳务作业分包给不具备资质的承包人
D. 未经建设单位许可将承包工程中的专业工程分包给他人

3. 按照《建筑法》的规定，以下正确的说法是（　　）。
A. 建筑企业集团公司可以允许所属法人公司以其名义承揽工程
B. 建筑企业可以在其资质等级之上承揽工程
C. 联合体共同承包的，按照资质等级高的单位的业务许可范围承揽工程

第三章 建筑工程发包与承包法规

D. 施工企业不允许将承包的全部建筑工程转包给他人

4. 下列选项中,《建筑法》未禁止的行为是（　　）。
A. 将建设工程肢解发包　　B. 由两个以上不同资质等级的单位联合承包
C. 分包单位将工程再分包　　D. 用其他建筑施工企业的名义承揽工程

二、多项选择题

1. 某体育馆工程实行工程总承包，发包单位可以将该工程的（　　）一并发包给一个工程总承包单位。
A. 代建　　B. 监理　　C. 设备采购　　D. 施工　　E. 设计

2. 建筑施工企业有（　　）行为的，对因该工程不符合规定的质量标准造成的损失，承担连带赔偿责任。
A. 转让、出借资质证书
B. 将工程发包给不具有相应资质条件的承包单位
C. 允许他人以本企业的名义承揽工程
D. 将承包的工程转包
E. 违反《建筑法》规定进行分包

3. 建设工程发承包，《建筑法》作出禁止规定的有（　　）。
A. 将建设工程肢解发包
B. 承包人将其承包的建设工程分包他人
C. 承包人超越本企业资质等级许可的业务范围承揽工程
D. 分包人将其承包的工程再分包
E. 两个不同资质等级的单位联合共同承包

三、简答题

1. 建筑工程发包、承包的特征和原则是什么？
2. 建筑工程发包有哪些方式？各适用于什么情况？发包前应做好哪些准备工作？
3. 建筑工程的承包单位应当具备哪些条件？
4. 什么是建筑工程总承包制度？总承包的方式有哪些？
5. 什么是联合承包制度？联合承包的前提条件是什么？
6. 何谓违法分包？何谓转包？法律为什么要禁止违法分包和转包？
7. 具备什么资格才能承担对外承包工程？简述对外承包工程单位的行为规范。

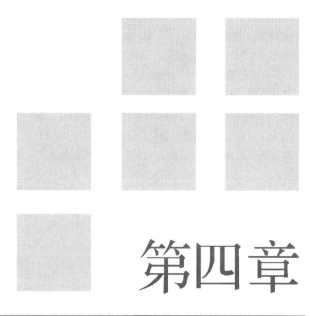

第四章

建筑工程招标投标法规

学习重点：招标投标活动的基本原则；强制招标制度；招标方式；招标人、投标人的资格条件；潜在投标人或者投标人的资格审查；招标文件、投标文件的编制；开标、评标和中标；招标程序和代理招标；招标投标备案制度；招标投标的投诉与处理。

第四章　建筑工程招标投标法规

建筑工程招标投标，是在市场经济条件下进行工程建设项目的发包与承包时，所采用的一种交易方式。采用招标投标方式进行交易活动的最显著特征，是将竞争机制引入了交易过程，它具有公平竞争、减少或杜绝行贿受贿等腐败和不正当竞争行为、节省和合理使用资金、保证建设项目质量等明显的优越性。

本章将对建筑工程招标投标活动中的招标、投标、评标、定标应当遵循的法律程序和规定进行阐述。

第一节　建筑工程招标投标概述

一、建筑工程招标投标法规立法概况

1999年8月30日，第九届全国人大常委会第十一次会议审议并通过了《中华人民共和国招标投标法》。《招标投标法》是招标投标法律体系中的基本法律。《招标投标法》的颁布实施，标志着我国的招标投标活动在法制的轨道上，已经进入到了一个规范的、公平竞争的崭新阶段。

继《招标投标法》发布之后，国家发展改革委员会于2000年5月1日发布了《工程建设项目招标范围和规模标准规定》；2000年7月1日发布了《招标公告发布暂行办法》和《工程建设项目自行招标试行办法》；2003年2月22日发布了《评标专家和评标专家库管理暂行办法》。建设部于2000年6月30日发布了《工程建设项目招标代理机构资格认定办法》；2000年10月18日发布了《建筑工程设计招标投标管理办法》；2001年6月1日发布了《房屋建筑和市政基础设施工程施工招标投标管理办法》。

国家发展改革委员会、建设部、铁道部、交通部、信息产业部、水利部、民航总局七部（委）于2001年7月5日联合发布了《评标委员会和评标方法》；2003年3月8日联合发布了《工程建设项目施工招标投标办法》。

为了更好地贯彻执行《招标投标法》，加强对工程建设项目的管理，国务院于2011年12月20日又发布了《中华人民共和国招标投标法实施条例》。

这些法律、行政法规和部门规章，构成了我国建筑工程招标投标的法规体系。

二、强制招标制度

强制招标，是指法律、法规规定某些特定类型的采购项目，必须通过招标进行采购，否则采购单位要承担法律责任。施行强制招标制度以来的十多年的实践表明，强制招标是发展我国国民经济的一项重要的制度保证。

（一）强制招标的工程建设项目范围和规模标准

1. 强制招标的工程建设项目范围

根据《招标投标法》第三条的规定，在中华人民共和国境内进行下列工程建设项目包括项目的勘察、设计、施工、监理以及与工程建设有关的重要设备、材料等的采购，必须进行招标：大型基础设施、公用事业等关系社会公共利益、公众安全的项目；全部或者部分使用国有资金投资或者国家融资的项目；使用国际组织或者外国政府贷款、援助资金的项目。

为了增加强制招标工作的可操作性，根据《招标投标法》的授权，国家发展改革委员会制订了《工程建设项目招标范围和规模标准规定》。该《规定》第二条至第七条确定了必须进行招标的工程建设项目的具体范围和规模标准。

（1）关系社会公共利益、公众安全的基础设施项目的范围包括：①煤炭、石油、天然气、电力、新能源等能源项目；②铁路、公路、管道、水运、航空以及其他交通运输业等交通运输项目；③邮政、电信枢纽、通信、信息网络等邮电通讯项目；④防洪、灌溉、排涝、引（供）水、滩涂治理、水土保持、水利枢纽等水利项目；⑤道路、桥梁、地铁和轻轨交通、污水排放及处理、垃圾处理、地下管道、公共停车场等城市设施项目；⑥生态环境保护项目；⑦其他基础设施项目。

（2）关系社会公共利益、公众安全的公用事业项目的范围包括：①供水、供电、供气、供热等市政工程项目；②科技、教育、文化等项目；③体育、旅游等项目；④卫生、社会福利等项目；⑤商品住宅，包括经济适用住房；⑥其他公用事业项目。

（3）使用国有资金投资项目的范围包括：①使用各级财政预算资金的项目；②使用纳入财政管理的各种政府性专项建设基金的项目；③使用国有企业事业单位自有资金，并且国有资产投资者实际拥有控制权的项目。

（4）国家融资项目的范围包括：①使用国家发行债券所筹资金的项目；②使用国家对外借款或者担保所筹资金的项目；③使用国家政策性贷款的项目；④国家授权投资主体融资的项目；⑤国家特许的融资项目。

（5）使用国际组织或者外国政府资金的项目的范围包括：①使用世界银行、亚洲开发银行等国际组织贷款资金的项目；②使用外国政府及其机构贷款资金的项目；③使用国际组织或者外国政府援助资金的项目。

2. 强制招标的工程建设项目规模标准

以上规定范围内的各类工程建设项目，包括项目的勘察、设计、施工、监理以及与工程建设有关的重要设备、材料等的采购，达到下列标准之一的，必须进行招标：

（1）施工单项合同估算价在200万元人民币以上的；

（2）重要设备、材料等货物的采购，单项合同估算价在100万元人民币以上的；

（3）勘察、设计、监理等服务的采购，单项合同估算价在50万元人民币以上的；

（4）单项合同估算价低于上述三项规定的标准，但项目总投资额在3000万元人民币以上的。

（二）可以不进行招标的工程建设项目

如果建设项目不属于强制招标的项目则可以招标也可以不招标，但是，即使符合强制招标项目的条件但是属于某些特殊情形的，也可以不进行招标。

1. 可以不进行招标的施工项目

依据《招标投标法》第六十六条和 2003 年 3 月 8 日国家发改委、建设部等 7 部委联合发布的《工程建设项目施工招标投标办法》第十二条的规定，需要审批的工程建设项目，有下列情形之一的，由审批部门批准，可以不进行施工招标。

（1）涉及国家安全、国家秘密或者抢险救灾而不适宜招标的；
（2）属于利用扶贫资金实行以工代赈需要使用农民工的；
（3）施工主要技术采用特定的专利或者专有技术的；
（4）施工企业自建自用的工程，且该施工企业资质等级符合工程要求的；
（5）在建工程追加的附属小型工程或者主体加层工程，原中标人仍具备承包能力的；
（6）法律、行政法规规定的其他情形。

国家重点建设项目，应当经国务院发改委批准；地方重点建设项目，应当经各省、自治区、直辖市人民政府批准。全部使用国有资金投资或者国有资金投资占控股或者主导地位的并需要审批的工程建设项目，应当经项目审批部门批准，但项目审批部门只审批立项的，由有关行政监督部门批准。

不需要审批但依法必须招标的工程建设项目，有前款规定情形之一的，可以不进行施工招标。

2. 可以不进行招标的勘察、设计项目

依据《建设工程勘察设计管理条例》第十六条，下列建设工程的勘察、设计，经有关主管部门批准，可以直接发包：

（1）采用特定的专利或者专有技术的；
（2）建筑艺术造型有特殊要求的；
（3）国务院规定的其他可以直接发包的建设工程的勘察、设计。

三、招标投标活动应遵循的基本原则

《招标投标法》第五条规定了招标投标活动必须遵循的基本原则，即"公开、公平、公正和诚实信用"的原则。这是招标投标必须遵循的最基本的原则，违反了这一基本原则，招标投标活动就失去了本来的意义。招标投标法有关招标投标的各项规定，都是为了保证这一基本原则的实现而制定的。

（一）公开原则

公开原则，就是要求招标投标活动具有较高的透明度，实行招标信息、招标程序、招标结果公开。

1. 信息公开

采用公开招标方式的，招标方应通过国家指定的报刊、信息网络或者其他公共媒介发布招标公告；采取邀请招标方式的，招标方应当向三个以上具备承担招标项目的能力、资信良好的特定的法人或其他组织发出投标邀请书。

2. 开标公开

开标应当公开进行，开标的时间和地点应当与招标文件中预先确定的相一致。

3. 评标公开

评标的标准和办法应当在提供给所有投标人的招标文件中载明，评标应严格按照招标文件确定的标准和办法进行，不得采用招标文件未列明的任何标准。

4. 中标结果公开

确定中标人后，招标人应当向中标人发出通知书，同时将中标结果通知所有未中标的投标人。中标通知书对招标人和中标人都具有法律效力。

（二）公平原则

公平原则要求给予所有投标人平等的机会，使其享有同等的权利，履行同等的义务。不能有意排斥、歧视任何一方。而投标人不得采用不正当竞争手段参加投标竞争。

对于招标方，应向所有的潜在投标人提供相同的招标信息；招标人不得以不合理的条件限制或者排斥潜在投标人，不得对潜在投标人实行歧视待遇；招标文件不得要求或者标明特定的生产供应者以及含有倾向或者排斥潜在投标人的其他内容；招标人不得向他人透露已获取招标文件的潜在投标人的名称、数量以及可能影响公平竞争的有关招标投标的其他情况；招标人不得限制投标人之间的竞争；所有投标人都有权参加开标会；所有在投标截止时间前收到的投标文件都应当在开标时当众拆封、宣读。

对于投标方，不得相互串通投标报价，不得排斥其他投标人的公平竞争，损害招标人或者其他投标人的合法权益；投标人不得与招标人串通投标，损害国家利益、社会公共利益或者他人的合法权益。

对于招投标双方来说，在采购活动中双方的地位平等，任何一方不得向另一方提出不合理的要求，不得将自己的意志强加给对方。

（三）公正原则

公正原则就是要求在招标投标活动中，评标结果要公正。评标时对所有投标者一视同仁，严格按照事先公布的标准和规则统一对待各投标人。不得向任何投标人泄露标底或其他可能妨碍公平竞争的信息；任何单位和个人不得非法干预、影响评标过程和结果。

需要指出的是，公正原则与公平原则有共同点也有不同点。招标投标活动的公正原则与公平原则的共同之处在于创造一个公平合理、平等竞争的投标机会。其不同之处在于二者的着重点不同，公平原则更侧重于从投标者的角度出发，考察是不是所有的投标人都处于同一个起跑线上。而公正原则更侧重于从招标人和评标委员会的角度出发，考察是不是对每一个投标人都给予了公正的待遇。

（四）诚实信用原则

"诚实信用"是民事活动的基本原则之一。我国《民法通则》和《合同法》等民事基本法律中都规定了这一原则。招标投标活动是以订立采购合同为目的的民事活动，当然也适用这一原则。本原则的含义是，在招标投标活动中，招标人或招标代理机构、投标人等均应以诚实、善意的态度参与招标投标活动，严格按照法律的规定行使自己的权利和义务，坚持良好的信用，不得弄虚作假，欺骗他人，牟取不正当利益，不得损害对方、第三者或者社会的利益。对违反诚实信用原则，给他方造成损失的，要依法承担赔偿责任。《招标投标法》第五十三条至第六十条明确规定了各种违背诚实信用原则的行为的法律责任。

第二节 招　　标

一次完整的招标投标活动，包括招标、投标、开标、评标和中标等许多环节。招标是整个招标投标过程的第一个环节，也是对投标、评标、定标有直接影响的环节，所以在《招标投标法》中对这个环节确立了一系列的明确的规范。要求在招标中有严格的程序、较高的透明度、严谨的行为规则，以求有效地调整在招标中形成的社会经济关系。

一、招标人

（一）招标人

《招标投标法》第八条规定："招标人是依照本法规定提出招标项目、进行招标的法人或者其他组织。"正确理解法律意义上的招标人的含义，应当把握以下几点：

1. 招标人应当是法人或者其他组织，而自然人则不能成为该法意义上的招标人。根据我国《民法通则》的有关规定，法人是指具有民事权利能力和民事行为能力，依法独立享有民事权利和承担民事义务的组织。其他组织，是指除法人以外的不具备法人条件的其他实体，包括合伙企业、个人独资企业和外国企业以及企业的分支机构等。

2. 依法提出招标项目并进行招标。这里有两层含义：一是要提出招标项目，即根据招标人的实际情况以及《招标投标法》的有关规定确定需要招标的具体项目，办理有关审批手续，落实项目的资金来源等。二是进行招标，即根据《招标投标法》规定的程序和实质内容确定招标方式，编制招标文件，发布招标公告，审查潜在投标人资格，进行开标、评标、确定中标人及订立书面合同等。

（二）招标条件

根据《招标投标法》第九条、《房屋建筑和市政基础设施工程施工招标投标管理办法》第八条和《工程建设项目施工招标投标办法》第八条的规定，依法必须招标的工程建设项目，应当具备下列条件才能进行施工招标：

1. 招标人已经依法成立；
2. 初步设计及概算应当履行审批手续的，已经批准；
3. 招标范围、招标方式和招标组织形式等应当履行核准手续的，已经核准；
4. 有相应资金或资金来源已经落实；
5. 有招标所需的设计图纸及技术资料；
6. 法律法规规定的其他条件。

二、招标方式

根据《招标投标法》第十条规定，招标方式分为公开招标和邀请招标。

（一）公开招标

公开招标，也称"无限竞争性招标"，是指由招标人以招标公告的方式邀请不特定的法人或者其他组织投标。招标人采用公开招标方式的，应当发布招标公告。依法必须进行招标的工程建设项目的招标公告，应当通过国家指定的报刊、信息网络或者其他媒介发布。

国家发改委确定的国家重点建设项目和各省、自治区、直辖市人民政府确定的地方重点建设项目，以及全部使用国有资金投资或者国有资金投资占控股或者主导地位的工程建设项目，应当公开招标。

（二）邀请招标

邀请招标也称"有限竞争性招标"或"限制性招标"，是指招标方根据自己所掌握的情况，预先确定一定数量的符合招标项目基本要求的潜在投标人并向其发出投标邀请书，由被邀请的潜在投标人参加投标竞争，招标人从中择优确定中标人的一种招标方式。其特点是：

1. 根据《招标投标法》第十七条的规定，采用邀请招标方式的招标人应当向三个以上的潜在投标人发出投标邀请书；

2. 邀请招标的招标人要以投标邀请书的方式向一定数量的潜在投标人发出投标邀请，只有接受投标邀请书的法人或者其他组织才可以参加投标竞争，其他法人或组织无权参加投标。

根据《工程建设项目施工招标投标办法》第十一条的规定，应当公开招标的项目但有下列情形之一的，经批准可以进行邀请招标：①项目技术复杂或有特殊要求，只有少量几家潜在投标人可供选择的；②受自然地域环境限制的；③涉及国家安全、国家秘密或者抢险救灾，适宜招标但不宜公开招标的；④拟公开招标的费用与项目的价值相比，不值得的；⑤法律、法规规定不宜公开招标的。

国家重点建设项目的邀请招标，应当经国家发改委批准；地方重点建设项目的邀请招标，应当经各省、自治区、直辖市人民政府批准。全部使用国有资金投资或者国有资金投资占控股或者主导地位的并需要审批的工程建设项目的邀请招标，应当经项目审批部门批准，但项目审批部门只审批立项的，由有关行政监督部门批准。

三、自行招标和代理招标

从招标行为实施主体的自主性来看，招标有自行招标和代理招标两种。

（一）自行招标

自行招标指的是招标方独自进行的招标活动。

国家发展改革委员会于 2000 年 7 月 1 日发布了《工程建设项目自行招标试行办法》。该办法第四条对自行招标方必须具备的条件做出了规定：①具有项目法人资格

（或者法人资格）；②具有与招标项目规模和复杂程度相适应的工程技术、概预算、财务和工程管理等方面专业技术力量；③有从事同类工程建设项目招标的经验；④设有专门的招标机构或者拥有 3 名以上专职招标业务人员；⑤熟悉和掌握招标投标法及有关法规规章。

招标人符合法律规定的自行招标条件的，可以自行办理招标事宜。任何单位和个人不得强制其委托招标代理机构办理招标事宜。

（二）代理招标和招标代理机构

招标人不具备自行招标条件，或者不愿自行招标的，应当委托具有相应资格条件的专业招标代理机构，由其代理招标人进行招标。

所谓代理招标，是指招标代理机构接受招标人的委托，代为办理招标事宜。招标代理机构是"依法设立、从事招标代理业务并提供相关服务的社会中介组织。"

2007 年 1 月 11 日，建设部以第 154 号令发布的《工程建设项目招标代理机构资格认定办法》，对招标代理机构的资质等级、资质标准、申请与审批、业务范围等作了明确规定。

1. 工程建设项目招标代理机构的分级和工程承接范围

工程招标代理机构资格分为甲级、乙级和暂定级。甲级工程招标代理机构资格由国务院建设主管部门认定。乙级、暂定级工程招标代理机构资格由工商注册所在地的省、自治区、直辖市人民政府建设主管部门认定。

甲级工程招标代理机构可以承担各类工程的招标代理业务。乙级工程招标代理机构只能承担工程总投资 1 亿元人民币以下的工程招标代理业务。暂定级工程招标代理机构，只能承担工程总投资 6000 万元人民币以下的工程招标代理业务。

工程招标代理机构可以跨省、自治区、直辖市承担工程招标代理业务。任何单位和个人不得限制或者排斥工程招标代理机构依法开展工程招标代理业务。

2. 招标代理机构可以承担的招标事宜

依据《工程建设项目施工招标投标办法》第二十二条的规定，招标代理机构应当在招标人委托的范围内承担招标事宜，不得无权代理、越权代理。

招标代理机构可以在其资格等级范围内承担下列招标事宜：

(1) 拟订招标方案，编制和出售招标文件、资格预审文件；

(2) 审查投标人资格；

(3) 编制标底；

(4) 组织投标人踏勘现场；

(5) 组织开标、评标，协助招标人定标；

(6) 草拟合同；

(7) 招标人委托的其他事项。

四、招标程序

招标是招标人从投标人中选择并确定中标人的过程，招标应有一系列的工作程序。

根据《招标投标法》、《招标投标法实施条例》和《工程建设项目施工招标投标法办法》的规定，招标工作程序如下：

1. 成立招标组织，由招标人自行招标或委托招标；
2. 发布资格预审公告或者招标公告；
3. 编制资格预审文件或者招标文件和标底（如果有）；
4. 发售资格预审文件或者招标文件；
5. 对潜在投标人或者投标人的资格审查；
6. 组织投标人踏勘现场，并对招标文件答疑；
7. 确定投标人编制投标文件所需要的合理时间；
8. 接受投标书；
9. 开标、评标、定标，签发中标通知书；
10. 与中标人签订合同。

五、招标公告和资格预审公告的发布方式及内容

（一）公开招标应当发布招标公告

招标公告是招标人以公告方式邀请不特定的潜在投标人就招标项目参加投标的意思表示。公开招标的招标信息必须通过公告的途径予以通知，使所有合格的投标人都有同等机会了解招标要求。招标公告是公开招标的第一步，也是决定竞争的广泛程度、保证招标质量的关键性一步。同时，招标公告的发布方式对信息能否广泛传播也起着决定性作用，直接影响招标公告的发布结果，因此，对公告发布的方式做出法律规定是十分必要的。

（二）招标公告的发布方式

《招标投标法实施条例》第十五条规定，公开招标的项目，应当依照招标投标法和本条例的规定发布招标公告、编制招标文件。

招标人采用资格预审办法对潜在投标人进行资格审查的，应当发布资格预审公告、编制资格预审文件。

依法必须进行招标的项目的资格预审公告和招标公告，应当在国务院发展改革部门依法指定的媒介发布。在不同媒介发布的同一招标项目的资格预审公告或者招标公告的内容应当一致。指定媒介发布依法必须进行招标的项目的境内资格预审公告、招标公告，不得收取费用。

编制依法必须进行招标的项目的资格预审文件和招标文件，应当使用国务院发展改革部门会同有关行政监督部门制定的标准文本。

随着科学技术的发展，可能还会出现一些新的发布方式，为此，《招标投标法》第十六条规定了"其他媒介"，作为报刊和信息网络的补充。

（三）招标公告的主要内容

招标公告的主要目的是发布招标项目的有关信息，使那些有兴趣的潜在投标人知道与项目有关的主要情况，来决定其是否参加投标，因此，招标公告的内容对潜在投标人是至关重要的。

1. 施工招标公告的主要内容

根据《工程建设项目施工招标投标办法》第十四条的规定，施工招标的招标公告或者投标邀请书应当至少载明下列内容：①招标人的名称和地址；②招标项目的内容、规模、资金来源；③招标项目的实施地点和工期；④获取招标文件或者资格预审文件的地点和时间；⑤对招标文件或者资格预审文件收取的费用；⑥对投标人的资质等级的要求。

2. 设计招标公告的主要内容

根据《建筑工程设计招标投标管理办法》第八条的规定，设计招标的招标公告或者投标邀请书应当载明招标人的名称和地址、招标项目的基本要求、投标人的资质以及获取要求招标文件的办法等事项。

六、对潜在投标人或者投标人的资格审查

招标人可以根据招标项目本身的特点和需要，要求潜在投标人或者投标人提供满足其资格要求的文件，对潜在投标人或者投标人进行资格审查。资格审查分为资格预审和资格后审。

（一）资格预审

资格预审，是指在投标前对潜在投标人进行的资格审查。

1. 资格预审的原则

（1）资格预审应当发布资格预审公告、编制资格预审文件

《招标投标法实施条例》第十五条规定，招标人采用资格预审办法对潜在投标人进行资格审查的，应当发布资格预审公告、编制资格预审文件。

依法必须进行招标的项目的资格预审公告，应当在国务院发展改革部门依法指定的媒介发布。在不同媒介发布的同一招标项目的资格预审公告的内容应当一致。指定媒介发布依法必须进行招标的项目的境内资格预审公告，不得收取费用。

编制依法必须进行招标的项目的资格预审文件，应当使用国务院发展改革部门会同有关行政监督部门制定的标准文本。

（2）资格预审应当按照资格预审文件载明的标准和方法进行

采取资格预审的，招标人应当在资格预审文件中载明资格预审的条件、标准和方法。资格预审应当按照资格预审文件载明的标准和方法进行。招标人不得改变载明的资格条件或者以没有载明的资格条件对潜在投标人或者投标人进行资格审查。

国有资金占控股或者主导地位的依法必须进行招标的项目，招标人应当组建资格审查委员会审查资格预审申请文件。资格审查委员会及其成员应当遵守招标投标法和本条例有关评标委员会及其成员的规定。

（3）资格预审文件的澄清或者修改

招标人可以对已发出的资格预审文件进行必要的澄清或者修改。澄清或者修改的内容可能影响资格预审申请文件编制的，招标人应当在提交资格预审申请文件截止时间至

少 3 日前，以书面形式通知所有获取资格预审文件的潜在投标人；不足 3 日的，招标人应当顺延提交资格预审申请文件的截止时间。

2. 资格预审文件的发售

招标人应当按照资格预审公告规定的时间、地点发售资格预审文件。资格预审文件的发售期不得少于 5 日。

招标人发售资格预审文件收取的费用应当限于补偿印刷、邮寄的成本支出，不得以营利为目的。

3. 资格预审申请文件的提交

招标人应当合理确定提交资格预审申请文件的时间。依法必须进行招标的项目提交资格预审申请文件的时间，自资格预审文件停止发售之日起不得少于 5 日。

4. 资格预审结果通知

资格预审结束后，招标人应当及时向资格预审申请人发出资格预审结果通知书。未通过资格预审的申请人不具有投标资格，不得参加投标。

通过资格预审的申请人少于 3 个的，应当重新招标。

5. 有异议的资格预审文件的处理

潜在投标人或者其他利害关系人对资格预审文件有异议的，应当在提交资格预审申请文件截止时间 2 日前提出；招标人应当自收到异议之日起 3 日内作出答复；作出答复前，应当暂停招标投标活动。

招标人编制的资格预审文件的内容违反法律、行政法规的强制性规定，违反公开、公平、公正和诚实信用原则，影响资格预审结果的，依法必须进行招标的项目的招标人应当在修改资格预审文件后重新招标。

（二）资格后审

资格后审，是指在开标后对投标人进行的资格审查。进行资格预审的，一般不再进行资格后审，但招标文件另有规定的除外。

招标人采用资格后审办法对投标人进行资格审查的，应当在开标后由评标委员会按照招标文件规定的标准和方法对投标人的资格进行审查。

招标人不得改变载明的资格条件或者以没有载明的资格条件对潜在投标人进行资格后审。资格后审不合格的投标人的投标应作废标处理。

资格审查时，招标人不得以不合理的条件限制、排斥潜在投标人或投标人，不得对潜在投标人或者投标人实行歧视待遇。任何单位和个人不得以行政手段或者其他不合理方法限制投标人的数量。

（三）资格审查的内容

资格审查主要审查潜在投标人或者投标人是否符合下列条件：①具有独立订立合同的权利；②具有履行合同的能力，包括专业、技术资格和能力，资金、设备和其他物质设施状况、管理能力、经验、信誉和相应的从业人员；③没有处于被责令停业，投标资格被取消，财产被接管、冻结，破产状态；④在最近 3 年内没有骗取中标和严重违约及重大工程质量问题；⑤法律、行政法规规定的其他资格条件。

资格审查时，招标人不得以不合理的条件限制、排斥潜在投标人或者投标人，不得对潜在投标人或者投标人实行歧视待遇。任何单位和个人不得以行政手段或者其他不合理方式限制投标人的数量。

七、招标文件的编制和发售

一般情况下，在发布招标公告或发出投标邀请书前，招标方就应根据招标项目的特点和要求编制招标文件并确定标底（标底一经审定，应封标至开标，在此之前要绝对保密）。在发布招标公告或发出投标邀请书的基础上，按照招标公告中载明的时间和地点，向有意参加投标的供应商或承包商提供招标文件。与招标公告、投标邀请书不同，招标文件是招标人向供应商或承包商发出的，为其提供编写投标文件的资料并向其通报招标投标将依据的规则和程序等项内容的书面文件。

（一）编制招标文件应遵守的原则

为了规范招标人的行为，保证招标文件的公正合理，《招标投标法》及其相关法规要求招标人在编制招标文件时，应当遵守如下基本原则：

1. 招标人应当根据招标项目的特点和需要编制招标文件。招标文件应当包括招标项目的技术要求、对投标人资格审查的标准、投标报价要求和评标标准等所有实质性要求和条件以及拟签订合同的主要条款。

2. 国家对招标项目的技术、标准有规定的，招标人应当按照其规定在招标文件中提出相应要求。

3. 招标项目需要划分标段、确定工期的，招标人应当合理划分标段、确定工期，并在招标文件中载明。

4. 招标文件不得要求或者标明特定的生产供应者以及含有倾向或者排斥潜在投标人的其他内容。

（二）关于时间方面招标文件应遵守的规定

1. 可以澄清、修改招标文件的时间

《招标投标法》第二十三条规定："招标人对已发出的招标文件进行必要的澄清或者修改的，应当在招标文件要求提交投标文件截止时间至少15日前，以书面形式通知所有招标文件收受人。该澄清或者修改的内容为招标文件的组成部分。"

2. 确定编制投标文件的时间

《招标投标法》第二十四条规定："招标人应当确定投标人编制投标文件所需要的合理时间；但是，依法必须进行招标的项目，自招标文件开始发出之日起至投标人提交投标文件截止之日止，最短不得少于20日。"

3. 确定投标有效期

投标有效期，是招标文件中规定的投标文件有效期。《工程建设项目施工招标投标办法》第二十九条规定："招标文件应当规定一个适当的投标有效期；以保证招标人有足够的时间完成评标和与中标人签订合同。投标有效期从投标人提交投标文件截止之日起计算。

在原投标有效期结束前，出现特殊情况的，招标人可以书面形式要求所有投标人延长投标有效期。投标人同意延长的，不得要求或被允许修改其投标文件的实质性内容，但应当相应延长其投标保证金的有效期；投标人拒绝延长的，其投标失效，但投标人有权收回其投标保证金。因延长投标有效期造成投标人损失的，招标人应当给予补偿，但因不可抗力需要延长投标有效期的除外。"

（三）投标保证金

在招标投标过程中，如果投标人投标后擅自撤回投标，或者投标被接受后由于投标人的原因不能签订合同，那么招标人就可能遭受损失（如重新进行招标的费用和招标推迟造成的损失等）。因此，招标人可以在招标文件中要求投标人提供投标保证金或其他形式的担保，以防投标人违约，并在投标人违约时得到补偿。

《招标投标法实施条例》第二十六条规定："招标人在招标文件中要求投标人提交投标保证金的，投标保证金不得超过招标项目估算价的2%。投标保证金有效期应当与投标有效期一致。依法必须进行招标的项目的境内投标单位，以现金或者支票形式提交的投标保证金应当从其基本账户转出。招标人不得挪用投标保证金。"

《工程建设项目施工招标投标办法》第三十七条规定："招标人可以在招标文件中要求投标人提交投标保证金。投标保证金除现金外，可以是银行出具的银行保函、保兑支票、银行汇票或现金支票。投标保证金一般不得超过投标总价的2%，最高不超过80万元人民币。投标保证金有效期应当超出投标有效期30天。中标人确定后，对落选的投标人应及时将其投标保证金退还。投标人应当按照招标文件要求的方式和金额，将投标保证金随投标文件提交给招标人。投标人不按招标文件要求提交投标保证金的，该投标文件将被拒绝，作废标处理。"

（四）设计招标文件的编制

1. 设计招标文件的特点

建设工程设计招标不同于建设工程项目实施阶段其他工作的招标，它是投标人通过自己的智力劳动，将招标人对建设项目的设想转变为可实施的蓝图。设计招标与常见的施工招标相比较，具有以下显著的特点：

（1）招标文件无工作量要求。设计招标文件对投标人所提出的要求不是十分明确具体，只是简要介绍建设工程项目的实施条件和项目所在地的基本资料，提出设计依据、工程项目应达到的技术经济指标、限定的工作范围、要求完成设计的时间等内容，而无具体的工作量要求。

（2）投标文件报价的依据不是工程量表。投标人提交的投标文件一般是首先提出设计初步方案，并论证该设计方案的优点和实现计划，在此基础上再进一步提出报价。报价不是以规定的工程量表为依据，设计方案的优劣对报价影响程度较大。

（3）开标时不排定标价次序。设计招标开标时只是分别简要公布各设计方案的基本构思、设计意图和报价，一般不由招标单位按公布的各投标书的报价高低排定标价次序。

（4）报价对中标的影响程度较小。设计招标评标时，更多地关注所提供设计方案的技术先进性和合理性,所达到的技术指标以及对工程项目投资效益的影响,而不过分追求完成设计任务报价的高低,报价对中标的影响程度较小。

2. 设计招标文件的一般要求

根据《建筑工程设计招标投标管理办法》,设计招标文件的一般要求是:①招标人应当在招标文件中规定实质性要求和条件,并用醒目的方式标明;②招标文件应具有严肃性,一经发出,招标人不得随意变更,确需进行必要的澄清或者修改,应当在提交投标文件截止日期15日前,书面通知所有招标文件收受人;③招标人要求投标人提交投标文件的时限为:特级和一级建筑工程不少于45日;二级以下建筑工程不少于30日;进行概念设计招标的,不少于20日。

3. 设计招标文件的主要内容

根据《建筑工程设计招标投标管理办法》,设计招标文件应包括以下主要内容:①工程名称、地址、占地面积、建筑面积等;②已批准的项目建议书或者可行性研究报告;③工程经济技术要求;④城市规划管理部门确定的规划控制条件和用地红线图;⑤可供参考的工程地质、水文地质、工程测量等建设场地勘察成果报告;⑥供水、供电、供气、供热、环保、市政道路等方面的基础资料;⑦招标文件答疑、踏勘现场的时间和地点;⑧投标文件编制要求及评标原则;⑨投标文件送达的截止时间;⑩拟签订合同的主要条款;⑪未中标方案的补偿办法。

(五)施工招标文件的编制

1. 施工招标文件的一般要求

根据《工程建设项目施工招标投标办法》,施工招标文件的一般要求是:

(1)招标人应当在招标文件中规定实质性要求和条件,并用醒目的方式标明。

(2)招标人可以要求投标人在提交符合招标文件规定要求的投标文件外,提交备选投标方案,但应当在招标文件中做出说明,并提出相应的评审和比较办法。

(3)招标文件规定的各项技术标准均应符合国家强制性标准,均不得要求或标明某一特定的专利、商标、名称、设计、原产地或生产供应者,不得含有倾向或者排斥潜在投标人的其他内容。

(4)招标项目需要划分标段、确定工期的,招标人应当合理划分标段、确定工期,并在招标文件中载明。在工程技术上紧密相连、不可分割的单位工程不得分割标段。招标人不得以不合理的标段或工期限制或者排斥潜在投标人或者投标人。

(5)招标文件应当明确规定评标时除价格以外的所有评标因素,以及如何将这些因素量化或者据以进行评估。

(6)招标文件应当规定一个适当的投标有效期。

(7)招标项目工期超过12个月的,招标文件中可以规定工程造价指数体系、价格调整因素和调整方法。

(8)招标人应当确定投标人编制投标文件所需要的合理时间。

(9)招标人根据招标项目的具体情况,可以组织潜在投标人踏勘项目现场,向其介绍工程场地和相关环境的有关情况。但招标人不得单独或者分别组织任何一个投标人进行现场踏勘。潜在投标人依据招标人介绍情况作出的判断和决策,由投标人自行负责。

(10)对于潜在投标人在阅读招标文件和现场踏勘中提出的疑问,招标人可以书面形式或召开投标预备会的方式解答,但需同时将解答以书面方式通知所有购买招标文件的潜在投标人。该解答的内容为招标文件的组成部分。

2.施工招标文件的主要内容

根据《工程建设项目施工招标投标办法》,施工招标文件应包括以下主要内容:

(1)投标邀请书;

(2)投标人须知,包括工程概况,招标范围,资格审查条件,工程资金来源或者落实情况(包括银行出具的资金证明),标段划分,工期要求,质量标准,现场踏勘和答疑安排,投标文件编制、提交、修改、撤回的要求,投标报价要求,投标有效期,开标的时间和地点,评标的方法和标准等;

(3)拟签订合同的主要条款;

(4)投标文件格式;

(5)招标工程的技术条款和设计文件;

(6)采用工程量清单招标的,应当提供工程量清单;

(7)评标标准和方法;

(8)要求投标人提交的其他辅助材料,如投标保证金或其他形式的担保。

(六)标底及其编制

建筑工程的标底,是指招标人认可的招标项目的预算价格。它由招标人或委托建设行政主管部门批准的具有相应资格和能力的中介机构,根据批准的初步设计、投资概算,依据有关计价办法,参照有关工程定额,结合市场供求状况,综合考虑投资、工期和质量等方面的因素合理确定。

《工程建设项目施工招标投标办法》第三十四条规定:"招标人可根据项目特点决定是否编制标底。编制标底的,标底编制过程和标底必须保密。一个工程只能编制一个标底。任何单位和个人不得强制招标人编制或报审标底,或干预其确定标底。"

招标人可根据项目特点决定是否编制标底。招标项目也可以不设标底,进行无标底招标。

(七)招标文件的发售

根据《招标投标法实施条例》第十六条的规定,招标人应当按照资格预审公告、招标公告或者投标邀请书规定的时间、地点发售资格预审文件或者招标文件。资格预审文件或者招标文件的发售期最短不得少于5日。

招标人发售资格预审文件、招标文件收取的费用应当限于补偿印刷、邮寄的成本支出,不得以营利为目的。

(八)有异议的招标文件的处理

《招标投标法实施条例》第二十二条规定:"潜在投标人或者其他利害关系人对招标文件有异议的,应当在投标截止时间10日前提出。招标人应当自收到异议之日起3日内作出答复;作出答复前,应当暂停招标投标活动。"

招标人编制的招标文件的内容违反法律、行政法规的强制性规定，违反公开、公平、公正和诚实信用原则，影响潜在投标人投标的，依法必须进行招标的项目的招标人应当在修改招标文件后重新招标。

第三节 投 标

在招标人以招标公告或者投标邀请书的方式发出招标邀请后，具备承担该招标项目能力的法人或者其他组织即可在招标文件指定的提交投标文件的截止时间之前，向招标人提交投标文件，参加投标竞争。

投标又称报价，是指作为承包方的投标人根据招标人的招标条件向招标人提交其依照招标文件的要求所编制的投标文件，即向招标人提出自己的报价，以期承包到该招标项目的行为。

一、投标人

（一）投标人

《招标投标法》第二十五条规定："投标人是响应招标、参加投标竞争的法人或者其他组织。""依法招标的科研项目允许个人参加投标的，投标的个人适用本法有关投标人的规定。"

所有对招标公告或投标邀请书感兴趣的并有可能参加投标的人，称为潜在投标人。所谓响应招标，是指潜在投标人获得了招标的信息或者投标邀请书以后购买招标文件，接受资格审查，并编制投标文件，按照招标人的要求参加投标。参加投标竞争是指按照招标文件的要求并在规定的时间内提交投标文件的活动。

按照法律规定，投标人必须是法人或者其他组织，不包括自然人，但是，考虑到科研项目的特殊性，法律条文中增加了个人对科研项目投标的规定，个人可以作为投标主体参加科研项目投标活动，这是对科研项目投标的特殊规定。

（二）投标人应具备的条件

参加投标活动必须具备一定的条件，不是所有感兴趣的法人或经济组织都可以投标。《招标投标法》第二十六条规定："投标人应当具备承担招标项目的能力；国家有关规定对投标人资格条件或者招标文件对投标人资格有规定的，投标人应当具备规定的资格条件。"

二、投标文件的编制

（一）基本要求

根据《招标投标法》第二十七条第一款的规定，编制投标文件应当符合下述两项要求：

1. 按照招标文件的要求编制投标文件。

2. 对招标文件提出的实质性要求和条件做出响应。这里"实质性要求和条件"，是指招标文件中有关招标项目的技术要求、投标报价要求和评标标准、合同的主要条款等，投标人必须严格按招标文件的要求，一一作答，不得对招标文件进行修改，不得遗漏或回避招标文件中的问题，更不能提出任何附带条件，否则将有可能失去中标机会。

根据《招标投标法》的基本要求，《建筑工程设计招标投标管理办法》规定，投标人应当按照招标文件、建筑方案设计文件编制深度规定的要求编制投标文件；进行概念设计招标的，应当按照招标文件要求编制投标文件。投标文件应当由具有相应资格的注册建筑师签章，并加盖单位公章。

《工程建设项目施工招标投标办法》规定，施工投标文件应当包括下列内容：①投标函；②施工组织设计；③投标报价；④商务和技术偏差表。另外，投标人根据招标文件载明的项目实际情况，拟在中标后将中标项目的部分非主体、非关键性工作进行分包的，应当在投标文件中载明。

（二）特殊要求

根据《招标投标法》第二十七条第二款的规定，编制建设施工项目的投标文件，除符合上述两项基本要求外，还应当包括如下的特殊要求：

1. 拟派出的项目负责人的简历。包括项目负责人的姓名、年龄、文化程度、职称、参加工作时间、担任负责人的年限、参加过的施工项目（包括建设单位、项目名称、建设规模、开竣工日期和工程质量等）等情况。

2. 主要技术人员的简历。主要技术人员是下列人员：总部的项目主管、现场的项目正副主管、质量主管、材料主管、计划主管、安全主管等。这些专业技术人员简历应当包括姓名、年龄、文化程度、参加过的施工项目等情况。

3. 业绩。一般是指近三年承建的施工项目。具体应写明建设单位、项目名称与建设地点、结构类型、建设规模、开竣工日期、合同价格和质量达标情况等。

4. 拟用于完成招标项目的机械设备。这部分应将投标方自有的拟用于完成招标项目的机械设备以表格的形式列出。主要内容包括机械设备的名称、型号规格、数量、国别产地、制造年份、额定功率、生产能力、备注等内容。

5. 其他。比如近两年的财务会计报表，资金平衡表和负债表，下一年的财务预测报告等情况；全体员工人数特别是技术工人数量；现有的主要施工任务，包括在建或尚未开工的工程；工程进度；等等。

（三）投标文件内容

投标文件一般包括下列内容：①投标函；②投标报价；③施工组织设计；④商务和技术偏差表。

投标人根据招标文件载明的项目实际情况，拟在中标后将中标项目的部分非主体、非关键性工作进行分包的，应当在投标文件中载明。

（四）对投标文件的补充、修改和撤回

《招标投标法》第二十九条规定："投标人在招标文件要求提交投标的截止时间前，可以补充、修改或者撤回已提交的投标文件，并书面通知招标人。补充、修改内容为投标文件的组成部分。"

补充是指对投标文件中遗漏和不足的部分进行增补。修改是指对投标文件中已有的内容进行修订。撤回是指收回全部投标文件，或者放弃投标，或者以新的投标文件重新投标。

1. 投标人在提交投标文件截止日期前，可以修改和补充投标文件

在招标过程中，由于投标人对招标文件的理解和认识水平不一，有些投标人对招标文件常常发生误解，或者投标文件对一些重要的内容有遗漏。对此投标人需要补充、修改的，可以在提交投标文件截止日期前，进行补充或者修改。补充或修改的内容为投标文件的组成部分。但在提交投标文件截止日期后到招标文件规定的投标有效期终止之前，投标人不得补充、修改、替代或者撤回其投标文件。投标人补充、修改、替代投标文件的，招标人不予接受。

2. 投标人有权撤回自己提交的投标文件

在投标文件截止日期以前，投标人有权撤回已经递交的投标文件，这反映了契约自由的原则。招标一般被看作要约邀请，而投标则为一种要约，潜在投标人是否做出要约，完全取决于潜在投标人的意愿。所以在投标截止日期之前，允许投标人撤回投标文件，但撤回已经提交的投标文件必须以书面形式通知招标人，以备案待查。投标人既可以在法定时间内，重新编制投标文件，并在规定时间内送达指定地点，也可以放弃投标。如果在投标截止日期前放弃投标，招标人不得没收其投标保证金。如果在投标截止日期之后撤回的，投标保证金可以被没收。

三、共同投标

（一）共同投标的概念

共同投标指的是某承包单位为了承揽不适于自己单独承包的工程项目而与其他单位联合，以一个投标人的身份参与投标的投标方式。

《招标投标法》第三十一条规定，两个以上法人或者其他组织可以组成一个联合体，以一个投标人的身份共同投标。

（二）共同投标的联合体应具备的条件

根据《招标投标法》第三十一条第二款的规定，联合体投标的各方应具备下列条件：

1. 联合体各方均应具备承担招标项目的相应能力。承担招标项目的相应能力，是指完成招标项目所需要的技术、资金、设备、管理等方面的能力。

2. 国家有关规定或者招标文件对投标人资格条件有规定的，联合体各方均应具备规定的相应资格条件。

3. 由同一专业的单位组成的联合体，按照资质等级较低的施工企业的业务范围承揽工程。

（三）共同投标协议

联合体各方应当签订共同投标协议，明确约定各方拟承担的工作和责任，并将共同投标协议连同投标文件一并提交招标人。

共同投标协议约定了组成联合体各成员单位在联合体中所承担的各自的工作范围，这个范围的确定也为建设单位判断该成员单位是否具备"相应的资格条件"提供了依据。共同投标协议也约定了组成联合体各成员单位在联合体中所承担的各自的责任，这也为将来可能引发的纠纷的解决提供了必要的依据。因此，共同投标协议对于联合体投标这种投标的形式是非常必要的，也正是基于此，《工程建设项目施工招标投标办法》第五十条将没有附有联合体各方共同投标协议的联合体投标确定为废标。

（四）联合体各方的责任义务

1. 履行共同投标协议中约定的义务。共同投标协议中约定了联合体中各方应该承担的责任，各成员单位必须要按照该协议的约定认真履行自己的义务，否则将对对方承担违约责任，同时，共同投标协议中约定的责任承担也是各成员单位最终的责任承担方式。

2. 中标的联合体各方应当共同与招标人签订合同。这里所讲的共同"签订合同"，是指联合体各方均应参加合同的订立，并在合同上签字盖章。

3. 就中标项目向招标人承担连带责任。如果联合体中的一个成员单位没能按照合同约定履行义务，招标人可以要求联合体中任何一个成员单位承担不超过总债务的任何比例的债务，而该单位不得拒绝。该成员单位承担了被要求的责任后，有权向其他成员单位追偿其按照共同投标协议不应当承担的债务。

4. 不得重复投标。联合体各方签订共同投标协议后，不得再以自己名义单独投标，也不得组成新的联合体或参加其他联合体在同一项目中投标。

5. 不得随意改变联合体的构成。联合体参加资格预审并获通过的，其组成的任何变化都必须在提交投标文件截止之日前征得招标人的同意。如果变化后的联合体削弱了竞争，含有事先未经过资格预审或者资格预审不合格的法人或者其他组织，或者使联合体的资质降到资格预审文件中规定的最低标准以下，招标人有权拒绝。

6. 必须有代表联合体的牵头人。联合体各方必须指定牵头人，授权其代表所有联合体成员负责投标和合同实施阶段的主办、协调工作，并应当向招标人提交由所有联合体成员法定代表人签署的授权书。

联合体投标的，应当以联合体各方或者联合体中牵头人的名义提交投标保证金。以联合体中牵头人名义提交的投标保证金，对联合体各成员具有约束力。

四、招标投标活动中的禁止性规定

（一）严厉禁止串通投标

串通投标包括两种情况：一是投标人之间串通投标；二是投标人与招标人之间相互串通投标。

1. 投标人之间相互串通投标

根据《招标投标法实施条例》第三十九条，有下列情形之一的，属于投标人相互串通投标：①投标人之间协商投标报价等投标文件的实质性内容；②投标人之间约定中标人；③投标人之间约定部分投标人放弃投标或者中标；④属于同一集团、协会、商会等组织成员的投标人按照该组织要求协同投标；⑤投标人之间为谋取中标或者排斥特定投标人而采取的其他联合行动。

根据《招标投标法实施条例》第四十条，有下列情形之一的，视为投标人相互串通投标：①不同投标人的投标文件由同一单位或者个人编制；②不同投标人委托同一单位或者个人办理投标事宜；③不同投标人的投标文件载明的项目管理成员为同一人；④不同投标人的投标文件异常一致或者投标报价呈规律性差异；⑤不同投标人的投标文件相互混装；⑥不同投标人的投标保证金从同一单位或者个人的账户转出。

2. 投标人与招标人之间相互串通投标

根据《招标投标法实施条例》第四十一条，有下列情形之一的，属于招标人与投标人串通投标：①招标人在开标前开启投标文件并将有关信息泄露给其他投标人；②招标人直接或者间接向投标人泄露标底、评标委员会成员等信息；③招标人明示或者暗示投标人压低或者抬高投标报价；④招标人授意投标人撤换、修改投标文件；⑤招标人明示或者暗示投标人为特定投标人中标提供方便；⑥招标人与投标人为谋求特定投标人中标而采取的其他串通行为。

(二) 严厉禁止投标人行贿

投标人不得以向招标人或者评标委员会成员行贿的手段来谋取中标。如果有行贿受贿行为的，中标无效，情节严重的还要依法追究刑事责任。

《招标投标法》之所以禁止串通投标行为和行贿投标行为，是因为这些行为严重破坏了招标投标活动应当遵守的公平竞争的原则，损害了招标人和其他投标人的合法权益，损害了国家利益和社会公共利益，同时也助长了腐败现象的蔓延。因此，对上述行为将依法追究其法律责任。

(三) 严厉禁止以低于成本的价格竞标

《招标投标法》第三十三条规定："投标人不得以低于成本的报价竞标"。在这里，所谓"成本"，应指投标人的个别成本，该成本是根据投标人的企业定额测定的成本。如果投标人以低于成本的报价竞标时，将很难保证建设工程的安全和质量。

(四) 严厉禁止以他人名义投标或以其他方式弄虚作假，骗取中标

《招标投标法》第三十三条规定："投标人也不得以他人的名义投标或者以其他方式弄虚作假，骗取中标"。

《招标投标法实施条例》第四十二条规定，使用通过受让或者租借等方式获取的资格、资质证书投标的，属于招标投标法第三十三条规定的以他人名义投标。

投标人有下列情形之一的，属于招标投标法第三十三条规定的以其他方式弄虚作假的行为：①使用伪造、变造的许可证件；②提供虚假的财务状况或者业绩；③提供虚假的项目负责人或者主要技术人员简历、劳动关系证明；④提供虚假的信用状况；⑤其他弄虚作假的行为。

第四节 开标、评标和中标

开标、评标和中标,是招标投标过程中非常重要的环节,是决定投标人能否最后中标的关键阶段,同时,也是最容易产生腐败的一个阶段,对于体现招标投标的公开、公平、公正原则,也具有极其重要的意义。

一、开标

开标就是招标人依据招标文件的时间、地点,当众开启所有投标人提交的投标文件,公开宣布投标人的姓名、投标报价和其他主要内容的行为。

(一)公开开标

《招标投标法》为了贯彻公开、公平、公正的原则,规定开标应当公开进行,而不得秘密开标。这是法律的强制性规定,任何当事人不得违反或变更。

(二)开标的时间和地点

按照《招标投标法》的规定,开标时间应当是招标文件确定的提交投标文件截止时间的同一时间;开标地点应当是招标文件中预先确定的地点。

《招标投标法实施条例》规定,投标人少于3个的,不得开标;招标人应当重新招标。投标人对开标有异议的,应当在开标现场提出,招标人应当当场作出答复,并制作记录。

(三)开标的主持人和参加人

开标由招标人主持,邀请所有投标人参加。开标时,由投标人或者其推选的代表检查投标文件的密封情况,也可以由招标人委托的公证机构检查并公证;经确认无误后,由工作人员当众拆封,宣读投标人名称、投标价格和投标的其他主要内容。开标过程应当记录,并存档备查。

(四)不予受理的投标文件

施工投标文件有下列情形之一的,招标人不予受理:

1. 逾期送达的或者未送达指定地点的;
2. 未按招标文件要求密封的。

(五)开标程序

开标一般按下列程序进行:

1. 主持人宣布开标开始,宣布参加开标人员名单,包括招标方代表、投标方代表、公证员(或纪检、监察人员)、法律顾问、拆封人、唱标人、监标人以及记录人员等名单;主持人宣布评标、决标的原则和纪律。
2. 宣布开标后的程序安排。

3. 验证唱标。在公证员（或纪检、监察人员）的监督下，由投标人或者其推选的代表检查投标文件的密封情况，也可以由招标人委托的公证机构检查并公证，经确认无误后，由工作人员当众拆封，宣读投标人名称、投标价格和投标的其他主要内容。若是涉外招标投标的，要分别用中英文宣读投标人名称、投标价格和投标文件的其他主要内容，并在事先备好的唱标记录上登记。

开标过程中，一般不允许投标人提问或作任何解释，但允许记录或录音。投标人或其代表应在会议签到簿上签名，以证明其在场。

开标过程应当记录，并存档备查，开标结束后，应编写一份开标会议纪要。其内容包括：开标日期、时间、地点；开标会议主持者；出席开标会议的全体工作人员名单，到场的投标商代表和各有关部门代表名单；截止时间前收到的标书、收到日期和时间及其报价一览表；迟到标书的处理等等。开标的会议记录应送有关方面，包括：业主、工程师、项目主管部门，如果是世界银行贷款项目，还应送交世界银行。

二、评标委员会

评标是招标人根据招标文件的要求，对投标人所报送的投标文件进行审查及评议，从中选出最佳投标人的过程。评标是一项重要而复杂的综合性工作。它是关系到整个招标过程是否体现公平竞争的原则，招标结果是否能使招标人得到最大效益的关键。因此，《招标投标法》、《招标投标法实施条例》以及《评标委员会和评标方法暂行规定》规定，评标必须由专门的评标委员会来负责，以确保评标结果的科学性和公正性。

（一）评标委员会

评标委员会由招标人负责组建。评标委员会成员名单一般应于开标前确定。

1. 评标委员会的组成

评标委员会由下列人员组成：①招标人或其委托的招标代理机构中熟悉相关业务的代表；②相关技术方面的专家；③经济方面的专家；④其他方面的专家。

评标委员会成员人数为 5 人以上的单数。其中技术、经济等方面的专家的人数不得少于成员总数的三分之二，以保证各方面专家的人数在评标委员会成员中占绝对多数，充分发挥专家在评标活动中的权威作用，保证评审结论的科学性、合理性。

评标委员会设负责人的，评标委员会负责人由评标委员会成员推举产生或者由招标人确定。评标委员会负责人与评标委员会的其他成员有同等的表决权。

2. 评标委员会专家成员的确定

《招标投标法实施条例》第四十六条规定，除招标投标法第三十七条第三款规定的特殊招标项目外，依法必须进行招标的项目，其评标委员会的专家成员应当从评标专家库内相关专业的专家名单中以随机抽取方式确定。任何单位和个人不得以明示、暗示等任何方式指定或者变相指定参加评标委员会的专家成员。

《招标投标法》第三十七条第三款所称特殊招标项目，是指技术复杂、专业性强或者国家有特殊要求，采取随机抽取方式确定的专家难以保证胜任评标工作的项目。

省级人民政府和国务院有关部门应当组建综合评标专家库。

依法必须进行招标的项目的招标人非因招标投标法和本条例规定的事由，不得更换依法确定的评标委员会成员。更换评标委员会的专家成员应当依照前款规定进行。

招标人应当向评标委员会提供评标所必需的信息，但不得明示或者暗示其倾向或者排斥特定投标人。

评标过程中，评标委员会成员有回避事由、擅离职守或者因健康等原因不能继续评标的，应当及时更换。被更换的评标委员会成员作出的评审结论无效，由更换后的评标委员会成员重新进行评审。

（二）评标专家的条件

评标专家应当具备以下条件：①从事相关专业领域工作满8年并具有高级职称或者同等专业水平；②熟悉有关招标投标的法律法规，并具有与招标项目相关的实践经验；③能够认真、公正、诚实、廉洁地履行职责；④身体健康，能够承担评标工作。

（三）评标委员会专家的回避制度

有下列情形之一的，不得担任评标委员会成员：①投标人或者投标人主要负责人的近亲属；②项目主管部门或者行政监督部门的人员；③与投标人有经济利益关系，可能影响对投标公正评审的；④曾因在招标、评标以及其他与招标投标有关活动中从事违法行为而受过行政处罚或刑事处罚的。

评标委员会成员有上述情形之一的，应当主动提出回避。

（四）评标委员会成员的行为准则

根据《招标投标法》和《招标投标法实施条例》的规定，评标委员会成员履行职务时应遵守下列准则：

1. 评标委员会成员应当客观、公正地履行职务，遵守职业道德，对所提出的评审意见承担个人责任。

2. 评标委员会成员不得私下接触投标人，不得接受投标人的任何馈赠或者其他好处。不得向招标人征询确定中标人的意向，不得接受任何单位或者个人明示或者暗示提出的倾向或者排斥特定投标人的要求，不得有其他不客观、不公正履行职务的行为。

3. 评标委员会成员和参与评标的有关工作人员不得透露对投标文件的评审和比较、中标候选人的推荐情况以及与评标有关的其他情况。

三、评审指标和评标标准

为保证招标投标活动符合公开、公平和公正的原则，评标委员会对各投标竞争者提交的投标文件进行评审、比较的指标和标准，只能是在事先已提供给每一个投标人的招标文件中已载明的评审指标和评标标准，而不能以别的理由为依据。招标文件中规定的评审指标和评标标准应当合理，不得含有倾向或者排斥潜在投标人的内容，不得妨碍或者限制投标人之间的竞争。

（一）评审指标

建设工程施工评标时的评审指标一般设技术标和商务标。

1. 技术标的设置

技术标一般指施工组织设计，主要内容应包括施工方案、方法，进度计划，采用新技术、新工艺的可行性，质量、安全施工保证体系与保证措施，现场平面布置，文明施工措施的合理性、可靠性、先进性，主要机具、劳动力配置，项目经理及主要技术、管理人员配备等。

2. 商务标的设置

商务标主要包括投标报价、施工工期和工程质量三部分。

（二）评标标准

评标的标准有以下两个：

1. 是否能够最大限度地满足招标文件中规定的各项综合评价标准；
2. 是否能够满足招标文件中的实质性要求，并且经评审的投标价格最低；但是投标价格低于成本的除外。

四、投标评审

（一）评标的准备

评标委员会成员应当编制供评标使用的相应表格，认真研究招标文件，至少应了解和熟悉以下内容：①招标的目标；②招标项目的范围和性质；③招标文件中规定的主要技术要求、标准和商务条款；④招标文件规定的评标标准、评标方法和在评标过程中考虑的相关因素。

招标人或者其委托的招标代理机构应当向评标委员会提供评标所需的重要信息和数据。

招标人设有标底的，标底应当保密，并在评标时作为参考。

（二）初步评审

初步评审时，评标委员会成员应当依照《招标投标法》和《招标投标法实施条例》的规定，按照招标文件规定的评标标准和方法，客观、公正地对投标文件提出评审意见。招标文件没有规定的评标标准和方法不得作为评标的依据。

招标项目设有标底的，招标人应当在开标时公布。标底只能作为评标的参考，不得以投标报价是否接近标底作为中标条件，也不得以投标报价超过标底上下浮动范围作为否决投标的条件。

招标文件应当对汇率标准和汇率风险做出规定。未作规定的，汇率风险由投标人承担。

投标文件中的大写金额和小写金额不一致的，以大写金额为准；总价金额与单价金额不一致的，以单价金额为准，但单价金额小数点有明显错误的除外；对不同文字文本投标文件的解释发生异议的，以中文文本为准。

投标文件中有含义不明确的内容、明显文字或者计算错误，评标委员会认为需要投标人作出必要澄清、说明的，应当书面通知该投标人。投标人的澄清、说明应当采用书面形式，并不得超出投标文件的范围或者改变投标文件的实质性内容。

评标委员会不得暗示或者诱导投标人作出澄清、说明，不得接受投标人主动提出的澄清、说明。

评标委员会应当根据招标文件，审查并逐项列出投标文件的全部投标偏差。投标偏差分为重大偏差和细微偏差。

1. 重大偏差

下列情况属于重大偏差：①没有按照招标文件要求提供投标担保或者所提供的投标担保有瑕疵；②投标文件没有投标人授权代表签字和加盖公章；③投标文件载明的招标项目完成期限超过招标文件规定的期限；④明显不符合技术规格、技术标准的要求；⑤投标文件载明的货物包装方式、检验标准和方法等不符合招标文件的要求；⑥投标文件附有招标人不能接受的条件；⑦不符合招标文件中规定的其他实质性要求。

2. 细微偏差

细微偏差是指投标文件在实质上响应招标文件要求，但在个别地方存在漏项或者提供了不完整的技术信息和数据等情况，并且补正这些遗漏或者不完整不会对其他投标人造成不公平的结果。细微偏差不影响投标文件的有效性。

评标委员会应当书面要求存在细微偏差的投标人在评标结束前予以补正。拒不补正的，在详细评审时可以对细微偏差作不利于该投标人的量化，量化标准应当在招标文件中规定。

（三）投标的否决

1.《招标投标法实施条例》第五十一条规定，有下列情形之一的，评标委员会应当否决其投标：

（1）投标文件未经投标单位盖章和单位负责人签字；

（2）投标联合体没有提交共同投标协议；

（3）投标人不符合国家或者招标文件规定的资格条件；

（4）同一投标人提交两个以上不同的投标文件或者投标报价，但招标文件要求提交备选投标的除外；

（5）投标报价低于成本或者高于招标文件设定的最高投标限价；

（6）投标文件没有对招标文件的实质性要求和条件作出响应；

（7）投标人有串通投标、弄虚作假、行贿等违法行为。

2. 除上述情形外，设计投标文件有下列情形之一的，投标文件作废：

（1）投标文件未经密封的；

（2）无相应资格的注册建筑师签字的；

（3）无投标人公章的；

（4）注册建筑师受聘单位与投标人不符的。

3. 除上述情形外，施工投标文件有下列情形之一的，按废标处理：

（1）无单位盖章并无法定代表人或法定代表人授权的代理人签字或盖章的；

（2）未按规定的格式填写，内容不全或关键字迹模糊、无法辨认的；

（3）投标人名称或组织结构与资格预审时不一致的；

（4）未按招标文件要求提交投标保证金的。

第四章 建筑工程招标投标法规

2005年3月1日起施行的《工程建设项目货物招标投标办法》在《工程建设项目施工招标投标办法》的基础上进一步补充了应当作为废标的情形：①无法定代表人出具的授权委托书的；②投标人名称或组织结构与资格预审时不一致且未提供有效证明的；③投标有效期不满足招标文件要求的。

4. 全部投标的否决

《招标投标法》第四十二条规定："评标委员会可以否决全部投标。依法必须进行招标的项目的所有投标被否决的，招标人应当依法重新招标。"

投标人资格条件不符合国家有关规定和招标文件要求的，或者拒不按照要求对投标文件进行澄清、说明或者补正的，评标委员会可以否决其投标。

因有效投标不足三个使得投标明显缺乏竞争的，评标委员会可以否决全部投标。

（四）详细评审

1. 经初步评审合格的投标文件，评标委员会应当根据招标文件确定的评标标准和方法，对其技术部分和商务部分作进一步评审、比较。

评标委员会对各个评审因素进行量化时，应当将量化指标建立在同一基础或者同一标准上，使各投标文件具有可比性。

对技术部分和商务部分进行量化后，评标委员会应当对这两部分的量化结果进行加权，计算出每一投标的综合评估价或者综合评估分。

2. 根据招标文件的规定，允许投标人投备选标的，评标委员会可以对中标人所投的备选标进行评审，以决定是否采纳备选标。不符合中标条件的投标人的备选标不予考虑。

3. 对于划分有多个单项合同的招标项目，招标文件允许投标人为获得整个项目合同而提出优惠的，评标委员会可以对投标人提出的优惠进行审查，以决定是否将招标项目作为一个整体合同授予中标人。将招标项目作为一个整体合同授予的，整体合同中标人的投标应当最有利于招标人。

4. 评标和定标应当在投标有效期结束日30个工作日前完成。不能在投标有效期结束日30个工作日前完成评标和定标的，招标人应当通知所有投标人延长投标有效期。拒绝延长投标有效期的投标人有权收回投标保证金。同意延长投标有效期的投标人应当相应延长其投标担保的有效期，但不得修改投标文件的实质性内容。因延长投标有效期造成投标人损失的，招标人应当给予补偿，但因不可抗力需延长投标有效期的除外。

招标文件应当载明投标有效期。投标有效期从提交投标文件截止日起计算。

（五）评标报告

评标委员会完成评标工作后，应当向招标人提出书面评标报告，并抄送有关行政监督部门。评标报告应阐明评标委员会对各投标文件的评审和比较意见，并按照招标文件中规定的评标方法，推荐不超过3名有排序的合格的中标候选人或中标候选方案。招标人根据评标委员会提出的书面评标报告和推荐的中标候选人或中标候选方案，结合投标人的技术力量和业绩确定中标人或中标方案。

评标报告应当由评标委员会全体成员签字。对评标结果有不同意见的评标委员会成员应当以书面形式说明其不同意见和理由，评标报告应当注明该不同意见。评标委员会成员拒绝在评标报告上签字又不书面说明其不同意见和理由的，视为同意评标结果。

向招标人提交书面评标报告后，评标委员会即告解散。评标过程中使用的文件、表格以及其他资料应当即时归还招标人。

五、中标

（一）推荐中标候选人

根据经评审的最低投标价法，能够满足招标文件的实质性要求，并且经评审的最低投标价的投标，应当推荐为中标候选人。

根据综合评估法，最大限度地满足招标文件中规定的各项综合评价标准的投标，应当推荐为中标候选人。

评标委员会推荐的中标候选人应当限定在一至三人，并标明排列顺序。

依法必须进行招标的项目，招标人应当自收到评标报告之日起3日内公示中标候选人，公示期不得少于3日。

投标人或者其他利害关系人对依法必须进行招标的项目的评标结果有异议的，应当在中标候选人公示期间提出。招标人应当自收到异议之日起3日内作出答复；作出答复前，应当暂停招标投标活动。

（二）确定中标人

在确定中标人之前，招标人不得与投标人就投标价格、投标方案等实质性内容进行谈判。

根据《招标投标法》和《工程建设项目施工招标投标办法》的有关规定，确定中标人应当遵守如下程序：

1. 评标委员会提出书面评标报告后，招标人一般应当在15日内确定中标人，但最迟应当在投标有效期结束日30个工作日前确定。

2. 招标人应当接受评标委员会推荐的中标候选人，不得在评标委员会推荐的中标候选人之外确定中标人。

3. 中标人的投标应当符合下列条件之一：

（1）能够最大限度满足招标文件中规定的各项综合评价标准；

（2）能够满足招标文件的实质性要求，并且经评审的投标价格最低；但是投标价格低于成本的除外。

4. 国有资金占控股或者主导地位的依法必须进行招标的项目，招标人应当确定排名第一的中标候选人为中标人。排名第一的中标候选人放弃中标、因不可抗力不能履行合同、不按照招标文件要求提交履约保证金，或者被查实存在影响中标结果的违法行为等情形，不符合中标条件的，招标人可以按照评标委员会提出的中标候选人名单排序依次确定其他中标候选人为中标人，也可以重新招标。

5. 招标人可以授权评标委员会直接确定中标人。国务院对中标人的确定另有规定的，从其规定。

(三) 中标通知书

中标人确定后，招标人应当向中标人发出中标通知书，根据《招标投标法》、《招标投标法实施条例》及《工程建设项目施工招标投标办法》的有关规定，招标人发出中标通知书应当遵守如下规定：

1. 中标候选人的经营、财务状况发生较大变化或者存在违法行为，招标人认为可能影响其履约能力的，应当在发出中标通知书前由原评标委员会按照招标文件规定的标准和方法审查确认。

2. 中标人确定后，招标人应当向中标人发出中标通知书，并同时将中标结果通知所有未中标的投标人。

3. 招标人不得以向中标人提出压低报价、增加工作量、缩短工期或其他违背中标人意愿的要求，依此作为发出中标通知书和签订合同的条件。

4. 中标通知书对招标人和投标人具有法律效力。中标通知书发出后，招标人改变中标结果的，或者中标人放弃中标项目的，应当依法承担法律责任。

根据《工程建设项目施工招标投标办法》第八十一条的规定，招标人不按规定期限确定中标人的，或者中标通知书发出后，改变中标结果的，无正当理由不与中标人签订合同的，或者在签订合同时向中标人提出附加条件或者更改合同实质性内容的，有关行政监督部门给予警告，责令改正，根据情节可处三万元以下的罚款；造成中标人损失的，并应当赔偿损失。

中标通知书发出后，中标人放弃中标项目的，无正当理由不与招标人签订合同的，在签订合同时向招标人提出附加条件或者更改合同实质性内容的，或者拒不提交所要求的履约保证金的，招标人可取消其中标资格，并没收其投标保证金；给招标人的损失超过投标保证金数额的，中标人应当对超过部分予以赔偿；没有提交投标保证金的，应当对招标人的损失承担赔偿责任。

六、招标人和中标人订立合同

(一) 签订合同的要求

根据《招标投标法》和《招标投标法实施条例》，招标人和中标人应当自中标通知书发出之日起 30 日内，按照招标文件和中标人的投标文件订立书面合同，合同的标的、价款、质量、履行期限等主要条款应当与招标文件和中标人的投标文件的内容一致。招标人和中标人不得再行订立背离合同实质性内容的其他协议。

招标人最迟应当在书面合同签订后 5 日内向中标人和未中标的投标人退还投标保证金及银行同期存款利息。

(二) 履约保证金

《招标投标法实施条例》第五十八条规定，招标文件要求中标人提交履约保证金的，中标人应当按照招标文件的要求提交。履约保证金不得超过中标合同金额的 10%。

(三) 垫资

《工程建设项目施工招标投标办法》第六十二条同时规定："招标人不得强制要求中

标人垫付中标项目建设资金。"

尽管法律已经明确规定招标人不得强制要求中标人垫付中标项目资金，但在实践中，中标人垫付中标项目建设资金的情形还是存在的。这种垫资行为经常引发关于利息的纠纷，对此，《最高人民法院关于审理建设工程施工合同纠纷案件适用法律问题的解释》第六条给出了如下的处理意见：

（1）当事人对垫资和垫资利息有约定，承包人请求按照约定返还垫资及其利息的，应予支持，但是约定的利息计算标准高于中国人民银行发布的同期同类贷款利率的部分除外。

（2）当事人对垫资没有约定的，按照工程欠款处理。

（3）当事人对垫资利息没有约定，承包人请求支付利息的，不予支持。

（四）合同履行

《招标投标法实施条例》第五十九条规定，中标人应当按照合同约定履行义务，完成中标项目。中标人不得向他人转让中标项目，也不得将中标项目肢解后分别向他人转让。

中标人按照合同约定或者经招标人同意，可以将中标项目的部分非主体、非关键性工作分包给他人完成。接受分包的人应当具备相应的资格条件，并不得再次分包。

中标人应当就分包项目向招标人负责，接受分包的人就分包项目承担连带责任。

七、招标投标备案制度

《建筑工程设计招标投标管理办法》第七条和《房屋建筑和市政基础设施工程施工招标投标管理办法》第十二条均规定，招标人自行组织招标的，应当在发布招标公告或者发出投标邀请书前，持有关材料到县级以上地方人民政府建设行政主管部门备案；招标人委托招标代理机构进行招标的，招标人应当在委托合同签订15日内，持有关材料到县级以上地方人民政府建设行政主管部门备案。

备案机关对有关材料进行审核后，发现招标人不具备自行招标条件、代理机构无相应资格、招标前期条件不具备、招标公告或者投标邀请书有重大瑕疵的，可以责令招标人暂时停止招标活动。

《招标投标法》第四十七条规定，依法必须进行招标的项目，招标人应当自确定中标人之日起15日内，向工程所在地的县级以上地方人民政府建设行政主管部门提交包括以下内容的招标投标情况的书面报告：①招标范围；②招标方式和发布招标公告的媒介；③招标文件中投标人须知、技术条款、评标标准和方法、合同主要条款等内容；④评标委员会的组成和评标报告；⑤中标结果。

法律对此作出强制性规定是非常必要的，体现了国家对这种民事活动的干预和监督。

需要注意的是：只有依法必须进行招标的项目，《招标投标法》才要求招标人向有关部门提交书面报告。提交书面报告并不是说合法的中标结果和合同必须经行政部门审查批准后才能生效，而是为了通过审查备案，及时发现问题、解决问题，追究其中的违法行为。

八、重新招标

评标委员会按照招标文件中规定的评标标准,对每一份投标文件的各项指标进行评审后,如果认为所有的投标都不符合招标文件要求,即所有投标均被否决;或者投标人少于3个,招标人应当依法重新招标。

对于依法必须进行招标的项目,如果出现上述情况,招标人不能再从落选的投标中进行挑选,也不能找另外的人进行一对一的谈判,自己确定中标人。而是应当按照《招标投标法》规定的招标程序,重新进行招标。当然,如果是原招标条件或资格预审文件规定不当,致使所有投标废标的情况,招标人还应重新修改招标文件或资格预审文件,然后再进行新的招标。如果重新招标时间较紧来不及时,经批准,也可采用其他采购方式。对于非强制性招标的项目,则不受必须重新招标的限制,招标人可以重新招标,也可以采用其他采购方式。

九、招标投标的投诉与处理

1. 投标人或者其他利害关系人认为招标投标活动不符合法律、行政法规规定的,可以自知道或者应当知道之日起10日内向有关行政监督部门投诉。投诉应当有明确的请求和必要的证明材料。

就资格预审文件、开标的时间和地点、中标候选人事项投诉的,应当先向招标人提出异议,异议答复期间不计算在前款规定的期限内。

2. 投诉人就同一事项向两个以上有权受理的行政监督部门投诉的,由最先收到投诉的行政监督部门负责处理。

行政监督部门应当自收到投诉之日起3个工作日内决定是否受理投诉,并自受理投诉之日起30个工作日内作出书面处理决定;需要检验、检测、鉴定、专家评审的,所需时间不计算在内。

投诉人捏造事实、伪造材料或者以非法手段取得证明材料进行投诉的,行政监督部门应当予以驳回。

3. 行政监督部门处理投诉,有权查阅、复制有关文件、资料,调查有关情况,相关单位和人员应当予以配合。必要时,行政监督部门可以责令暂停招标投标活动。

行政监督部门的工作人员对监督检查过程中知悉的国家秘密、商业秘密,应当依法予以保密。

第五节 法律责任

一、招标投标活动中的违法行为及其法律责任

(一)招标人违法行为应承担的法律责任

《招标投标法》和《招标投标法实施条例》中共有 9 条规定了招标人违法行为应承担的法律责任。

1. 根据《招标投标法》第四十九条的规定，必须进行招标的项目而不招标的，将必须进行招标的项目化整为零或者以其他任何方式规避招标的，责令限期改正，可以处项目合同金额 5‰ 以上 10‰ 以下的罚款；对全部或者部分使用国有资金的项目，可以暂停项目执行或者暂停资金拨付；对单位直接负责的主管人员和其他直接责任人员依法给予处分。

根据《招标投标法实施条例》第六十三条的规定，依法必须进行招标的项目的招标人不按照规定发布资格预审公告或者招标公告，构成规避招标的，依照《招标投标法》第四十九条的规定处罚。

2. 根据《招标投标法》第五十一条的规定，招标人以不合理的条件限制或者排斥潜在投标人的，对潜在投标人实行歧视待遇的，强制要求投标人组成联合体共同投标的，或者限制投标人之间竞争的，责令改正，可以处 1 万元以上 5 万元以下的罚款。

根据《招标投标法实施条例》第六十三条的规定，招标人有下列行为之一的，属于限制或者排斥潜在投标人的行为：

（1）依法应当公开招标的项目不按照规定在指定媒介发布资格预审公告或者招标公告；

（2）在不同媒介发布的同一招标项目的资格预审公告或者招标公告的内容不一致，影响潜在投标人申请资格预审或者投标。

3. 根据《招标投标法》第五十二条的规定，依法必须进行招标的项目的招标人向他人透露已获取招标文件的潜在投标人的名称、数量或者可能影响公平竞争的有关招标投标的其他情况的，或者泄露标底的，给予警告，可以并处 1 万元以上 10 万元以下的罚款；对单位直接负责的主管人员和其他直接责任人员依法给予处分；构成犯罪的，依法追究刑事责任。若该行为影响中标结果的，中标无效。

4. 根据《招标投标法》第五十七条的规定，招标人在评标委员会依法推荐的中标候选人以外确定中标人的，依法必须进行招标的项目在所有投标被评标委员会否决后自行确定中标人的，中标无效，责令改正，可以处中标项目金额 5‰ 以上 10‰ 以下的罚款；对单位直接负责的主管人员和其他直接责任人员依法给予处分。

5. 根据《招标投标法实施条例》第六十四条的规定，招标人有下列情形之一的，由有关行政监督部门责令改正，可以处 10 万元以下的罚款：

（1）依法应当公开招标而采用邀请招标的；

（2）招标文件、资格预审文件的发售、澄清、修改的时限，或者确定的提交资格预审申请文件、投标文件的时限不符合招标投标法和本条例规定；

（3）接受未通过资格预审的单位或者个人参加投标；

（4）接受应当拒收的投标文件。

招标人有前款第（1）项、第（3）项、第（4）项所列行为之一的，对单位直接负责的主管人员和其他直接责任人员依法给予处分。

6. 根据《招标投标法实施条例》第六十六条的规定,招标人超过本条例规定的比例收取投标保证金、履约保证金或者不按照规定退还投标保证金及银行同期存款利息的,由有关行政监督部门责令改正,可以处 5 万元以下的罚款;给他人造成损失的,依法承担赔偿责任。

7. 根据《招标投标法实施条例》第七十条的规定,依法必须进行招标的项目的招标人不按照规定组建评标委员会,或者确定、更换评标委员会成员违反招标投标法和本条例规定的,由有关行政监督部门责令改正,可以处 10 万元以下的罚款,对单位直接负责的主管人员和其他直接责任人员依法给予处分;违法确定或者更换的评标委员会成员作出的评审结论无效,依法重新进行评审。

国家工作人员以任何方式非法干涉选取评标委员会成员的,依法给予记过或者记大过处分;情节严重的,依法给予降级或者撤职处分;情节特别严重的,依法给予开除处分;构成犯罪的,依法追究刑事责任。

8. 根据《招标投标法实施条例》第七十三条的规定,依法必须进行招标的项目的招标人有下列情形之一的,由有关行政监督部门责令改正,可以处中标项目金额 10‰以下的罚款;给他人造成损失的,依法承担赔偿责任;对单位直接负责的主管人员和其他直接责任人员依法给予处分:

(1) 无正当理由不发出中标通知书;
(2) 不按照规定确定中标人;
(3) 中标通知书发出后无正当理由改变中标结果;
(4) 无正当理由不与中标人订立合同;
(5) 在订立合同时向中标人提出附加条件。

9. 根据《招标投标法实施条例》第七十七条的规定,招标人不按照规定对招标投标活动中提出的异议作出答复,继续进行招标投标活动的,由有关行政监督部门责令改正,拒不改正或者不能改正并影响中标结果的,招标、投标、中标无效,应当依法重新招标或者评标。

(二)投标人违法行为应当承担的法律责任

《招标投标法》和《招标投标法实施条例》中共有 4 条规定了投标人违法行为应承担的法律责任。

1. 根据《招标投标法》第五十三条的规定,投标人相互串通投标或者与招标人串通投标的,投标人以向招标人或者评标委员会成员行贿的手段谋取中标的,中标无效,处中标项目金额 5‰以上 10‰以下的罚款,对单位直接负责的主管人员和其他直接责任人员处单位罚款数额 5%以上 10%以下的罚款;有违法所得的,并处没收违法所得;情节严重尚不构成犯罪的,取消其 1 年至 2 年内参加依法必须进行招标项目的投标资格并予以公告,直至由工商行政管理机关吊销营业执照;构成犯罪的,依法追究刑事责任。给他人造成损失的,依法承担赔偿责任。

根据《招标投标法实施条例》第六十七条的规定,投标人有下列行为之一的,属于招标投标法第五十三条规定的情节严重行为,由有关行政监督部门取消其 1 年至 2 年内参加依法必须进行招标的项目的投标资格：

(1) 以行贿谋取中标；

(2) 3年内2次以上串通投标；

(3) 串通投标行为损害招标人、其他投标人或者国家、集体、公民的合法利益，造成直接经济损失30万元以上；

(4) 其他串通投标情节严重的行为。

投标人自上述情节严重行为规定的处罚执行期限届满之日起3年内又有该款所列违法行为之一的，或者串通投标、以行贿谋取中标情节特别严重的，由工商行政管理机关吊销营业执照。

投标人未中标的，对单位的罚款金额按照招标项目合同金额依照招标投标法规定的比例计算。

法律、行政法规对串通投标报价行为的处罚另有规定的，从其规定。

2. 根据《招标投标法》第五十四条的规定，投标人以他人名义投标或者以其他方式弄虚作假，骗取中标的，中标无效；给招标人造成损失的，依法承担赔偿责任；构成犯罪的，依法追究刑事责任。

依法必须进行招标的项目的投标人有以上行为尚未构成犯罪的，处中标项目金额5‰以上10‰以下的罚款，对单位直接负责的主管人员和其他直接责任人员处单位罚款数额5%以上10%以下的罚款；有违法所得的，并处没收违法所得，情节严重的，取消其1年至3年内参加依法必须进行招标的项目的投标资格并予以公告，直至由工商行政管理机关吊销营业执照。

根据《招标投标法实施条例》第六十八条的规定，投标人有下列行为之一的，属于招标投标法第五十四条规定的情节严重行为，由有关行政监督部门取消其1年至3年内参加依法必须进行招标的项目的投标资格：

(1) 伪造、变造资格、资质证书或者其他许可证件骗取中标；

(2) 3年内2次以上使用他人名义投标；

(3) 弄虚作假骗取中标给招标人造成直接经济损失30万元以上；

(4) 其他弄虚作假骗取中标情节严重的行为。

投标人自上述情节严重行为规定的处罚执行期限届满之日起3年内又有该款所列违法行为之一的，或者弄虚作假骗取中标情节特别严重的，由工商行政管理机关吊销营业执照。

3. 根据《招标投标法实施条例》第六十九条的规定，出让或者出租资格、资质证书供他人投标的，依照法律、行政法规的规定给予行政处罚；构成犯罪的，依法追究刑事责任。

4. 根据《招标投标法实施条例》第七十七条的规定，投标人或者其他利害关系人捏造事实、伪造材料或者以非法手段取得证明材料进行投诉，给他人造成损失的，依法承担赔偿责任。

(三) 中标人违法行为应承担的法律责任

《招标投标法》和《招标投标法实施条例》中共有4条规定了中标人违法行为应承担的法律责任。

1. 根据《招标投标法》第五十八条的规定，中标人将中标项目转让给他人的，将中标项目肢解后分别转让给他人的，违反《招标投标法》规定将中标项目的部分主体、关键性工作分包给他人的，或者分包人再次分包的，转让、分包无效，并处转让、分包项目金额5‰以上10‰以下的罚款，有违法所得的，并处没收违法所得，可以责令停业整顿；情节严重的，由工商行政管理机关吊销营业执照。

2. 根据《招标投标法》第六十条的规定，中标人不履行与招标人订立的合同的，履约保证金不予退还，给招标人造成的损失超过履约保证金数额的，还应当对超过部分予以赔偿；没有提交履约保证金的，应当对招标人的损失承担赔偿责任。中标人不按照与招标人签订的合同履行义务，情节严重的，取消其2年至5年内参加依法必须进行招标项目的投标资格并予以公告，直至由工商行政管理机关吊销营业执照。

3. 根据《招标投标法实施条例》第七十四条的规定，中标人无正当理由不与招标人订立合同，在签订合同时向招标人提出附加条件，或者不按照招标文件要求提交履约保证金的，取消其中标资格，投标保证金不予退还。对依法必须进行招标的项目的中标人，由有关行政监督部门责令改正，可以处中标项目金额10‰以下的罚款。

4. 根据《招标投标法实施条例》第七十六条的规定，中标人将中标项目转让给他人的，将中标项目肢解后分别转让给他人的，违反招标投标法和本条例规定将中标项目的部分主体、关键性工作分包给他人的，或者分包人再次分包的，转让、分包无效，处转让、分包项目金额5‰以上10‰以下的罚款；有违法所得的，并处没收违法所得；可以责令停业整顿；情节严重的，由工商行政管理机关吊销营业执照。

（四）招标人与投标人或中标人共同违法行为应承担的法律责任

1. 根据《招标投标法》第五十五条的规定，依法必须进行招标的项目，招标人违反规定，与投标人就投标价格、投标方案等实质性内容进行谈判的，给予警告，对单位直接负责的主管人员和其他直接责任人员依法给予处分。若该行为影响中标结果的，中标无效。

2. 根据《招标投标法》第五十九条的规定，招标人与中标人不按照招标文件和中标人的投标文件签订合同，合同的主要条款与招标文件、中标人的投标文件的内容不一致，或者招标人、中标人订立背离合同实质性内容的协议的，由有关行政监督部门责令改正，可以处中标项目金额5‰以上10‰以下的罚款。

（五）招标代理机构及其工作人员违法行为应当承担的法律责任

1. 根据《招标投标法》第五十条的规定，招标代理机构违反规定，泄露应当保密的与招标投标活动有关的情况和资料的，或者与招标人、投标人串通损害国家利益、社会公共利益或者他人合法权益的，处5万元以上25万元以下的罚款，对单位直接负责的主管人员和其他直接责任人员处单位罚款数额5%以上10%以下的罚款；有违法所得的，并处没收违法所得；情节严重的，暂停直至取消招标代理资格；构成犯罪的，依法追究刑事责任；给他人造成损失的，依法承担赔偿责任；若该行为影响中标结果的，中标无效。

2. 根据《招标投标法实施条例》第六十五条的规定，招标代理机构在所代理的招标项目中投标、代理投标或者向该项目投标人提供咨询的，接受委托编制标底的中介机构参加受托编制标底项目的投标或者为该项目的投标人编制投标文件、提供咨询的，依照招标投标法第五十条的规定追究法律责任。

3. 根据《招标投标法实施条例》第七十八条的规定，取得招标职业资格的专业人员违反国家有关规定办理招标业务的，责令改正，给予警告；情节严重的，暂停一定期限内从事招标业务；情节特别严重的，取消招标职业资格。

（六）评标委员会成员违法行为应承担的法律责任

1. 根据《招标投标法》第五十六条的规定，评标委员会成员收受投标人的财物或者其他好处的，评标委员会成员或者参加评标的有关工作人员向他人透露对投标文件的评审和比较，中标候选人的推荐以及与评标有关的其他情况的，给予警告，没收财物，可以并处3千元以上5万元以下的罚款，对有所列违法行为的评标委员会成员取消担任评标委员会成员的资格，不得再参加任何依法必须进行招标的项目的评标；构成犯罪的，依法追究刑事责任。

2. 根据《招标投标法实施条例》第七十一条的规定，评标委员会成员有下列行为之一的，由有关行政监督部门责令改正；情节严重的，禁止其在一定期限内参加依法必须进行招标的项目的评标；情节特别严重的，取消其担任评标委员会成员的资格：

（1）应当回避而不回避；

（2）擅离职守；

（3）不按照招标文件规定的评标标准和方法评标；

（4）私下接触投标人；

（5）向招标人征询确定中标人的意向或者接受任何单位或者个人明示或者暗示提出的倾向或者排斥特定投标人的要求；

（6）对依法应当否决的投标不提出否决意见；

（7）暗示或者诱导投标人作出澄清、说明或者接受投标人主动提出的澄清、说明；

（8）其他不客观、不公正履行职务的行为。

（七）国家机关工作人员违法行为应当承担的法律责任

1. 根据《招标投标法》第六十三条和的规定，对招标投标活动依法负有行政监督职责的国家机关工作人员徇私舞弊、滥用职权或者玩忽职守，构成犯罪的，依法追究刑事责任；不构成犯罪的，依法给予行政处分。

2. 根据《招标投标法实施条例》第八十一条的规定，国家工作人员利用职务便利，以直接或者间接、明示或者暗示等任何方式非法干涉招标投标活动，有下列情形之一的，依法给予记过或者记大过处分；情节严重的，依法给予降级或者撤职处分；情节特别严重的，依法给予开除处分；构成犯罪的，依法追究刑事责任：

（1）要求对依法必须进行招标的项目不招标，或者要求对依法应当公开招标的项目不公开招标；

(2) 要求评标委员会成员或者招标人以其指定的投标人作为中标候选人或者中标人，或者以其他方式非法干涉评标活动，影响中标结果；

(3) 以其他方式非法干涉招标投标活动。

(八) 其他违法行为应当承担的法律责任

1. 单位或个人非法干涉招标投标活动应负的法律责任

根据《招标投标法》第六十二条的规定，任何单位和个人违反法律规定，限制或者排斥本地区、本系统以外的法人或者其他组织参加投标的，为招标人指定招标代理机构的，强制招标人委托招标代理机构办理招标事宜的，或者以其他方式干涉招标投标活动的，责令改正；对单位直接负责的主管人员和其他直接责任人员依法给予警告、记过、记大过的处分；情节较重的，依法给予降级、撤职、开除的处分。

2. 项目审批、核准部门和有关行政监督部门的违法行为应当承担的法律责任

根据《招标投标法实施条例》第八十条的规定，项目审批、核准部门不依法审批、核准项目招标范围、招标方式、招标组织形式的，对单位直接负责的主管人员和其他直接责任人员依法给予处分。

有关行政监督部门不依法履行职责，对违反招标投标法和本条例规定的行为不依法查处，或者不按照规定处理投诉、不依法公告对招标投标当事人违法行为的行政处理决定的，对直接负责的主管人员和其他直接责任人员依法给予处分。

项目审批、核准部门和有关行政监督部门的工作人员徇私舞弊、滥用职权、玩忽职守，构成犯罪的，依法追究刑事责任。

二、中标无效的情况及其法律后果

(一) 导致中标无效的情况

1. 违法行为直接导致中标无效，这类情况有：

(1) 投标人相互串通投标或者与招标人串通投标的，投标人以向招标人或者评标委员会成员行贿的手段谋取中标的，中标无效（《招标投标法》第五十三条）；

(2) 投标人以他人名义投标或者以其他方式弄虚作假，骗取中标的，中标无效（《招标投标法》第五十四条）；

(3) 招标人在评标委员会依法推荐的中标候选人以外确定中标人的，依法必须进行招标的项目在所有投标被评标委员会否决后自行确定中标人的，中标无效（《招标投标法》第五十七条）。

2. 只有在违法行为影响了中标结果时，中标才无效，这类情况有：

(1) 招标代理机构违反本法规定，泄露应当保密的与招标投标活动有关的情况和资料，或者与招标人、投标人串通损失国家利益、社会公共利益或者他人合法权益的行为，影响中标结果的，中标无效（《招标投标法》第五十条）；

(2) 依法必须进行招标的项目的招标人向他人透露已获取招标文件的潜在投标人的名称、数量或者可能影响公平竞争的有关招标投标的其他情况，或者泄露标底的行为，影响中标结果的，中标无效（《招标投标法》第五十二条）；

（3）依法必须进行招标的项目，招标人违反规定，与投标人就投标价格、投标方案等实质性内容进行谈判的行为，影响中标结果的，中标无效（《招标投标法》第五十五条）。

（二）依法必须进行招标的项目在中标无效后的处理办法

1. 依照《招标投标法》规定的中标条件从其余投标人中重新确定中标人。这是指在招标投标活动中出现违法行为，导致中标无效后，招标人应当依照《招标投标法》第四十一条规定的中标条件，从其余投标人中重新确定中标人。

2. 依法重新进行招标。这是指在招标投标活动中出现违法行为导致中标无效后，招标人从其余投标人中重新确定中标人有可能违反公平、公正原则或者其余投标人都不符合中标条件时，招标人应当重新进行招标。

复习思考题

一、单项选择题

1. 在依法必须进行招标的工程范围内，对于委托监理合同，其单项合同估算价最低金额在（　　）万元以上的，必须进行招标。

　　A. 50　　　　B. 100　　　　C. 150　　　　D. 200

2. 根据《招标投标法》的规定，投标联合体（　　）。

　　A. 可以以牵头人的名义提交投标保证金

　　B. 必须由相同专业的不同单位组成

　　C. 各方应在中标后签订共同投标协议

　　D. 是各方合并后组建的投标实体

3. 甲、乙两家建筑公司共同投标某一工程，甲公司由于自身原因没有履行共同投标协议中应承担的义务，其违约责任的承担方式是（　　）。

　　A. 甲公司向乙公司承担违约责任

　　B. 甲乙两家公司共同承担违约责任

　　C. 乙公司承担一部分连带责任

　　D. 甲公司与乙公司协商承担违约责任

4. 大地房地产开发公司采取招标公告的方式对某工程项目进行施工招标，于2007年3月3日开始发售招标文件，3月6日停售；招标文件规定投标保证金为100万元；3月22日招标人对已发出的招标文件做了必要的澄清和修改，投标截止日期为同年3月25日。上述事实中错误有（　　）处。

　　A. 1　　　　B. 2　　　　C. 3　　　　D. 4

5. 根据《招标投标法》及相关规定，在招标文件要求提交投标文件的截止时间前，投标人（　　）。

　　A. 可以补充修改或者撤回已经提交的投标文件，并书面通知招标人

　　B. 不得补充、修改、替代或者撤回已经提交的投标文件

　　C. 须经过招标人的同意才可以补充、修改、替代已经提交的投标文件

　　D. 撤回已经提交的投标文件的，其投标保证金将被没收

6. 开标由（　　）主持，邀请所有投标人参加。

　　A. 监理人　　　B. 评标委员会　　　C. 招标人　　　D. 投标协会

第四章 建筑工程招标投标法规

7. 根据我国《招标投标法》的有关规定，下列选项中不符合开标程序的是（　　）。
   A. 开标应当在招标文件确定的提交投标文件截止时间的同一时间公开进行
   B. 开标地点应当为招标文件中预先确定的地点
   C. 开标由招标人主持，邀请部分投标人参加
   D. 开标时都应当当众予以拆封、宣读

8. 某自来水工程项目招标时，由招标人依法组建评标委员会，则关于该委员会的组成符合规定的是（　　）。
   A. 委员会成员人数7人，其中招标人的代表3人，经济专家、技术专家各2人
   B. 委员会成员人数5人，其中招标人的代表3人，经济专家、技术专家各1人
   C. 委员会成员人数4人，其中招标人的代表2人，经济专家、技术专家各1人
   D. 委员会成员人数9人，其中招标人的代表1人，经济专家、技术专家各4人

9. 通常情况下，评标委员会推荐的中标候选人人数可以是（　　）。
   A．1～3人　　B．2～6人　　C．3～7人　　D．4～9人

10. 依法必须进行招标的项目而不招标的、将必须进行招标的项目化整为零规避招标的，有关行政监督部门责令限期改正，可以处以项目合同金额（　　）的罚款。
    A. 2‰以上8‰以下　　　　B. 5‰以上8‰以下
    C. 2‰以上10‰以下　　　D. 5‰以上10‰以下

11. 建设单位向他人透露已获取招标文件的潜在投标人的名称，除给予警告外，可以并处罚款，罚款额度为（　　）。
    A. 1～5万元　　B. 1～10万元　　C. 3～5万元　　D. 5～10万元

二、多项选择题

1. 《招标投标法》规定，招标投标活动应当遵循（　　）的原则。
   A. 公开　　B. 合法　　C. 公平　　D. 公正　　E. 诚实信用

2. 《招标投标法》规定了在中华人民共和国境内必须进行招标的工程建设项目，包括项目的勘察、设计、施工、监理以及与工程建设有关的重要设备、材料等的采购，这些项目是（　　）。
   A. 大型基础设施、公用事业等关系社会公共利益、公众安全的项目
   B. 全部或者部分使用国有资金投资或者国家融资的项目
   C. 使用国际组织或者外国政府贷款、援助资金的项目
   D. 施工主要技术采用特定的专利或者专有技术的项目
   E. 施工企业自建自用的工程，且该施工企业资质等级符合该工程要求

3. 根据《招标投标法》的规定，涉及（　　）可以不进行招标。
   A. 国家安全　　B. 国家建设　　C. 国家秘密
   D. 抢险救灾　　E. 利用扶贫资金实行以工代赈

4. 在工程建设项目招标过程中，招标人可以在招标文件中要求投标人提交投标保证金。投标保证金可以是（　　）。
   A. 银行保函　　　　B. 银行汇票　　　　C. 现金
   D. 企业连带责任保证　　E. 实物

5. 在下列情况下，投标保证金将被没收的有（　　）。
   A. 投标人在投标有效期内撤回其投标文件
   B. 投标人在投标截止日期内撤回其投标文件

C. 中标人未能在规定期限内提交履约保证金

D. 中标人未能在规定期限内签署合同协议

E. 投标人所投的标为废标

6. 根据《招标投标法》的规定，招标人有歧视排斥投标人的行为，应承担的法律责任包括（   ）。

  A. 责令改正   B. 给予警告   C. 给予处分

  D. 可处 1 万元以上 5 万元以下的罚款

  E. 可处 1 万元以上 10 万元以下的罚款

7. 下列属于投标人之间串通投标行为的是（   ）。

  A. 招标人在开标前开启投标文件，并将投标情况告知其他投标人

  B. 投标人之间相互约定，在招标项目中分别以高、中、低价位报价

  C. 投标人在投标时递交虚假业绩证明

  D. 投标人与招标人商定，在投标时压低报价，中标后再给投标人额外补偿

  E. 投标人之间先进行内部竞价，内定中标人后再参加投标

8. 根据《招标投标法》及相关规定，开标应当遵守的规定包括（   ）等。

  A. 因交通堵塞逾期送达投标文件的，招标人也应当予以受理

  B. 开标过程应当记录，并存档备查

  C. 未按招标文件要求密封的投标文件，招标人不予受理

  D. 开标应当在招标文件确定的提交投标文件截止时间的同一时间公开进行

  E. 开标时，由投标人或者其推选的代表检查投标文件的密封情况

9. 依法必须进行招标的项目，其评标委员会由（   ）等方面的专家组成。

  A. 投标人的代表   B. 招标人的代表   C. 技术方面的专家

  D. 经济方面的专家   E. 公证人员

10. 某投标人向招标人行贿 15 万元人民币，从而谋取中标。则该行为造成的法律后果可能有（   ）。

  A. 中标无效   B. 有关责任人应当承担相应的行政责任

  C. 中标有效   D. 中标是否有效由招标人确定

  E. 如果给他人造成损失的，有关责任人和单位应当承担民事赔偿责任

11. 在开标时发现投标文件出现下列情况，应按无效投标文件处理的有（   ）。

  A. 未按投标文件的要求予以密封   B. 在开标后送达的

  C. 联合体投标未附联合体协议书   D. 明显不符合技术标准要求

  E. 投标函未加盖投标人的企业公章并无法定代表人签字或盖章

12. 从世界银行贷款的某水电站工程，必须通过招标的方式选择施工单位，则其进行施工招标前必须具备的条件有（   ）。

  A. 招标人已经依法成立

  B. 初步设计及概算应当履行审批手续的，已经批准

  C. 工程建设资金已经全部到位

  D. 有招标所需的设计图纸及技术资料

  E. 招标范围、招标方式和招标组织形式等应当履行核准手续的，已经核准

三、简答题

1. 什么是招标投标？目前已颁布的招标投标法规有哪些？

第四章　建筑工程招标投标法规

2. 强制招标的范围和规模标准是什么？在什么情况下可以不招标？招标投标活动应遵循哪些基本原则？
3. 具备哪些条件才能自行招标？工程建设项目招标代理机构的资格如何认定？
4. 我国《招标投标法》规定了哪几种方式？它们有哪些区别？
5. 对潜在投标人或者投标人的资格审查内容有哪些？
6. 招标文件一般应载明哪些内容？招标公告的发布方式和主要内容有哪些？
7. 什么是投标人？如何编制投标文件？
8. 什么是共同投标？共同投标的联合体应具备的条件是什么？它的内外关系如何确定？
9. 简述初步评审和详细评审的内容。
10. 投标文件被否决的情况有哪些？
11. 中标的条件是什么？招标人与中标人为什么要签订书面合同？何时签订书面合同？
12. 简述招标投标备案制度。
13. 什么情况下需要重新招标？

第五章

建设工程合同法规

学习重点：建设工程合同的类型；建设工程合同的订立；缔约过失责任和违约责任；建设工程合同的履行；无效合同；可变更、可撤销的合同；效力待定合同；建设工程合同的变更和解除；建设工程合同的担保；FIDIC《施工合同条件》的特点和应用。

第五章 建设工程合同法规

合同是具有平等主体资格的当事人之间设立、变更或者终止权利义务的协议。建设工程合同，也叫建设工程承包合同，是指勘察单位、设计单位、施工单位为建设单位完成某项工程项目的勘察、设计、施工工作，建设单位接受工作成果并支付相应价款的协议。我国一般将委托他人进行上述工作并支付价款的一方称为发包人，而将承担上述工作的一方称为承包人。

1999年3月15日第九届全国人民代表大会第二次会议审议通过并发布了《中华人民共和国合同法》（以下简称《合同法》）。《合同法》是规范我国社会主义市场交易的基本法律。《合同法》的发布实施，对维护我国社会主义市场经济秩序，促进社会生产力发展，提高全社会的经济效益方面已经发挥和正在发挥着越来越重要的作用。

《合同法》专门设置了"建设工程合同"一章，为保护建设工程合同双方当事人的合法权益，规范交易双方的市场行为，提供了法律保证。本章将对建设工程合同的种类、建设工程合同的订立、建设工程合同的效力、建设工程合同的履行、建设工程合同的变更和解除、建设工程合同的违约责任、建设工程合同的担保分别进行阐述，还对FIDIC《施工合同条件》作了简单介绍。

第一节 建设工程合同的类型

（一）根据承发包的工程范围，可以分为建设工程总承包合同和分包合同

根据《建筑法》和《合同法》的有关规定，发包人可以将建设工程的勘察、设计、施工、安装和材料设备的采购一并发包给一个工程总承包单位，也可以将上述任务的一项或者多项发包给一个工程总承包单位。据此，工程总承包单位与建设单位之间签订的合同就是建设工程总承包合同。

建设工程总承包单位经发包人同意，可以将承包工程中的部分工程再发包给分包单位，总承包单位与分包单位之间签订的合同即为分包合同。

（二）根据工程建设的不同阶段，可以分为勘察合同、设计合同和施工合同

由于一项工程的建设需要经过勘察、设计、施工等若干过程才能最终完成，因此我们可以根据工程建设的不同阶段，把建设工程合同分为建设工程勘察合同、建设工程设计合同和建设工程施工合同。

（三）根据付款方式，可以分为总价合同、单价合同和成本加酬金合同

1. 总价合同

总价合同是指在合同中确定一个完成建设工程的总价、承包单位据此完成项目全部内容的合同。这种合同类型能够使建设单位在评标时易于确定报价最低的承包商、易于进行支付计算。但这类合同仅适用于工程量不太大且能精确计算、工期较短、技术不太复杂、风险不大的项目。因而采用这种合同类型要求建设单位必须准备详细而全面的设

计图纸（一般要求施工详图）和各项说明，使承包单位能准确计算工程量。

2. 单价合同

单价合同是承包单位在投标时按招标文件就分部分项工程所列出的工程量表确定各分部分项工程费用的合同类型。

这类合同的适用范围比较宽，其风险可以得到合理的分摊，并且能鼓励承包单位通过提高工效等手段从成本节约中提高利润。这类合同能够成立的关键在于双方对单价和工程量计算方法的确认，在合同履行中需要注意的问题则是双方对实际工程量计量的确认。

3. 成本加酬金合同

成本加酬金合同是由业主向承包单位支付建设工程的实际成本，并按事先约定的某一种方式支付酬金的合同类型。在这类合同中，业主需承担项目实际发生的一切费用，因此也就承担了项目的全部风险。而承包单位由于无风险，其报酬往往也较低。

这类合同的缺点是业主对工程总造价不易控制，承包商也往往不注意降低项目成本。它主要适用于以下项目：①需要立即开展工作的项目，如地震后的救灾工作；②新型的工程项目，或对项目工程内容及技术经济指标未确定的；③风险很大的项目。

此外，建设工程实行监理的，发包人应当与监理人采用书面的形式订立委托监理合同。发包人与监理人的权利、义务和法律责任，适用委托合同的有关规定。

第二节　建设工程合同的订立

合同的订立要经过两个必要的程序，即要约与承诺。只有掌握了要约与承诺的知识，才能避免在合同的订立阶段就为后面的合同管理留下隐患。

作为一个完整、有效的合同，有其内在的要求和外在的要求。所谓内在的要求即要求具备合同的一般条款，在这一般条款之上，根据具体的合同标的增加相应的内容。外在的要求表现为合同要具备一定的形式，有的合同由于其不具备外在的形式要求而不能具有法律效力。所以，我们在订立合同的时候需要清楚地知道所签订的合同需要具备的一般条款，也需要清楚地知道所签订的合同需要具备的形式要求。

订立合同的过程中存在风险，最典型的就是一方当事人利用合同的订立进行欺诈。因此，我们还需要掌握有关缔约过失责任知识以规避在订立合同的过程中存在的风险。

一、订立建设工程合同的原则

订立建设工程合同的原则是指在订立建设工程合同的整个过程中，对发包承包双方签订合同起指导和规范作用的、双方应当遵守的准则。

（一）合法原则

这是订立任何合同都必须遵守的首要原则。根据该项原则，订立合同的主体、内容、形式、程序等都要符合法律规定。《合同法》第七条规定："当事人订立、履行合同，应当遵守法律、行政法规，尊重社会公德，不得扰乱社会经济秩序，损害社会公共利益。"

（二）平等、自愿原则

所谓平等，是指合同要在双方友好协商的基础上订立，任何一方都不得把自己的意志（例如甲方提出的不平等条款）强加于另一方，更不得强迫对方同自己签订合同。所谓自愿，是指订立合同要充分尊重当事人的意愿，订与不订以及如何订等，都要取决于当事人的自主决断，任何单位和个人都不得非法干预。

贯彻平等、自愿的原则，必须体现发包人和承包人在法律地位上的完全平等。《合同法》第三条、第四条分别规定："合同当事人的法律地位平等，一方不得将自己的意志强加于另一方"、"当事人依法享有自愿订立合同的权利，任何单位和个人不得非法干预"。

（三）公平、诚实信用原则

公平和诚实信用原则是民法的基本原则之一。《民法通则》第四条规定："民事活动应当遵循自愿、公平、等价有偿、诚实信用的原则。"《合同法》对这一原则同样提出了明确的要求。

根据公平原则，民事主体必须按照公平的原则设立、变更或者消灭民事法律关系。在订立建设工程合同中贯彻公平原则，反映了商品交换等价有偿的客观规律和要求。贯彻该原则的最基本要求即是发包人和承包人的合同权利、义务要对等而不能显失公平，要合理分担责任。

在订立建设工程承包合同中贯彻诚实信用的原则，要求当事人首先应当诚实，实事求是地向对方介绍自己订立合同的条件、要求和履约能力，充分表达自己的真实意愿，不得有隐瞒、欺诈的成分；其次，在拟订合同条款时，要充分考虑对方的合法利益和实际困难，以善意的方式设定合同的权利和义务。

二、订立建设工程合同的形式和程序

（一）订立建设工程合同的形式

合同形式是当事人权利义务关系的体现，根据我国《合同法》规定，合同形式可以以口头形式、书面形式和其他形式来体现。

建设工程合同为要式合同，必须采取书面形式，并参照国家推荐使用的示范文本（如《建设工程勘察合同示范文本》、《建设工程设计合同示范文本》、《建设工程施工合同示范文本》）签订。这是《建筑法》、《合同法》对建设工程合同形式上的要求，是国家对固定资产投资进行监督管理的需要，也是由建设工程合同履行的特点所决定的。

（二）订立建设工程合同的程序

1. 要约邀请。要约邀请是希望他人向自己发出要约的意思表示。招标公告和投标邀请书属于要约邀请，其法律约束力始于招标公告刊登或播发之时，或始于招标人向各个相对方发出投标通知书（邀请书）之时，终于招标文件中规定的有效期届满之时。

2. 要约。要约是希望和他人订立合同的意思表示。做出要约的人称要约人，接受要约的人称受要约人。在招标投标中，投标人的投标行为属于要约，在直接发包中，建设单位的发包行为属于要约。要约与要约邀请的区别在于，前者的意思表示的内容是具体的、明确的、完整的，提出了签订合同的条件；后者的意思表示的内容则是不具体、不明确的，所反映的只是签订合同的意向，并未提出签订合同的条件。

3. 承诺。承诺是指受要约人同意要约的意思表示。对直接发包而言，施工单位同意承包工程为承诺。对招标投标而言，招标人发出中标通知书为承诺。以专人送达中标通知书的，承诺自要约人（投标人）签收之日时生效；以信件或者电报发出中标通知书的，承诺期限自信件载明的日期或者电报交发之日开始计算。信件未载明日期的，自投寄该信件的邮戳日期开始计算。

4. 签订合同。根据《建筑法》第十五条的规定，建设工程的发包单位与承包单位应当依法订立书面合同，明确双方的权利和义务。采用招标方式发包建设工程的，依《招标投标法》之规定，招标人和中标人应当自中标通知书发出之日起30日内，按照招标文件和中标人的投标文件订立书面合同。

建设工程勘察、设计合同由发包人或有关单位提出委托，经双方同意即可签订，其中设计合同还须有上级机关批准的文件方能签订。如单独委托施工图设计任务，应同时具有经有关部门批准的初步设计文件方能签订。在当事人双方经过协商取得一致意见，由双方负责人或指定代表签字并加盖公章后，合同即告成立。

三、建设工程合同的主要条款

合同的内容为合同的要素之一，从不同的角度去理解有不同的含义。从合同法律关系的角度而言，合同的内容是指合同当事人所享有的权利和应承担的义务。但是，当事人的权利义务是通过合同条款表现出来的，故从这一角度来看，合同的内容即为合同的条款。

（一）合同的一般条款

《合同法》第十二条规定了合同的一般条款：

1. 当事人的名称（或姓名）和住所。

2. 标的。所谓标的，是指合同权利和合同义务所指向的对象。不同类型的合同的标的是不同的。建设工程合同中的勘察设计合同的标的是勘察设计成果，建设安装工程合同的标的是建设安装工程。关于合同标的的表述，应当准确、具体、完整，不能含糊不清。

3. 数量。数量是合同标的的量化体现。建设工程合同的履行期较长，涉及内容多，有关数量的约定在不同阶段而有所不同，如在设计阶段，有设计图纸份数的约定，在工程施工阶段，有关于工程量数额的约定等。

4. 质量。

5. 价款或者报酬。

6. 履行期限、地点和方式。

7. 违约责任。

8. 解决争议的方法。

(二) 勘察、设计合同应当具备的条款

勘察、设计合同除了具备一般合同应当具备的条款外,还应当具备如下的条款:

1. 提交有关基础资料和文件(包括概预算)的期限。

2. 勘察或者设计的质量要求。这是勘察、设计合同中最重要的条款。勘察人、设计人应当对没有达到合同约定质量的勘察成果或者设计图纸承担违约责任。

3. 勘察或者设计费用。工程勘察和工程设计的收费办法和收费标准当前应执行国家计委和建设部于2002年1月7日共同发布的《工程勘察设计收费管理规定》(计价格〔2002〕10号)。当事人约定勘察或者设计费用时,应当以上述标准为依据。外资和中外合资建设项目的勘察、设计收费,可由当事人参照国际勘察、设计收费标准商定。

4. 其他协作条款。

(三) 施工合同应当具备的条款

工程施工合同是建设工程合同中最为复杂的合同,其合同条款固然应包含普通合同所应具备的主要条款,但根据合同的特点,还应具备下列条款:

1. 工程范围。

2. 建设工期。

3. 中间交工工程的开工和竣工工期。

4. 工程质量等级。

5. 合同价。

6. 技术资料交付时间。

7. 材料和设备的供应责任。

8. 拨款和结算。

9. 竣工验收。

10. 质量保修范围和质量保证期。

11. 双方相互协作条款。

四、缔约过失责任

缔约过失责任,是指一方因违背诚实信用原则所要求的义务而致使合同不成立,或者虽已成立但被确认无效或被撤销时,造成确信该合同有效成立的当事人信赖利益损失,而依法应承担的民事责任。这种责任主要表现为赔偿责任,其一般发生在订立合同阶段。合同谈不成并非均要承担缔约过失责任,只有因违背诚实信用原则致使合同未达成时,才追究其过错方的法律责任。

(一) 缔约过失责任构成要件

构成缔约过失责任应具备如下条件:

1. 该责任发生在订立合同的过程中。这是违约责任与缔约过失责任的根本区别。

只有合同尚未生效,或者虽已生效但被确认无效或被撤销时,才可能发生缔约过失责任。合同是否有效存在,是判定是否存在缔约过失责任的关键。

2. 当事人违反了诚实信用原则所要求的义务。由于合同未成立,因此当事人并不承担合同义务。但是,在订约阶段,依据诚实信用原则,当事人负有保密、诚实等法定义务,这种义务也称先合同义务。若当事人因过错违反此义务,则可能产生缔约过失责任。

3. 受害方的信赖利益遭受损失

所谓信赖利益损失,是指一方实施某种行为(如订立合同建议)后,另一方对此产生信赖(如相信对方可能与自己订立合同),并为此发生了费用,后因前者违反诚实信用原则导致合同未成立或者无效,该费用未得到补偿而受到的损失。

(二)缔约过失责任适用情形

违反先合同义务是认定缔约过失责任的重要依据,有以下几种情况:

1. 假借订立合同,恶意进行磋商。恶意磋商是在缺乏订立合同真实意愿情况下,以订立合同为名目与他人磋商。其真实目的可能是破坏对方与第三方订立合同,也可能是贻误竞争对手商机。

2. 故意隐瞒与订立合同有关的重要事实或者提供虚假情况。依诚实信用原则,缔约当事人负有如实告知义务,如告知自身财务状况和履约能力、告知标的物真实状况等。

3. 其他违背诚实信用原则的行为。①违反有效要约或要约邀请,违反初步协议,未尽保护、照顾、通知、保密等附随义务,违反强制缔约义务。②泄露或不正当使用商业秘密。

当事人在订立合同过程中知悉的商业秘密,无论合同是否成立,不得泄露或者不正当地使用。泄露或者不正当地使用该商业秘密给对方造成损失的,应当承担损害赔偿责任。

第三节 建设工程合同的效力

履行合同指的是履行有效的合同,因此,判断合同是否是有效的合同是我们履行合同的前提。

合同只有具备一定的条件才能成为有效的合同,这些条件我们称为合同生效的要件。如果不具备这些要件,则合同不能直接被认定为有效的合同,所以,掌握合同生效的条件是进行合同管理的基本要求。

合同不具备生效的要件的根源是多方面的,例如,基于重大误解,基于显失公平等都会使得合同欠缺生效的要件。这些不直接具有法律效力的合同就是根据这些具体的根

第五章 建设工程合同法规

源的不同而分为了无效的合同、可变更可撤销的合同、效力待定的合同。合同法对于这些合同都有具体的、特殊的规定，我们只有掌握了针对这些特殊合同的法律规定，才能根据不同的情况有效进行合同管理。

还有一些合同本身具备了生效的一般要件，但是由于当事人在合同之中约定的生效或者终止的条件、期限，使得其效力受到了一定的限制。我们对于这类附条件、附期限的合同也要很好掌握，以便利用这些限定的条件维护自身的权益。

一、合同的成立

合同成立是指当事人完成了签订合同过程，并就合同内容协商一致。合同成立不同于合同生效。合同生效是法律认可合同效力，强调合同内容合法性，因此，合同成立体现了当事人的意志，而合同生效体现国家意志。合同成立是合同生效的前提条件，如果合同不成立，是不可能生效的。但是合同成立也并不意味着合同就生效了。

（一）合同成立的一般要件

1. 存在订约当事人

合同成立首先应具备双方或者多方订约当事人，只有一方当事人不可能成立合同，例如，某人以公司甲的名义与公司乙订立合同，若公司甲根本不存在，则可认为只有一方当事人，合同不能成立。

2. 订约当事人对主要条款达成一致

合同成立的根本标志是订约双方或者多方经协商，就合同主要条款达成一致意见。

3. 经历要约与承诺两个阶段

《合同法》第十三条规定，"当事人订立合同，采取要约、承诺方式"。缔约当事人就订立合同达成合意，一般应经过要约、承诺阶段。若只停留在要约阶段，合同根本未成立。

（二）合同成立时间

合同成立时间关系到当事人何时受合同关系拘束，因此合同成立时间具有重要意义。确定合同成立时间，遵守如下规则：

1. 当事人采用合同书形式订立合同的，自双方当事人签字或者盖章时合同成立。各方当事人签字或者盖章的时间不在同一时间的，最后一方签字或者盖章时合同成立。

2. 当事人采用信件、数据电文等形式订立合同的，可以在合同成立之前要求签订确认书。签订确认书时合同成立。此时，确认书具有最终正式承诺的意义。

3. 法律、行政法规规定或者当事人约定采用书面形式订立合同，当事人未采用书面形式，但一方已经履行主要义务并且对方接受的，该合同成立。

4. 采用合同书形式订立合同，在签字或盖章之前，当事人一方已经履行主要义务并且对方接受的，合同成立，即"事实合同"。

（三）合同成立地点

合同成立地点可能成为确定法院管辖的依据，因此具有重要意义。确定合同成立地点，遵守如下规则：

1. 承诺生效的地点为合同成立的地点。采用数据电文形式订立合同的，收件人的主营业地为合同成立的地点；没有主营业地的，其经常居住地为合同成立的地点。

2. 当事人采用合同书形式订立合同的，双方当事人签字或者盖章的地点为合同成立的地点。

3. 当事人对合同的成立地点另有约定的，按照其约定。

二、建设工程合同生效的条件

（一）合同生效的含义

合同生效，是指法律按照一定标准对合同评价后而赋予强制力。已经成立的合同，必须具备一定的生效要件，才能产生法律约束力。

在订立合同的过程中，当事人应正确理解合同成立和合同生效的关系。合同成立和合同生效是有效合同的有机结合的两个方面，前者是后者的前提，后者是前者的结果；同时合同成立和合同生效又是两个相对独立的概念。两者的区别主要表现在以下四个方面：

1. 合同成立是解决合同是否存在的问题，而合同生效是解决合同效力的问题。

2. 合同成立以后，当事人不得对自己的要约与承诺任意撤回，而合同生效以后当事人必须按照合同的约定履行合同，否则，应承担违约责任。

3. 合同不成立的后果仅仅表现为当事人之间产生的民事赔偿责任，一般为缔约过失责任。而合同无效的后果除了承担民事责任之外，还可能承担行政甚至刑事责任。

4. 合同不成立，仅涉及合同当事人之间的合同问题，当未形成合同时，不会引起国家行政干预；而对于合同无效问题，如果属于合同违法时，即使当事人不作出合同无效的主张，国家行政也会进行干预。

（二）建设工程合同生效的条件

《合同法》第四十四条规定："依法成立的合同，自成立时生效。""法律、行政法规规定应当办理批准、登记等手续生效的，依照其规定。"这条规定实质上包含了合同生效的要求，即合同必须依法成立才能发生法律效力。根据有关法律的基本原理和建设行业的有关规定，建设工程合同生效的条件应当包括：

1. 合同的当事人即发包人和承包人应当符合法律和行政法规规定的条件，即合同的主体要件。

2. 发包人和承包人共同的真实意思表示一致是建设工程合同生效的核心条件。

3. 合同的当事人即发包人和承包人在签订合同的过程中应当履行法律和行政法规规定的必须履行的程序。

4. 合同应当符合法律规定的形式要件。

5. 不违反法律和社会公共利益。如果合同一旦被认定为违反法律规定，则完全无效。不违反社会公共利益实际上是不违反法律的延伸和补充。

三、无效建设工程合同

（一）无效合同的概念和特征

无效合同,是指合同虽然已经成立,但因不符合法律要求的要件而不予承认和保护的合同。无效合同具有以下特征:

1. 合同自始无效。无效合同自订立时起就不具有法律效力,而不是从合同无效原因发现之日或合同无效确认之日起,合同才失去效力。

2. 合同绝对无效。合同自订立时起就无效,当事人不能通过同意或追认使其生效。

3. 合同当然无效。无论当事人是否知道其无效情况,无论当事人是否提出主张无效,法院或仲裁机构可以主动审查决定该合同无效。

4. 合同无效,可能是全部无效,也可能是部分无效。如果合同部分无效,不影响其他部分效力的,其他部分仍然有效。

5. 合同无效,不影响合同中独立存在的有关解决争议方法的条款的效力。

(二)无效合同的原因

1. 一方以欺诈手段订立合同,损害国家利益

所谓欺诈,是指一方当事人故意告知对方虚假情况,或者故意隐瞒真实情况,诱使对方当事人作出错误意思表示的行为。

欺诈的构成条件有:①欺诈方具有欺诈的故意;②欺诈方实施了欺诈行为;③被欺诈方因欺诈行为陷入错误的认识;④被欺诈方由于错误认识而作出了违反其真实意思表示的行为;⑤被欺诈方因被欺诈而订立的合同以及欺诈行为损害了国家利益。

2. 一方以胁迫手段订立合同,损害国家利益

所谓胁迫是指以给公民及其亲友的生命健康、荣誉、名誉、财产等造成损害或者以给法人的荣誉、名誉、财产等造成损害,即为要挟,迫使对方作出违背真实的意思表示的行为。

胁迫的构成条件有:①胁迫人具有胁迫的故意;②胁迫人实施了胁迫行为;③胁迫行为是非法或不当;④受胁迫者因胁迫而订立的合同以及胁迫行为损害了国家利益。

3. 恶意串通,损害国家、集体或第三人利益的合同

恶意串通的合同是指当事人同谋,共同订立某种合同,造成国家、集体或者第三人利益损害的合同。恶意串通的构成要件有:

(1) 主观因素。主观上行为人明知或者应知某种行为将造成对国家、集体或者第三者的损害而故意为之。当事人之间相互串通既可以表现为当事人事先达成的合谋,也可表现为一方明确表示意思,另一方与其达成默契进行接受。

(2) 客观因素。客观上损害国家、集体或第三人利益。

4. 以合法形式掩盖非法目的

以合法形式掩盖非法目的,是指当事人实施的行为在形式上是合法的,但在内容上或者目的上是非法的。

须注意的是,以合法形式掩盖非法目的的合同并不要求造成损害后果,即无论造成损害与否,只要符合上述特征,即可构成。

5. 损害社会公共利益

社会公共利益的内涵丰富、外延宽泛。相当一部分社会公共利益的保护,已经纳入

法律、行政法规明文规定，但是，仍有部分并未被法律、行政法规所规定，特别是涉及社会公共道德的部分。将损害社会公共利益的合同规定为无效合同，利用"社会公共利益"概念定义的丰富内涵和宽泛外延，有助于弥补现行法律、行政法规规定的缺失。

6. 违反法律、行政法规的强制性规定

合同无效，应当以全国人大及其常委会制定的法律和国务院制定的行政法规为依据，不得以地方性法规、行政规章为依据。同时，必须是违反了法律、行政法规的强制性规定才导致合同无效。

（三）无效的免责条款

免责条款，是当事人在合同中确立的排除或限制其未来责任的条款。合同中的下列免责条款无效：

1. 造成对方人身伤害的。生命健康权是不可转让、不可放弃的权利，因此不允许当事人以免责条款的方式事先约定免除这种责任。

2. 因故意或者重大过失造成对方财产损失的。财产权是一种重要的民事权利，不允许当事人预先约定免除一方故意或重大过失而给对方造成损失，否则会给一方当事人提供滥用权利的机会。

（四）无效建设工程合同

建设工程合同属下列情况之一的，合同无效：

(1) 没有经营资格而签订的合同；

(2) 超越资质等级所订立的合同；

(3) 跨越省级行政区域承揽工程，但未办理审批许可手续而订立的合同；

(4) 违反国家、部门或地方固定资产投资计划的合同；

(5) 未取得《建设工程规划许可证》或者违反《建设工程规划许可证》的规定进行建设，严重影响城市规划的合同；

(6) 未取得《建设用地规划许可证》而签订的合同；

(7) 未依法取得土地使用权而签订的合同；

(8) 未依法办理报建手续而签订的合同；

(9) 应当办理而未办理招标投标手续所订立的合同；

(10) 非法转包的合同；

(11) 不符合分包条件而分包的合同；

(12) 违法带资、垫资施工的合同；

(13) 采取欺诈、胁迫的手段所签订的合同；

(14) 损害国家利益和社会公共利益的合同，例如，以搞封建迷信活动为目的，建造庙堂、宗祠的合同，即为无效合同；

(15) 违反国家指令性建设计划而签订的合同。

（五）合同无效的法律后果

由于无效合同具有不得履行性，因此不发生当事人所期望的法律效果；但是，并非不产生任何法律效果，而是产生包括返还财产、损害赔偿以及其他法定效果。

1. 返还财产。合同被确认无效后，因该合同取得的财产，应当予以返还。

2. 折价补偿。不能返还或者没有必要返还的，应当折价补偿。例如，建设工程施工合同无效但是工程已经竣工验收合格，如果采用返还财产、恢复原状处理规则，就要将工程拆除使之恢复到缔约之前。这样既不利于当事人，对社会利益也是损失。

3. 赔偿损失。赔偿损失以过错为要件，有过错的一方应当赔偿对方因此所受到的损失，双方都有过错的，应当各自承担相应的责任。

4. 收归国库所有。当事人恶意串通，损害国家、集体或者第三人利益的，因此取得的财产收归国家所有或者返还集体、第三人。收归国有又称为追缴。追缴的财产包括已经取得的财产和约定取得的财产。对于施工合同而言违法分包或转包就属恶意串通，损害国家、集体或者第三人利益的，人民法院可以根据《民法通则》收缴当事人已经取得的非法所得。

四、可变更、可撤销建设工程合同

（一）可变更、可撤销合同的概念

合同的变更、撤销，是指因意思表示不真实，法律允许撤销权人通过行使撤销权，使已经生效的合同效力归于消灭或使合同内容变更。

（二）可变更、可撤销合同与无效合同的区别

可变更、可撤销合同与无效合同存在显著区别。无效合同是自始无效、当然无效，即从订立起就是无效，且不必取决于当事人是否主张无效。但是，可变更、可撤销合同在被撤销之前存在效力，尤其是对无撤销权的一方具有完全拘束力；而且，其效力取决于撤销权人是否向法院或者仲裁机构主张行使撤销权以及是否被支持。

（三）导致合同变更与撤销的原因

1. 重大误解

所谓重大误解，是指合同当事人因自己过错（如误认或者不知情等）对合同的内容发生错误认识而订立了合同并造成了重大损失的情形。重大误解的构成条件有：

（1）表意人因为误解作出了意思表示。表意人对合同的相关内容产生了错误认识，并且基于这种错误认识进行了意思表示行为。即表意人的意思表示与其错误认识之间具有因果关系。

（2）表意人的误解是重大的。一般的误解并不足以造成合同可撤销。对因误解导致合同可撤销是对误解者的保护，但是，该误解却是误解者自己过错造成的，因此，若不对误解的程度加以限定，将对相对人相当不公平。鉴于此，只有因"重大误解"订立的合同才是可撤销的。当行为人因为对行为的性质、对方当事人、标的物的品种、质量、规格和数量等的错误认识，使行为的后果与自己的意思相悖，并造成较大损失的，可以认定为重大误解。

（3）误解是由表意人自己的过失造成的。通常情况下，误解是由表意人自己过失造成，如不注意、不谨慎，而不是受他人欺诈或者其他不正当影响。

（4）误解不应是表意人故意发生的。法律不允许当事人在故意发生错误的情况下，

借重大误解为由，规避对其不利的后果。如果表意人在缔约时故意发生错误（如保留其真实意思），则表明表意人追求其意思表示所产生的效果，不存在意思表示不真实的情况，不应按重大误解处理。

2. 显失公平

显失公平，是指一方当事人利用优势或利用对方没有经验，致使双方的权利、义务明显不对等，使对方遭受重大不利，而自己获得不平衡的重大利益。其构成要件为：

（1）合同在订立时就显失公平。可撤销的显失公平合同要求这种明显失衡的利益安排在合同订立时就已形成，而不是在合同订立以后形成。如果在合同订立之后因为非当事人原因导致合同对一方当事人很不公平，不应当按照显失公平合同来处理。

（2）合同的内容在客观上利益严重失衡。当事人中的某一方获得的利益超过法律允许的限度，而其他方获得的利益与其义务不相称。在我国法律实践中，就显失公平的判断，绝大多数情况下，并未规定具体的数量标准，而留待法院裁量。

（3）享有过高利益的当事人在主观上具有利用对方的故意。一般认为，在显失公平合同下，遭受不利后果的一方当事人存在轻率、无经验等不利因素，而受益一方故意利用了对方的这种轻率、无经验，或者利用了自身交易优势。

3. 因欺诈、胁迫而订立的合同

根据我国《合同法》，因欺诈、胁迫而订立的合同应区分为两类：一类是欺诈、胁迫的手段订立合同而损害国家利益的，应作为无效合同对待；另一类是以欺诈、胁迫的手段订立合同但未损害国家利益的，应作为可撤销合同处理，即被欺诈人、被胁迫人有权将合同撤销。

《合同法》未将欺诈、胁迫订立的合同一律作无效处理，充分体现了民法的意思自治原则，充分尊重被欺诈人、被胁迫人的意愿，并对维护交易安全具有重要意义。

4. 乘人之危而订立的合同未损害国家利益

乘人之危，是指一方当事人乘对方处于危难之机，为牟取不正当利益，迫使对方作出不真实的意思表示，从而严重损害对方利益的行为。其构成要件为：

（1）不法行为人乘对方危难或者急迫之际逼迫对方。这里的危难是指受害人出现了财产、生命、健康、名誉等方面的危机状况。这里的急迫，是指受害人出现生活、身体或者经济等方面的紧急需要。同时，行为人为订立不公平的合同而故意利用受害人的这种危难或者急迫。

（2）受害人因为自身危难或者急迫而订立合同。受害人明知该合同将使自身利益受到重大损害，但因陷于危难或者急迫而订立该合同。

（3）不法行为人所获得的利益超出了法律允许的程度。不法行为人通过利用对方危难或者急迫，获取了在正常情况下不可能获得的重大利益，明显违背了合同公平原则。

（四）撤销权行使

1. 行使撤销权的主体

任何一方当事人认为合同是由重大误解订立的或者显失公平订立的，都可以向法院提出变更或撤销的请求。而以欺诈、胁迫或者乘人之危订立合同的，请求变更、撤销权只有受损害方才能行使。

2. 撤销权的救济

对于可变更、可撤销合同，撤销权人可以申请法院或者仲裁机构撤销合同，也可以申请法院或者仲裁机构变更合同，当然，还可以不行使撤销权，继续认可该合同效力。如果撤销权人请求变更的，法院或者仲裁机构不得撤销。当事人请求撤销的，人民法院可以变更。

《最高人民法院关于贯彻执行＜中华人民共和国民法通则＞若干问题的意见（试行）》第七十三条规定："对于重大误解或者显失公平的民事行为，当事人请求变更的，人民法院应当予以变更；当事人请求撤销的，人民法院可以酌情予以变更或者撤销。"从这条规定上，我们看到：如果当事人请求变更，是可以实现目的的。《合同法》第五十四条规定："当事人请求变更的，人民法院或者仲裁机构不得撤销。"但是如果请求撤销，就要看具体情况决定是否允许撤销了。因为，在不必要撤销的情况下撤销了合同，对另一方当事人也会造成损失。出于公平起见，需要对申请撤销的事由进行具体分析而做出是否允许当事人撤销的决定。

3. 撤销权的消灭

《合同法》第五十五条规定，有下列情形之一的，撤销权消灭：

（1）具有撤销权的当事人自知道或者应当知道撤销事由之日起一年内没有行使撤销权；

（2）具有撤销权的当事人知道撤销事由后明确表示或者以自己的行为放弃撤销权。

4. 可撤销合同被撤销的后果

在可变更、可撤销合同被撤销之前，该合同具有效力。根据《合同法》第五十六条，在被撤销之后，该合同即不具有效力，且将溯及既往，即自合同成立之始起就不具有效力，当事人不受该合同约束，不得基于该合同主张认可权利或承担任何义务。

可变更、可撤销合同被撤销后，其法律后果与无效合同后果相同。

五、效力待定的建设工程合同

（一）效力待定合同的概念

效力待定合同，是指合同成立之后，是否具有效力还未确定，有待于其他行为或者事实使之确定的合同。

（二）效力待定合同与无效合同、可撤销合同的区别

效力待定合同不同于无效合同。二者主要区别在于：无效合同具有违法性，其不具有效力是自始确定的，不会因其他行为而产生法律效力；效力待定合同并无违法性，只是效力尚不确定，法律并不强行干预，而将选择合同效力的权利赋予相关当事人或者真正权利人。

效力待定合同不同于可撤销合同。二者主要区别在于：可撤销合同在未被撤销前是有效的，效力待定合同是欠缺某种生效要件，是否有效未确定；可撤销合同只能通过法院或者仲裁机构进行撤销，效力待定合同不必通过法院或者仲裁机构，而是通过私人之

间的行为（诸如追认、催告）或者一定事实来确定合同效力。

（三）效力待定合同的类型及其处理

1. 限制民事行为能力人依法不能独立签订的合同

若限制民事行为能力人未经其法定代理人事先同意，独立签订了其依法不能独立签订的合同，则构成效力待定合同，但是纯获利益的合同除外。

此类效力待定合同须经过限制民事行为能力人的法定代理人行使追认权予以追认后才有效。相对人可以催告法定代理人在一个月内予以追认；法定代理人未作表示的，视为拒绝追认，合同没有效力。合同被追认之前，善意相对人有撤销的权利；撤销应当以通知的方式作出。

2. 无权代理人以被代理人名义订立的合同

行为人没有代理权、超越代理权或代理权终止后仍以被代理人的名义与相对人订立合同，未经被代理人追认的，对被代理人不发生效力，由行为人承担责任。

相对人可以催告被代理人在一个月内予以追认；被代理人未作表示的，视为拒绝追认，合同没有效力。合同被追认之前，善意相对人有撤销的权利，撤销应当以通知的方式作出。

《合同法》第四十九条规定，"行为人没有代理权、超越代理权或者代理权终止后以被代理人名义订立合同，相对人有理由相信行为人有代理权的，该代理行为有效。"这就是表见代理在合同领域的具体规定。可见，表见代理不需要被代理人追认，也能产生代理效力，此时仍由被代理人对第三人承担授权责任。因表见代理订立的合同如无其他导致合同无效的原因，该合同有效。

3. 越权订立的合同

法人或者其他组织的法定代表人、负责人超越权限订立的合同，除相对人知道或者应当知道其超越权限的以外，该代表行为有效。

任何一个单位都有自己的组织结构，组织设计里面都包含组织权限分工。每个岗位都有自己的责任和权利。如果超越了自己的权力范围而为的行为，其行为就不是必然有效的行为了。这种行为是否有效，需要结合其他因素确定。超越权限订立的合同是否有效取决于相对人是否知道行为人超越权限。如果明知其超越权限还依然与之签订合同，合同就是无效的；如果不知道其越权而与之签订合同，则合同就是有效的。

4. 无处分权人所订立合同

所有权人或法律授权的人才能对财产行使处分权，如财产的转让、赠与等。无处分权人只能对财产享有占有、使用权。无处分权人处分他人财产与相对人订立的合同，经权利人追认或者无处分权人订立合同后取得处分权的，该合同有效。无处分权人与相对人订立的合同，若未获追认或者无权处分人在订立合同后未获处分权，则该合同不生效。

第四节 建设工程合同的履行

合同的履行是合同管理中最具实质性的一步。所有的合同当事人都要重视合同的履行。由于每一个合同都是不同的合同,在履行的过程中也就自然会不尽相同,因此,《合同法》给出了合同履行的原则,违背这些原则的履行都将为此承担相应的法律责任。

《合同法》对于在合同履行中出现的特殊情况也做出了规定。这种特殊情况主要表现在合同条款空缺,即当事人在合同中对于质量、工期、报酬等关键性的条款的约定存在瑕疵或者盲点,这就会导致后面的合同履行无法进行。因此,我们需要对这些特殊的情形的规定深入把握,才能针对不同的具体情况进行有效的处理。

《合同法》赋予了当事人在履行合同过程中享有的权利,主要包括抗辩权、代位权和撤销权。这些权利是我们必须要掌握的内容,只有掌握了这些权利才可能利用合同法这个武器来维护自身的合法权益。

一、合同履行的主体和原则

(一)合同履行的概念

建设工程合同的履行,是指工程建设项目的发包方和承包方根据合同规定的时间、地点、方式、内容及标准等要求,各自完成合同义务的行为。根据当事人履行合同义务的程度,可作以下分类:按照合同的规定全部履行合同义务的,称为全部履行;部分履行,部分未履行的,称为部分履行;合同规定的义务均未履行的,称为没有履行合同。合同的履行是当事人订立合同的根本目的,是《合同法》的核心内容,也是合同具有法律约束力的首要表现。

(二)合同履行的主体

合同履行的主体包括完成履行的一方(履行人)和接受履行的一方(履行受领人)。

完成履行的一方首先是债务人,也包括债务人的代理人。但是法律规定、当事人约定或者性质上必须由债务人本人亲自履行者除外。另外,当事人约定的债务人之外第三人也可为履行人。但是,约定代为履行债务的第三人的不履行责任却要由原债务人承担。《合同法》第六十五条规定:"第三人不履行债务或者履行债务不符合约定,债务人应当向债权人承担违约责任。"

接受履行的一方首先是债权人,由债权人享有给付请求权及受领权。但是,在某些情况下,接受履行者也可以是债权人之外的第三人,如当事人约定由债务人向第三人履行债务。但是,债务人如果没有向约定受偿的第三人履行债务,却要向原合同的债权人承担违约责任。《合同法》第六十四条规定:"债务人未向第三人履行债务或者履行债务不符合约定,应当向债权人承担违约责任。"

(三) 合同履行的原则

合同经一方提出要求，另一方承诺，即告成立。但合同成立只是合同生效的前提，并非必然结果。合同义务是否应当履行，取决于合同是否合法有效。无效的建设工程合同从订立时起就没有法律约束力，不存在履行问题。

由于建设工程合同的履行，其内容之丰富，经历时间之长，都是其他合同所无法比拟的，因此，对建设工程合同的履行，更应强调贯彻履行合同的基本原则。履行建设工程合同应当遵循的基本原则有：

1. 实际履行原则

订立合同的目的是为了满足一定的经济利益目的，满足特定的生产经营活动的需要。根据实际履行原则，当事人应当按照合同规定的标的完成义务，不能用违约金或赔偿金来代替合同的标的；任何一方违约时也不能以支付违约金或赔偿损失的方式来代替合同的履行，守约一方要求继续履行的，应当继续履行。

2. 全面适当履行原则

全面适当履行，是指合同当事人双方应当按照合同约定全面履行自己的义务，即按合同约定的标的、数量、质量、价款、地点、期限、方式等履行各自的义务。按照约定履行自己的义务，既包括全面履行义务，也包括正确适当履行义务。

3. 公平合理，促进合同履行的原则

合同当事人双方自订立合同起，直到合同的履行、变更、转让以及发生争议时对纠纷的解决，都应当依据公平合理的原则，按照《合同法》的规定，根据合同的性质、目的和交易习惯善意地履行通知、协助和保密等附随义务。

4. 诚实信用原则

诚实信用原则是《合同法》的基本原则，履行合同特别是履行内容十分复杂的建设工程承包合同，贯彻该原则尤为重要。依该原则，承发包双方在履行合同过程中应当实事求是，守信用，以善意的方式行使权利并履行义务；不得有欺诈行为；不得滥用权力、回避法律和歪曲合同条款。要正当竞争，反对垄断，尊重社会公共利益和交易习惯。

诚实信用原则，是《合同法》的一项十分重要的原则，它贯穿于合同的订立、履行、变更、终止等过程。

合同履行过程中，当事人应当遵循诚实信用原则，根据合同的性质、目的和交易习惯履行通知、协助、保密义务。当事人双方应关心合同的履行情况，发现问题及时协商解决，并为对方履行创造条件。在合同履行过程中应信守商业道德，保守商业秘密。

5. 当事人一方不得擅自变更合同的原则

合同依法成立，即具有法律约束力，因此，合同当事人任何一方均不得擅自变更合同。《合同法》在若干条款中根据不同的情况对合同的变更，分别作了专门的规定。这些规定更加完善了我国的合同法律制度，并有利于促进我国社会主义市场经济的发展和保护合同当事人的合法权益。

(四) 合同条款约定不明的履行问题

合同条款约定不明是指所签订的合同中约定的条款不明确或者空白点，使得当事人无法按照所签订的合同履约的法律事实。

当事人订立合同时,对合同条款的约定应当明确、具体,以便于合同履行。然而,由于某些当事人因合同法律知识的欠缺,对事物认识上的错误以及疏忽大意等原因,而出现欠缺某些条款或者条款约定不明确,致使合同难以履行,为了维护合同当事人的正当权益,法律规定允许当事人之间可以协议补充,采取措施,补救合同条款空缺的问题。

1. 解决合同条款约定不明的原则

为了解决合同条款约定不明的问题,《合同法》第六十一条给出了原则性规定:"合同生效后,当事人就质量、价款或者报酬、履行地点等内容没有约定或者约定不明确的,可以协议补充;不能达成补充协议的,按照合同有关条款或者交易习惯确定。"

2. 解决合同条款约定不明的具体规定

(1) 适用于普通商品的具体规定

依据《合同法》第六十二条,当事人就有关合同内容约定不明确,依照本法第六十一条条的规定仍不能确定的,适用下列规定:

① 质量要求不明确的,按照国家标准、行业标准履行;没有国家标准、行业标准的,按照通常标准或者符合合同目的的特定标准履行。

② 价款或者报酬不明确的,按照订立合同时履行地的市场价格履行;依法应当执行政府定价或者政府指导价的,按照规定履行。

③ 履行地点不明确,给付货币的,在接受货币一方所在地履行;交付不动产的,在不动产所在地履行;其他标的。在履行义务一方所在地履行。

④ 履行期限不明确的,债务人可以随时履行,债权人也可以随时要求履行,但应当给对方必要的准备时间。

⑤ 履行方式不明确的,按照有利于实现合同目的的方式履行。

⑥ 履行费用的负担不明确的,由履行义务一方负担。

(2) 适用于政府定价或者政府指导价商品的具体规定

政府定价是指对于一些特殊的商品,政府不允许当事人根据供给和需求自行决定价格,而是由政府直接为该商品确定价格。

政府指导价是指对于一些特殊的商品,政府不允许当事人根据供给和需求自行决定价格,而是由政府直接为该商品确定价格的浮动区间。

政府定价或者政府指导价的商品由于其具有自身的特殊性,《合同法》对此作出了规定:执行政府定价或者政府指导价的,在合同约定的交付期限内政府价格调整时,按照交付时的价格计价。逾期交付标的物的,遇价格上涨时,按照原价格执行;价格下降时,按照新价格执行。逾期提取标的物或者逾期付款的,遇价格上涨时,按照新价格执行;价格下降时,按照原价格执行。

二、合同履行的抗辩权、代位权和撤销权

(一) 合同履行的抗辩权

合同一旦有效成立,当事人双方都应当按照合同约定履行自己的义务。一方不履行

合同或不适当履行合同，损害了对方利益，受损害方可寻求公力救济。但在双务合同履行中，如果一方或双方具有法律规定的事由的话，法律授权当事人可以私力救济，即可以拒绝履行自己的义务来保护自己的合法权益，而不承担违约责任。这就是双务合同履行中的抗辩权。根据具体情形抗辩权可分为同时履行抗辩权、后履行抗辩权和不安抗辩权三种。

1. 同时履行抗辩权

同时履行抗辩权，是指当事人履行合同义务没有先后顺序，应当同时履行。当对方当事人未履行合同义务时，一方当事人有拒绝履行合同义务的权利。

同时履行抗辩权包括两种情形：①一方在对方履行之前有权拒绝其履行要求；②一方在对方履行债务不符合约定时，有权拒绝其相应的履行要求。

2. 先履行抗辩权

先履行抗辩权，是指当事人双方在合同中约定了债务履行的先后顺序，当先履行的一方未按约定履行债务时；后履行的一方可拒绝履行其合同债务的权利。

先履行抗辩权也包括两种情形：①当事人互负债务，有先后履行顺序，先履行一方未履行的，后履行一方有权拒绝其履行要求；②先履行一方履行债务不符合约定的，后履行一方有权拒绝其相应的履行要求。

3. 不安抗辩权

不安抗辩权，是指当事人双方在合同中约定了履行的先后顺序，合同成立后，先履行债务的当事人掌握了后履行债务的当事人丧失或者可能丧失履行债务能力的确切证据时，暂时停止履行其到期债务的权利。设立不安抗辩权的目的在于，预防合同成立后情况发生变化而损害合同另一方的利益。

行使不安抗辩权，应当先履行合同的一方有确切证据证明对方当事人有下列情形之一的，可以中止履行：①经营状况严重恶化；②转移财产，抽逃资金，以逃避债务；③丧失商业信誉；④有丧失或者可能丧失履行能力的其他情形。

当事人行使不安抗辩权，并不意味着合同终止，只是当事人暂时停止履行其到期债务。当事人中止履行合同的，应当及时通知对方。

对方提供适当的担保时应当恢复履行，对方在合理的期限内未恢复履行能力并且未提供适当的担保，中止履行一方可以解除合同。当事人如果没有确切证据就中止履行合同的，应承担违约责任。

（二）合同履行的代位权和撤销权

在合同履行过程中，为了保护债权人的合法权益，预防因债务人的财产不当减少，而危害债权人的债权时，法律允许债权人为保全其债权的实现而采取法律保障措施。在法律上，此项法律保障措施包括代位权和撤销权。

1. 债权人的代位权

债权人的代位权，是指债权人为了保障其债权不受损害，而以自己的名义代替债务人行使债权的权利。

关于债权，债权人只能向债务人请求履行，原则上是不涉及第三人的。但是当债务人与第三人的行为危害到债权人的利益时，法律规定允许债权人对债务人与第三人的行为行使一定的权利,以免排除对其债权的危害。

《合同法》规定,因债务人怠于行使其到期债权,对债权人造成损害的,债权人可以向人民法院请求以自己的名义代位行使债务人的债权,但该债权专属于债务人自身的除外。代位权的行使范围以债权人的债权为限。债权人行使代位权的必要费用,由债务人负担。

代位权的成立应具备以下法定的要件:①债务人怠于行使到期债权;②债务人怠于行使权利的行为对债权人造成损害;③债权人有保全债权的必要。

2. 债权人的撤销权

债权人的撤销权,是指债权人对于债务人危害其债权实现的不当行为,有请求人民法院予以撤销的权利。在合同履行过程中,当债权人发现债务人的行为将会危害自身的债权实现时,可以行使法定的撤销权,以保障合同中约定的合法权益。

债权人行使撤销权应当具备以下要件:①客观要件。在客观方面,必须是债务人实施了一定的危害债权人的行为,因此,债权人才能行使撤销权;②主观要件。在主观方面,债权人行使撤销权一般要求债务人在实施危害债权的行为时其主观上具有恶意。

《合同法》规定,因债务人放弃其到期债权或无偿转让财产,对债权人造成损害,并且受让人知道该情形的,债权人可以请求人民法院撤销债务人的行为。撤销权的行使范围以债权人的债权为限。债权人行使撤销权的必要费用,由债务人承担。

《合同法》规定,撤销权自债权人知道或者应当知道撤销事由之日起一年内行使。自债务人的行为发生之日起5年内没有行使撤销权的,该撤销权消灭。

三、建设工程勘察、设计合同的履行

合同的签订,其主要内容是明确双方主体的权利义务关系。建设工程合同是双务合同,当事人双方是互为权利义务主体的。一方的权利是另一方的义务,而一方的义务又是另一方的权利,反之亦然。所以,下面只介绍双方的义务,其权利不再赘述。

(一)勘察合同双方当事人的主要义务

勘察工作是一项专业性很强的工作,所以筹建单位一般都要把勘察工作委托给专门的地质勘察单位。勘察合同就是反映并调整筹建单位与地质勘察单位之间关系的依据。

1. 勘察合同发包人的主要义务

(1)在勘察工作开始前,提供勘察工作所需要的有关基础资料,即提交由设计人提供、经发包人同意的勘察范围,提出由发包人委托、设计人填写的勘察技术要求及其附图。

(2)负责勘察现场的水、电、气的畅通供应,平整道路、现场清理等工作,以保证勘察工作的开展。

(3)在勘察人员进行现场作业时,提供必要的工作和生活条件。

(4)接受勘察成果,按照国家规定或合同约定付给勘察费。

(5)维护勘察成果,不得私自修改,也不得私自转交他人重复使用。

2. 勘察合同承包人的主要义务

(1) 按照合同规定的日期进入勘察现场。

(2) 按照国家或者合同约定的标准和技术条件进行工程测量、工程地质、水文地质的勘察工作和资源调查研究工作。

(3) 依照合同规定的时间和方式提交勘察成果。

(4) 对勘察成果的质量负担保责任。

(二) 设计合同双方当事人的主要义务

建设工程设计合同事实上包括两种合同：一是初步设计合同，即在建设项目立项阶段承包人为项目决策提供可行性研究资料的设计而与筹建单位签订的合同；另一种设计合同是在工程项目被国家发改委批准之后，承包人与筹建单位之间就具体施工设计达成的施工设计合同。初步设计合同与施工设计合同虽然内容有异，但法律关系相同。

1. 设计合同发包人的义务

(1) 向承包人（设计部门）提供开展设计工作的基础资料，如设计为初步设计，应提供经过批准的可行性研究报告、原材料及能源供应、交通运输条件的协议文件和能满足初步设计要求的勘察资料等，如设计为施工图设计，应当在规定日期内提供经过批准的初步设计文件和能满足施工图设计要求的勘察资料、施工条件以及有关设备的技术资料。

(2) 及时向有关部门办理各设计阶段设计文件的审批工作。

(3) 明确设计范围和设计深度。

(4) 设计人员进入现场工作时，应提供必要的工作和生活条件。

(5) 接受设计成果，支付设计费。

(6) 对于从国外引进项目的设计，从询价、对外谈判、国内外技术考察直到建成投产的各个阶段，都应当吸收设计部门参加。

(7) 发包人应当维护承包人的设计文件，不得擅自修改，也不得转交他人重复使用。

(8) 合同中含有保密条款的，应承担设计文件的保密责任。

2. 设计合同承包方的义务

(1) 根据委托人要求，在委托人提供的文件和资料的基础上，按照有关设计标准和技术规范进行设计，并按合同规定的进度和质量要求完成设计工作，提交设计文件。

(2) 对设计成果的质量负担保义务。依照我国法律规定，即使在建设工程完工后，出现因设计而产生的质量事故，设计部门也应负责任。

(3) 在项目建设过程中应配合施工，进行设计技术交底，解决施工中有关设计的问题，负责设计变更和修改预算，参加试车考核及竣工验收等。

(三) 设计的修改和终止

1. 设计文件批准后，不得任意修改和变更。如果必须修改，需经有关部门批准，其批准权限，视修改的内容所涉及的范围而定。

2. 委托人因故要求修改工程设计，经承包人同意后，除设计文件的提交时间另定外，委托方还应按承包方实际返工修改的工作量增付设计费。

3. 原定可行性研究报告或初步设计如有重大变更而需重做或修改设计时，须经可行性研究报告或初步设计的批准机关同意，并经双方当事人协商后另订合同。委托方负责支付已经进行了的设计费。

4. 委托方因故要求中途终止设计时，应及时通知承包人，已付的设计费不退，并应按该阶段实际所耗工时，增付和结算设计费，同时解除合同关系。

（四）勘察、设计费的数额与拨付办法

勘察、设计费根据国家有关规定，由委托人和承包人在合同中明确。合同双方不得违反国家有关最低收费标准的规定，任意压低勘察设计费用。合同中还须明确勘察设计费的支付期限。

勘察合同订立后，筹建单位应向勘察单位支付定金，数额为勘察费的30%。设计合同订立后，委托人应向承包人支付设计费的20%作为定金。

四、建设工程施工合同的履行

建设施工承包合同是固定资产投资中最为重要的合同。我国法律、法规对建设施工承包合同有明确而严格的规定。这些法律、法规主要是《民法通则》、《合同法》、《建筑法》、《招标投标法》，以及建设部与国家工商行政管理局1999年12月24日联合颁布的《建设工程施工合同示范文本》等等。

（一）建设施工合同双方当事人的义务

1. 发包人的义务

（1）办理正式工程和临时设施范围内的土地征用、租用、拆迁补偿、平整施工场地等工作，使施工场地具备施工条件，并在开工后继续解决以上事项的遗留问题。

（2）将施工所需水、电、电讯线路从施工场地外部接至专用条款约定地点，并保证施工期间需要。

（3）开通施工场地与城乡公共道路的通道以及专用条款约定的施工场地内的主要交通干道，满足施工运输的需要，保证施工期间的畅通。

（4）向承包人提供施工场地的工程地质和地下管线资料，确定建筑物（或构筑物）、道路、线路、上下水道的定位标桩、水准点和坐标控制点。

（5）办理施工许可证，办理临时用地、停水、停电、中断道路交通、爆破作业、临时铁道专用接岔以及可能损坏道路、管线、电力、通讯等公共设施的法律、法规规定的申请批准手续。

（6）按双方商定的分工范围和要求，按时供应材料和设备。

（7）向经办银行提交拨款所需的文件（实行贷款或自筹的工程要保证资金供应），按时办理贷款和结算。

（8）组织技术部门审定施工图及技术资料，并按合同规定的时间和份数交付承包方。

（9）组织承包人和设计单位进行图纸会审和设计交底。

(10) 协调处理施工现场周围地下管线和邻近建筑物、构筑物（包括文物保护建设）、古树名木的保护工作，并承担有关费用。

(11) 派驻工地代表，对工程进度、工程质量进行监督，检验隐蔽工程，办理中间交工工程的验收手续，解决应由发包方解决的问题以及其他事宜。

(12) 负责组织设计单位、施工单位共同商定施工组织设计、工程价款和竣工结算，负责组织竣工验收。

(13) 按照合同规定的日期和方式，支付全部工程价款。

发包人也可以将上述的部分工作委托承包方办理，具体内容由双方在专用条款内约定，其费用由发包人承担。

2. 承包人的义务

(1) 施工界区以内的施工场地平整、用水、用电、道路和临时设施的施工。

(2) 编制施工组织设计（或施工方案），做好各项施工准备工作。

(3) 按双方商定的分工范围提供原材料和设备，对发包人提供的原材料和设备进行验收，负责妥善管理，合理使用。

(4) 及时向发包方提出开工通知书、施工进度表、施工平面布置图、隐蔽工程验收通知、竣工验收报告；提供月份施工作业计划。

(5) 严格按照施工图与说明书进行施工，确保工程质量，按合同规定的时间如期完工。

(6) 施工过程中必须遵守法律法规和有关部门对施工场地交通、施工噪声、废气、废水、垃圾等的排放的管理规定，并按管理规定办理有关手续，以书面形式通知发包人，发包人承担由此发生的费用。

(7) 如在交通线路施工，必须按规定悬挂施工信号，并采取措施保护施工安全。

(8) 施工中发现隐蔽的军事设施或国家放置的测绘标志、重要民用管道、线路时，应立即向发包人报告，并暂停施工。

(9) 已竣工工程在未交付发包方之前，承包人应按专用条款的约定负责已完工程的成品保护工作。

(10) 保证施工场地清洁符合环境卫生管理的有关规定。已完工的房屋、构筑物和安装的设备，在交工前应负责清理场地达到专用条款约定的要求。

(11) 按照有关规定提出竣工验收技术资料，办理工程竣工结算，参加竣工验收，按期完成工程的交付。

(12) 在合同规定的保修期内，对属于承包方责任的工程质量问题，负责无偿修理。

(二) 工程交付后的保修问题

建设安装工程交付后，承包人仍要承担为发包人保修的义务。根据《建设工程质量管理条例》第六章的规定，建设工程承包单位在向建设单位提交工程竣工验收报告时，应当向建设单位出具质量保修书。质量保修书中应当明确建设工程的保修范围、保修期限、保修责任等。建设工程在保修范围和保修期限内发生质量问题的，施工单位应当履行保修义务，并对造成的损失承担赔偿责任。

关于保修范围，根据《建筑法》第六十二条的规定，应当包括地基基础工程、主体结构工程、屋面防水工程和其他土建工程，以及电气管线、上下管线的安装工程、供冷、供热系统工程等项目。

关于保修期限，详见第八章第十节。

第五节　建设工程合同的变更和解除

一、建设工程合同的变更

建设工程合同依法订立后即具有法律约束力，当事人必须严格履行合同义务，任何一方不得随意变更或解除合同。但是，工程项目建设的情况往往不是固定不变的，承包合同签订后或者在履行过程中会发生与原合同的约定不相适应的变化，如果在这种情况下仍然按照原合同的要求履行，会导致合同无法履行或不能全面履行，在这种情况下，当事人可以依据法律规定或合同约定变更合同。

（一）引起建设工程合同变更的事由

1. 当事人协商一致变更合同。即发包方和承包方就变更合同的内容达成一致意见，如双方将原定的合同工期 300 天缩短为 270 天。当事人协商一致是合同变更的最主要原因，但对合同所作变更必须符合法律的规定，并不得违反社会公共利益。

2. 不可抗力情况的发生。因不可抗力情况的发生致使合同不能按原约定履行的，允许变更，并使债务人免于承担违约责任，例如，由于建设工程施工现场遭洪水围困长达一个月，造成施工中断，施工单位有权要求变更合同工期，即施工工期顺延一个月，发包方对承包方变更合同工期要求不得拒绝。

3. 重大误解。建设工程合同易发生重大误解的环节一般是在工程价款的结算问题上，例如因为错误套用工程预算定额而漏算较大数额的工程价款。

4. 显失公平。由于建设市场是买方市场，发包人往往利用其优势地位而对承包方提出各种不平等条件（如压级压价），造成双方在合同利益上的明显失衡。

5. 国家修改固定资产投资计划。国家修改固定资产投资计划，履行建设工程承包合同的基础随之发生变化，当事人已丧失了依原合同约定履行合同的基础，如合同不作相应的调整，就与国家计划不相符，故应对合同进行相应的变更。

6. 情势变更。情势变更也是合同当事人变更合同的事由之一。只要有情势变更的情况出现，受该变化影响处于不利地位的一方当事人可以要求变更合同，以维护双方的利益，如在工程造价包死的情况下，由于通货膨胀而造成承包方如仍按原定总承包价履行合同，势必造成承包方因此而遭受重大损失，则承包方可以依照情势变更的法律规定，要求增加相应的工程价款。

（二）建设工程合同变更的程序和方式

具备变更合同条件的，允许变更合同，但应当符合法律规定的程序和方式。

1. 承发包双方协商同意变更合同的，适用订立合同的程序。

2. 合同的变更按法律、行政法规的规定应当办理批准、登记等手续的，依照法律、法规的规定办理。这些批准、登记等法律手续，是合同变更生效的必要条件。

3. 协商变更合同，应当采用书面形式。

4. 建设工程合同的一方当事人有法律上的理由提出变更合同的请求而对方当事人予以拒绝或者未能满足正当要求的，可以向人民法院或仲裁机构提起诉讼或者申请仲裁解决，请求变更。其请求一经生效的法律文书确认，即对双方当事人产生强制约束力。

二、建设工程合同的解除

建设工程合同的解除，是指建设工程合同依法成立后开始履行之前或者未全部履行完毕之前，当事人根据法律规定或者合同约定的条件和程序，消灭双方的承包合同法律关系。

（一）建设工程合同解除的条件

关于解除合同的条件，可简单划分为两大类，即法律直接规定的条件和当事人约定的条件。根据《合同法》第九十三条、第九十四条的规定，建设工程合同有下列情况之一的，可引起合同的解除：

1. 发包承包双方经协商一致的，可以解除合同。

需要指出的是，很多项目特别是国家的重大建设项目施工承包合同是以国家批准的建设计划为基础而订立的，因此，这类合同的解除不得违反国家固定资产投资计划，不得损害社会公共利益。

2. 由于发生不可抗力情况致使建设工程承包合同的目的不能实现，可以解除合同。

需要指出的是，依法可以不履行合同义务的一方有尽早告知对方不可抗力情况的义务，如怠于告知，应对对方因此而遭受的损失承担赔偿责任。

3. 在合同履行期届满之前，一方当事人明确表示或者以自己的行为表明不履行主要债务的，对方可以解除合同。

需要指出的是，认定当事人一方明确表示不履行债务的，该意思表示应为书面形式，并且该书面形式文件已送达债权人，否则不宜认定债务人已作出了不履行债务的意思表示。

4. 一方当事人迟延履行主要债务，经催告后在合理期限内仍未履行的，对方可以解除合同。

5. 当事人一方延迟履行债务或者有其他违约行为，致使不能实现合同目的的，可以解除合同。

6. 国家取消固定资产投资计划的，可以解除合同。

第五章　建设工程合同法规

（二）建设工程合同解除的程序和方式

1. 双方协议解除合同的，适用订立合同的程序。协商解除合同，应当采用书面形式。

2. 由于一方严重违约，另一方依法行使解除合同权利的，应当以书面形式通知对方。合同自通知到达对方时解除。

3. 如该合同的解除依法律、行政法规的规定应当向有关部门办理批准登记手续的，则应按有关规定办理完有关手续后，才能发生解除合同的效力。

三、建设工程合同变更、解除的法律后果

（一）建设工程合同变更的法律后果

建设工程合同依法变更后，虽然与原合同仍然具有密切联系或者具有连续性，但变更后的合同相对于原合同而言毕竟是一个新的合同，故从这个角度而言，合同变更后，原合同不再履行，当事人应当按变更后的合同履行义务。

合同的变更不具有溯及既往的效力。不论是发包方还是承包方，均不得以变更的合同条款来作为重新调整双方在合同变更前的权利义务关系的依据。

由有过错的一方当事人承担违约责任。合同的变更虽不具有溯及既往的效力，但这并不等于说对合同的变更有过错的一方可以因合同的变更免于承担违约责任。《民法通则》第115条规定："合同的变更或者解除，不影响当事人要求赔偿损失的权利。"

（二）建设工程合同解除的法律后果

建设工程合同解除后，合同法律关系消灭，当事人不再依该合同取得权利或承担义务。合同尚未开始履行的，不再履行，已经开始履行的，停止履行。但合同的终止不影响合同中结算和清理条款的效力，也不影响当事人请求损害赔偿的权利。

合同解除后的债权债务清理，应当以恢复原状为原则，不能恢复原状的，折价补偿。

如果是由于一方当事人的过错造成合同解除的，该当事人应向对方承担违约责任，即支付违约金和相应的损害赔偿金，如果双方都有过错，分别承担相应过错责任。

（三）勘察、设计合同变更、解除后的善后处理

设计文件批准后，就具有一定的严肃性，不得任意修改和变更。如果必须修改，也需经有关部门批准，其批准权限，根据修改内容所涉及的范围而定。如果修改部分属于初步设计的内容，必须经设计的原批准单位批准；如果修改的部分是属于可行性研究报告的内容，则必须经可行性研究报告的原批准单位批准；施工图设计的修改，必须经设计单位批准。

发包人因故要求修改工程设计，经承包人同意后，除设计文件的提交时间另定外，发包人还应按承包人实际返工修改的工作量增付设计费。

原定可行性研究报告或初步设计如有重大变更而需重作或修改设计时，须经原批准机关同意，并经双方当事人协商后另订合同。发包人负责支付已经进行了的设计的费用。

发包人因故要求中途停止设计时，应及时书面通知承包人，已付的设计费不退，并按该阶段实际所耗工时增付和结清设计费，同时终止合同关系。

（四）施工合同解除后的善后处理

施工合同解除后，当事人双方约定的结算和清理条款仍然有效。承包人应当妥善做好已完工程和已购材料、设备的保护和移交工作，按照发包人要求将自有机械设备和人员撤出施工场地。发包人应为承包人撤出提供必要条件，支付以上所发生的费用，并按合同约定支付已完工程价款。已经订货的材料、设备由订货方负责退货或解除订货合同，不能退还的货款和因退货、解除订货合同发生的费用，由发包人承担，因未及时退货造成的损失由责任方承担。除此之外，有过错的一方应当赔偿因合同解除给对方造成的损失。

第六节　建设工程合同的违约责任

一、建设工程合同违约责任概述

所谓违约责任，亦即违反合同的民事责任，是指合同当事人不履行或者不适当履行合同义务而根据法律规定或者合同的约定应当承受的制裁。

违约责任制度是合同法律制度的重要组成部分，是保障债权实现的重要措施。法律规定违反合同应承担违约责任的目的在于用法律的强制约束力促使当事人严格履行合同义务，维护当事人的合法权益。如果没有该项制度，就无法从根本上保证合同的履行，当事人合法权益得到保障就无从谈起。

（一）违约责任构成要件

违约责任的构成要件包括主观要件和客观要件。

1. 主观要件

主观要件是指作为合同当事人，在履行合同中不论其主观上是否有过错，即主观上有无故意或过失，只要造成违约的事实，均应承担违约法律责任。

2. 客观要件

客观要件是指合同依法成立、生效后，合同当事人一方或者双方未按照法定或约定全面地履行应尽的义务，也即出现了客观的违约事实，即应承担违约的法律责任。

违约责任实行严格责任原则。严格责任原则是指有违约行为即构成违约责任，只有存在免责事由的时候才可以免除违约责任。

（二）违约行为

违约责任源于违约行为。违约行为，是指合同当事人不履行合同义务或者履行合同义务不符合约定条件的行为。根据不同标准，可将违约行为作以下分类：

1. 单方违约与双方违约；
2. 预期违约与实际违约。

违约责任是财产责任。这种财产责任表现为支付违约金、定金、赔偿损失、继续履行、采取补救措施等。尽管违约责任含有制裁性，但是，违约责任的本质不完全在于对违约方的制裁，也在于对被违约方的补偿，即表现为补偿性。

（三）承担违约责任的基本形式

《合同法》第一百零七条规定："当事人一方不履行合同义务或者履行合同义务不符合约定的，应当承担继续履行、采取补救措施或者赔偿损失等违约责任。"

1. 继续履行

继续履行，是指在某合同当事人违反合同后，非违约方有权要求其依照合同约定继续履行合同，也称强制实际履行。《合同法》第一百零九条规定："当事人一方未支付价款或者报酬的，对方可以要求其支付价款或者报酬。"这就是关于继续履行的法律规定。

继续履行必须建立在能够并应该实际履行的基础上。《合同法》第一百一十条规定：当事人一方不履行非金钱债务或者履行非金钱债务不符合约定的，对方可以要求履行，但有下列情形之一的除外：

（1）法律上或者事实上不能履行；
（2）债务的标的不适于强制履行或者履行费用过高；
（3）债权人在合理期限内未要求履行。

2. 采取补救措施

违约方采取补救措施可以减少非违约方所受的损失。根据《合同法》第一百一十一条，质量不符合约定的，应当按照当事人的约定承担违约责任。对违约责任没有约定或者约定不明确，或不能确定的，受损害方根据标的的性质以及损失的大小，可以合理选择要求对方承担修理、更换、重作、退货、减少价款或者报酬等违约责任。

3. 赔偿损失

根据《合同法》，当事人一方不履行合同义务或者履行合同义务不符合约定的，在履行义务或者采取补救措施后，对方还有其他损失的，应当赔偿损失。

当事人一方不履行合同义务或者履行合同义务不符合约定，给对方造成损失的，损失赔偿额应当相当于因违约所造成的损失，包括合同履行后可以获得的利益，但不得超过违反合同一方订立合同时预见到或者应当预见到的因违反合同可能造成的损失。

（四）违约金与定金

1. 违约金

违约金，是指当事人在合同中或合同订立后约定因一方违约而应向另一方支付一定数额的金钱。违约金可分为约定违约金和法定违约金。

当事人可以约定一方违约时应当根据违约情况向对方支付一定数额的违约金，也可以约定因违约产生的损失赔偿额的计算方法。

约定的违约金低于造成的损失的，当事人可以请求人民法院或者仲裁机构予以增加；约定的违约金过分高于造成的损失的，当事人可以请求人民法院或者仲裁机构予以适当减少。

当事人就迟延履行约定违约金的，违约方支付违约金后，还应当履行债务。

2. 定金

定金，是合同当事人一方预先支付给对方的款项，其目的在于担保合同债权的实现。定金是债权担保的一种形式，定金之债是从债务，因此，合同当事人对定金的约定是一种从属于被担保债权所依附的合同的从合同。

当事人可以依照《中华人民共和国担保法》约定一方向对方给付定金作为债权的担保。债务人履行债务后，定金应当抵作价款或者收回。给付定金的一方不履行约定的债务的，无权要求返还定金；收受定金的一方不履行约定的债务的，应当双倍返还定金。

3. 违约金与定金的选择

违约金存在于主合同之中，定金存在于从合同之中。它们可能单独存在，也可能同时存在。当事人既约定违约金，又约定定金的，一方违约时，对方可以选择适用违约金或者定金条款。

（五）承担违约责任的特殊情形

1. 先期违约

先期违约，也叫预期违约，是指当事人一方在合同约定的期限届满之前，明示或默示其将来不能履行合同。

《合同法》规定："当事人一方明确表示或者以自己的行为表明不履行合同义务的，对方可以在履行期限届满之前要求其承担违约责任。"

先期违约的构成要件有：

（1）违约的时间必须在合同有效成立后至合同履行期限截止前；

（2）违约必须是对根本性合同义务的违反，即导致合同目的落空。

2. 当事人双方都违约的情形

《合同法》第一百二十条规定："当事人双方都违反合同的，应当各自承担相应的责任。"

当事人双方违约，是指当事人双方分别违反了自身的义务。依照法律规定，双方违约责任承担的方式是由违约方分别各自承担相应的违约责任，即由违约方向非违约方各自独立地承担自己的违约责任。

3. 因第三人原因违约的情形

当事人一方因第三人的原因造成违约的，应当向对方承担违约责任。当事人一方和第三人之间的纠纷，依照法律规定或者按照约定解决。

4. 违约与侵权竞合的情形

因当事人一方的违约行为，侵害对方人身、财产权益的，受损害方有权选择依照《合同法》要求其承担违约责任或者依照其他法律要求其承担侵权责任。

（六）违约责任的免除

违约责任免责，是指在履行合同的过程中，因出现法定的免责条件或者合同约定的免责事由导致合同不履行的，合同债务人将被免除合同履行义务。

1. 约定的免责

合同中可以约定在一方违约的情况下免除其责任的条件，这个条款称为免责条款。免责条款并非全部有效，《合同法》第五十三条规定："合同中的下列免责条款无效：

（1）造成对方人身伤害的；

（2）因故意或者重大过失造成对方财产损失的。"

造成对方人身伤害侵犯了对方的人身权，造成对方财产损失侵犯了对方的财产权，均属于违法行为，因而这样的免责条款是无效的。

2. 法定的免责

法定的免责是指出现了法律规定的特定情形，即使当事人违约也可以免除违约责任。

《合同法》第一百一十七条规定："因不可抗力不能履行合同的，根据不可抗力的影响，部分或者全部免除责任，但法律另有规定的除外。当事人迟延履行后发生不可抗力的，不能免除责任。"

上述法条中的不可抗力，是指不能预见、不能避免并不能克服的客观情况。不可抗力包括如下情况：

（1）自然事件，如地震、洪水、火山爆发、海啸等；

（2）社会事件，如战争、暴乱、骚乱、特定的政府行为等。

根据《合同法》，当事人一方因不可抗力不能履行合同的，应当及时通知对方，以减轻可能给对方造成的损失，并应当在合理期限内提供证明。

当事人一方违约后，对方应当采取适当措施防止损失的扩大；没有采取适当措施致使损失扩大的，不得就扩大的损失要求赔偿。

当事人因防止损失扩大而支出的合理费用，由违约方承担。

二、建设工程勘察、设计合同的违约责任

建设工程勘察、设计合同的违约责任可以分为发包人的违约责任和承包人的违约责任。

（一）发包人的违约责任

1. 发包人若不履行合同，定金不予返还。

2. 由于变更计划，提供的资料不准确，未按期提供勘察、设计工作必需的资料或工作条件，因而造成勘察、设计工作的返工、窝工、停工或修改设计时，发包人应按承包人实际消耗的工作量增付费用。因发包人责任造成重大返工或重做设计时，应另增加勘察、设计费。

3. 建设工程勘察、设计的成果按期、按质、按量交付后，发包人要依照法律、法规的规定和合同的约定，按期、按量交付勘察、设计费。发包人未按合同规定或约定的日期交付费用时，应偿付逾期的违约金。偿付办法与金额，由双方按照国家有关规定协

商确定。

（二）承包人的违约责任

1. 因勘察、设计质量低劣引起返工，或未按期提交勘察、设计文件，拖延工期造成的损失，由承包方继续完善勘察、设计，并视造成的损失、浪费的大小，减收或免收勘察、设计费并赔偿损失。

2. 对于因勘察、设计错误而造成的工程重大质量事故的，承包人除免收损失部分的勘察、设计费外，还应支付与直接损失部分勘察、设计费相当的赔偿金。

3. 承包人不履行合同，应当双倍返还定金。

三、建设工程施工合同的违约责任

（一）发包人不能履行其义务应承担的违约责任

1. 因未能按照合同提供设计文书及各种资料、原材料，除竣工工期得以顺延之外，还应承担因此给承包人造成的损失。

2. 因工程停建、缓建，或因设计变更、设计错误造成的返工，赔偿承包人由此造成的停工、窝工、返工、倒运、人员和机械设备调迁、材料和构件积压造成的实际损失。

3. 逾期验收，向承包人支付违约金。

4. 发包人不按时支付工程预付款，承包人有权在约定预付时间 7 天后向发包人发出要求预付的通知，发包人收到通知后仍不能按要求预付，承包人可以在发出通知 7 天后停止施工，发包人应当从约定应付之日起向承包人支付应付款的贷款利息，并承担违约责任。

5. 发包人超过约定的支付时间不支付工程款（进度款），承包人可向发包人发出要求付款的通知，发包人在收到承包人通知后仍不能按要求支付，可与承包人协商签订延期付款协议，经承包人同意后可以延期支付。协议须明确延期支付时间和从发包人代表计量签字后第 15 天起计算应付款的贷款利息。发包人不按合同约定支付工程款（进度款），双方又未达成延期付款协议，导致施工无法进行，承包人可停止施工，由发包人承担违约责任。

6. 发包人收到竣工决算报告及结算资料后 28 天内无正当理由不支付工程竣工结算价款，承包人可以催告发包人支付结算价款，并从第 29 天起按承包人同期向银行贷款利率支付拖欠工程价款的利息，并承担违约责任。发包人在收到竣工结算报告及结算资料后 56 天内仍不支付的，承包人可以与发包人协议将该工程折价，也可以由承包人申请人民法院将该工程依法拍卖，承包人就该工程折价或者拍卖的价款优先受偿。

（二）承包人不能履行其义务应承担的违约责任

1. 工程质量不符合合同规定，负责无偿修理或返工。由于修理或返工造成逾期交付的，偿付逾期违约金。

2. 不能按照协议书约定的竣工日期或工程师同意顺延的工期竣工，偿付逾期违约金。

第七节 建设工程合同的担保

担保是债权人与债务人或者第三人根据法律规定或约定而实施的,以保证债权得以实现为目的的民事法律行为。担保的产生源于债权人对债务人的不信任。为了规避风险,债权人会要求债务人提供担保。

在担保法律关系中,债权人称为担保权人,债务人称为被担保人,第三人称为担保人。

担保是伴随着主债务的产生而产生的,因此,担保合同是从合同,而与之相对应的约定主债务的合同则为主合同。主合同中的债务人如果履行了主债务,则主合同消失,相应地,从合同也就自然消失了。

一、担保的原则和形式

1. 担保的原则

担保活动应当遵循平等、自愿、公平、诚实信用的原则。

担保合同是主合同的从合同,主合同无效,担保合同无效。担保合同另有约定的,按照约定。

第三人为债务人向债权人提供担保时,可以要求债务人提供反担保。反担保适用本法担保的规定。

2. 担保的形式

我国《担保法》规定的担保形式有五种,即保证、抵押、质押、留置和定金。

二、保证

(一)保证的概念

保证,是指保证人和债权人约定,当债务人不履行债务时,保证人按照约定履行债务或者承担责任的行为。

保证担保的当事人包括:债权人、债务人、保证人。

保证人与债权人应当以书面形式订立保证合同。保证合同应当包括以下内容:

(1)被保证的主债权种类、数额;

(2)债务人履行债务的期限;

(3)保证的方式;

(4)保证担保的范围;

(5)保证的期间;

(6)双方认为需要约定的其他事项。保证合同不完全具备前款规定内容的,可以补正。

保证人与债权人可以就单个主合同分别订立保证合同，也可以协议在最高债权额限度内就一定期间连续发生的借款合同或者某项商品交易合同订立一个保证合同。

保证担保的范围包括主债权及利息、违约金、损害赔偿金和实现债权的费用。保证合同另有约定的，按照约定。

当事人对保证担保的范围没有约定或者约定不明确的，保证人应当对全部债务承担责任。保证人承担保证责任后，有权向债务人追偿。

（二）保证人的资格条件

《担保法》第七条规定："具有代为清偿债务能力的法人、其他组织或者公民，可以作保证人。"

同时，《担保法》也规定了下列单位不可以作保证人：

1. 国家机关不得为保证人，但经国务院批准为使用外国政府或者国际经济组织贷款进行转贷的除外。

2. 学校、幼儿园、医院等以公益为目的的事业单位、社会团体不得为保证人。

3. 企业法人的分支机构、职能部门不得为保证人。企业法人的分支机构有法人书面授权的，可以在授权范围内提供保证。

（三）保证方式

保证的方式分为：一般保证和连带责任保证。当事人对保证方式没有约定或者约定不明确的，按照连带责任保证承担保证责任。

1. 一般保证

一般保证是指债权人和保证人约定，首先由债务人清偿债务，当债务人不能清偿债务时，才由保证人代为清偿债务的保证方式。

一般保证的保证人在主合同纠纷未经审判或者仲裁，并就债务人财产依法强制执行仍不能履行债务前，对债权人可以拒绝承担保证责任。

2. 连带责任保证

连带责任保证是指当事人在保证合同中约定保证人与债务人对债务承担连带责任的保证方式。

连带责任保证的债务人在主合同规定的债务履行期届满没有履行债务的，债权人可以要求债务人履行债务，也可以要求保证人在其保证范围内承担保证责任。

（四）保证期间

1. 保证期间的含义

保证期间是指保证人承担保证责任的期间。

一般保证的保证人与债权人未约定保证期间的，保证期间为主债务履行期届满之日起6个月。在合同约定的保证期间和前款规定的保证期间，债权人未对债务人提起诉讼或者申请仲裁的，保证人免除保证责任；债权人已提起诉讼或者申请仲裁的，保证期间适用诉讼时效中断的规定。

连带责任保证的保证人与债权人未约定保证期间的，债权人有权自主债务履行期届满之日起 6 个月内要求保证人承担保证责任。在合同约定的保证期间和前款规定的保证期间，债权人未要求保证人承担保证责任的，保证人免除保证责任。

2. 保证期间的合同变更

保证期间，债权人依法将主债权转让给第三人的，保证人在原保证担保的范围内继续承担保证责任。保证合同另有约定的，按照约定。

保证期间，债权人许可债务人转让债务的，应当取得保证人书面同意，保证人对未经其同意转让的债务，不再承担保证责任。

债权人与债务人协议变更主合同的，应当取得保证人书面同意，未经保证人书面同意的，保证人不再承担保证责任。保证合同另有约定的，按照约定。

三、定金

（一）定金的概念和性质

1. 定金的概念

定金，是指合同当事人一方以保证债务履行为目的，于合同成立时或未履行前，预先给付对方一定数额金钱的担保方式，所以，定金既指一种债的担保方式，也指作为定金担保方式的那笔预先给付的金钱。

《民法通则》第八十九条第（3）项规定："当事人一方在法律规定的范围内可以向对方给付定金。债务人履行债务后，定金应当抵作价款或者收回。给付定金的一方不履行债务的，无权要求返还定金；接受定金的一方不履行债务的，应当双倍返还定金。"

2. 定金的性质

定金具有以下性质：

（1）证约性质。定金具有证明合同成立的证明力。定金一般是在合同订立时交付，这一事实足以证明当事人之间合同的成立，因此，定金是合同成立的证据。

（2）预先给付的性质。定金只能在合同履行前交付，因而具有预先给付的性质。正因为定金具有预先给付的性质，所以定金的数额应在合同规定的应给付的数额之内，在主债务履行后定金可以抵作价款或返还。

（3）担保性质。定金具有担保效力。因为定金交付后，在当事人不履行债务时会发生丧失定金或者加倍返还定金的后果，因而它起到督促当事人履行合同，确保债权人利益的担保作用。

（二）定金与违约金、预付款的区别

1. 定金与违约金的区别及适用规则

定金和违约金都是一方应给付给对方的一定款项，都有督促当事人履行合同的作用，但二者也有不同，其区别主要表现以下几方面：

（1）定金须于合同履行前交付，而违约金只能发生违约行为以后交付；

（2）定金有证约和预先给付的作用，而违约金没有；

（3）定金主要起担保作用，而违约金主要是违反合同的民事责任形式；

（4）定金一般是约定的，而违约金可以是约定的，也可以是法定的。

2. 定金与预付款的区别

定金与预付款都是在合同履行前一方当事人预先给付对方的一定数额的金钱，都具有预先给付的性质，在合同履行后，都可以抵作价款，但二者有着根本的区别，这表现在以下方面：

(1) 定金是合同的担保方式，主要作用是担保合同履行；而预付款的主要作用是为对方履行合同提供资金上的帮助，属于履行的一部分。

(2) 交付定金的协议是从合同，而交付预付款的协议一般为合同内容的一部分。

(3) 定金只有在交付后才能成立，而交付预付款的协议只要双方意思表示一致即可成立。

(4) 定金合同当事人不履行主合同时，适用定金罚则，而预付款交付后当事人不履行合同的，不发生丧失预付款或双倍返还预付款的效力。

(三) 定金的生效条件

定金合同除具备合同成立的一般条件外，还须具备以下条件才能生效：

1. 主合同有效：这是由定金合同的从属性决定的。

2. 发生交付定金的行为：定金合同为实践性合同，如果只有双方当事人的意思表示一致，而没有另一方交付定金的交付行为，定金合同不能生效。《担保法》第九十条规定："当事人在定金合同中应当约定交付定金的期限。定金合同从实际交付定金之日起生效。"

3. 定金的比例符合法律规定定金的数额由当事人约定，但不得超过主合同标的额的 20%。

四、抵押、质押和留置

1. 抵押

抵押是以抵押人提供的抵押物作为担保的，债务履行期届满抵押权人未受清偿的，可以与抵押人协议以抵押物折价或者以拍卖、变卖该抵押物所得的价款受偿。抵押不转移对抵押物的占有，这是其与质押的显著区别。

2. 质押

质押也是以出质人所提供的质物作为担保的，债务履行期届满质权人未受清偿的，可以与出质人协议以质物折价，也可以依法拍卖、变卖质物。质押转移对抵押物的占有，出质人要将质物交由质权人保管。

3. 留置

留置是以留置权人业已占有的留置人，即债务人的动产作为担保的，债权人留置财产后，债务人应当在不少于两个月的期限内履行债务。债权人与债务人在合同中未约定的，债权人留置债务人财产后，应当确定两个月以上的期限，通知债务人在该期限内履行债务。

债务人逾期仍不履行的，债权人可以与债务人协议以留置物折价，也可以依法拍卖、变卖留置物。

第八节 FIDIC《施工合同条件》简介

一、国际上常见的合同条件

FIDIC 组织编写的合同条件，只是在国际上土木工程施工承包合同所使用的众多合同条件中的一种，属于传统合同管理方式，除 FIDIC 合同条件外，常见的其他合同条件还有以下几种。

（一）ICE 合同条件

ICE 合同条件，是由英国土木工程师学会（The Institution of Civil Engineers，缩写为 ICE），依据英国法律编写的。英国土木工程师学会是设于英国的国际性组织，创立于 1818 年，ICE 合同条件在国际上已得到广泛的应用，特别是在英国、英联邦成员国以及传统上使用英国法律的国家中，具有较高的权威性。此合同条件适合于道路、桥梁、水利工程和大型土木工程构筑物。它是 FIDIC 组织编写 FIDIC 合同条件的依据，正因如此，ICE 合同条件与 FIDIC 合同条件二者之间有许多相似的地方。

（二）AIA 合同条件

美国建设师学会（The American Institute of Architects，缩写为 AIA）在美国建设业界及国际工程承包界，特别在美洲地区有较高的权威性，它所编写的 AIA 合同条件，在美国应用甚广，特别适用于私营房屋建设工程，它是包括 A、B、C、D、F、G 等系列组成的一套系列合同文件，其中：

A 系列——用于业主与承包人的标准合同条件。

B 系列——用于业主与建设师之间的标准合同文件，其中包括专门用于建设设计、室内装修工程等特定情况的标准合同文件。

C 系列——用于建设师与专业咨询人员之间的标准合同文件。

D 系列——建设师行业内部使用的文件。

F 系列——财务管理报表。

G 系列——建设师企业及项目管理中使用的文件。

（三）EDF 合同条件

欧洲发展基金会（European Development Fund，缩写为 EDF）制定的 EDF 合同条件是针对接受欧洲发展基金会贷款的项目所编制的。当欧洲发展基金会成员国向接受贷款的国家提供贷款时，EDF 成员国设在接受贷款国的驻当地代表就会要求使用 EDF 合同条件。不过对不属于欧洲发展基金会贷款的项目，则难以使用 EDF 合同条件。英国加入欧盟后，使基于法国行政传统建立起来的 EDF 合同条件与依据英国法律建立的 ICE 合同条件之间在欧洲发展基金会内部如何协调，成为欧盟有待解决的问题之一。

(四）我国香港地区标准合同条件

香港建筑招标投标体制与一般国际承包做法类似，即发包方（业主或房屋投资方）邀请建筑师事务所做好设计，计算出标底，然后进行招标。承包方中标后，与发包方签订合同，进行施工。发包方则授权建筑事务所的建筑师作为其代表监理该工程。

香港地区采用的合同条件主要有：

1. 《建筑工程合同标准格式》，包括协议书及合同条件，共36条，适用于土木和房屋建筑工程。

2. 《香港房屋署建筑工程协议书及合同条件》，包括协议书和合同条件117条，适用于房屋建筑工程。

以上两种合同条件大体是考虑了香港地区的具体情况，按照F1DIC合同条件编制的。

二、FIDIC《施工合同条件》的特点

（一）FIDIC简介

FIDIC是国际咨询工程师联合会（Federation Internationale Des Ingenieurs Conseils，缩写为FIDIC）法语名称的缩写，读"菲迪克"。这个国际组织在每个国家只吸收一个独立的咨询工程师协会作为团体会员。从1913年由欧洲4个国家的咨询工程师协会开始组成FIDIC以来，经过90年的发展，该联合会已拥有80多个代表不同国家和地区的咨询工程师专业团体会员。可以说"FIDIC"代表了世界上大多数咨询工程师，是国际上最具有权威性的咨询工程师组织，也是被世界银行认可的国际咨询服务机构，总部设立在瑞士洛桑。中国工程咨询协会代表我国于1996年10月加入该组织。

FIDIC下属有四个地区成员协会：FIDIC亚洲及太平洋地区成员协会（ASPAC）、FIDIC欧洲共同体成员协会（CEDIC）、FIDIC非洲成员协会集团（CAMA）和FIDIC北欧成员协会集团（RINORD）。

为了不断总结国际工程承包活动的经验，规范国际工程承包活动的管理，FIDIC下设许多专业委员会，如业主咨询工程师关系委员会（CCRC）、土木工程合同委员会（CECC）、电气机械合同委员会（EMCC）、职业责任委员会（PLC）等。各专业委员会先后发表过许多重要管理性文件和编制了规范化的标准合同文件范本。目前已成为国际工程承包界公认的标准合同文件范本有FIDIC《土木工程施工合同条件》（国际上通称FIDIC"红皮书"）、FIDIC《电气和机械工程合同条件》（国际上通称FIDIC"黄皮书"）和FIDIC《业主/咨询工程师标准服务协议书》（国际上通称FIDIC"白皮书"）等。这些文件不但FIDIC成员国采用，世界银行、亚洲开发银行、非洲开发银行等国际金融机构在其贷款的工程项目上和其他招标采购活动上也常常采用。

（二）FIDIC《施工合同条件》（以下简称《合同条件》）的特点

《合同条件》是FIDIC推荐规范土木工程施工合同的范本。该合同条件不是法律，也不是法规，它是绝大多数国家予以认可和使用的国际惯例。《合同条件》总结了一百多年来国际工程承包活动的经验，明确划分了有关各方的责任、义务和权利，规范了合

同履行过程中的管理程序，涵盖了合同履行过程中可能发生的各类情况。其主要特点是：

1. 《合同条件》职责明确

《合同条件》不仅对工程的规模、范围、标准以及费用的结算办法规定的十分明确，而且对合同管理过程中的许多细节也都作了明确的规定，以减少执行中的误解和扯皮，例如，对在合同管理中来往信件、文件的时间；口头指示的确认时间；质量检验的时间；延期支付计息的时间；索赔报告的提出时间及批准时间；工程施工计划、移交证书、延期的最终报告等的时间限制都作了详细的规定。由于《合同条件》将合同各方面的内容和责任规定明确，从而为合同的履行和管理提供了依据和保证，容易促进合同各方按合同条件开展工作，认真履行自己的职责，确保合同的最终目标能够实现。

2. 合同体系完整、严密、连贯

《合同条件》是由技术、经济、法律三部分内容构成的法律性文件，是在几十年的工程实践中，经过工程管理专家和法律专家数次修改形成的科学结合的整体。《合同条件》的不同条款之间既有互相制约的关系，又有互相保证的作用，从而使合同条件严密、连贯。

《合同条件》的严密、连贯性体现在合同中的各个方面，例如，在合同条件中规定了关于业主、工程师及承包商之间严密的工作关系，即业主不能直接指挥承包商，而只能通过工程师向承包商发出指令，这样就保障了在合同履行中要以工程师为核心的工作程序；又如，工程款的支付问题也从各个不同的方面作了明确但又相互制约的规定，即承包商有权对已完工程要求付款，但又规定，承包商完成的工程必须达到合同规范中规定的标准才能得到支付，还规定了承包商的任何工程活动不能令工程师满意时，工程师有权拒绝对承包商的支付，承包商对工程师的做法不服时，有权提出对争议的问题进行仲裁。

《合同条件》的严密、连贯性还体现在能够修正不同条款之间歧义和含糊不清的问题，合同条件规定构成合同的几个文件应被认为是互相说明的，不能单独、孤立地去理解、执行其中的某个文件。

3. 《合同条件》风险划分合理

《合同条件》明确了各种风险的分担，而且力求使合同双方权利和义务达到总体的平衡，使风险的分担尽量合理，如对异常气候、政治动乱、不可预见因素、物价变动等问题都预先作了明确规定。并且从积极防止减少风险所造成的损失的角度规定了合同各方的行为，如要求承包商在发生工程风险事件后，应尽力控制事件的发展，减少事件所造成的损失，然后才是报告工程师，提出损失申请报告。

《合同条件》对风险进行合理划分，对业主和承包商都是有利的，这是因为在投标时，承包商可以不考虑合同条件已规定的由业主承担的风险损失，也不用担心在正常情况下遇到特殊风险的破产问题。而业主在招标时可以得到合理的报价，这是因为不发生风险时将不用支出风险费用。

4. 《合同条件》具有唯一性

《合同条件》的唯一性特点也表现得十分突出，即合同条件是承包商进行施工、工程师进行监理的唯一法律依据。它要求合同双方严格按照合同进行施工及进行其他工程活动，直到达到工程师满意的程度——达到合同文件所规定的质量标准，否则承包商的工程款就可能被拒付。

《合同条件》的这一特性向业主及承包商提出了一个共同的要求，即在合同签字之前，自己一方所有的意愿应在合同文件中能找到满意的表达条款或在双方协商一致情况下写进合同文件。签字之后，几乎不存在再去修改或解释的可能性。

5.《合同条件》确立了业主、工程师及承包商之间相互制约关系

《合同条件》中规定了业主与工程师、业主与承包商、工程师与承包商的特定关系，这是保证工程实施的重要条件。如业主与承包商之间是雇佣和被雇佣的关系，但业主不能直接指挥承包商的活动，承包商执行业主的指令必须经过工程师下达，否则就是违反合同的行为。业主与工程师是委托与被委托关系，但业主不能干预工程师的正常工作。虽然业主有权提出更换不称职的监理人员，但不得影响工程师按照合同条件独立、公正地行使监理的权力，包括作出对业主有约束力的决定的权力。工程师与承包商之间虽然没有任何合同或协议，但在他们受委托于业主的合同或协议中，明确了工程师与承包商之间是监理和被监理关系。承包商所涉及工程的任何活动，都必须得到工程师的批准或同意，严格遵照执行工程师的指令。但工程师对承包商所实施的任何监督和管理，必须符合实际情况及合同条件。当承包商认为工程师的决定不能接受时，他有权提出仲裁，用法律手段来保护自己的正当权益。

《合同条件》所确立的业主、工程师及承包商之间各自独立而又相互制约的三方关系是保证工程按合同条件进行的关键。

6.《合同条件》建立了以工程师为核心的管理模式

FIDIC编制合同条件的一个基本出发点就是要把合同条款建立在这种模式的基础之上，因此，尽管业主与承包商为实施工程项目而签订施工承包合同，但在众多的条款内都规定了工程师应享有的权利和应尽的职责。合同履行过程中的管理程序也是围绕工程师这个核心。这样的模式有助于高效率的项目管理，尽可能地减少合同纠纷。工程师负有合同履行过程中的监督、管理和协调职责，不仅监督承包商的施工合同，而且他的决定对业主也有约束力。承包商只应从工程师处接受有关指示，业主不能直接指挥承包商。虽然业主是工程项目的所有者和建设资金的持有人，有权对工程项目的施工随时提出要求，但他应将意图通知工程师，由工程师在协调管理中统筹安排贯彻。由于赋予工程师的权力很大，合同条件也对工程师规定了许多制约条款。

由于以上特点，按FIDIC条款签订的合同有利于保证质量、进度、降低工程造价，以及可以更好地保证合同正常履行。凡是应用FIDIC条件作为合同条件的工程，必须是由业主、承包人及监理工程师构成合同的三方时才能使用。

三、FIDIC《施工合同条件》文书文件的组成及解释顺序

（一）FIDIC《施工合同条件》文书文件的结构组成

FIDIC编制的《施工合同条件》文书文件由通用条件和专用条件两部分组成。

1. 通用条件

所谓"通用",其含义是只要工程建设项目是属于土木工程类的施工,不论是工业与民用建设,还是水电工程、公路工程、铁路工程,均可适用。

通用条件的条款内容涉及:合同履行过程中业主和承包商各方的权利与义务,工程师(交钥匙合同中为业主代表)的权利和职责,各种可能预见到事件发生后的责任界限,合同正常履行过程中各方应遵循的工作程序,以及因意外事件而使合同被迫解除时各方应遵循的工作准则等。

通用条件共分20大项247款。其中20大项分别是:一般规定;业主;工程师;承包商;指定分包商;员工;生产设备、材料和工艺;开工、延误和暂停;竣工检验;业主的接收;缺陷责任;测量和估价;变更和调整;合同价格和支付;业主提出终止;承包商提出暂停和终止;风险和责任;保险;不可抗力;索赔、争端和仲裁。

由于通用条件可以适用于所有建设安装工程施工,条款也非常具体而明确,因此,当我们脱离具体工程从宏观的角度讲FIDIC《施工合同条件》的内容时,仅指FIDIC通用条件。

2. 专用条件

FIDIC在编制合同条件时,对建设安装工程施工的具体情况作了充分而详尽的考察,从中归纳出大量内容具体、详尽的合同条款,组成了通用条件。但仅有这些是不够的,具体到某一工程项目,有些条款应进一步明确,有些条款还必须考虑工程的具体特点和所在地区的情况予以必要的变动,专用条件就是为了实现这一目的而设立的。通用条件与专用条件一起构成了决定一个具体工程项目各方的权利、义务以及对工程施工的具体要求的合同条件。

专用条件中的条款的出现起因于以下原因:

(1) 在通用条件的措词中专门要求在专用条件中包含进一步的信息,如果没有这些信息,合同条件则不完整;

(2) 在通用条件中说到在专用条件中可能包含有补充有关材料的地方,但如果没有这些补充,合同条件仍不失其完整性;

(3) 工程类型、环境或所在地区要求必须增加的条款;

(4) 工程所在国法律或特殊环境要求通用条件所含条款有所变更,此类变更一般是在专用条件中说明将通用条件的某条或某条的一部分内容予以剔除,并根据具体情况给出适用的替代条款,或者条款的一部分。

(二)FIDIC《施工合同条件》的优先解释顺序

在FIDIC《施工合同条件》下,合同文件除合同条件外,还包含其他对业主、承包商都有约束力的文件。构成整个合同的这些文件应该是相互说明、相互补充的,但是这些文件有时会产生冲突或含义不清。此时,应由工程师进行解释,其解释应按构成合同文件的如下先后次序进行:(1) 合同协议书;(2) 中标函;(3) 投标书;(4) 合同专用条件;(5) 合同通用条件;(6) 规范;(7) 图纸;(8) 标价的工程量表。

1. 合同协议书（The Contract Agreement）

合同协议书有业主和承包商的签字，有对合同文件组成的约定，是使合同文件对业主和承包商产生约束力的法律形式和手续。

2. 中标函（The Letter of Acceptance）

中标函是由定标人向中标的承包商发出的中标通知。它的内容很简单，除明确中标的承包商外，还明确项目名称、中标标价、工期、质量等事项。

3. 投标书（The Tender）

这是由承包商提交的对其具有法律约束力的参加投标的文件，其主要内容是投标报价，同时保证按合同条件、规范、图纸、工程量表及附件要求，实施并完成招标工程并修补其任何缺陷；保证中标后，在接到工程师开工令后尽快地开工，并在招标附件中规定的时间内完成合同中规定的全部工程。

4. 合同条件第二部分（Part Ⅱ of These Conditions）

这部分是合同条件中的专用条款部分，它的效力高于通用条款部分，有可能对通用条款进行修改。

5. 合同条件第一部分（Part Ⅰ of These Conditions）

这部分是合同条件中的通用条款部分，其内容若与专用条款冲突，应以专用条款为准。

6. 规范（Specifications）

这是指对工程范围、特征、功能和质量的要求和施工方法、技术要求的说明书，对承包商提供的材料的质量和工艺标准、样品和试验、施工顺序和时间安排等都要作出明确规定。一般技术规范还包括计量支付方法的规定。

规范是招标文件中的重要组成部分。编写规范时可引用某一通用的外国规范，但一定要结合本工程的具体环境和要求来选用，同时往往还需要由咨询工程师再编制一部分具体适用于本工程的技术要求和规定列入规范。

7. 图纸（Drawings）

图纸也是招标文件的重要组成部分，是投标者在拟定施工方案、确定施工方法以至提出替代方案、计算投标报价等必不可少的资料，这对合同当事人双方都有约束力，因而也是合同的重要组成部分。

图纸的种类是比较多的，既有设计图，也有施工图。虽然设计图在招标时完成，但在工程实施过程中常常要对图纸进行修改和补充，这些修改、补充的图纸均须经工程师签字后正式下达，才能作为施工及结算的依据。另外，招标时提供的地质钻孔柱状图、探坑展视图等地质、水文图纸也是投标者的参考资料。

8. 标价的工程量表（Bill of Quantities）

工程量表就是对合同规定要实施的工程的全部项目和内容列在一个表内，标价的工程量表是由招标者和投标者共同完成的。作为招标文件的工程量表标有工程每一类目或分项工程的名称、估计数量以及单位，但留出单价和合价的空格，这些空格由投标者填写。投标者填入单价和合计价款后的工程量表称为"标价的工程量表"，是投标文件的重要组成部分。

工程量表一般包括前言、工作项目、计日工表和总计表。

工程量表的项目划分和章节序号应与技术规范的章节相对应。在工程量表中划分项目应做到简单明了,具有高度的概括性,同时又不漏掉项目和应该计价的内容。

计日工也称散工或按日计工,它是指在工程实施过程中,业主有一些临时性的或新增加的项目需按计日(或计时)使用人工、材料或施工机械时,应按承包商投标时在劳务材料、施工机械等计日工表中填写的费率计价。

四、FIDIC《施工合同条件》的具体应用

(一) 应用 FIDIC《施工合同条件》的前提

FIDIC《施工合同条件》注重业主、承包商、工程师三方的关系协调,强调工程师在项目管理中的作用,其应用应具备以下前提:

1. 通过竞争性招标确定承包商;
2. 委托工程师对工程施工进行监理;
3. 按照单价合同编制招标文件。

(二) FIDIC《施工合同条件》的具体应用

FIDIC 合同条件在传统上主要适用于国际工程施工。但对 FIDIC 合同条件进行适当修改后,同样适用于国内合同。它的具体应用方式主要有直接采用、对比分析采用、合同谈判时采用和局部选择采用四种。

1. 直接采用

在世界各地,凡是世界银行、亚洲银行、非洲银行贷款的工程项目以及一些国家的工程项目招标文件中,都全文(或适当修改)采用 FIDIC《施工合同条件》。因而参与项目实施的各方都必须十分了解和熟悉这些合同条件,才能保证工程合同的履行并根据合同条件行使自己的职权和保护自己的权利。

在我国,凡亚行贷款项目,都全文采用 FIDIC《土木工程施工合同条件》。凡世行贷款项目,财政部编制的招标文件范本中,对 FIDIC《土木工程施工合同条件》有一些特殊的规定和修改。

2. 对比分析采用

许多国家和一些工程项目都有自己编制的合同条件,这些合同条件的条目、内容和 FIDIC《施工合同条件》大同小异,只是在处理问题的程序规定以及风险分担等方面有所不同。FIDIC《施工合同条件》在处理业主和承包商的风险分担和权利义务上是比较公正的,各项程序也是比较严谨完善的,因而在掌握了 FIDIC《施工合同条件》之后,可将其作为一把尺子来与工作中遇到的其他合同条件逐条对比、分析和研究,由此可以发现风险因素,以便制定防范风险或利用风险的措施,也可以发现索赔的机遇。

3. 合同谈判时采用

因为 FIDIC《施工合同条件》是国际上权威性的文件,在招标过程中,如果承包商认为招标文件中有些规定不合理或是不完善,可以用 FIDIC《施工合同条件》作为"国

际惯例",在合同谈判时要求对方修改或补充某些条款。

4. 局部选择采用

当咨询工程师协助业主编制招标文件时或是总承包商编制分包项目招标文件时,可以局部选择 FIDIC《施工合同条件》中的某些部分、某些条款、某些思路、某些程序或某些规定;也可以在项目实施过程中借助某些思路和程序去处理遇到的问题。

(三) FIDIC《施工合同条件》的内容

FIDIC《施工合同条件》内容丰富,大致上可以分为 9 类:①涉及法规性的条款;②涉及风险责任的条款;③涉及保险的条款;④涉及权利、义务和职责的条款;⑤涉及施工进度控制的条款;⑥中涉及质量控制的条款;⑦涉及工程变更的条款;⑧涉及工程移交的条款;⑨涉及工程计量与支付管理的条款。具体内容可参阅专门的文献资料。

复习思考题

一、单项选择题

1. 一方当事人以缔结合同为目的,向对方当事人提出合同条件,希望对方当事人接受的意思表示即为( )。

   A. 要约邀请   B. 要约   C. 承诺   D. 缔约

2. 下列选项中,属于要约的是( )。

   A. 中标通知书   B. 商品价目表   C. 招标公告   D. 投标书

3. 下列书面文件中,( )是承诺。

   A. 招标公告   B. 投标书   C. 中标通知书   D. 合同书

4. 某建筑公司以欺骗手段超越资质等级承揽某工程施工项目,开工在即,建设单位得知真相,遂主张合同无效,要求建筑公司承担( )。

   A. 违约责任   B. 侵权责任   C. 缔约过失责任   D. 行政责任

5. 甲施工单位由于施工需要大量钢材,遂向乙供应商发出要约,要求乙在 1 个月内供货,但数量待定。乙回函表示:1 个月内可供货 2000 吨,甲未做表示。下列表述正确的是( )。

   A. 该供货合同成立   B. 该供货合同已生效
   C. 该供货合同效力待定   D. 该供货合同未成立

6. 某建筑公司从本市租赁若干工程模板到外地施工。施工完毕后,因觉得模板运回来费用很高,建筑公司就擅自将该批模板处理了。后租赁公司同意将该批模板卖给该建筑公司。建筑公司处理该批模板的行为( )。

   A. 无效   B. 有效   C. 效力待定   D. 失效

7. 某建筑公司向供货商采购国家定价的某种特殊材料,合同签订时价格为 4000 元/吨,约定 6 月 1 日运至某工地。后供货商迟迟不予交货,8 月下旬,国家调整价格为 3400 元/吨,供货商急忙交货。双方为结算价格产生争议。下列说法正确的是( )。

   A. 应按合同约定的价格 4000 元/吨结算
   B. 应按国家确定的最新价格 3400 元/吨结算
   C. 应当按新旧价格的平均值结算
   D. 双方协商确定,协商不成的应当解除合同

8. 在某建设单位与供应商之间的建筑材料采购合同中约定，工程竣工验收后1个月内支付材料款。期间，建设单位经营状况严重恶化。供应商则暂停供应建筑材料，要求先付款，否则终止供货。则供应商的行为属于行使（　　）。

A. 同时履行抗辩权　　　　　B. 先履行抗辩权
C. 不安抗辩权　　　　　　　D. 先诉抗辩权

二、多项选择题

1. 下列属于要约邀请的是（　　）。

A. 商业广告　　　B. 投标书　　　C. 招标公告
D. 拍卖公告　　　E. 商品价目表

2. 下列合同中，（　　）合同是可撤销合同。

A. 因重大误解订立的　　　　B. 一方以欺诈、胁迫手段订立的合同未损害国家利益
C. 以合法行为掩盖非法目的　D. 违反法律的强制性规定的
E. 订立合同时显失公平的

3. 无效合同的确认应当以（　　）为依据。

A. 人民法院　　　B. 法律　　　　C. 行政法规
D. 仲裁机构　　　E. 检察机构

4. 变更合同和可撤销合同的确认应由（　　）裁定。

A. 人民法院　　　B. 当事人双方　C. 主管部门
D. 仲裁机构　　　E. 检察机构

5. 甲建设单位与乙建筑公司签订一份施工合同，约定由乙公司为某工程的施工总承包商。乙公司经过建设单位同意将其中幕墙工程发包给丙公司。为赶进度，丙公司将其中一部分工程又发包给丁公司。对于上述施工合同的效力，下列表述中正确的有（　　）。

A. 甲建设单位和乙公司的合同有效　　B. 乙公司和丙公司的合同无效
C. 乙公司和丙公司的合同有效　　　　D. 乙公司和丁公司的合同无效
E. 丙公司和丁公司的合同无效

6. 根据《合同法》的规定，下列免责条款无效的是（　　）。

A. 因不可抗力造成对方财产损失的　　B. 造成对方人身伤害的
C. 因违约造成对方财产损失的　　　　D. 故意造成对方财产损失的
E. 因重大过失造成对方财产损失的

7. 下列表述中，属于合同权利和义务终止情形的是（　　）。

A. 合同被解除　　　　　　　　　　　B. 债务人依法将标的物提存
C. 债权债务归于一人　　　　　　　　D. 合同权利和义务发生转移
E. 原合同内容发生变化

8. 合同当事人承担违约责任的形式有（　　）。

A. 合同继续履行　　　　　　　　　　B. 支付赔偿金
C. 支付违约金　　　　　　　　　　　D. 采取补救措施
E. 返还财产恢复原状

9. 致使承包人单位行使建设工程施工合同解除权的情形包括（　　）。

A. 发包人严重拖欠工程价款　　　　　B. 发包人坚决要求工程设计变更
C. 要求承担保修责任期限过长　　　　D. 项目经理与总监理工程师积怨太深

E. 发包人提供的建筑材料不符合国家强制性标准

三、简答题

1. 什么是合同？建设工程合同主要有哪些类型？
2. 简述建设工程合同的订立。
3. 什么是无效合同？其法律后果是什么？
4. 什么是可变更、可撤销的合同？其法律后果是什么？
5. 效力待定的合同有哪些类型？其法律后果是什么？
6. 简述建设工程合同的履行。
7. 简述建设工程合同的变更和解除。
8. 建设工程合同承担违约责任的方式主要有哪几种？
9. 合同的担保有哪些形式？
10. 简述 FIDIC《施工合同条件》的特点和文书文件组成。

第六章

建设工程监理法规

学习重点：我国建设工程监理法规的立法概况；建设工程监理的依据；强制监理的建设工程的范围；建设工程监理的内容和权限；建设工程监理合同当事人的义务和责任；监理合同的生效、变更、解除、终止；建设工程监理合同的违约责任。

建设工程监理制度是我国工程建设领域中项目管理体制的重大改革举措之一，它是与投资体制、承包经济责任体制、建筑市场开放体制、招标投标体制、项目业主体制等改革制度相匹配的改革制度，是为适应社会化大生产的需要和社会主义市场经济发展而产生的。我国自1988年推行建设监理制以来，建设监理工作由试点进入到稳步发展阶段，并已取得了显著的效果和良好的社会效益。目前，全国各省、市、自治区和国务院各部门都已开展了监理工作，包括举世瞩目的三峡工程都实施了建设工程监理，并取得了显著成效。

截止到2010年，全国具有资质的建筑工程监理企业6106家，其中，综合资质企业57家；甲级资质企业2148家；乙级资质企业2272家；丙级资质企业1605家；事务所资质24家。工程监理企业从业人员677864人，其中专业技术人员603695人，其他人员74169人。专业技术人员占年末从业人员总数的89.38%。工程监理企业注册执业人员为141433人，其中，注册监理工程师为99073人，占总注册人数的70.05%；其他注册执业人员为42360人，占总注册人数的29.95%。工程监理企业承揽合同额1164亿元。

实践表明，实行建设工程监理制度可以有效地控制建设工期，确保工程质量，控制建设投资，从而促进了工程建设水平和投资效益的提高，保证国家建设计划的顺利实施，为我国建设事业持续和健康的发展发挥了独特的作用。

本章将对建设工程监理的范围和内容，建设工程监理的实施，监理委托合同进行阐述。

第一节　建设工程监理概述

监理即监督和管理。建设工程监理也称工程建设监理，是指针对工程项目建设，社会化、专业化的工程建设监理单位接受业主的委托和授权，根据国家批准的工程项目建设文件、有关工程建设的法律、法规和工程建设监理合同以及其他工程建设合同所进行的旨在实现项目投资目的的微观监督管理活动。

一、我国建设工程监理制度的历史沿革

建设监理是商品经济的产物。早在100多年前，工业发达国家的资本占有者进行工程项目建设决策时，就开始雇请有关的专家进行机会分析，之后又委托专家对工程项目建设的实施进行管理，从而产生了建设监理，并逐渐推广开来，成为国际惯例。

改革开放以来，尤其是自20世纪80年代开始，我国利用外资和国外贷款进行工程建设，根据外方要求，这些工程项目建设都实行了建设监理，并取得了良好的效果，如云南鲁布革水电站引水工程（1983年），就是实行了工程建设监理并取得了明显成效的

最早的例证。由此引发了我国工程项目建设管理体制的重大改革，即开始实行建设监理制。

我国推行工程监理制自 1988 年以来，经过了三个阶段，即工程监理试点阶段（1988～1993 年）、工程监理稳步推进阶段（1993～1995 年）、工程监理全面推进阶段（1996 年至今）。目前大中城市和新开工的大中型工程都逐步实行了建设监理，监理工作逐步达到了规范化，监理队伍的总量已经基本满足监理业务总量的需要，而且形成了一定规模的产业化队伍。

二、建设工程监理法规立法概况

我国工程建设监理制度的建立只是近二十几年的事情。1988 年，建设部提出建立专业化、社会化的建设监理制度，并在一些城市和部门开展了试点工作。随后，由建设部和国务院相关部委制定了部门规章和规范性文件，主要有《关于开展建设监理试点工作的若干意见》（1988 年）、《关于进一步开展建设监理工作的通知》（1992 年）、《工程建设监理规定》（1995 年）、《关于印发〈工程建设监理合同〉示范文本的通知》（1995 年）。

1997 年颁布了《中华人民共和国建筑法》，其中专门列出了"建筑工程监理"一章，从第三十条至三十五条，对建筑工程监理的性质、含义、作用、范围、任务以及责、权、利等，第一次以法律的形式做出了规定。同时，在《建筑法》的第二章"建筑许可"及第七章"法律责任"中，对建筑工程监理单位和监理工程师的执业、法律责任等也做出了规定。国务院于 2000 年颁发的《建设工程质量管理条例》对必须实行监理的工程做出了规定；2001 年，建设部发布了《工程监理企业资质管理规定》，2007 年又对该《规定》作了全面修订，《工程监理企业资质管理规定》对工程监理企业的资质等级、资质标准、申请与审批、业务范围等进行了规范。2006 年 1 月 26 日建设部发布了《注册监理工程师管理规定》，对注册监理工程师的执业资格作出了规定。2000 年 12 月 7 日，建设部和国家质量技术监督局联合发布了《建设工程监理规范》，总结了我国推行建设工程监理制 10 多年来的经验，对监理机构、监理规划、各阶段的监理工作等都作出了详细的规定。这些法律、行政法规和部门规章，构成了我国建设工程监理的法规体系。

第二节　建设工程监理的实施

一、建设工程监理的依据和范围

（一）建设工程监理的依据

1. 国家或部门制定颁布的法律、法规、规章

法律是由全国人大及其常务委员会制定的。行政法规是由国务院制定的。部门规章

是由国务院各部门制定的。监理单位应当依据法律、行政法规的规定，对承包单位实施监督。对建设单位违反法律、行政法规的要求，监理单位应当予以拒绝。目前有关工程监理方面的法律法规主要有：《建筑法》、《建设工程质量管理条例》、《工程建设监理规定》、《工程监理企业资质管理规定》、《监理工程师资格考试及注册试行办法》。

2. 有关的技术标准

技术标准分为强制性标准和推荐性标准。强制性标准是必须执行的标准。推荐性标准是自愿采用的标准。通常情况下，建设单位如要求采用推荐性标准，应当与设计单位或施工单位在合同中予以明确约定。经合同约定采用的推荐性标准，对合同当事人同样具有法律约束力，也必须严格执行，设计或施工未达到该标准，将构成违约行为。

3. 经审查批准的建设文件、设计文件和设计图纸

设计文件和设计图纸是施工的依据，同时也是监理的依据。施工单位应该按设计文件和图纸进行施工。监理单位应按照设计文件和图纸对施工活动进行监督管理。

4. 依法签订的各类工程合同文件等

工程合同是建设单位和施工单位根据国家规定的程序、批准的投资计划以及有关设计文件，为完成商定的某项建筑工程，明确相互权利和义务关系的协议。工程合同依法订立，即具有法律约束力，当事人必须全面履行合同规定的义务，任何一方不得擅自变更或解除合同。监理单位应当依据工程承包合同监督施工单位是否全面履行建筑工程承包合同规定的义务。

（二）建设工程强制监理的范围

监理是基于业主的委托才可实施的建设活动，所以对建设工程实施监理应建立在业主自愿的基础上。但在国家投资的工程中，国家有权以业主的身份要求工程建设项目法人实施工程监理，对于外资投资建筑工程及一些与社会公共利益关系重大的工程，为确保工程质量和社会公众的生命财产安全，国家也可要求其业主必须实施工程监理，即对这些工程建设活动强制实行监理。我国《建筑法》规定：实行强制监理的建筑工程的范围由国务院规定。国务院于2000年1月30日颁布的《建设工程质量管理条例》规定了现阶段我国必须实行工程建设监理的工程项目范围，建设部2001年1月17日颁布的《建设工程监理范围和规模标准规定》，对实行强制监理的建设工程的范围和规模进行了细化。根据上述法律法规，下列建设工程必须实行监理：

1. 国家重点建设工程

是指依据《国家重点建设项目管理办法》所确定的对国民经济和社会发展有重大影响的骨干项目。

2. 大中型公用事业工程

是指项目总投资额在3000万元以上的下列工程项目：①供水、供电、供气、供热等市政工程项目；②科技、教育、文化等项目；③体育、旅游、商业等项目；④卫生、社会福利等项目；⑤其他公用事业项目。

3. 成片开发建设的住宅小区工程

其中，建筑面积在50000m^2以上的住宅建设工程必须实行监理；50000m^2以下的

住宅建设工程,可以实行监理,具体范围和规模标准,由省、直辖市、自治区人民政府建设行政主管部门规定;为了保证住宅质量,对高层住宅及地基、结构复杂的多层住宅应当实行监理。

4. 利用外国政府或者国际组织贷款、援助资金的工程

这类工程包括:①使用世界银行、亚洲开发银行等国际组织贷款资金的项目;②使用国外政府及其机构贷款资金的项目;③使用国际组织或者国外政府援助资金的项目。

5. 国家规定必须实行监理的其他工程

主要是指学校、影剧院、体育场馆项目以及总投资额在3000万元以上关系社会公共利益、公众安全的下列基础设施项目:①煤炭、石油、化工、天然气、电力、新能源等项目;②铁路、公路、管道、水运、民航以及其他交通运输业等项目;③邮政、电信枢纽、通信、信息网络等项目;④防洪、灌溉、排涝、发电、引(供)水、滩涂治理、水资源保护、水土保持等水利建设项目;⑤道路、桥梁、地铁和轻轨交通、污水排放及处理、垃圾处理、地下管道、公共停车场等城市基础设施项目;⑥生态环境保护项目;⑦其他基础设施项目。

建设工程监理应包括工程建设决策阶段的监理和实施阶段的监理。决策阶段的监理包括对建设项目进行可行性研究、论证和参与任务书的编制等。实施阶段的监理则包括对设计、施工、保修等的监理。我国的建设工程监理尚处于初级阶段,决策阶段的监理目前主要还是由政府行政管理部门进行管理。实施阶段的监理,根据我国的具体情况,目前所进行的建设工程监理主要是施工监理,设计、保修等的监理主要还是由政府工程质量监督机构进行监督管理。

建设工程监理的范围应包括整个工程建设的全过程,即工程立项、勘察、设计、施工、材料设备采供、设备安装调试等环节,对工期、质量、造价、安全等诸方面进行监督管理。

二、建设工程监理的内容和权限

(一)建设工程监理的内容

工程建设监理的中心工作是进行项目目标控制,即投资、工期和质量的控制,在项目内部的管理主要是合同管理、安全管理和信息管理,对项目外部主要是组织协调。合同是控制、管理、协调的主要依据,概括起来建设工程监理的任务即"三控制、三管理、一协调"共七项任务。

1. "三控制"

"三控制"即质量控制、工期控制和投资控制。对任何一项工程建设来说,质量、工期和投资往往是相互矛盾的,但又是统一的。要达到高标准的工程质量,工期就要长一点,投资很有可能要增加一些。要缩短工期,质量就可能低一些,投资也可能多一点。一般说来,三项目标不可能同时达到最佳状态。建设工程监理的任务就是根据业主的不同侧重要求,尽力实现三项目标接近最佳状态的控制。

2. "三管理"

"三管理"指对工程建设承发包合同的管理、工程建设过程中的安全管理和有关信息的管理。

承发包合同管理是建设工程监理的主要工作内容，是实现三大目标控制的手段。其表现形式就是定期和不定期地核查承发包合同的实施情况，纠正实施中出现的偏差，提出新阶段执行承发包合同的预控性意见。

安全管理，是指在实施监理的过程中，对建设安全生产过程中的安全工作进行计划、组织、指挥、监督、调节和改进等一系列致力于满足生产安全的管理活动。

信息管理，是指信息的收集、整理、存储、传递和应用等一系列工作的总称。信息管理包括四项内容：①制定采集信息的制度和方法；②建立信息编码系统；③明确信息流程；④信息的处理和应用。信息无时不有，无处不有，庞杂的信息管理必须依靠计算机才能较好地完成。信息管理的突出特点是"快"和"准"。

3．"一协调"

"一协调"是指协调参与本项工程建设的各方的工作关系。这项工作一般是通过定期和不定期召开会议的形式来完成的，或者通过分别沟通情况的方式，达到统一意见协调一致的目的。

（二）建设工程监理的权限

《建筑法》规定了工程监理人员的监理权限和义务：

1. 工程监理人员认为工程施工不符合工程设计要求、施工技术标准和合同约定的，有权要求建筑施工企业改正。

2. 工程监理人员发现工程设计不符合建设工程质量标准或者合同约定的质量要求的，应当报告建设单位要求设计单位改正。

《建筑法》还规定：实施建筑工程监理前，建设单位应当将委托的工程监理单位、监理的内容及监理权限，书面通知被监理的建筑施工企业。

三、建设工程监理的原则和程序

（一）建设工程监理的原则

1．资质许可原则

《建筑法》第三十一条规定："实行监理的建筑工程，由建设单位委托具有相应资质条件的工程监理单位监理"。第三十四条规定："工程监理单位应当在其资质等级许可的监理范围内，承担工程监理业务"。这是政府对从事工程监理的单位资质许可的强制性规定，也是从事监理活动的首要原则。

2．客观、公正原则

《建筑法》第三十四条规定："工程监理单位应当根据建设单位的委托，客观、公正地执行监理任务"。客观和公正是工程监理单位和监理人员应当遵循的最基本的执业准则，也是对监理活动的基本要求。

3．总监理工程师全权负责原则

总监理工程师是监理单位履行监理合同的全权负责人。他根据监理合同赋予的权限,全权负责监理事务,并领导项目监理组开展工作。监理工程师具体履行监理职责,对总监理工程师负责。

4. 监理单位独立完成任务的原则

《建筑法》第三十四条规定:"工程监理单位不得转让工程监理业务"。不得转让不仅仅指不得转包,也包括不得分包。

(二)建设工程监理的程序

根据《工程建设监理规定》第十一条、第十三条、第十五条、第十六条的规定,归纳起来监理程序可分为商签监理委托合同、实施监理前的准备和实施监理三个阶段(对监理单位来说,还有个总结阶段)。

1. 商签监理委托合同

《建筑法》第三十一条规定:"实行监理的建筑工程,由建设单位委托具有相应资质条件的工程监理单位监理。建设单位与其委托的工程监理单位应当订立书面委托监理合同。"建设单位指名委托,或通过招标方式择优选择监理单位后,双方开始商签监理委托合同。

2. 实施监理前的准备

监理单位接受委托后,应当根据建设单位委托的监理任务,立即着手准备工作,具体内容包括:

(1)向受监工程所在地的县级以上人民政府建设行政主管部门备案,并接受其监督管理。

(2)监理单位委派总监理工程师,并由总监理工程师组建项目监理组,同时将项目监理组名单报送建设单位。

(3)项目监理组将其授予监理工程师的权限,书面通知工程承包单位。通知的内容包括:①工程监理单位名称、地址、法定代表人等;②总监理工程师及监理组的情况;③监理的内容;④监理权限。

(4)监理组收集有关该工程项目的资料,具体包括:①反映工程项目特征的有关资料,包括工程项目的批文,规划部门关于规划红线范围和设计条件通知,土地管理部门关于准予用地的批文,批准的工程项目可行性研究报告或设计任务书,工程项目地形,工程项目勘察设计图纸及有关说明等。②反映当地工程建设政策、法规的有关资料,包括工程建设报建程序、应交纳的有关税费、资质管理、监理、招投标、造价管理等方面的规定。③反映工程项目所在地区技术经济状况等建设条件的有关资料,包括气象资料,工程地质及水文地质资料,与交通运输有关的资料,与供水、供电、供热、供燃气、电信等有关的资料,勘察设计单位状况,土建、安装施工单位状况,建筑材料及构配件、半成品的生产供应情况,进口设备及材料的有关到货口岸、运输方式情况等。④类似工程项目建设情况的有关资料,包括类似工程项目投资方面的有关资料,类似工程项目建设工期方面的有关资料,类似工程项目的其他技术经济指标等。

(5)总监理工程师主持编制该工程项目的监理规划及相应的实施性计划或细则。

3. 实施监理

为了加强对工程项目监理工作的管理，监理工作需有序进行，监理程序要规范化和标准化，以保证工程监理的工作质量，提高监理工作水平。

工程建设监理一般程序是：①编制工程建设监理规划；②按工程建设进度，分专业编制工程建设监理细则；③按照建设监理细则进行监理；④参与工程竣工预验收，签署建设监理意见；⑤建设监理业务完成后，向项目法人（业主）提交工程建设监理档案资料。

根据国家工程建设监理规定，工程项目建设监理实行总监理工程师负责制，全面负责受委托的监理工作。总监理工程师可根据工程需要设立总监理工程师代表；并可根据监理合同规定的服务内容，工程复杂程度和进度情况，配置适量的专业监理工程师和其他监理人员，组成项目监理机构，驻地监理人员一般不得少于3人，且应满足施工各专业的需要。

在监理过程中，项目监理小组以总监理工程师的名义定期向建设单位报告工程建设情况（包括工程监理有关情况，一般为月报，重大问题可编专报）；监理人员要填写监理日记、参加隐蔽工程验收、处理设计变更直至全面完成委托监理合同中的各项要求。未经建设单位授权，监理单位不得擅自变更建设单位和承建单位签订的合同。由于不可预见的因素或不可抗力确需变更承包合同时，监理单位可以协助双方协商变更承包合同的有关条款。承建单位则应按社会监理单位的要求，提供完整的原始记录、检测记录等技术、经济资料，为其开展工作提供方便。

建设单位与承建单位在履行承包合同过程中发生争议，应当提交监理单位进行调解。监理单位应在接到调解要求后30日内将调解意见书面通知双方。对监理单位的调解意见有异议的，可以自接到调解书面意见之日起15日内，报监理工程所在地县级以上人民政府建设行政主管部门调解，经调解仍有不同意见时，可以申请当地经济合同仲裁机构仲裁。

第三节　建设工程监理合同

建设工程委托监理合同，简称监理合同，是指建设单位委托监理单位为其对建设工程项目进行监督管理而明确双方权利、义务关系的协议。建设单位（业主）称委托人，监理单位称受托人或监理人，双方是平等的委托与被委托关系。

《合同法》第二百七十六条规定，建设工程实行监理的，发包人应当与监理人采用书面形式订立委托监理合同。发包人与监理人的权利和义务以及法律责任，应当依照《合同法》委托合同以及其他有关法律、行政法规的规定。《工程建设监理规定》第十一条也写明："监理单位承担监理业务，应当与项目法人签订书面工程建设监理合同"。实行监理的建设工程，委托方与监理方签订书面监理合同也是国际上通用的做法。

在监理的委托与被委托过程中,用书面形式表达的合同,最终是为委托方和被委托方的共同利益服务的,它用文字明确了合同双方所考虑的问题和想要达到的目标。

为规范建设工程监理活动,维护建设工程监理合同当事人的合法权益,住房和城乡建设部、国家工商行政管理总局对《建设工程委托监理合同(示范文本)》(GF-2000-2002)进行了修订,制定了《建设工程监理合同(示范文本)GF-2012-0202》(以下简称《监理合同》),自2012年3月27日执行。

一、建设工程监理合同的特征

建设单位与监理单位签订的建设工程委托监理合同,与他在工程建设实施阶段所签订的其他合同的最大区别表现在标的性质上的差异。勘察合同、设计合同、施工合同、物资采购合同等的标的物是产生新的物质成果或信息成果,而委托监理合同的标的是服务,即监理工程师凭借自己的知识、经验、技能,受建设单位委托为其所签订的其他合同的履行实施监督和管理的职责。

鉴于建设工程委托监理合同标的的特殊性,作为合同一方当事人的监理单位,他仅是接受建设单位委托对建设单位签订的设计、施工、加工订货等合同的履行实行监理,其目的仅限于通过自己的服务活动获得酬金,而不同于承包合同的承包人是以经营为目的,通过自己的管理、技术等手段获取利润。建设工程委托监理合同表明,受委托的监理单位不是建筑产品的直接经营者,不向建设单位承包工程造价。如果由于他的严格管理或采纳了他所提供的合理化建议,在保证质量的前提下节约了工程投资,缩短了工期,建设单位应按建设工程委托监理合同中的规定给予一笔奖金,但这也只是对其所提供优质服务的奖励。

监理单位与施工单位之间是监理与被监理的关系,双方没有经济利益间的联系。当施工单位接受了监理工程师的指导而节省了投入时,监理单位也不参与其赢利分成。

应当指出的是,监理单位与承建单位分别与业主形成义务、权利和责任关系,前者由《工程建设监理合同》来规范,后者由《建设工程施工合同》来规范。监理单位与承建单位(设计、施工)之间没有合同关系,就不存在义务、权利和责任关系,谁也不代替谁对业主承担义务和责任。监理单位在其权利中所拥有的建设监理权利是业主和法规授予的,不是监理单位自身拥有对承建单位的监理权力。

二、建设工程监理合同当事人的义务和责任

现行《监理合同》规定了合同当事人的义务和责任。

(一)监理人的义务

1. 监理的范围和工作内容

监理范围在专用条件中约定。除专用条件另有约定外,监理工作内容包括:

(1)收到工程设计文件后编制监理规划,并在第一次工地会议7天前报委托人。根据有关规定和监理工作需要,编制监理实施细则;

(2)熟悉工程设计文件,并参加由委托人主持的图纸会审和设计交底会议;

(3) 参加由委托人主持的第一次工地会议；主持监理例会并根据工程需要主持或参加专题会议；

(4) 审查施工承包人提交的施工组织设计，重点审查其中的质量安全技术措施、专项施工方案与工程建设强制性标准的符合性；

(5) 检查施工承包人工程质量、安全生产管理制度及组织机构和人员资格；

(6) 检查施工承包人专职安全生产管理人员的配备情况；

(7) 审查施工承包人提交的施工进度计划，核查承包人对施工进度计划的调整；

(8) 检查施工承包人的试验室；

(9) 审核施工分包人资质条件；

(10) 查验施工承包人的施工测量放线成果；

(11) 审查工程开工条件，对条件具备的签发开工令；

(12) 审查施工承包人报送的工程材料、构配件、设备质量证明文件的有效性和符合性，并按规定对用于工程的材料采取平行检验或见证取样方式进行抽检；

(13) 审核施工承包人提交的工程款支付申请，签发或出具工程款支付证书，并报委托人审核、批准；

(14) 在巡视、旁站和检验过程中，发现工程质量、施工安全存在事故隐患的，要求施工承包人整改并报委托人；

(15) 经委托人同意，签发工程暂停令和复工令；

(16) 审查施工承包人提交的采用新材料、新工艺、新技术、新设备的论证材料及相关验收标准；

(17) 验收隐蔽工程、分部分项工程；

(18) 审查施工承包人提交的工程变更申请，协调处理施工进度调整、费用索赔、合同争议等事项；

(19) 审查施工承包人提交的竣工验收申请，编写工程质量评估报告；

(20) 参加工程竣工验收，签署竣工验收意见；

(21) 审查施工承包人提交的竣工结算申请并报委托人；

(22) 编制、整理工程监理归档文件并报委托人。

2. 监理与相关服务依据

监理依据包括：①适用的法律、行政法规及部门规章；②与工程有关的标准；③工程设计及有关文件；④本合同及委托人与第三方签订的与实施工程有关的其他合同。

双方根据工程的行业和地域特点，在专用条件中具体约定监理依据。

相关服务依据在专用条件中约定。

3. 项目监理机构和人员

(1) 监理人应组建满足工作需要的项目监理机构，配备必要的检测设备。项目监理机构的主要人员应具有相应的资格条件。

(2) 本合同履行过程中，总监理工程师及重要岗位监理人员应保持相对稳定，以保证监理工作正常进行。

（3）监理人可根据工程进展和工作需要调整项目监理机构人员。监理人更换总监理工程师时，应提前 7 天向委托人书面报告，经委托人同意后方可更换；监理人更换项目监理机构其他监理人员，应以相当资格与能力的人员替换，并通知委托人。

（4）监理人应及时更换有下列情形之一的监理人员：①严重过失行为的；②有违法行为不能履行职责的；③涉嫌犯罪的；④不能胜任岗位职责的；⑤严重违反职业道德的；⑥专用条件约定的其他情形。

（5）委托人可要求监理人更换不能胜任本职工作的项目监理机构人员。

4. 履行职责

监理人应遵循职业道德准则和行为规范，严格按照法律法规、工程建设有关标准及本合同履行职责。

（1）在监理与相关服务范围内，委托人和承包人提出的意见和要求，监理人应及时提出处置意见。当委托人与承包人之间发生合同争议时，监理人应协助委托人、承包人协商解决。

（2）当委托人与承包人之间的合同争议提交仲裁机构仲裁或人民法院审理时，监理人应提供必要的证明资料。

（3）监理人应在专用条件约定的授权范围内，处理委托人与承包人所签订合同的变更事宜。如果变更超过授权范围，应以书面形式报委托人批准。

在紧急情况下，为了保护财产和人身安全，监理人所发出的指令未能事先报委托人批准时，应在发出指令后的 24 小时内以书面形式报委托人。

（4）除专用条件另有约定外，监理人发现承包人的人员不能胜任本职工作的，有权要求承包人予以调换。

5. 提交报告

监理人应按专用条件约定的种类、时间和份数向委托人提交监理与相关服务的报告。

6. 文件资料

在本合同履行期内，监理人应在现场保留工作所用的图纸、报告及记录监理工作的相关文件。工程竣工后，应当按照档案管理规定将监理有关文件归档。

7. 使用委托人的财产

监理人无偿使用由委托人派遣的人员和提供的房屋、资料、设备。除专用条件另有约定外，委托人提供的房屋、设备属于委托人的财产，监理人应妥善使用和保管，在本合同终止时将这些房屋、设备的清单提交委托人，并按专用条件约定的时间和方式移交。

（二）委托人的义务

委托人的义务包括告知、提供资料、提供工作条件、选派委托人代表、支付酬金等。

1. 告知

委托人应在委托人与承包人签订的合同中明确监理人、总监理工程师和授予项目监理机构的权限,如有变更,应及时通知承包人。

2. 提供资料

委托人应按照约定,无偿向监理人提供工程有关的资料。在本合同履行过程中,委托人应及时向监理人提供最新的与工程有关的资料。

3. 提供工作条件

委托人应为监理人完成监理与相关服务提供必要的条件。

(1) 委托人应按照约定,派遣相应的人员,提供房屋、设备,供监理人无偿使用。

(2) 委托人应负责协调工程建设中所有外部关系,为监理人履行本合同提供必要的外部条件。

4. 选派委托人代表

委托人应授权一名熟悉工程情况的代表,负责与监理人联系。委托人应在双方签订本合同后7天内,将委托人代表的姓名和职责书面告知监理人。当委托人更换委托人代表时,应提前7天通知监理人。

5. 委托人意见或要求

在本合同约定的监理与相关服务工作范围内,委托人对承包人的任何意见或要求应通知监理人,由监理人向承包人发出相应指令。

6. 答复

委托人应在专用条件约定的时间内,对监理人以书面形式提交并要求作出决定的事宜,给予书面答复。逾期未答复的,视为委托人认可。

7. 支付酬金

委托人应按本合同约定,向监理人支付酬金。

(三)违约责任

1. 监理人的违约责任

监理人未履行本合同义务的,应承担相应的责任。

(1) 因监理人违反本合同约定给委托人造成损失的,监理人应当赔偿委托人损失。赔偿金额的确定方法在专用条件中约定。监理人承担部分赔偿责任的,其承担赔偿金额由双方协商确定。

(2) 监理人向委托人的索赔不成立时,监理人应赔偿委托人由此发生的费用。

2. 委托人的违约责任

委托人未履行本合同义务的,应承担相应的责任。

(1) 委托人违反本合同约定造成监理人损失的,委托人应予以赔偿。

(2) 委托人向监理人的索赔不成立时,应赔偿监理人由此引起的费用。

(3) 委托人未能按期支付酬金超过28天,应按专用条件约定支付逾期付款利息。

3. 除外责任

(1) 因非监理人的原因,且监理人无过错,发生工程质量事故、安全事故、工期延误等造成的损失,监理人不承担赔偿责任。

(2) 因不可抗力导致本合同全部或部分不能履行时,双方各自承担其因此而造成的损失、损害。

三、建设工程监理合同的生效、变更和争议的解决

（一）合同生效

除法律另有规定或者专用条件另有约定外，委托人和监理人的法定代表人或其授权代理人在协议书上签字并盖单位章后，合同生效。

（二）合同变更

1. 任何一方提出变更请求时，双方经协商一致后可进行变更。

2. 除不可抗力外，因非监理人原因导致监理人履行合同期限延长、内容增加时，监理人应当将此情况与可能产生的影响及时通知委托人。增加的监理工作时间、工作内容应视为附加工作。附加工作酬金的确定方法在专用条件中约定。

3. 合同生效后，如果实际情况发生变化使得监理人不能完成全部或部分工作时，监理人应立即通知委托人。除不可抗力外，其善后工作以及恢复服务的准备工作应为附加工作，附加工作酬金的确定方法在专用条件中约定。监理人用于恢复服务的准备时间不应超过28天。

4. 合同签订后，遇有与工程相关的法律法规、标准颁布或修订的，双方应遵照执行。由此引起监理与相关服务的范围、时间、酬金变化的，双方应通过协商进行相应调整。

5. 因非监理人原因造成工程概算投资额或建筑安装工程费增加时，正常工作酬金应作相应调整。调整方法在专用条件中约定。

6. 因工程规模、监理范围的变化导致监理人的正常工作量减少时，正常工作酬金应作相应调整。调整方法在专用条件中约定。

（三）合同的暂停与解除

除双方协商一致可以解除合同外，当一方无正当理由未履行合同约定的义务时，另一方可以根据合同约定暂停履行合同直至解除合同。

1. 在合同有效期内，由于双方无法预见和控制的原因导致合同全部或部分无法继续履行或继续履行已无意义，经双方协商一致，可以解除合同或监理人的部分义务。在解除之前，监理人应作出合理安排，使开支减至最小。

因解除合同或解除监理人的部分义务导致监理人遭受的损失，除依法可以免除责任的情况外，应由委托人予以补偿，补偿金额由双方协商确定。

解除合同的协议必须采取书面形式，协议未达成之前，合同仍然有效。

2. 在合同有效期内，因非监理人的原因导致工程施工全部或部分暂停，委托人可通知监理人要求暂停全部或部分工作。监理人应立即安排停止工作，并将开支减至最小。除不可抗力外，由此导致监理人遭受的损失应由委托人予以补偿。

暂停部分监理与相关服务时间超过182天，监理人可发出解除合同约定的该部分义务的通知；暂停全部工作时间超过182天，监理人可发出解除合同的通知，合同自通知到达委托人时解除。委托人应将监理与相关服务的酬金支付至合同解除日，且应承担约

定的责任。

3. 当监理人无正当理由未履行合同约定的义务时，委托人应通知监理人限期改正。若委托人在监理人接到通知后的 7 天内未收到监理人书面形式的合理解释，则可在 7 天内发出解除合同的通知，自通知到达监理人时合同解除。委托人应将监理与相关服务的酬金支付至限期改正通知到达监理人之日，但监理人应承担约定的责任。

4. 监理人在专用条件中约定的支付之日起 28 天后仍未收到委托人按合同约定应付的款项，可向委托人发出催付通知。委托人接到通知 14 天后仍未支付或未提出监理人可以接受的延期支付安排，监理人可向委托人发出暂停工作的通知并可自行暂停全部或部分工作。暂停工作后 14 天内监理人仍未获得委托人应付酬金或委托人的合理答复，监理人可向委托人发出解除合同的通知，自通知到达委托人时合同解除。委托人应承担约定的责任。

5. 因不可抗力致使合同部分或全部不能履行时，一方应立即通知另一方，可暂停或解除合同。

6. 合同解除后，合同约定的有关结算、清理、争议解决方式的条件仍然有效。

（四）合同终止

以下条件全部满足时，合同即告终止：

1. 监理人完成合同约定的全部工作；

2. 委托人与监理人结清并支付全部酬金。

（五）合同争议的解决

1. 协商。双方应本着诚信原则协商解决彼此间的争议。

2. 调解。如果双方不能在 14 天内或双方商定的其他时间内解决本合同争议，可以将其提交给专用条件约定的或事后达成协议的调解人进行调解。

3. 仲裁或诉讼。双方均有权不经调解直接向专用条件约定的仲裁机构申请仲裁或向有管辖权的人民法院提起诉讼。

第四节 法律责任

一、违反资质管理制度的法律责任

根据《建筑法》第六十五条，超越本单位资质等级承揽工程的，责令停止违法行为，处以罚款，可以责令停业整顿，降低资质等级；情节严重的，吊销资质证书；有违法所得的，予以没收。

未取得资质证书承揽工程的，予以取缔，并处罚款；有违法所得的，予以没收。

以欺骗手段取得资质证书的，吊销资质证书，处以罚款；构成犯罪的，依法追究其刑事责任。

二、转让监理业务的法律责任

根据《建筑法》第六十九条，工程监理单位转让监理业务的，责令改正，没收违法所得，可以责令停业整顿，降低资质等级；情节严重的，吊销资质证书。

三、违反安全生产、工程质量管理制度的法律责任

根据《建筑法》第六十九条，工程监理单位与建设单位或者建筑施工企业串通，弄虚作假、降低工程质量的，责令改正，处以罚款，降低资质等级或者吊销资质证书；有违法所得的，予以没收；造成损失的，承担连带赔偿责任；构成犯罪的，依法追究刑事责任。

复习思考题

一、单项选择题

1. 按照国家有关规定，下列工程必须实行监理的是（　　）。
 A. 一座总投资 1800 万元的养老院　　B. 一座总投资 6100 万元的污水处理厂
 C. 一个建筑面积 26000m² 的住宅楼　　D. 一个总投资 2300 万元的公共停车场

2. 国家规定必须实行监理的基础设施项目，其项目总投资额在（　　）万元以上。
 A. 1000　　　　B. 2000　　　　C. 3000　　　　D. 4000

3. 某工程监理咨询公司中标获得某市长途汽车中心站工程的监理业务，在熟悉施工图时，监理工程师发现站房候车区部分大梁的配筋不符合建筑工程质量标准，不能满足结构安全性要求。对此，工程监理人员根据自己的权限和义务，应当（　　）。
 A. 要求施工方改正　　　　　　　B. 通知设计方改正
 C. 通知建设方修改设计　　　　　D. 报告建设方要求设计方改正

4. 某工程的监理工程师发现业主与承包方签订的《施工合同》专用条款中就钢材生产厂家所作的约定为：承包方负责采购，业主方指定生产厂商。对此，监理工程师应当（　　）。
 A. 建议发包方宜取消该约定　　　B. 建议变更钢材生产厂
 C. 监督承包方严格履约　　　　　D. 推荐施工方钢材供应商

5. 工程监理的内容与业主方同一建设阶段项目管理的内容是一致的，一般包括"三控制、三管理、一协调"，而具体工程的监理内容及权限取决于（　　）的授权。
 A. 施工合同　　　B. 设计合同　　　C. 监理合同　　　D. 法律法规

二、多项选择题

1. 下列选项中，属于必须实行监理的建筑工程包括（　　）。
 A. 邮政、电信枢纽、通信、信息网络等项目
 B. 使用世界银行、亚洲开发银行等国际组织贷款资金的项目
 C. 项目总投资额为 2000 万元的体育场馆项目
 D. 项目总投资额在 3000 万元以上的学校项目
 E. 建筑面积在 50000m² 以上的住宅建设工程

2. 按照《建筑法》的规定，建设单位应当在实施建筑工程监理前，将（　　）书面通知被监理的建筑施工企业。

A. 监理的内容　　　　B. 监理规划　　　　C. 监理的费用

D. 委托的工程监理单位　　　　　　　　E. 监理权限

3. 甲工程监理公司具有房屋建筑工程专业甲级资质，承揽到一项 30 层住宅工程的监理业务，并与建设单位签订了委托监理合同。此后，甲公司将该工程的部分监理业务分包给了具有相同资质的乙公司。按照《建筑法》的规定，对上述非法行为，甲公司可能受到的行政处罚有（　　）。

A. 责令改正　　　　B. 责令停业整顿　　　　C. 吊销资质证书

D. 降低资质等级　　　　　　　　　　　E. 处以罚款

4. 监理工程师对所监理的工程实施监理的依据有（　　）。

A. 工程监理合同　　　　　　　　B. 工程建设国家强制性标准

C. 工程施工承包合同　　　　　　D. 经批准的工程设计文件

E. 有关建设工程的法律、法规

5. 监理合同委托人的义务包括（　　）。

A. 提供资料　　　　B. 提供工作条件　　　　C. 选派委托人代表

D. 支付酬金　　　　E. 承担因不可抗力造成的全部损失

6. 监理人的义务包括（　　）。

A. 检查施工承包人工程质量、安全生产管理制度及组织机构和人员资格

B. 审查施工承包人提交的施工进度计划

C. 检查施工承包人的试验室

D. 审查工程开工条件，对条件具备的签发开工令

E. 向委托人的索赔成立时，承担委托人由此发生的费用。

三、简答题

1. 简述我国建设工程监理法规的立法概况。
2. 建设工程监理的依据有哪些？
3. 实行强制监理的建设工程的范围有哪些？
4. 简述建设工程监理的内容和权限。
5. 简述委托人和监理人双方的义务和责任。
6. 简述监理合同的生效、变更、暂停与解除、终止和争议的解决。
7. 简述建设工程监理合同的违约责任。

第七章

建筑安全生产管理法规

学习重点：建筑安全生产管理的方针和原则；建筑安全生产的监督管理体制；建筑从业单位的安全生产保障；建筑从业人员安全生产的权利和义务；建设工程安全生产管理基本制度；建筑生产的安全责任体系；施工现场安全防护管理、生活区的管理和消防管理；房屋拆除的安全管理；生产安全事故的应急救援和调查处理。

建筑安全生产管理是指建设行政主管部门、建筑安全监督管理机构、建筑施工企业及有关单位对建筑生产过程中的安全工作，进行计划、组织、指挥、控制、监督等一系列的管理活动，其目的在于保证建筑工程安全和建筑职工的人身安全。

建筑安全生产管理包括纵向、横向和施工现场三个方面的管理。纵向方面的管理主要是指建设行政主管部门及其授权的建筑安全监督管理机构对建筑安全生产的行业监督管理。横向方面的管理主要是指建筑生产有关各方如建设单位、设计单位、监理单位和建筑施工企业等的安全责任和义务。施工现场管理主要是指控制人的不安全行为和物的不安全状态，是建筑安全生产管理的关键和集中体现。

建筑生产的特点是产品固定、人员流动，而且多为露天高空作业，不安全因素较多，有些工作危险性较大，是事故多发性行业。

为了加强建筑安全生产管理，预防和减少建筑业事故的发生，保障建筑职工及他人的人身安全和财产安全，国家相关部门制定了一系列的工程建设安全生产法律法规和规范性文件，主要有：

《中华人民共和国建筑法》（1998年3月1日起施行）；

《中华人民共和国安全生产法》（2002年11月1日起施行）；

《建设工程安全生产管理条例》（2004年2月1日起施行）；

《安全生产许可证条例》（2004年1月13日起施行）；

《生产安全事故报告和调查处理条例》（2007年6月1日起施行）。

上述"两法三条例"的发布与施行，对于加强建筑安全生产监督管理，保障人民群众生命和财产安全具有十分重要的意义。

本章将从建筑安全生产管理的方针和原则、建筑安全生产的管理体制、建筑从业单位的安全生产保障、建筑从业人员安全生产的权利和义务、建筑安全生产管理的责任体系、建筑施工过程中的安全生产管理，以及生产安全事故的应急救援和调查处理这七个方面对建筑安全生产法规加以阐述。

第一节　建筑安全生产管理的方针和原则

一、建筑安全生产管理的方针

《建筑法》第三十六条和《安全生产法》第三条规定，建筑安全生产管理的方针是安全第一、预防为主，这是我国多年来安全生产工作长期经验的总结，可以说是用生命和鲜血换来的。

中共中央总书记胡锦涛于2006年3月27日下午主持中共中央政治局第30次集体学习时强调："加强安全生产工作，关键是要全面落实'安全第一、预防为主、综合治理'的方针，做到思想认识上警钟长鸣、制度保证上严密有效、技术支撑上坚强有力、监督检查上严格细致、事故处理上严肃认真。"

安全第一反映了当安全与生产发生矛盾的时候，应该服从安全，消灭隐患，保证建设工程在安全的条件下生产。预防为主则体现在事先策划、事中控制、事后总结。通过信息收集，归类分析，制定预案，控制防范。

把"综合治理"充实到安全生产方针之中，反映了近年来我国在进一步改革开放过程中，安全生产工作面临着多种经济所有制并存，而法制尚不健全完善、体制机制尚未理顺的新情况。

坚持安全第一，必须以预防为主，实施综合治理；只有认真治理隐患，有效防范事故，才能把"安全第一"落到实处。事故发生后组织开展抢险救灾，依法追究责任，深刻吸取教训，固然十分重要，但对于生命个体来说，伤亡一旦发生，就不再有改变的可能。事故源于隐患，防范事故的有效办法，就是主动排查、综合治理各类隐患，把事故消灭在萌芽状态。不能等到付出了生命代价、有了血的教训之后再去改进工作。从这个意义上说，综合治理是安全生产方针的基石，是安全生产工作的重心所在。

安全第一、预防为主、综合治理的方针，体现了国家在建设工程安全生产过程中"以人为本"的思想，也体现了国家对保护劳动者权利、保护社会生产力的高度重视。

二、建筑安全生产管理的原则

建筑安全生产管理原则虽然在《建筑法》中没有明确规定，但是在其具体条文中已经包含。在我国长期的安全生产管理中形成的、国务院有关规定中明确的建筑安全生产管理原则主要是管生产必须管安全和谁主管谁负责。

1. 管生产必须管安全，是指安全寓于生产之中，把安全和生产统一起来。生产中人、物、环境都处于危险状态，则生产无法进行；生产有了安全保障，生产才能持续、稳定发展。安全管理是生产管理的重要组成部分，安全与生产在实施过程中，两者存在着密切的联系，有共同进行管理的基础。

2. 谁主管谁负责，是指主管建筑生产的单位和人员应对建筑生产的安全负责。安全生产第一责任人制度正是这一原则的体现。各级建设行政主管部门的行政一把手是本地区建筑安全生产的第一责任人，对所辖区域建筑安全生产的行业管理负全面责任，企业法定代表人是本企业安全生产的第一责任人，对本企业的建筑安全生产负全面责任；项目经理是本项目的安全生产第一责任人，对项目施工中贯彻落实安全生产的法规、标准负全面责任。

这两项原则是建筑安全生产应遵循的基本原则，是建筑安全生产的重要保证。

第二节　建设工程安全生产的监督管理体制

建设工程安全生产关系到人民群众的生命和财产安全，国家应当加强对建设工程安全生产的监督管理。

一、安全生产监督管理体制

《建筑法》第四十三条、《安全生产法》第九条和《安全生产管理条例》第三十九条、第四十条都对建设工程安全生产的监督管理体制作出了规定。

1. 国务院负责安全生产监督管理的部门，对全国安全生产工作实施综合监督管理；县级以上地方各级人民政府负责安全生产监督管理的部门，对本行政区域内安全生产工作实施综合监督管理。按照目前部门职能的划分，国务院负责安全生产监督管理的部门是国家安全生产监督管理局，地方上是各级安全生产监督管理部门。

2. 建设工程安全生产监督管理体制，实行国务院建设行政主管部门对全国的建设工程安全生产实施统一的监督管理，国务院铁路、交通、水利等有关部门按照国务院规定的职责分工分别对专业建设工程安全生产实施监督管理的模式。县级以上地方人民政府建设行政主管部门对本行政区域内的建设工程安全生产实施监督管理，县级以上地方人民政府交通、水利等各专业部门在各自的职责范围内对本行政区域内的专业建设工程安全生产实施监督管理。

建设行政主管部门或者其他有关部门可以将施工现场的监督检查委托给建设工程安全监督机构具体实施。

县级以上人民政府建设行政主管部门和其他有关部门应当及时受理对建设工程生产安全事故及安全事故隐患的检举、控告和投诉。

二、安全生产监督管理措施

对安全生产负有监督管理职责的部门（以下统称负有安全生产监督管理职责的部门）依照有关法律、法规的规定，对涉及安全生产的事项需要审查批准（包括批准、核准、许可、注册、认证、颁发证照等，下同）或者验收的，必须严格依照有关法律、法规和国家标准或者行业标准规定的安全生产条件和程序进行审查；不符合有关法律、法规和国家标准或者行业标准规定的安全生产条件的，不得批准或者验收通过。对未依法取得批准或者验收合格的单位擅自从事有关活动的负责行政审批的部门发现或者接到举报后应当立即予以取缔，并依法予以处理。对已经依法取得批准的单位，负责行政审批的部门发现其不再具备安全生产条件的，应当撤销原批准。

《建设工程安全生产管理条例》规定，建设行政主管部门在审核发放施工许可证时，应当对建设工程是否有安全施工措施进行审查，对没有安全施工措施的，不得颁发施工许可证。审查内容主要包括施工组织设计中的安全防护和环境污染防护措施、专项安全技术方案等。

建设行政主管部门和其他有关部门应当将下述有关资料的主要内容抄送同级负责安全生产监督管理的部门：

（1）申领施工许可证或开工报告时所报送的有关安全施工措施的资料；

（2）拆除工程时保证安全施工的措施和拆除工程的有关资料。

三、安全生产监督管理部门的职权

县级以上人民政府负有建设工程安全生产监督管理职责的部门在各自的职责范围内履行安全监督检查职责时,享有下列监督检查权:

1. 进入生产经营单位进行检查,调阅有关资料,向有关单位和人员了解情况。
2. 对检查中发现的安全生产违法行为,当场予以纠正或者要求限期改正;对依法应当给予行政处罚的行为,依照本法和其他有关法律、行政法规的规定作出行政处罚决定。
3. 对检查中发现的事故隐患,应当责令立即排除;重大事故隐患排除前或者排除过程中无法保证安全的,应当责令从危险区域内撤出作业人员,责令暂时停产停业或者停止使用;重大事故隐患排除后,经审查同意,方可恢复生产经营和使用。
4. 对有根据认为不符合保障安全生产的国家标准或者行业标准的设施、设备、器材予以查封或者扣押,并应当在15日内依法作出处理决定。

四、安全生产监督检查人员的义务

安全生产监督检查人员在行使职权时,应当履行下列义务:

1. 应当忠于职守,坚持原则,秉公执法;
2. 执行监督检查任务时,必须出示有效的监督执法证件;
3. 对涉及被检查单位的技术秘密和业务秘密,应当为其保密。

第三节 建筑从业单位的安全生产保障

我国《安全生产法》对生产经营单位特别是矿山、建筑从业单位的安全生产保障作出了规定。

一、组织保障措施

(一)建立安全生产保障体系

生产经营单位必须建立安全生产保障体系。生产经营单位必须遵守《安全生产法》和其他有关安全生产的法律、法规,加强安全生产管理,建立、健全安全生产责任制度,完善安全生产条件,确保安全生产。

矿山、建筑施工单位和危险物品的生产、经营、储存单位,应当设置安全生产管理机构或者配备专职安全生产管理人员。

其他生产经营单位,从业人员超过300人的,应当设置安全生产管理机构或者配备专职安全生产管理人员;从业人员在300人以下的,应当配备专职或者兼职的安全生产管理人员，或者委托具有国家规定的相关专业技术资格的工程技术人员提供安全生产管理服务。

(二) 明确岗位责任

1. 生产经营单位主要负责人的职责

生产经营单位的主要负责人对本单位安全生产工作负有下列职责：

(1) 建立、健全本单位安全生产责任制；

(2) 组织制定本单位安全生产规章制度和操作规程；

(3) 保证本单位安全生产投入的有效实施；

(4) 督促、检查本单位的安全生产工作，及时消除生产安全事故隐患；

(5) 组织制定并实施本单位的生产安全事故应急救援预案；

(6) 及时、如实报告生产安全事故。

同时，《安全生产法》第四十二条规定："生产经营单位发生重大生产安全事故时，单位的主要负责人应当立即组织抢救，并不得在事故调查处理期间擅离职守。"

2. 生产经营单位安全生产管理人员的职责

生产经营单位的安全生产管理人员应当根据本单位的生产经营特点，对安全生产状况进行经常性检查，对检查中发现的安全问题，应当立即处理；不能处理的，应当及时报告本单位有关负责人。检查及处理情况应当记录在案。

3. 对安全设施、设备的质量负有责任的相关单位和人员的职责

(1) 设计单位和人员的职责

建设项目安全设施的设计人、设计单位应当对安全设施设计负责。矿山建设项目和用于生产、储存危险物品的建设项目的安全设施设计应当按照国家有关规定报经有关部门审查，审查部门及其负责审查的人员对审查结果负责。

(2) 施工单位和人员的职责

矿山建设项目和用于生产、储存危险物品的建设项目的施工单位必须按照批准的安全设施设计施工，并对安全设施的工程质量负责。

(3) 竣工验收单位和人员的职责

矿山建设项目和用于生产、储存危险物品的建设项目竣工投入生产或者使用前，必须依照有关法律、行政法规的规定对安全设施进行验收；验收合格后，方可投入生产和使用。验收部门及其验收人员对验收结果负责。

(4) 检测、检验机构单位和人员的职责

生产经营单位使用的涉及生命安全、危险性较大的特种设备，以及危险物品的容器、运输工具，必须按照国家有关规定，由专业生产单位生产，并经取得专业资质的检测、检验机构检测、检验合格，取得安全使用证或者安全标志，方可投入使用。检测、检验机构对检测、检验结果负责。

涉及生命安全、危险性较大的特种设备的目录由国务院负责特种设备安全监督管理的部门制定，报国务院批准后执行。

二、管理保障措施

（一）人力资源管理

1. 对主要负责人和安全生产管理人员的管理

生产经营单位的主要负责人和安全生产管理人员必须具备与本单位所从事的生产经营活动相应的安全生产知识和管理能力。

危险物品的生产、经营、储存单位以及矿山、建筑施工单位的主要负责人和安全生产管理人员，应当由有关主管部门对其安全生产知识和管理能力考核合格后方可任职。考核不得收费。

2. 对一般从业人员的管理

生产经营单位应当对从业人员进行安全生产教育和培训，保证从业人员具备必要的安全生产知识，熟悉有关的安全生产规章制度和安全操作规程，掌握本岗位的安全操作技能。未经安全生产教育和培训合格的从业人员，不得上岗作业。

3. 对特种作业人员的管理

生产经营单位的特种作业人员必须按照国家有关规定经专门的安全作业培训，取得特种作业操作资格证书，方可上岗作业。

（二）物力资源管理

1. 设备的日常管理

生产经营单位应当在有较大危险因素的生产经营场所和有关设施、设备上，设置明显的安全警示标志。

安全设备的设计、制造、安装、使用、检测、维修、改造和报废，应当符合国家标准或者行业标准。

生产经营单位必须对安全设备进行经常性维护、保养，并定期检测，保证正常运转。维护、保养、检测应当做好记录，并由有关人员签字。

2. 设备的淘汰制度

国家对严重危及生产安全的工艺、设备实行淘汰制度。生产经营单位不得使用国家明令淘汰、禁止使用的危及生产安全的工艺、设备。

3. 生产经营项目、场所、设备的转让管理

生产经营单位不得将生产经营项目、场所、设备发包或者出租给不具备安全生产条件或者相应资质的单位或者个人。

4. 生产经营项目、场所的协调管理

生产经营项目、场所有多个承包单位、承租单位的，生产经营单位应当与承包单位、承租单位签订专门的安全生产管理协议，或者在承包合同、租赁合同中约定各自的安全生产管理职责；生产经营单位对承包单位、承租单位的安全生产工作统一协调、管理。

三、经济保障措施

（一）保证安全生产所必需的资金

生产经营单位应当具备的安全生产条件所必需的资金投入，由生产经营单位的决策

机构、主要负责人或者个人经营的投资人予以保证，并对由于安全生产所必需的资金投入不足导致的后果承担责任。

（二）保证安全设施所需要的资金

生产经营单位新建、改建、扩建工程项目（以下统称建设项目）的安全设施，必须与主体工程同时设计、同时施工、同时投入生产和使用。安全设施投资应当纳入建设项目概算。

（三）保证劳动防护用品、安全生产培训所需要的资金

生产经营单位必须为从业人员提供符合国家标准或者行业标准的劳动防护用品，并监督、教育从业人员按照使用规则佩戴、使用。生产经营单位应当安排用于配备劳动防护用品、进行安全生产培训的经费。

（四）保证工伤社会保险所需要的资金

生产经营单位必须依法参加工伤社会保险，为从业人员缴纳保险费。

四、技术保障措施

（一）对新工艺、新技术、新材料或者使用新设备的管理

生产经营单位采用新工艺、新技术、新材料或者使用新设备，必须了解、掌握其安全技术特性，采取有效的安全防护措施，并对从业人员进行专门的安全生产教育和培训。

（二）对安全条件论证和安全评价的管理

矿山建设项目和用于生产、储存危险物品的建设项目，应当分别按照国家有关规定进行安全条件论证和安全评价。

（三）对废弃危险物品的管理

生产、经营、运输、储存、使用危险物品或者处置废弃危险物品的，由有关主管部门依照有关法律、法规的规定和国家标准或者行业标准审批并实施监督管理。

生产经营单位生产、经营、运输、储存、使用危险物品或者处置废弃危险物品，必须执行有关法律、法规和国家标准或者行业标准，建立专门的安全管理制度，采取可靠的安全措施，接受有关主管部门依法实施的监督管理。

（四）对重大危险源的管理

生产经营单位对重大危险源应当登记建档，进行定期检测、评估、监控，并制订应急预案，告知从业人员和相关人员在紧急情况下应当采取的应急措施。

生产经营单位应当按照国家有关规定将本单位重大危险源及有关安全措施、应急措施报有关地方人民政府负责安全生产监督管理的部门和有关部门备案。

（五）对员工宿舍的管理

生产、经营、储存、使用危险物品的车间、商店、仓库不得与员工宿舍在同一座建筑物内，并应当与员工宿舍保持安全距离。

生产经营场所和员工宿舍应当设有符合紧急疏散要求、标志明显、保持畅通的出口。禁止封闭、堵塞生产经营场所或者员工宿舍的出口。

（六）对危险作业的管理

生产经营单位进行爆破、吊装等危险作业，应当安排专门人员进行现场安全管理，确保操作规程的遵守和安全措施的落实。

（七）对安全生产操作规程的管理

生产经营单位应当教育和督促从业人员严格执行本单位的安全生产规章制度和安全操作规程；并向从业人员如实告知作业场所和工作岗位存在的危险因素、防范措施以及事故应急措施。

（八）对施工现场的管理

两个以上生产经营单位在同一作业区域内进行生产经营活动，可能危及对方生产安全的，应当签订安全生产管理协议，明确各自的安全生产管理职责和应当采取的安全措施，并指定专职安全生产管理人员进行安全检查与协调。

第四节　建筑从业人员安全生产的权利和义务

建筑生产经营单位的从业人员，是指该单位从事生产经营活动各项工作的所有人员，包括管理人员、技术人员和各岗位的工人，也包括生产经营单位临时聘用的人员。他们在从业过程中依法享有权利，并承担义务。

一、安全生产中从业人员的权利

（一）知情权

生产经营单位的从业人员有权了解其作业场所和工作岗位存在的危险因素、防范措施及事故应急措施，有权对本单位的安全生产工作提出建议。

（二）批评权和检举、控告权

从业人员有权对本单位安全生产工作中存在的问题提出批评、检举、控告。

（三）拒绝权

从业人员有权拒绝违章指挥和强令冒险作业。生产经营单位不得因从业人员对本单位安全生产工作提出批评、检举、控告或者拒绝违章指挥、强令冒险作业而降低其工资、福利等待遇或者解除与其订立的劳动合同。

（四）紧急避险权

从业人员发现直接危及人身安全的紧急情况时，有权停止作业或者在采取可能的应急措施后撤离作业场所。生产经营单位不得因从业人员在上述紧急情况下停止作业或者采取紧急撤离措施而降低其工资、福利等待遇或者解除与其订立的劳动合同。

（五）请求赔偿权

因生产安全事故受到损害的从业人员，除依法享有工伤社会保险外，依照有关民事法律尚有获得赔偿的权利的,有权向本单位提出赔偿要求。

依法为从业人员缴纳工伤社会保险费和给予民事赔偿,是生产经营单位的法定义务。生产经营单位必须依法参加工伤社会保险,为从业人员缴纳保险费;生产经营单位与从业人员订立的劳动合同,应当载明依法为从业人员办理工伤社会保险的事项。

发生生产安全事故后,受到损害的从业人员首先按照劳动合同和工伤社会保险合同的约定,享有请求相应赔偿的权利。如果工伤保险赔偿金不足以补偿受害人的损失,受害人还可以依照有关民事法律的规定,向其所在的生产经营单位提出赔偿要求。为了切实保护从业人员的该项权利,《安全生产法》第四十四条第二款还规定:"生产经营单位不得以任何形式与从业人员订立协议,免除或者减轻其对从业人员因生产安全事故伤亡依法应承担的责任。"

(六)获得劳动防护用品的权利

生产经营单位必须为从业人员提供符合国家标准或者行业标准的劳动防护用品,并监督、教育从业人员按照使用规则佩戴、使用。

(七)获得安全生产教育和培训的权利

生产经营单位应当对从业人员进行安全生产教育和培训,保证从业人员具备必要的安全生产知识,熟悉有关的安全生产规章制度和安全操作规程,掌握本岗位的安全操作技能。

二、安全生产中从业人员的义务

(一)自律遵规的义务

从业人员在作业过程中,应当严格遵守本单位的安全生产规章制度和操作规程,服从管理,正确佩戴和使用劳动防护用品。

(二)自觉学习安全生产知识的义务

从业人员应当接受安全生产教育和培训,掌握本职工作所需的安全生产知识,提高安全生产技能,增强事故预防和应急处理能力。

(三)危险报告义务

从业人员发现事故隐患或者其他不安全因素,应当立即向现场安全生产管理人员或者本单位负责人报告;接到报告的人员应当及时予以处理。

第五节 建设工程安全生产管理基本制度

一、建筑安全生产责任制度和群防群治制度

(一)建筑安全生产责任制度

《建筑法》第三十六条规定,要"建立健全安全生产的责任制度和群防群治制度"。

安全生产责任制度是建筑生产中最基本的安全管理制度,是所有安全规章制度的核心。安全生产责任制的主要内容包括:

1. 从事建筑活动主体的负责人的责任制。
2. 从事建筑活动主体的职能机构或职能处室负责人及其工作人员的安全生产责任制。
3. 岗位人员的安全生产责任制。

在本章第四节、第五节中将对这些责任制度作详细的阐述。

(二)建筑安全的群防群治制度

群防群治制度是职工群众进行预防和治理安全的一种制度,它是"安全第一、预防为主"的具体体现。这一制度要求建筑企业职工在施工中应当遵守有关生产的法律、法规和建筑行业安全规章、规程,不得违章作业;对于危及生命安全和身体健康的行为有权提出批评、检举和控告。

二、建筑安全生产认证制度

为了严格规范安全生产条件,进一步加强安全生产监督管理,防止和减少生产安全事故,国家和相关部门制定了一系列的安全生产认证制度。

(一)安全生产许可证

根据《中华人民共和国安全生产法》的有关规定,2004年1月13日国务院发布了《安全生产许可证条例》(国务院令第397号)。

《安全生产许可证条例》第二条规定:"国家对矿山企业、建筑施工企业和危险化学品、烟花爆竹、民用爆破器材生产企业(以下统称企业)实行安全生产许可制度。企业未取得安全生产许可证的,不得从事生产活动。"

依据《安全生产许可证条例》,建设部于2004年7月5日发布施行了《建筑施工企业安全生产许可证管理规定》,其适用范围为建筑施工企业。这里所称建筑施工企业,是指从事土木工程、建筑工程、线路管道和设备安装工程及装修工程的新建、扩建、改建和拆除等有关活动的企业。

1. 建筑施工企业取得安全生产许可证应具备的安全生产条件

根据《安全生产许可证条例》第六条的规定,企业领取安全生产许可证应当具备一系列安全生产条件。在此规定基础上,结合建筑施工企业的自身特点,《建筑施工企业安全生产许可证管理规定》第四条将建筑施工企业取得安全生产许可证应当具备的安全生产条件具体规定为:

(1)建立、健全安全生产责任制,制定完备的安全生产规章制度和操作规程;
(2)保证本单位安全生产条件所需资金的投入;
(3)设置安全生产管理机构,按照国家有关规定配备专职安全生产管理人员;
(4)主要负责人、项目负责人、专职安全生产管理人员经建设主管部门或者其他有关部门考核合格;
(5)特种作业人员经有关业务主管部门考核合格,取得特种作业操作资格证书;

（6）管理人员和作业人员每年至少进行一次安全生产教育培训并考核合格；

（7）依法参加工伤保险，依法为施工现场从事危险作业的人员办理意外伤害保险，为从业人员交纳保险费；

（8）施工现场的办公、生活区及作业场所和安全防护用具、机械设备、施工机具及配件符合有关安全生产法律、法规、标准和规程的要求；

（9）有职业危害防治措施，并为作业人员配备符合国家标准或者行业标准的安全防护用具和安全防护服装；

（10）有对危险性较大的分部分项工程及施工现场易发生重大事故的部位、环节的预防、监控措施和应急预案；

（11）有生产安全事故应急救援预案、应急救援组织或者应急救援人员，配备必要的应急救援器材、设备；

（12）法律、法规规定的其他条件。

《安全生产许可证条例》第十四条还规定，安全生产许可证颁发管理机关应当加强对取得安全生产许可证的企业的监督检查，发现其不再具备本条例规定的安全生产条件的，应当暂扣或者吊销安全生产许可证。

2. 安全生产许可证的管理制度

（1）安全生产许可证的申请

建筑施工企业从事建筑施工活动前，应当依照规定向省级以上建设主管部门申请领取安全生产许可证。

中央管理的建筑施工企业（集团公司、总公司）应当向国务院建设主管部门申请领取安全生产许可证。

上述规定以外的其他建筑施工企业，包括中央管理的建筑施工企业（集团公司、总公司）下属的建筑施工企业，应当向企业注册所在地省、自治区、直辖市人民政府建设主管部门申请领取安全生产许可证。

依据《建筑施工企业安全生产许可证管理规定》第六条，建筑施工企业申请安全生产许可证时，应当向建设主管部门提供下列材料：①建筑施工企业安全生产许可证申请表；②企业法人营业执照；③与申请安全生产许可证应当具备的安全生产条件相关的文件、材料。

建筑施工企业申请安全生产许可证，应当对申请材料实质内容的真实性负责，不得隐瞒有关情况或者提供虚假材料。

（2）安全生产许可证的有效期

安全生产许可证的有效期为 3 年。安全生产许可证有效期满需要延期的，企业应当于期满前 3 个月向原安全生产许可证颁发管理机关办理延期手续。企业在安全生产许可证有效期内，严格遵守有关安全生产的法律法规，未发生死亡事故的，安全生产许可证有效期届满时，经原安全生产许可证颁发管理机关同意，不再审查，安全生产许可证有效期延期 3 年。

（3）安全生产许可证的变更与注销

建筑施工企业变更名称、地址、法定代表人等，应当在变更后10日内，到原安全生产许可证颁发管理机关办理安全生产许可证变更手续。

建筑施工企业破产、倒闭、撤销的，应当将安全生产许可证交回原安全生产许可证颁发管理机关予以注销。

建筑施工企业遗失安全生产许可证，应当立即向原安全生产许可证颁发管理机关报告，并在公众媒体上声明作废后，方可申请补办。

(4) 安全生产许可证的使用规定

根据《安全生产许可证条例》和《建筑施工企业安全生产许可证管理规定》，建筑施工企业应当遵守如下强制性规定：

1) 未取得安全生产许可证的，不得从事建筑施工活动。建设行政主管部门在审核发放施工许可证时，应当对已经确定的建筑施工企业是否有安全生产许可证进行审查，对没有取得安全生产许可证的，不得颁发施工许可证。

2) 企业不得转让、冒用安全生产许可证或者使用伪造的安全生产许可证。

3) 企业取得安全生产许可证后，不得降低安全生产条件，并应当加强日常安全生产管理，接受安全生产许可证颁发管理机关的监督检查。

(二) 建筑生产企业的其他安全认证

1. 特殊专业队伍的安全认证

对特殊专业队伍的安全认证，主要是指对人工挖孔桩、地基基础、护壁支撑、塔吊装拆、井字架（龙门架）、特种脚手架搭设等施工队伍进行资格审查，经审查合格领取《专业施工安全许可证》后方可从事专业施工。

2. 工程项目的安全认证

对工程项目的安全认证，主要是指开工前对安全条件的审查，其主要内容有：施工组织设计中有无针对性的安全技术措施和专项作业安全技术方案，安全员的配备情况，项目经理的安全资格条件，进入现场的机械、机具、设施是否符合安全规定等。

3. 防护用品、安全设施、机械设备等安全认证

对防护用品、安全设施、机械设备等进行安全认证，主要是指对进入施工现场使用的各类防护用品、电气产品、安全设施、架设机具、机械设备等要进行检验、检测，凡技术指标和安全性能不合格的，不得在施工现场中使用。

4. 专职安全人员资格认证

根据规定，建筑施工单位应当设置安全生产管理机构或者配备专职安全生产管理人员。建筑施工单位的主要负责人和安全生产管理人员，应当由有关主管部门对其安全生产知识和管理能力考核合格后方可任职。因此，对专职安全人员实行资格认证，主要是审查其安全生产专业知识和管理能力。不具备条件的，不能从事专职安全工作。

三、建筑安全生产教育培训制度

根据《建筑法》、《安全生产法》和《建设工程安全生产管理条例》的规定，建筑施工企业应当建立健全安全生产教育培训制度，加强对职工安全生产的教育培训；未经安

全生产教育培训的人员,不得上岗作业。

(一)管理人员的培训考核

施工单位的主要负责人、项目负责人、专职安全生产管理人员应当经建设行政主管部门或者其他有关部门考核合格后方可任职。

(二)作业人员的安全生产教育培训

1. 日常培训

施工单位应当对管理人员和作业人员每年至少进行一次安全生产教育培训,其教育培训情况记入个人工作档案。安全生产教育培训考核不合格的人员,不得上岗。

2. 新岗位培训

作业人员进入新的岗位或者新的施工现场前,应当接受安全生产教育培训。未经教育培训或者教育培训考核不合格的人员,不得上岗作业。

施工单位在采用新技术、新工艺、新设备、新材料时,应当对作业人员进行相应的安全生产教育培训。

3. 特种作业人员的培训

垂直运输机械作业人员、安装拆卸工、爆破作业人员、起重信号工、登高架设作业人员等特种作业人员,必须按照国家有关规定经过专门的安全作业培训,并取得特种作业操作资格证书后,方可上岗作业。

四、建筑安全生产检查制度

安全生产检查制度是上级管理部门或企业自身对安全生产状况进行定期或不定期检查的制度。通过检查可以发现问题,查出隐患,从而采取有效措施,堵塞漏洞,把事故消灭在发生之前,做到防患于未然,是"预防为主"的具体体现。通过检查,还可总结出好的经验加以推广,为进一步搞好安全工作打下基础。安全检查制度是安全生产的保障。

五、建筑安全生产保险制度

2011年4月22日第十一届全国人民代表大会常务委员会第二十次会议决定对《中华人民共和国建筑法》作如下修改:

将第四十八条修改为:"建筑施工企业应当依法为职工参加工伤保险缴纳工伤保险费。鼓励企业为从事危险作业的职工办理意外伤害保险,支付保险费。"

修改前,建筑工人意外伤害保险是一种法定保险,施工单位或发包单位必须为建筑工人投保意外保险,保额不低于每人10万元人民币,而现在,建筑工人意外伤害保险不再是强制保险,工伤保险成为强制保险。建筑工人意外保险是商业保险,工伤保险是社会保险,按工伤保险赔偿,保额最低接近40万,甚至可达到60万,工伤保险范围加大,再增加人民社会保障的同时,也使商业保险市场进一步缩小。同时,鼓励企业为从事危险作业的职工办理意外伤害保险,支付保险费。

这样,既明确了建筑施工企业履行工伤保险的法定义务,又将意外伤害保险改为自愿参加，使其成为工伤保险的补充，以提高对建筑企业职工的保障水平。

六、建筑安全伤亡事故报告制度

施工中发生事故时，建筑企业应当采取紧急措施减少人员伤亡和事故损失，并按照国家有关规定及时向有关部门报告。事故处理必须遵循一定的程序，做到"四不放过"（原因不查清不放过，不采取改正措施不放过，责任人和广大群众不受到教育不放过，与事故有关的领导和责任人不受到查处不放过）。在本章第八节将对这一制度作详细的阐述。

七、建筑安全责任追究制度

《安全生产法》第十三条规定："国家实行生产安全事故责任追究制度，依照本法和有关法律、法规的规定，追究生产安全责任人员的法律责任"。建设单位、设计单位、施工单位、监理单位，由于没有履行职责造成人员伤亡和事故损失的，视情节给予相应处理；情节严重的，责令停业整顿，降低资质等级或吊销资质证书；构成犯罪的，依法追究刑事责任。在第十二章将对这一制度作详细的阐述。

第六节　建筑生产的安全责任体系

建筑生产涉及方方面面，参与建筑生产活动的各方有建设单位、工程设计单位、建筑施工企业等。为了保障建筑生产的安全，参与建筑生产活动的各方均应承担相应的安全生产的责任和义务。

一、建设单位的安全责任和义务

近年来，在分析工程建设活动中发生安全事故的原因时发现，许多安全事故是由建设单位市场行为不规范造成的。《建筑法》和《安全生产管理条例》将建设单位列入安全责任主体之中，对建设单位在工程建设活动中应承担的安全责任和义务，以及违法行为应承担的法律责任进行了明确规定，为今后工程建设的安全生产管理提供了强有力的法律保证。

（一）向施工单位提供资料的责任

建设单位应当向施工单位提供施工现场及毗邻区域内供水、排水、供电、供气、供热、通信、广播电视等地下管线资料，气象和水文观测资料，相邻建筑物和构筑物、地下工程的有关资料，并保证资料的真实、准确、完整。

建设单位因建设工程需要，向有关部门或者单位查询前款规定的资料时，有关部门或者单位应当及时提供。

(二）依法履行合同的责任

建设单位不得对勘察、设计、施工、工程监理等单位提出不符合建设工程安全生产法律、法规和强制性标准规定的要求，不得压缩合同约定的工期。

建设单位与勘察、设计、施工、工程监理等单位都是完全平等的合同双方的关系，建设单位不是这些单位的上级管理部门，其对这些单位的要求必须要以合同为根据并不得触犯相关的法律、法规。

（三）提供安全生产费用的责任

安全生产需要资金的保证，而这笔资金的源头就是建设单位。只有建设单位提供了用于安全生产的费用，施工单位才可能有保证安全生产的费用。

因此，《建设工程安全生产管理条例》第八条规定："建设单位在编制工程概算时，应当确定建设工程安全作业环境及安全施工措施所需费用。"

（四）不得推销劣质材料、设备的责任

建设单位不得明示或者暗示施工单位购买、租赁、使用不符合安全施工要求的安全防护用具、机械设备、施工机具及配件、消防设施和器材。

（五）提供安全施工措施资料的责任

建设单位在申请领取施工许可证时，应当提供建设工程有关安全施工措施的资料。

依法批准开工报告的建设工程，建设单位应当自开工报告批准之日起 15 日内，将保证安全施工的措施报送建设工程所在地的县级以上地方人民政府建设行政主管部门或者其他有关部门备案。

（六）对拆除工程进行备案的责任

《建设工程安全生产管理条例》第十一条规定，建设单位应当将拆除工程发包给具有相应资质等级的施工单位。建设单位应当在拆除工程施工 15 日前，将下列资料报送建设工程所在地的县级以上地方人民政府建设行政主管部门或者其他有关部门备案：

1. 施工单位资质等级证明；
2. 拟拆除建筑物、构筑物及可能危及毗邻建筑的说明；
3. 拆除施工组织方案；
4. 堆放、清除废弃物的措施。

实施爆破作业的，应当遵守国家有关民用爆炸物品管理的规定。

（七）按规定办理特殊作业的申请批准手续

《建筑法》第四十二条规定：有下列情形之一的，建设单位应当按照国家有关规定办理申请批准手续：①需要临时占用规划批准范围以外场地的；②可能损坏道路、管线、电力、邮电通信等公共设施的；③需要临时停水、停电、中断道路交通的；④需要进行爆破作业的；⑤法律、法规规定需要办理报批手续的其他情形。

二、勘察、设计、工程监理及其他有关单位的安全责任和义务

（一）勘察单位的安全责任和义务

1. 确保勘察文件的质量，以保证后续工作的安全的责任

勘察单位应当按照法律、法规和工程建设强制性标准进行勘察，提供的勘察文件应

当真实、准确，满足建设工程安全生产的需要。

2. 科学勘察，以保证周边建筑物安全的责任

勘察单位在勘察作业时，应当严格执行操作规程，采取措施保证各类管线、设施和周边建筑物、构筑物的安全。

（二）设计单位的安全责任和义务

1. 科学设计的责任

设计单位应当按照法律、法规和工程建设强制性标准进行设计，防止因设计不合理导致生产安全事故的发生。

2. 提出建议的责任

设计单位应当考虑施工安全操作和防护的需要，对涉及施工安全的重点部位和环节在设计文件中注明，并对防范生产安全事故提出指导意见。

采用新结构、新材料、新工艺的建设工程和特殊结构的建设工程，设计单位应当在设计中提出保障施工作业人员安全和预防生产安全事故的措施建议。

3. 对设计文件承担责任

按照"谁设计谁负责"的国际通行做法，设计单位和注册建筑师等注册执业人员应当对其设计负责。设计单位的责任主要是指由于设计责任造成事故的，设计单位除承担行政责任外，还要对造成的损失进行赔偿；注册执业人员应当在设计文件上签字，对设计文件负责。

（三）工程监理单位的安全责任和义务

1. 审查施工方案的责任

《建设工程安全生产管理条例》第十四条规定："工程监理单位应当审查施工组织设计中的安全技术措施或者专项施工方案是否符合工程建设强制性标准。"

施工组织设计在本质上是施工单位编制的施工计划，其中要包含安全技术措施和施工方案。对于达到一定规模的危险性较大的分部分项工程要编制专项施工方案。

实际上，整个施工组织设计都需要经过监理单位的审批后才能被施工单位使用。由于本章主要是谈安全管理，所以，在这里仅仅强调了监理单位要审查施工组织设计中的安全技术措施或者专项施工方案是否符合工程强制性标准。

这里，监理单位的审查标准是看一看"是否符合工程建设强制性标准"。也就是看一看是否违反法律的规定。在实践中可能会存在合同中约定的标准高于强制性标准的情况。那时，监理单位就不仅要审查施工组织设计中的安全技术措施或者专项施工方案是否违法了，还要看一看是否违约。若违约，也不能批准施工单位的施工组织设计。

2. 监理的安全生产责任

工程监理单位在实施监理过程中，发现存在安全事故隐患的，应当要求施工单位整改；情况严重的，应当要求施工单位暂时停止施工，并及时报告建设单位。施工单位拒不整改或者不停止施工的，工程监理单位应当及时向有关主管部门报告。工程监理单位和监理工程师应当按照法律、法规和工程建设强制性标准实施监理，并对建设工程安全生产承担监理责任。

（四）为建设工程提供机械设备和配件的单位的安全责任和义务

为建设工程提供机械设备和配件的单位，应当按照安全施工的要求配备齐全有效的保险、限位等安全设施和装置。

（五）机械设备和施工机具及配件出租单位的安全责任和义务

出租的机械设备和施工机具及配件，应当具有生产（制造）许可证、产品合格证，并应当对出租的机械设备和施工机具及配件的安全性能进行检测，在签订租赁协议时，应当出具检测合格证明。禁止出租检测不合格的机械设备和施工机具及配件。

（六）施工起重机械和自升式架设设施安装、拆卸单位的安全责任和义务

施工起重机械和自升式架设设施等的安装、拆卸属于特殊专业安装，具有高度危险性，容易造成重大伤亡事故。

在施工现场安装、拆卸施工起重机械和整体提升脚手架、模板等自升式架设设施，必须由具有相应资质的单位承担。

安装、拆卸施工起重机械和整体提升脚手架、模板等自升式架设设施，应当编制拆装方案、制定安全施工措施，并由专业技术人员现场监督。施工起重机械和整体提升脚手架、模板等自升式架设设施安装完毕后，安装单位应当自检，出具自检合格证明，并向施工单位进行安全使用说明，办理验收手续并签字。

（七）施工起重机械和自升式架设设施必须经过具有专业资质的检验检测机构的检测

施工起重机械和和整体提升脚手架、模板等自升式架设设施在使用过程中，应当按照规定进行定期检测，并及时进行全面检修保养。对于达到国家规定的检验检测期限的，必须经具有专业资质的检验检测机构检测。经检测不合格的，不得继续使用。

根据国务院《特种设备安全监察条例》的规定，从事施工起重机械定期检验、监督检验的检验检测机构，应当经国务院特种设备安全监督部门核准，取得核准后方可从事检验检测活动。

（八）检验检测机构的安全责任和义务

《安全生产管理条例》第十九条规定："检验检测机构对检测合格的施工起重机械和整体提升脚手架、模板等自升式架设设施，应当出具安全合格证明文件，并对检测结果负责。"

设备检验检测机构进行设备检验检测时发现严重事故隐患，应当及时告知施工单位，并立即向特种设备安全监督管理部门报告。

三、建筑施工企业的安全责任和义务

建筑施工企业是建筑活动的主体，是企业生产经营的主体，在施工安全生产中处于核心地位。为遏止安全事故的发生，确保建设工程安全生产，法律法规对施工单位的市场准入、施工单位的安全生产行为规范和安全生产条件以及施工单位主要负责人、项目负责人、安全管理人员、作业人员的安全责任等方面，作出了明确的规定。

(一)不具备安全生产条件的施工单位,不得颁发资质证书

《安全生产法》第十六条规定,"生产经营单位应当具备本法和有关法律、行政法规和国家标准或者行业标准规定的安全生产条件;不具备安全生产条件的,不得从事生产经营活动"。

《建设工程安全生产管理条例》第二十条规定:"施工单位从事建设工程的新建、扩建、改建和拆除等活动,应当具备国家规定的注册资本、专业技术人员、技术装备和安全生产等条件,依法取得相应等级的资质证书,并在其资质等级许可的范围内承揽工程。"

(二)总承包单位和分包单位的安全责任

1. 总承包单位的安全责任

《建设工程安全生产管理条例》第二十四条规定,"建设工程实行施工总承包的,由总承包单位对施工现场的安全生产负总责"。

为了防止违法分包和转包等违法行为的发生,真正落实施工总承包单位的安全责任,《建设工程安全生产管理条例》进一步强调:"总承包单位应当自行完成建设工程主体结构的施工",这也是《建筑法》的要求,避免由于分包单位能力的不足而导致生产安全事故的发生。

2. 总承包单位与分包单位的安全责任划分

《建设工程安全生产管理条例》第二十四条规定,"总承包单位依法将建设工程分包给其他单位的,分包合同中应当明确各自的安全生产方面的权利、义务。总承包单位和分包单位对分包工程的安全生产承担连带责任"。

但是,总承包单位与分包单位在安全生产方面的责任也不是固定的,要根据具体的情况来确定责任。《建设工程安全生产管理条例》第二十四条规定:"分包单位应当服从总承包单位的安全生产管理,分包单位不服从管理导致生产安全事故的,由分包单位承担主要责任。"

(三)施工单位主要负责人的安全责任和义务

加强对施工单位安全生产的管理,首先要明确责任人。《建筑法》第四十四条规定"建筑施工企业的法定代表人对本企业的安全生产负责";《安全生产法》第五条规定"生产经营单位的主要负责人对本单位的安全生产工作全面负责";《建设工程安全生产管理条例》第二十一条规定"施工单位主要负责人依法对本单位的安全生产工作全面负责"。

在这里,"主要负责人"并不仅限于施工单位的法定代表人,而是指对施工单位全面负责,有生产经营决策权的人。

根据《建设工程安全生产管理条例》的有关规定,施工单位主要负责人的安全生产方面的主要职责包括:

(1)建立健全安全生产责任制度和安全生产教育培训制度;

(2)制定安全生产规章制度和操作规程;

(3)保证本单位安全生产条件所需资金的投入;

(4) 对所承建的建设工程进行定期和专项安全检查，并做好安全检查记录。

(四) 施工单位项目负责人的安全责任和义务

《建设工程安全生产管理条例》第二十一条规定，施工单位的项目负责人应当由取得相应执业资格的人员担任，对建设工程项目的安全施工负责。

项目负责人（主要指项目经理）在工程项目中处于中心地位，对建设工程项目的安全全面负责。鉴于项目负责人对安全生产的重要作用，国家规定施工单位的项目负责人应当由取得相应执业资格的人员担任。这里，"相应执业资格"目前指建造师执业资格。

根据《建设工程安全生产管理条例》第二十一条的规定，项目负责人的安全责任主要包括：

(1) 落实安全生产责任制度、安全生产规章制度和操作规程；
(2) 确保安全生产费用的有效使用；
(3) 根据工程的特点组织制定安全施工措施，消除安全事故隐患；
(4) 及时、如实报告生产安全事故。

(五) 安全生产管理机构和专职安全生产管理人员的安全责任和义务

《建设工程安全生产管理条例》第二十三条规定："施工单位应当设立安全生产管理机构，配备专职安全生产管理人员。

专职安全生产管理人员负责对安全生产进行现场监督检查。发现安全事故隐患，应当及时向项目负责人和安全生产管理机构报告；对违章指挥、违章操作的，应当立即制止。

专职安全生产管理人员的配备办法由国务院建设行政主管部门会同国务院其他有关部门制定。"

1. 安全生产管理机构的设立及其职责

安全生产管理机构是指建筑施工企业设置的负责安全生产管理工作的独立职能部门。根据住房和城乡建设部《建筑施工企业安全生产管理机构设置及专职安全生产管理人员配备办法》（建质〔2008〕91号）的规定，建筑施工企业应当依法设置安全生产管理机构，在企业主要负责人的领导下开展本企业的安全生产管理工作。

安全生产管理机构的职责主要包括：①宣传和贯彻国家有关安全生产法律法规和标准；②编制并适时更新安全生产管理制度并监督实施；建立企业在建项目安全生产管理档案；③组织或参与企业生产安全事故应急救援预案的编制及演练；参加生产安全事故的调查和处理工作；④组织开展安全教育培训与交流；⑤协调配备项目专职安全生产管理人员；⑥制订企业安全生产检查计划并组织实施；⑦监督在建项目安全生产费用的使用；⑧参与危险性较大工程安全专项施工方案专家论证会；⑨通报在建项目违规违章查处情况；⑩组织开展安全生产评优评先表彰工作，考核评价分包企业安全生产业绩及项目安全生产管理情况等。

2. 专职安全生产管理人员的配备及其职责

(1) 专职安全生产管理人员的配备

专职安全生产管理人员是指经建设主管部门或者其他有关部门安全生产考核合格取得

安全生产考核合格证书,并在建筑施工企业及其项目从事安全生产管理工作的专职人员。

住房和城乡建设部建质【2008】91号文对专职安全生产管理人员的配备做出了具体规定。

(2) 专职安全生产管理人员的职责

专职安全生产管理人员的职责主要包括:对安全生产进行现场监督检查,发现安全事故隐患,应当及时向项目负责人和安全生产管理机构报告;对于违章指挥、违章操作的,应当立即制止。各级专职安全生产管理人员的职责详见《建筑施工企业安全生产管理机构设置及专职安全生产管理人员配备办法》。

(六) 施工单位应采取的安全措施

1. 编制安全技术措施

《建设工程安全生产管理条例》第二十六条规定:施工单位应当在施工组织设计中编制安全技术措施和施工现场临时用电方案。

安全技术措施是施工方案中的重要组成部分。在编制施工组织设计时,施工单位应当根据工程概况、施工工期、场地环境等条件,以及机械设备、施工机具和变配电设施的配备计划等,编制安全技术措施,对专业性较强的分部分项工程应当单独编制安全技术措施。

2. 编制施工现场临时用电方案

施工现场露天的作业环境,决定了施工现场临时用电工程的复杂性和危险性。因此,施工单位应当根据工程项目的实际情况编制施工现场临时用电施工方案。

临时用电施工方案直接关系到用电人员的安全,应当严格按照现行《施工现场临时用电安全技术规范》进行编制,保障施工现场临时用电的安全。

3. 对达到一定规模的危险性较大的分部分项工程编制专项施工方案

根据《建设工程安全生产管理条例》第二十六条的规定,对达到一定规模的危险性较大的分部分项工程要编制专项施工方案,并附具安全验算结果,经施工单位技术负责人、总监理工程师签字后实施,由专职安全生产管理人员进行现场监督。

这些工程主要包括:

(1) 基坑支护与降水工程:指开挖深度超过5m(含5m)的基坑(槽)并采用支护结构施工的工程;或基坑虽未超过5m,但地质条件和周围环境复杂、地下水位在坑底以上等工程。

(2) 土方开挖工程:是指开挖深度超过5m(含5m)的基坑、槽的土方开挖。

(3) 模板工程:各类工具式模板工程,包括滑模、爬模、大模板等;水平混凝土构件模板支撑系统及特殊结构模板工程。

(4) 起重吊装工程。

(5) 脚手架工程:包括①高度超过24m的落地式钢管脚手架;②附着式升降脚手架,包括整体提升与分片式提升;③悬挑式脚手架;④门型脚手架;⑤挂脚手架;⑥吊篮脚手架;⑦卸料平台。

(6) 拆除、爆破工程:采用人工、机械拆除或爆破拆除的工程。

(7) 其他危险性较大的工程：包括①建筑幕墙的安装施工；②预应力结构张拉施工；③隧道工程施工；④桥梁工程施工（含架桥）；⑤特种设备施工；⑥网架和索膜结构施工；⑦6m以上的边坡施工；⑧大江、大河的导流、截流施工；⑨港口工程、航道工程；⑩采用新技术、新工艺、新材料，可能影响建设工程质量安全，已经行政许可，尚无技术标准的施工。

对下述工程，建筑施工企业不仅要编制专项施工方案和附具安全验算结果，还应当组织专家组进行论证审查：①深基坑工程：开挖深度超过5m（含5m）或地下室三层以上（含三层），或深度虽未超过5m（含5m），但地质条件和周围环境及地下管线极其复杂的工程。②地下暗挖工程：地下暗挖及遇有溶洞、暗河、瓦斯、岩爆、涌泥、断层等地质复杂的隧道工程。③高大模板工程：水平混凝土构件模板支撑系统高度超过8m，或跨度超过18m，施工总荷载大于$10kN/m^2$，或集中线荷载大于$15kN/m$的模板支撑系统。④30m及以上高空作业的工程。⑤大江、大河中深水作业的工程。⑥城市房屋拆除爆破和其他土石大爆破工程。

（七）施工单位应当建立健全有关安全生产的各项制度

《建设工程安全生产管理条例》第二十一条规定：施工单位应当建立健全安全生产责任制度和安全生产教育培训制度。制定安全生产规章制度和操作规程，保证本单位安全生产条件所需资金的投入，对所承担的建设工程进行定期和专项安全检查，并做好安全检查记录。

（八）严格履行安全生产义务，维护施工作业人员的合法权益

根据《建筑法》第四十七条和《建设工程安全生产管理条例》第三十二条的规定，建筑施工企业和作业人员在施工过程中，应当遵守有关安全生产的法律、法规，遵守建筑行业安全施工的强制性标准、规章制度和操作规程，不得违章指挥或者违章作业。作业人员应正确使用安全防护用具、机械设备等。

施工单位应当向作业人员提供安全防护用具和安全防护服装，并书面告知危险岗位的操作规程和违章操作的危害。作业人员有权对施工现场的作业条件、作业程序和作业方式中存在的安全问题提出批评、检举和控告，有权拒绝违章指挥和强令冒险作业。在施工中发生危及人身安全的紧急情况时，作业人员有权立即停止作业或者在采取必要的应急措施后撤离危险区域。

第七节 建筑施工过程中的安全生产管理

一、施工现场的安全管理制度

《建筑法》第四十五条、《安全生产管理条例》第二十七条、第三十五条及有关法规

第七章　建筑安全生产管理法规

对施工现场的安全生产管理制度作出了明确的规定，这些制度包括安全防护设备管理制度、现场安全技术交底制度，施工起重机械和整体提升脚手架、模板等自升式架设设施的检验、验收、登记备案制度和安全检查制度等。

（一）安全防护设备管理制度

施工单位采购、租赁的安全防护用具、机械设备、施工机具及配件，应当具有生产（制造）许可证、产品合格证，并在进入施工现场前进行查验。

施工现场的安全防护用具、机械设备、施工机具及配件必须由专人管理，定期进行检查、维修和保养，建立相应的资料档案，并按照国家有关规定及时报废。

作业人员应当遵守安全施工的强制性标准、规章制度和操作规程，正确使用安全防护用具、机械设备等。

（二）现场安全技术交底制度

《安全生产管理条例》第二十七条规定："建设工程施工前，施工单位负表项目管理的技术人员应当对有关安全施工的技术要求向施工作业班组、作业人员作出详细说明，并由双方签字确认。"

1. 安全技术交底的基本要求

安全技术交底，是指将预防和控制安全事故发生及减少其危害的技术以及工程项目、分部分项工程概况，向作业人员作出说明，即工程项目在进行分部分项工程作业前和每天作业前，工程项目的技术人员和各施工班组长将工程项目和分部分项工程概况、施工方法、安全技术措施及要求向全体施工人员进行说明。

安全技术交底的基本要求如下：①逐级交底，由总承包单位向分包单位，分包单位工程项目的技术人员向施工班组长，施工班组长向作业人员分别进行交底；②交底必须具体、明确、针对性强；③技术交底的内容应针对分部分项工程施工给作业人员带来的潜在危险因素和存在的问题；④应优先采用新的安全技术措施；⑤各工种的安全技术交底一般与分部分项安全技术交底同步进行。对施工工艺复杂、施工难度较大或作业条件危险的，应当单独进行各工种的安全技术交底；⑥交底应当采用书面形式，即将每天参加交底的人员名单和交底内容记录在班组活动记录中。

2. 安全技术交底的主要内容

安全技术交底的主要内容包括：①工程项目和分部分项工程的概况；②工程项目和分部分项工程的危险部位；③针对危险部位采取的具体预防措施；④作业中应注意的安全事项；⑤作业人员应遵守的安全操作规程和规范；⑥作业人员发现事故隐患应采取的措施和发生事故后应及时采取的躲避和急救措施。

（三）施工起重机械和整体提升脚手架、模板等自升式架设设施的检验、验收、登记备案制度

施工单位在使用施工起重机械和整体提升脚手架、模板等自升式架设设施前，应当组织有关单位进行验收，也可以委托具有相应资质的检验检测机构进行验收；使用承租的机械设备和施工机具及配件的，由施工总承包单位、分包单位、出租单位和安装单位共同进行验收。验收合格的方可使用。

《特种设备安全监察条例》规定的施工起重机械,在验收前应当经有相应资质的检验检测机构监督检验合格;施工单位应当自施工起重机械和整体提升脚手架、模板等自升式架设设施验收合格之日起 30 日内,向建设行政主管部门或者其他有关部门登记。登记标志应当置于或者附着于该设备的显著位置。

(四)对验收合格的施工起重机械和整体提升脚手架、模板等自升式架设设施,施工单位向建设行政主管部门或者其他有关部门登记制度

施工起重机械和整体提升脚手架、模板等自升式架设设施属危险性较大的设备、设施,特别是在高层、超高层工程项目上使用时,其带来的不安全因素尤为突出。为加强对施工起重机械和整体提升脚手架、模板等自升式架设设施的管理,法规规定,施工单位应当自施工起重机械和整体提升脚手架、模板等自升式架设设施验收合格之日起 30 日内,向建设行政主管部门或者其他有关部门登记。

建设行政主管部门或者其他有关部门对施工单位的申请登记资料进行审核,合格的,发给登记标志。施工单位应当按照规定将登记标志置于或者附着于该设备(设施)的显著位置。

(五)现场安全检查制度

施工现场除应经常进行安全生产检查外,还应组织定期检查。企业(公司)每季进行一次,工区每月进行一次,施工队每半月进行一次,班组每周进行一次。

检查要发动群众,以查思想、查制度、查纪律、查领导、查隐患为主要内容。

(六)工艺、设备、材料淘汰制度

国家对严重危及施工安全的工艺、设备、材料实行淘汰制度。建筑施工单位不得使用国家明令淘汰、禁止使用的危及生产安全的工艺、设备、材料。

二、施工现场的安全防护管理制度

(一)建筑施工企业应当在施工现场采取维护安全、防范危险、预防火灾等措施

这些措施包括:

1. 施工现场道路、上下水及采暖管道、电气线路、材料堆放、临时和附属设施等的平面布置,都要符合安全、卫生、防火要求,并要加强管理。

2. 各种机电设备的安全装置和起重设备的限位装置,都要齐全有效,没有这些装置的不能使用;要建立定期维修保养制度,检修机械设备要同时检修防护装置。

3. 脚手架、井字架(龙门架)、安全网,搭设完毕必须经工长验收合格,方能使用。使用期间要指定专人维护保养,发现有变形、倾斜、摇晃等情况,要及时加固。

4. 混凝土搅拌站、木工车间、沥青加工点及喷漆作业场所等,都要采取措施,限期使尘毒浓度不超过国家标准规定的限值。

5. 加强季节性劳动保护工作。夏季要防暑降温;冬季要防寒防冻,防煤气中毒;雨季和台风到来之前,应对临时设施和电气设备进行检修,沿河流域的工地要做好防洪抢险准备;雨雪过后,要采取防滑措施。

(二)在施工现场设置安全警示标志

施工现场入口处、施工起重机械、临时用电设施、脚手架、出入通道口、楼梯口、电梯井口、孔洞口、桥梁口、隧道口、基坑边沿、爆破物及有害危险气体和液体存放处等危险部位,应当设置明显的安全警示标志。

在施工现场的沟、坎、深基坑等处,夜间要设红灯示警。这些安全警示标志未经施工负责人批准,不得移动和拆除。同时,安全警示标志还应当明显,便于作业人员识别。如果是灯光标志,则应该明亮显眼;如果是文字图形标志,则要求明确易懂。所有的安全警示标志必须符合国家标准。

(三)加强环境保护,对施工现场实行封闭管理

施工单位应当遵守有关环境保护法律、法规的规定,在施工现场采取措施,防止或者减少粉尘、废气、废水、固体废物、噪声、振动和施工照明对人和环境的危害和污染。

有条件的,特别是在城市市区内的建设工程,施工单位应当对施工现场进行围挡,实行封闭管理。施工现场位于一般路段的围挡应高于1.8米,在市区主要路段的围挡应高于2.5米。

(四)对周围环境采取安全防护措施和专项防护措施

施工现场对毗邻的建筑物、构筑物和特殊作业环境可能造成损害的,建筑施工企业应当采取安全防护措施。

施工单位对因建设工程施工可能造成损害的毗邻建筑物、构筑物和地下管线等,应当采取专项防护措施。

(五)根据不同情况采取相应的安全施工措施

施工单位应当根据不同施工阶段和周围环境及季节、气候的变化,在施工现场采取相应的安全施工措施。施工现场暂时停止施工的,施工单位应当做好现场防护,所需费用由责任方承担,或者按照合同约定执行。

三、施工现场生活区的管理和消防管理

(一)施工现场生活区和作业区环境的管理

《建设工程安全生产管理条例》第二十九条规定:"施工单位应当将施工现场的办公、生活区与作业区分开设置,并保持安全距离;办公、生活区的选址应当符合安全性要求。职工的膳食、饮水、休息场所等应当符合卫生标准。施工单位不得在尚未竣工的建筑物内设置员工集体宿舍。施工现场临时搭设的建筑物应当符合安全使用要求。施工现场使用的装配式活动房屋应当具有产品合格证。"

中华人民共和国住房和城乡建设部对《建筑施工安全检查标准》进行了修订,修订后的《建筑施工安全检查标准》自2012年7月1日实施。施工现场的安全、办公、生活区、临时设施和员工的生活条件,除应当符合新修订的该标准外,还要符合《建筑施工现场环境与卫生标准》。

(二)施工现场的消防管理

《建设工程安全生产管理条例》第三十一条规定:"施工单位应当在施工现场建立消

防安全责任制度，确定消防安全责任人，制定用火、用电、使用易燃易爆材料等各项消防安全管理制度和操作规程，设置消防通道、消防水源、配备消防设施和灭火器材，并在施工现场入口处设置明显标志。"

四、房屋拆除的安全管理

房屋拆除是建筑活动的一项重要内容。近年来，随着国民经济增长，旧城改造任务扩大，拆除工程逐渐增多。在房屋拆除作业中，因拆除施工造成的倒塌、伤亡事故时有发生。

为了进一步加强房屋拆除的安全管理，《建筑法》第五十条、《安全生产管理条例》第二十条都对此作了专门规定，建设部发布了《建筑拆除工程安全技术规范》，自2005年3月1日实施。上述法条的主要含义包括：

1. 房屋拆除由具备保证房屋拆除安全条件的建筑施工单位承担，不具备保证房屋拆除安全条件的建筑施工单位和非建筑施工单位不得承担房屋拆除任务。这里的安全条件主要包括：有编制房屋拆除安全技术措施的能力；有相应的专业技术人员；有相应的机械设备等。

2. 建筑施工单位负责人对房屋拆除的安全负责。建筑施工单位的负责人是建筑施工企业的行政管理人员，他不仅对拆除业务活动负责，还应当对拆除过程中的安全负责。为了保证安全，建筑施工企业必须执行国家的有关安全的规定；必须对拆除人员进行安全教育；必须为拆除人员准备防护用品等。在施工前，要组织技术人员和工人学习施工组织设计和安全操作规程；必须对拆除工程的施工进行统一领导和经常监督。

3. 对于一些需要爆破作业的特殊拆除工程，必须按照现行国家标准《爆破安全规程》（GB 6722—2011）的规定执行。进行大型爆破作业，或在城镇与其他居民聚居的地方、风景名胜区和重要工程设施附近进行控制爆破作业，施工单位必须事先将爆破作业方案报县、市以上主管部门批准，并征得所在地县、市公安局同意，方准爆破作业。

第八节 生产安全事故的应急救援和调查处理

建筑业属于事故多发的行业之一。由于建设工程中生产安全事故的发生不可能完全杜绝，在加强施工安全监督管理、坚持预防为主的同时，为了减少建设工程安全事故中的人员伤亡和财产损失，还必须建立建设工程生产安全事故的应急救援制度。

安全事故人命关天，任何的拖延和耽误都有可能导致生命和财产安全的威胁，都有可能导致损失的扩大。因此，必须在事故发生以前，未雨绸缪，制定好应急救援的措施，一旦发生事故，可以在最短的时间内，将损失降低到最小。

安全事故都是严重的责任事故，事故发生后，首先，施工单位应按规定及时上报有关部门。实行总承包的项目,由总承包单位负责上报,接到报告的部门应按规定如实上报。在发生安全事故的现场,施工单位应当采取有效的措施。然后,在调查清楚事故原因的基础上,对相关责任人的责任作出明确的界定,只有这样才能避免类似事故的重复发生。

一、生产安全事故应急救援预案的制定

(一) 政府相关部门应制定本行政区域内特大生产安全事故应急救援预案

《安全生产法》第六十八条和《安全生产管理条例》第四十七条均规定了县级以上地方各级人民政府有组织有关部门制定本行政区域内特大生产安全事故应急救援预案和建立应急救援体系的义务。

特大生产安全事故往往具有突发性、紧迫性的特点,如没有事先做好充分的应急准备工作,很难在短时间内组织起有效的抢救,防止事故扩大或减少人员伤亡和财产损失。因此,事先制定应急救援预案,形成应急救援体系的工作十分重要。

应急救援预案是指事先制定的关于特大生产安全事故发生时进行紧急救援的组织、程序、措施、责任以及协调等方面的方案和计划。

(二) 施工单位生产安全事故应急救援预案的制定和责任的落实

1. 施工单位生产安全事故应急救援预案的制定

根据《安全生产法》及相关规定,建筑施工单位应当:

(1) 建立应急救援组织;生产经营规模较小,可以不建立应急救援组织的,应当指定兼职的应急救援人员。

(2) 配备必要的应急救援器材、设备,进行经常性维护、保养,保证正常运转。

(3) 定期组织演练。

2. 施工单位在施工现场落实应急预案责任的划分

为了贯彻"安全第一、预防为主"的安全生产方针,施工单位应当根据建设工程施工的特点、范围,对施工现场易发生重大事故的部位、环节进行监控,制定施工现场生产安全事故应急救援预案。

实行施工总承包的,由总承包单位统一组织编制建设工程生产安全事故应急救援预案,工程总承包单位和分包单位按照应急救援预案,各自建立应急救援组织或者配备应急救援人员,配备救援器材、设备,并定期组织演练。

二、生产安全事故的报告制度

(一) 生产安全事故的等级

根据国务院最新颁布的《生产安全事故报告和调查处理条例》(国务院令第493号,2007年4月9日),生产安全事故(以下简称事故)依据造成的人员伤亡或者直接经济损失划分为以下等级:

1. 特别重大事故,是指造成30人以上死亡,或者100人以上重伤(包括急性工业中毒,下同),或者1亿元以上直接经济损失的事故;

2. 重大事故，是指造成 10 人以上 30 人以下死亡，或者 50 人以上 100 人以下重伤，或者 5000 万元以上 1 亿元以下直接经济损失的事故；

3. 较大事故，是指造成 3 人以上 10 人以下死亡，或者 10 人以上 50 人以下重伤，或者 1000 万元以上 5000 万元以下直接经济损失的事故；

4. 一般事故，是指造成 3 人以下死亡，或者 10 人以下重伤，或者 1000 万元以下直接经济损失的事故。

(二) 生产事故报告制度

《建筑法》第五十一条规定："施工中发生事故时，建筑施工企业应当采取紧急措施减少人员伤亡和事故损失，并按照国家有关规定及时向有关部门报告"。

《安全生产法》第七十条规定："生产经营单位发生生产安全事故后，事故现场有关人员应当立即报告本单位负责人。单位负责人接到事故报告后，应当迅速采取有效措施，组织抢救，防止事故扩大，减少人员伤亡和财产损失，并按照国家有关规定立即如实报告当地负有安全生产监督管理职责的部门。"

《安全生产管理条例》第五十条规定："施工单位发生生产安全事故，应当按照国家有关伤亡事故报告和调查处理的规定，及时、如实地向负责安全生产监督管理的部门、建设行政主管部门或者其他有关部门报告；特种设备发生事故的，还应当同时向特种设备安全监督管理部门报告。接到报告的部门应当按照国家有关规定，如实上报。实行施工总承包的建设工程，由总承包单位负责上报事故。"

根据上述法规，在建筑施工中发生事故时，建筑施工企业除必须依法立即采取减少人员伤亡和财产损失的紧急措施外，还必须按照国家有关规定及时向有关主管部门报告。国务院最新颁布的《生产安全事故报告和调查处理条例》对事故报告的时间及程序、事故报告的内容和接到事故报告后应采取的措施均作出了明确规定。

1. 事故报告的时间及程序

事故发生后，事故现场有关人员应当立即向本单位负责人报告；单位负责人接到报告后，应当于 1 小时内向事故发生地县级以上人民政府安全生产监督管理部门和负有安全生产监督管理职责的有关部门报告。

情况紧急时，事故现场有关人员可以直接向事故发生地县级以上人民政府安全生产监督管理部门和负有安全生产监督管理职责的有关部门报告。

安全生产监督管理部门和负有安全生产监督管理职责的有关部门接到事故报告后，应当依照下列规定上报事故情况，并通知公安机关、劳动保障行政部门、工会和人民检察院：

(1) 特别重大事故、重大事故逐级上报至国务院安全生产监督管理部门和负有安全生产监督管理职责的有关部门；

(2) 较大事故逐级上报至省、自治区、直辖市人民政府安全生产监督管理部门和负有安全生产监督管理职责的有关部门；

(3) 一般事故上报至设区的市级人民政府安全生产监督管理部门和负有安全生产监督管理职责的有关部门。

安全生产监督管理部门和负有安全生产监督管理职责的有关部门依照前款规定上报事故情况，应当同时报告本级人民政府。国务院安全生产监督管理部门和负有安全生产监督管理职责的有关部门以及省级人民政府接到发生特别重大事故、重大事故的报告后，应当立即报告国务院。

必要时，安全生产监督管理部门和负有安全生产监督管理职责的有关部门可以越级上报事故情况。

安全生产监督管理部门和负有安全生产监督管理职责的有关部门逐级上报事故情况，每级上报的时间不得超过2小时。

特种设备发生事故时，应当同时向特种设备安全监督管理部门报告。

对于接到报告的部门，应当按照国家有关规定，如实、及时上报。

实行施工总承包的，在总承包工程中发生伤亡事故，应由总承包单位负责统计上报事故情况。

2. 事故报告的内容

报告事故应当包括下列内容：①事故发生单位概况；②事故发生的时间、地点以及事故现场情况；③事故的简要经过；④事故已经造成或者可能造成的伤亡人数（包括下落不明的人数）和初步估计的直接经济损失；⑤已经采取的措施；⑥其他应当报告的情况。

事故报告后出现新情况的，应当及时补报。新情况是指：①自事故发生之日起30日内，事故造成的伤亡人数发生变化的；②道路交通事故、火灾事故自发生之日起7日内，事故造成的伤亡人数发生变化的。

3. 接到事故报告后应采取的措施

（1）事故发生单位负责人接到事故报告后，应当立即启动事故相应应急预案，或者采取有效措施，组织抢救，防止事故扩大，减少人员伤亡和财产损失。

（2）事故发生地有关地方人民政府、安全生产监督管理部门和负有安全生产监督管理职责的有关部门接到事故报告后，其负责人应当立即赶赴事故现场，组织事故救援。

（3）事故发生后，有关单位和人员应当妥善保护事故现场以及相关证据，任何单位和个人不得破坏事故现场、毁灭相关证据。

（4）因抢救人员、防止事故扩大以及疏通交通等原因，需要移动事故现场物件的，应当做出标志，绘制现场简图并做出书面记录，妥善保存现场重要痕迹、物证。

（5）事故发生地公安机关根据事故的情况，对涉嫌犯罪的，应当依法立案侦查，采取强制措施和侦查措施。犯罪嫌疑人逃匿的，公安机关应当迅速追捕归案。

（6）安全生产监督管理部门和负有安全生产监督管理职责的有关部门应当建立值班制度，并向社会公布值班电话，受理事故报告和举报。

（三）安全事故现场保护制度

《安全生产管理条例》第五十一条规定："发生生产安全事故后，施工单位应当采取措施防止事故扩大，保护事故现场。需要移动现场物品时，应当做出标记和书面记录，妥善保管有关证物。"

施工现场发生生产安全事故后,施工单位负责人应当组织对现场安全事故的抢救,实行总承包的项目,总承包单位应统一组织事故的抢救工作,要根据事故的情况按应急救援预案或企业有关事故处理的制度迅速采取有效措施,组织抢救,防止事故扩大,减少人员伤亡和财产损失。同时要保护事故现场,因抢救工作需要移动现场部分物品时,必须作出标志,绘制事故现场图,并详细记录,妥善保管有关证物。为调查分析事故发生的原因,提供真实的证据。

故意破坏事故现场、毁灭有关证据,为将来进行事故调查、确定事故责任制造障碍者,要承担相应的责任。分包单位要根据总承包单位统一组织的应急救援预案和各自的职责分工,投入抢救工作,防止事态扩大。

三、生产安全事故调查

(一) 事故调查的职权范围

特别重大事故由国务院或者国务院授权有关部门组织事故调查组进行调查。

重大事故、较大事故、一般事故分别由事故发生地省级人民政府、设区的市级人民政府、县级人民政府负责调查。省级人民政府、设区的市级人民政府、县级人民政府可以直接组织事故调查组进行调查,也可以授权或者委托有关部门组织事故调查组进行调查。

未造成人员伤亡的一般事故,县级人民政府也可以委托事故发生单位组织事故调查组进行调查。

上级人民政府认为必要时,可以调查由下级人民政府负责调查的事故。

自事故发生之日起 30 日内(道路交通事故、火灾事故自发生之日起 7 日内),因事故伤亡人数变化导致事故等级发生变化,依照规定应当由上级人民政府负责调查的,上级人民政府可以另行组织事故调查组进行调查。

特别重大事故以下等级的事故,事故发生地与事故发生单位不在同一个县级以上行政区域的,由事故发生地人民政府负责调查,事故发生单位所在地人民政府应当派人参加。

(二) 事故调查组的组成

事故调查组的组成应当遵循精简、效能的原则。根据事故的具体情况,事故调查组由有关人民政府、安全生产监督管理部门、负有安全生产监督管理职责的有关部门、监察机关、公安机关以及工会派人组成,并应当邀请人民检察院派人参加。事故调查组可以聘请有关专家参与调查。

事故调查组组长由负责事故调查的人民政府指定。事故调查组组长主持事故调查组的工作。事故调查组成员应当具有事故调查所需要的知识和专长,并与所调查的事故没有直接利害关系。

(三) 事故调查组的职责

事故调查组应当履行下列职责:

1. 查明事故发生的经过、原因、人员伤亡情况及直接经济损失;

2. 认定事故的性质和事故责任；
3. 提出对事故责任者的处理建议；
4. 总结事故教训，提出防范和整改措施；
5. 提交事故调查报告。

(四) 事故调查的实施

事故调查组有权向有关单位和个人了解与事故有关的情况，并要求其提供相关文件、资料，有关单位和个人不得拒绝。事故发生单位的负责人和有关人员在事故调查期间不得擅离职守，并应当随时接受事故调查组的询问，如实提供有关情况。事故调查中发现涉嫌犯罪的，事故调查组应当及时将有关材料或者其复印件移交司法机关处理。

事故调查中需要进行技术鉴定的，事故调查组应当委托具有国家规定资质的单位进行技术鉴定。必要时，事故调查组可以直接组织专家进行技术鉴定。技术鉴定所需时间不计入事故调查期限。

事故调查组成员在事故调查工作中应当诚信公正、恪尽职守，遵守事故调查组的纪律，保守事故调查的秘密。未经事故调查组组长允许，事故调查组成员不得擅自发布有关事故的信息。

(五) 事故调查报告

事故调查组应当自事故发生之日起 60 日内提交事故调查报告；特殊情况下，经负责事故调查的人民政府批准，提交事故调查报告的期限可以适当延长，但延长的期限最长不超过 60 日。

事故调查报告应当包括下列内容：①事故发生单位概况；②事故发生经过和事故救援情况；③事故造成的人员伤亡和直接经济损失；④事故发生的原因和事故性质；⑤事故责任的认定以及对事故责任者的处理建议；⑥事故防范和整改措施。

事故调查报告应当附具有关证据材料。事故调查组成员应当在事故调查报告上签名。

事故调查报告报送负责事故调查的人民政府后，事故调查工作即告结束。事故调查的有关资料应当归档保存。

四、生产安全事故处理

重大事故、较大事故、一般事故，负责事故调查的人民政府应当自收到事故调查报告之日起 15 日内做出批复；特别重大事故，30 日内做出批复，特殊情况下，批复时间可以适当延长，但延长的时间最长不超过 30 日。

有关机关应当按照人民政府的批复，依照法律、行政法规规定的权限和程序，对事故发生单位和有关人员进行行政处罚，对负有事故责任的国家工作人员进行处分。

事故发生单位应当按照负责事故调查的人民政府的批复，对本单位负有事故责任的人员进行处理。

负有事故责任的人员涉嫌犯罪的，依法追究刑事责任。

事故发生单位应当认真吸取事故教训，落实防范和整改措施，防止事故再次发生。

防范和整改措施的落实情况应当接受工会和职工的监督。

安全生产监督管理部门和负有安全生产监督管理职责的有关部门应当对事故发生单位落实防范和整改措施的情况进行监督检查。

事故处理的情况由负责事故调查的人民政府或者其授权的有关部门、机构向社会公布,依法应当保密的除外。

第九节 法律责任

一、《安全生产法》规定的法律责任

(一)生产经营单位的法律责任

1. 生产经营单位未与承包单位、承租单位签订专门的安全生产管理协议或者未在承包合同、租赁合同中明确各自的安全生产管理职责,或者未对承包单位、承租单位的安全生产统一协调、管理的,责令限期改正;逾期未改正的,责令停产停业整顿。

2. 两个以上生产经营单位在同一作业区域内进行可能危及对方安全生产的生产经营活动,未签订安全生产管理协议或者未指定专职安全生产管理人员进行安全检查与协调的,责令限期改正;逾期未改正的,责令停产停业。

3. 生产经营单位有下列行为之一的,责令限期改正;逾期未改正的,责令停产停业整顿,可以并处2万元以下的罚款:

(1) 未按照规定设立安全生产管理机构或者配备安全生产管理人员的;

(2) 危险物品的生产、经营、储存单位以及矿山、建筑施工单位的主要负责人和安全生产管理人员未按照规定经考核合格的;

(3) 未按照规定对从业人员进行安全生产教育和培训,或者未按照规定如实告知从业人员有关的安全生产事项的;

(4) 特种作业人员未按照规定经专门的安全作业培训并取得特种作业操作资格证书上岗作业的。

4. 生产经营单位将生产经营项目、场所、设备发包或者出租给不具备安全生产条件或者相应资质的单位或者个人的,责令限期改正,没收违法所得;违法所得5万元以上的,并处违法所得1倍以上5倍以下的罚款;没有违法所得或者违法所得不足5万元的,单处或者并处1万元以上5万元以下的罚款;导致发生生产安全事故给他人造成损害的,与承包方、承租方承担连带赔偿责任。

5. 生产经营单位与从业人员订立协议,免除或者减轻其对从业人员因生产安全事故伤亡依法应承担的责任的,该协议无效;对生产经营单位的主要负责人、个人经营的投资人处2万元以上10万元以下的罚款。

6. 生产经营单位有下列行为之一的，责令限期改正；逾期未改正的，责令停止建设或者停产停业整顿，可以并处 5 万元以下的罚款；造成严重后果构成犯罪的，依照刑法有关规定追究刑事责任：

（1）矿山建设项目或者用于生产、储存危险物品的建设项目没有安全设施设计或者安全设施设计未按照规定报经有关部门审查同意的；

（2）矿山建设项目或者用于生产、储存危险物品的建设项目的施工单位未按照批准的安全设施设计施工的；

（3）矿山建设项目或者用于生产、储存危险物品的建设项目竣工投入生产或者使用前，安全设施未经验收合格的；

（4）未在有较大危险因素的生产经营场所和有关设施、设备上设置明显的安全警示标志的；

（5）安全设备的安装、使用、检测、改造和报废不符合国家标准或者行业标准的；

（6）未对安全设备进行经常性维护、保养和定期检测的；

（7）未为从业人员提供符合国家标准或者行业标准的劳动防护用品的；

（8）特种设备以及危险物品的容器、运输工具未经取得专业资质的机构检测、检验合格，取得安全使用证或者安全标志，投入使用的；

（9）使用国家明令淘汰、禁止使用的危及生产安全的工艺、设备的。

7. 生产经营单位有下列行为之一的，责令限期改正；逾期未改正的，责令停产停业整顿，可以并处 2 万元以上 10 万元以下的罚款；造成严重后果，构成犯罪的，依照刑法有关规定追究刑事责任：

（1）生产、经营、储存、使用危险物品，未建立专门安全管理制度、未采取可靠的安全措施或者不接受有关主管部门依法实施的监督管理的；

（2）对重大危险源未登记建档，或者未进行评估、监控，或者未制订应急预案的；

（3）进行爆破、吊装等危险作业，未安排专门管理人员进行现场安全管理的。

8. 生产经营单位有下列行为之一的，责令限期改正；逾期未改正的，责令停产停业整顿；造成严重后果，构成犯罪的，依照刑法有关规定追究刑事责任：

（1）生产、经营、储存、使用危险物品的车间、商店、仓库与员工宿舍在同一座建筑内，或者与员工宿舍的距离不符合安全要求的；

（2）生产经营场所和员工宿舍未设有符合紧急疏散需要、标志明显、保持畅通的出口，或者封闭、堵塞生产经营场所或者员工宿舍出口的。

9. 生产经营单位不具备本法和其他有关法律、行政法规和国家标准或者行业标准规定的安全生产条件，经停产停业整顿仍不具备安全生产条件的，予以关闭；有关部门应当依法吊销其有关证照。

10. 生产经营单位发生生产安全事故造成人员伤亡、他人财产损失的，应当依法承担赔偿责任；拒不承担或者其负责人逃匿的，由人民法院依法强制执行。生产安全事故的责任人未依法承担赔偿责任，经人民法院依法采取执行措施后，仍不能对受害人给予足额赔偿的，应当继续履行赔偿义务；受害人发现责任人有其他财产的，可以随时请求人民法院执行。

(二)生产经营单位相关人员的法律责任

1. 生产经营单位的决策机构、主要负责人、个人经营的投资人不依照本法规定保证安全生产所必需的资金投入,致使生产经营单位不具备安全生产条件的,责令限期改正,提供必需的资金;逾期未改正的,责令生产经营单位停产停业整顿。有前款违法行为,导致发生生产安全事故,构成犯罪的,依照刑法有关规定追究刑事责任;尚不够刑事处罚的,对生产经营单位的主要负责人给予撤职处分,对个人经营的投资人处2万元以上20万元以下的罚款。

2. 生产经营单位的主要负责人未履行本法规定的安全生产管理职责的,责令限期改正;逾期未改正的,责令生产经营单位停产停业整顿。生产经营单位的主要负责人有前款违法行为,导致发生生产安全事故,构成犯罪的,依照刑法有关规定追究刑事责任;尚不够刑事处罚的,给予撤职处分或者处2万元以上20万元以下的罚款。生产经营单位的主要负责人依照前款规定受刑事处罚或者撤职处分的,自刑罚执行完毕或者受处分之日起,5年内不得担任任何生产经营单位的主要负责人。

3. 生产经营单位主要负责人在本单位发生重大生产安全事故时,不立即组织抢救或者在事故调查处理期间擅离职守或者逃匿的,给予降职、撤职的处分,对逃匿的处15日以下拘留;构成犯罪的,依照刑法有关规定追究刑事责任。生产经营单位主要负责人对生产安全事故隐瞒不报、谎报或者拖延不报的,依照前款规定处罚。

4. 生产经营单位的从业人员不服从管理,违反安全生产规章制度或者操作规程的,由生产经营单位给予批评教育,依照有关规章制度给予处分;造成重大事故,构成犯罪的,依照刑法有关规定追究刑事责任。

(三)政府及相关部门的法律责任

1. 有关地方人民政府、负有安全生产监督管理职责的部门,对生产安全事故隐瞒不报、谎报或者拖延不报的,对直接负责的主管人员和其他直接责任人员依法给予行政处分;构成犯罪的,依照刑法有关规定追究刑事责任。

2. 负有安全生产监督管理职责的部门的工作人员,有下列行为之一的,给予降级或者撤职的行政处分;构成犯罪的,依照刑法有关规定追究刑事责任:

(1) 对不符合法定安全生产条件的涉及安全生产的事项予以批准或者验收通过的;

(2) 发现未依法取得批准、验收的单位擅自从事有关活动或者接到举报后不予取缔或者不依法予以处理的;

(3) 对已经依法取得批准的单位不履行监督管理职责,发现其不再具备安全生产条件而不撤销原批准或者发现安全生产违法行为不予查处的。

3. 负有安全生产监督管理职责的部门,要求被审查、验收的单位购买其指定的安全设备、器材或者其他产品的,在对安全生产事项的审查、验收中收取费用的,由其上级机关或者监察机关责令改正,责令退还收取的费用;情节严重的,对直接负责的主管人员和其他直接责任人员依法给予行政处分。

4. 承担安全评价、认证、检测、检验工作的机构,出具虚假证明,构成犯罪的,依照刑法有关规定追究刑事责任；尚不够刑事处罚的，没收违法所得，违法所得在 5000 元以上的，并处违法所得 2 倍以上 5 倍以下的罚款，没有违法所得或者违法所得不足 5000 元的，单处或者并处 5000 元以上 2 万元以下的罚款，对其直接负责的主管人员和其他直接责任人员处 5000 元以上 5 万元以下的罚款；给他人造成损害的，与生产经营单位承担连带赔偿责任。对有前款违法行为的机构，撤销其相应资格。

（四）擅自生产、经营、储存危险物品的法律责任

未经依法批准，擅自生产、经营、储存危险物品的，责令停止违法行为或者予以关闭，没收违法所得，违法所得 10 万元以上的，并处违法所得 1 倍以上 5 倍以下的罚款，没有违法所得或者违法所得不足 10 万元的，单处或者并处 2 万元以上 10 万元以下的罚款；造成严重后果，构成犯罪的，依照刑法有关规定追究刑事责任。

二、《建设工程安全生产管理条例》规定的法律责任

（一）建设单位的违法行为及其法律责任

1. 根据《安全生产管理条例》第五十四条，建设单位未提供建设工程安全生产作业环境及安全施工措施所需费用的，责令限期改正；逾期未改正的，责令该建设工程停止施工。

建设单位未将保证安全施工的措施或者拆除工程的有关资料报送有关部门备案的，责令限期改正，给予警告。

2. 根据《安全生产管理条例》第五十五条，建设单位在安全生产中违反规定，有下列行为之一的，责令限期改正，处 20 万元以上 50 万元以下的罚款；造成重大安全事故，构成犯罪的，对直接责任人员，依照刑法有关规定追究刑事责任；造成损失的，依法承担赔偿责任：

（1）对勘察、设计、施工、工程监理等单位提出不符合安全生产法律、法规和强制性标准规定的要求的；

（2）要求施工单位压缩合同约定的工期的；

（3）将拆除工程发包给不具有相应资质等级的施工单位的。

（二）勘察、设计单位的违法行为及其法律责任

根据《安全生产管理条例》第五十六条，勘察单位、设计单位在勘察、设计中违反规定，有下列行为之一的，责令限期改正，处 10 万元以上 30 万元以下的罚款；情节严重的，责令停业整顿，降低资质等级，直至吊销资质证书；造成重大安全事故，构成犯罪的，对直接责任人员，依照刑法有关规定追究刑事责任；造成损失的，依法承担赔偿责任：

1. 未按照法律、法规和工程建设强制性标准进行勘察、设计的；

2. 采用新结构、新材料、新工艺的建设工程和特殊结构的建设工程，设计单位未在设计中提出保障施工作业人员安全和预防生产安全事故的措施建议的。

（三）工程监理单位的违法行为及其法律责任

根据《安全生产管理条例》第五十七条，工程监理单位在实施监理工作中违反规

定，有下列行为之一的，责令限期改正；逾期未改正的，责令停业整顿，并处10万元以上30万元以下的罚款；情节严重的，降低资质等级，直至吊销资质证书；造成重大安全事故，构成犯罪的，对直接责任人员，依照刑法有关规定追究刑事责任；造成损失的，依法承担赔偿责任：

1. 未对施工组织设计中的安全技术措施或者专项施工方案进行审查的；
2. 发现安全事故隐患未及时要求施工单位整改或者暂时停止施工的；
3. 施工单位拒不整改或者不停止施工，未及时向有关主管部门报告的；
4. 未依照法律、法规和工程建设强制性标准实施监理的。

（四）建筑施工企业的违法行为及其法律责任

1. 施工单位未履行法定安全义务的法律责任

根据《安全生产管理条例》第六十二条，施工单位未履行法定的安全义务，有下列行为之一的，责令限期改正；逾期未改正的，责令停业整顿，依照《安全生产法》的有关规定处以罚款；造成重大安全事故，构成犯罪的，对直接责任人员，依照刑法有关规定追究刑事责任：

（1）未设立安全生产管理机构、配备专职安全生产管理人员或者分部分项工程施工时无专职安全生产管理人员现场监督的；

（2）施工单位的主要负责人、项目负责人、专职安全生产管理人员、作业人员或者特种作业人员，未经安全教育培训或者经考核不合格即从事相关工作的；

（3）未在施工现场的危险部位设置明显的安全警示标志，或者未按照国家有关规定在施工现场设置消防通道、消防水源、配备消防设施和灭火器材的；

（4）未向作业人员提供安全防护用具和安全防护服装的；

（5）未按照规定在施工起重机械和整体提升脚手架、模板等自升式架设设施验收合格后登记的；

（6）使用国家明令淘汰、禁止使用的危及施工安全的工艺、设备、材料的。

2. 施工单位挪用有关安全费用的法律责任

根据《安全生产管理条例》第六十三条，施工单位违反规定，挪用列入建设工程概算的安全生产作业环境及安全施工措施所需费用的，责令限期改正，处挪用费用20%以上50%以下的罚款；造成损失的，依法承担赔偿责任。

3. 施工单位未采取安全技术措施、环境保护措施等的法律责任

根据《安全生产管理条例》第六十四条，施工单位违反规定，有下列行为之一的，责令限期改正；逾期未改正的，责令停业整顿，并处5万元以上10万元以下的罚款；造成重大安全事故，构成犯罪的，对直接责任人员，依照刑法有关规定追究刑事责任：

（1）施工前未对有关安全施工的技术要求作出详细说明的；

（2）未根据不同施工阶段和周围环境及季节、气候的变化，在施工现场采取相应的安全施工措施，或者在城市市区内的建设工程的施工现场未实行封闭围挡的；

（3）在尚未竣工的建筑物内设置员工集体宿舍的；

（4）施工现场临时搭建的建筑物不符合安全使用要求的；

(5) 未对因建设工程施工可能造成损害的毗邻建筑物、构筑物和地下管线等采取专项防护措施的。

施工单位有前款规定第 4 项、第 5 项行为,造成损失的,依法承担赔偿责任。

4. 施工单位施工过程中的违法行为及法律责任

根据《安全生产管理条例》第六十五条,施工单位在施工过程中违反规定,有下列行为之一的,责令限期改正;逾期未改正的,责令停业整顿,并处 10 万元以上 30 万元以下的罚款;情节严重的,降低资质等级,直至吊销资质证书;造成重大安全事故,构成犯罪的,对直接责任人员,依照刑法有关规定追究刑事责任;造成损失的,依法承担赔偿责任:

(1) 安全防护用具、机械设备、施工机具及配件在进入施工现场前未经查验或者查验不合格即投入使用的;

(2) 使用未经验收或者验收不合格的施工起重机械和整体提升脚手架、模板等自升式架设设施的;

(3) 委托不具有相应资质的单位承担施工现场安装、拆卸施工起重机械和整体提升脚手架、模板等自升式架设设施的;

(4) 在施工组织设计中未编制安全技术措施、施工现场临时用电方案或者专项施工方案的。

5. 施工单位负责人、作业人等有关人员的违法行为及法律责任

根据《安全生产管理条例》第六十条,施工单位的主要负责人、项目负责人未履行安全生产管理职责的,责令限期改正;逾期未改正的,责令施工单位停业整顿;造成重大安全事故、重大伤亡事故或者其他严重后果,构成犯罪的,依照刑法有关规定追究刑事责任。

作业人员不服管理、违反规章制度和操作规程冒险作业造成重大伤亡事故或者其他严重后果,构成犯罪的,依照刑法有关规定追究刑事责任。

施工单位的主要负责人、项目负责人有上述违法行为,尚不够刑事处罚的,处 2 万元以上 20 万元以下的罚款或者按照管理权限给予撤职处分;自刑罚执行完毕或者受处分之日起,5 年内不得担任任何施工单位的主要负责人、项目负责人。

6. 施工单位不具备安全生产条件的法律责任

根据《安全生产管理条例》第六十七条的规定,施工单位取得资质证书后,降低安全生产条件的,责令限期改正;经整改仍未达到与其资质等级相适应的安全生产条件的,责令停业整顿,降低其资质等级,直至吊销资质证书。

(五) 其他情况的违法行为和法律责任

1. 行政管理部门及其工作人员的违法行为及其法律责任

根据《安全生产管理条例》第五十三条,县级以上人民政府建设行政主管部门或者其他有关行政管理部门的工作人员,违反规定,有下列行为之一的,应当承担降级或者撤职的行政处分;构成犯罪的,依照刑法有关规定追究刑事责任:

(1) 对不具备安全生产条件的施工单位颁发资质证书的;

(2) 对没有安全施工措施的建设工程颁发施工许可证的；

(3) 发现违法行为不予查处的；

(4) 不依法履行监督管理职责的其他行为。

2. 注册执业人员的违法行为及其法律责任

根据《安全生产管理条例》第五十八条，注册执业人员在执业中未执行法律、法规和工程建设强制性标准的，责令停止执业3个月以上1年以下；情节严重的，吊销执业资格证书，5年内不予注册；造成重大安全事故的，终身不予注册；构成犯罪的，依照刑法有关规定追究刑事责任。

3. 为建设工程提供机械设备和配件的单位的违法行为及其法律责任

根据《安全生产管理条例》第五十九条，为建设工程提供机械设备和配件的单位，违反《安全生产管理条例》第十五条的规定，未按照安全施工的要求配备齐全有效的保险、限位等安全设施和装置的，责令限期改正，处合同价款1倍以上3倍以下的罚款；造成损失的，依法承担赔偿责任。

4. 机械设备和施工机具及配件的出租单位的违法行为及其法律责任

根据《安全生产管理条例》第六十条，出租单位违反《安全生产管理条例》第十六条的规定，出租未经安全性能检测或者经检测不合格的机械设备和施工机具及配件的，责令停业整顿，并处5万元以上10万元以下的罚款；造成损失的，依法承担赔偿责任。

5. 施工起重机械和整体提升脚手架、模板等自升式架设设施安装、拆卸单位的违法行为及其法律责任

根据《安全生产管理条例》第六十一条，施工起重机械和整体提升脚手架、模板等自升式架设设施安装、拆卸单位，违反《安全生产管理条例》第十七条的规定，有下列行为之一的，责令限期改正，处5万元以上10万元以下的罚款；情节严重的，责令停业整顿，降低资质等级，直至吊销资质证书；造成损失的，依法承担赔偿责任：

(1) 未编制拆装方案、制定安全施工措施的；

(2) 未由专业技术人员现场监督的；

(3) 未出具自检合格证明或者出县虚假证明的；

(4) 未向施工单位进行安全使用说明，办理移交手续的。

施工起重机械和整体提升脚手架、模板等自升式架设设施安装、拆卸单位有上述规定的第1项、第3项行为，经有关部门或者单位职工提出后，对事故隐患仍不采取措施，因而发生重大伤亡事故或者造成其他严重后果，构成犯罪的，对直接责任人员，依照刑法有关规定追究刑事责任。

三、《安全生产许可证条例》规定的法律责任

(一) 建筑生产企业的违法行为和法律责任

1. 未取得安全生产许可证擅自生产的法律责任

违反本条例规定，未取得安全生产许可证擅自进行生产的，责令停止生产，没收违法所得，并处10万元以上50万元以下的罚款；造成重大事故或者其他严重后果，构成

犯罪的,依法追究刑事责任。

2. 期满未办理延期手续,继续进行生产的法律责任

违反本条例规定,安全生产许可证有效期满未办理延期手续,继续进行生产的,责令停止生产,限期补办延期手续,没收违法所得,并处 5 万元以上 10 万元以下的罚款;逾期仍不办理延期手续,继续进行生产的,依照第一条的规定处罚。

3. 转让安全生产许可证的法律责任

转让安全生产许可证的,没收违法所得,处 10 万元以上 50 万元以下的罚款,并吊销其安全生产许可证;构成犯罪的,依法追究刑事责任;接受转让的,依照(一)的规定处罚。

4. 冒用或伪造安全生产许可证的法律责任

冒用安全生产许可证或者使用伪造的安全生产许可证进行生产的,责令停止生产,没收违法所得,并处 10 万元以上 50 万元以下的罚款;造成重大事故或者其他严重后果,构成犯罪的,依法追究刑事责任。

(二)安全生产许可证颁发管理机关工作人员的法律责任

安全生产许可证颁发管理机关工作人员有下列行为之一的,给予降级或者撤职的行政处分;构成犯罪的,依法追究刑事责任:

1. 向不符合本条例规定的安全生产条件的企业颁发安全生产许可证的;

2. 发现企业未依法取得安全生产许可证擅自从事生产活动,不依法处理的;

3. 发现取得安全生产许可证的企业不再具备本条例规定的安全生产条件,不依法处理的;

4. 接到对违反本条例规定行为的举报后,不及时处理的;

5. 在安全生产许可证颁发、管理和监督检查工作中,索取或者接受企业的财物,或者谋取其他利益的。

四、《生产安全事故报告和调查处理条例》规定的法律责任

(一)事故发生单位主要负责人的违法行为和法律责任

1. 事故发生单位主要负责人有下列行为之一的,处上一年年收入 40％至 80％的罚款;属于国家工作人员的,并依法给予处分;构成犯罪的,依法追究刑事责任:

(1)不立即组织事故抢救的;

(2)迟报或者漏报事故的;

(3)在事故调查处理期间擅离职守的。

2. 事故发生单位主要负责人未依法履行安全生产管理职责,导致事故发生的,依照下列规定处以罚款;属于国家工作人员的,并依法给予处分;构成犯罪的,依法追究刑事责任:

(1)发生一般事故的,处上一年年收入 30％的罚款;

(2)发生较大事故的,处上一年年收入 40％的罚款;

(3)发生重大事故的,处上一年年收入 60％的罚款;

(4) 发生特别重大事故的，处上一年年收入 80% 的罚款。

(二) 事故发生单位及其有关人员的违法行为和法律责任

1. 事故发生单位对事故发生负有责任的，由有关部门依法暂扣或者吊销其有关证照；事故发生单位负有事故责任的有关人员，依法暂停或者撤销其与安全生产有关的执业资格、岗位证书；事故发生单位主要负责人受到刑事处罚或者撤职处分的，自刑罚执行完毕或者受处分之日起，5 年内不得担任任何生产经营单位的主要负责人，同时对事故发生单位依照下列规定处以罚款：

(1) 发生一般事故的，处 10 万元以上 20 万元以下的罚款；
(2) 发生较大事故的，处 20 万元以上 50 万元以下的罚款；
(3) 发生重大事故的，处 50 万元以上 200 万元以下的罚款；
(4) 发生特别重大事故的，处 200 万元以上 500 万元以下的罚款。

为发生事故的单位提供虚假证明的中介机构，由有关部门依法暂扣或者吊销其有关证照及其相关人员的执业资格；构成犯罪的，依法追究刑事责任。

2. 事故发生单位及其有关人员有下列行为之一的，对事故发生单位处 100 万元以上 500 万元以下的罚款；对主要负责人、直接负责的主管人员和其他直接责任人员处上一年年收入 60% 至 100% 的罚款；属于国家工作人员的，并依法给予处分；构成违反治安管理行为的，由公安机关依法给予治安管理处罚；构成犯罪的，依法追究刑事责任：

(1) 谎报或者瞒报事故的；
(2) 伪造或者故意破坏事故现场的；
(3) 转移、隐匿资金、财产，或者销毁有关证据、资料的；
(4) 拒绝接受调查或者拒绝提供有关情况和资料的；
(5) 在事故调查中作伪证或者指使他人作伪证的；
(6) 事故发生后逃匿的。

(三) 政府及有关部门的违法行为和法律责任

1. 有关地方人民政府、安全生产监督管理部门和负有安全生产监督管理职责的有关部门有下列行为之一的，对直接负责的主管人员和其他直接责任人员依法给予处分；构成犯罪的，依法追究刑事责任：

(1) 不立即组织事故抢救的；
(2) 迟报、漏报、谎报或者瞒报事故的；
(3) 阻碍、干涉事故调查工作的；
(4) 在事故调查中作伪证或者指使他人作伪证的。

2. 违反本条例规定，有关地方人民政府或者有关部门故意拖延或者拒绝落实经批复的对事故责任人的处理意见的，由监察机关对有关责任人员依法给予处分。

(四) 参与事故调查的人员的违法行为和法律责任

参与事故调查的人员在事故调查中有下列行为之一的，依法给予处分；构成犯罪的，依法追究刑事责任：

1. 对事故调查工作不负责任，致使事故调查工作有重大疏漏的；

第七章 建筑安全生产管理法规

2. 包庇、袒护负有事故责任的人员或者借机打击报复的。

复习思考题

一、单项选择题

1. 生产经营单位建设项目的安全设施投资应当纳入（　　）。
   A. 建设项目概算　　　　　　B. 经营成本
   C. 生产成本　　　　　　　　D. 建设项目保障费

2. 甲建设单位委托乙施工单位进行工业厂房建设，乙施工单位组成项目经理部，任命李强为项目经理。该项目部的材料管理员王亮的工伤社会保险费的缴纳者是（　　）。
   A. 甲建设单位　　　　　　　B. 李强
   C. 乙施工单位　　　　　　　D. 王亮

3. 某建筑施工企业的主要负责人没有依照《安全生产法》的规定保证安全生产所必需的资金投入，致使该企业不具备安全生产条件，并导致发生生产安全事故，但尚不够刑事处罚。对其应给予的处分是（　　）。
   A. 警告　　　　　　　　　　B. 撤职
   C. 罚款　　　　　　　　　　D. 降级

4. 某建筑施工企业的主要负责人，未履行《安全生产法》规定的安全生产管理职责，并且构成犯罪，被追究刑事责任。依据我国《安全生产法》的规定，该负责人自刑罚执行完毕之日起，不得担任任何生产经营单位的主要负责人的时限是（　　）。
   A. 2年内　　　　　　　　　　B. 3年内
   C. 4年内　　　　　　　　　　D. 5年内

5. 调查中发现，某建筑施工企业曾因未依法对从业人员进行安全生产教育和培训而被责令限期改正，但在限期内未改正。有关部门将依据我国《安全生产法》的规定，责令其停产整顿并罚款，其限额是（　　）。
   A. 1万元以下　　　　　　　　B. 2万元以上
   C. 2万元以下　　　　　　　　D. 3万元以下

6. 我国《安全生产法》规定，未为从业人员提供符合国家标准或者行业标准的劳动防护用品的，责令限期改正；逾期未改正的，责令停止建设或者停产停业整顿，可以并处的罚款限额是（　　）。
   A. 3万元以下　　　　　　　　B. 5万元以下
   C. 10万元以下　　　　　　　D. 10万元以上

7. 我国《建设工程安全生产管理条例》规定，对没有安全施工措施的建设项目，建设行政主管部门不予颁发（　　）。
   A. 建设工程规划许可证　　　　B. 施工许可证
   C. 建设用地规划许可证　　　　D. 安全许可证

8. 甲建设单位与乙施工单位签订了施工总承包合同，乙施工单位将其中的一部分工程分包给丙施工单位。在丙负责的施工现场由于升降机失控，造成5人死亡事故。根据《建设工程安全生产管理条例》，负责将该事故向有关政府部门上报的单位是（　　）。
   A. 县级以上人民政府　　　　　B. 乙施工单位
   C. 劳动部门　　　　　　　　　D. 项目经理部

9. 某道路施工中发生边坡滑坡事故，20人被埋，经抢救15人生还，5人死亡。该事故属于（　　）。
   A. 特别重大事故　　　　　　　　B. 重大事故
   C. 较大事故　　　　　　　　　　D. 一般事故

10. 某市地铁建设项目K标段施工任务由甲企业承担。2008年5月1日施工作业面上方突然发生路面大面积塌陷事故。当时20人在该施工段内作业。事故发生后有11人被救出，其余人员被埋，两天后挖出7具尸体，两人下落不明，施工单位随即向有关部门作了报告。事故发生第四天又挖出两具尸体。该事故死亡人数的变化情况，最迟的补报日期为（　　）。
    A. 2008年5月6日　　　　　　　B. 2008年5月8日
    C. 2008年5月15日　　　　　　 D. 2008年5月31日

11. 针对第10题的背景，对于该事故，有关部门给予甲企业的罚款额度是（　　）。
    A. 10万元以上20万元以下　　　　B. 20万元以上50万元以下
    C. 50万元以上200万元以下　　　 D. 200万元以上500万元以下

12. 针对第10题的背景，对于该事故，有关部门将给予甲企业总经理处以罚款，限额是其（　　）。
    A. 上一年年收入的30%　　　　　B. 上一年年收入的40%
    C. 上一年年收入的60%　　　　　D. 上一年年收入的80%

13. 确定建设工程安全作业环境及安全施工措施所需的费用，应当包括在（　　）内。
    A. 建设单位编制的工程概算　　　B. 建设单位编制工程估算
    C. 施工单位编制的工程概算　　　D. 施工单位编制的工程预算

14. 施工现场暂时停止施工的，施工单位应当做好现场防护，所需费用按照合同约定执行，或者由（　　）。
    A. 总包方承担　　B. 建设方承担　　C. 分包方承担　　D. 责任方承担

二、多项选择题

1. 我国《安全生产法》中所规定的生产经营单位安全生产保障措施有（　　）。
   A. 组织保障措施　　　　　　　　B. 管理保障措施
   C. 环境保障措施　　　　　　　　D. 经济保障措施
   E. 社会保障措施

2. 根据《安全生产法》的规定，一般从业人员上岗作业之前，须（　　）。
   A. 接受安全生产教育和培训　　　B. 掌握本单位的全部安全生产知识
   C. 了解有关的安全生产规章制度　D. 熟悉有关的安全操作规程
   E. 掌握本岗位的安全操作技能

3. 生产经营单位的主要负责人未履行本法规定的安全生产管理职责，导致发生生产安全事故，尚不够刑事处罚的，按照《安全生产法》的规定，可给予的处分有（　　）。
   A. 警告　　　　B. 撤职　　　　C. 罚款
   D. 刑事　　　　E. 开除

4. 《安全生产法》规定，生产经营单位有下列行为的，责令限期改正；逾期未改正的，责令停产停业整顿，可以并处2万元以上10万元以下的罚款；造成严重后果，构成犯罪的，依照刑法有关规定追究刑事责任。这些行为有（　　）。
   A. 对重大危险源未登记建档　　　B. 未对安全设备进行经常性维护

C. 重大危险源未进行评估和监控　　　D. 对重大危险源未制订应急预案

E. 进行爆破作业，未安排专门管理人员进行现场安全管理

5. 根据《安全生产法》的规定，安全生产中从业人员的权利有（　　）。

A. 知情权　　　B. 危险报告权　　　C. 请求赔偿权

D. 紧急避险权　　　E. 控告权

6. 根据《安全生产法》的规定，生产经营单位的临时聘用的从业人员所享有的安全生产权利有（　　）。

A. 有权了解其作业场所和工作岗位存在的危险因素

B. 有权了解其作业场所和工作岗位危险防范措施

C. 有权了解其作业场所和工作岗位事故应急措施

D. 遵守安全生产操作规程

E. 向安全生产管理人员报告安全事故隐患

7. 根据《安全生产法》规定，从业人员安全生产中的义务包括（　　）。

A. 自律遵规　　　B. 自觉学习安全生产知识

C. 检举安全生产中存在的问题　　　D. 危险报告

E. 批评安全生产中违章指挥

8. 根据《建设工程安全生产管理条例》及相关规定，下列说法正确的有（　　）。

A. 建设单位不得向有关单位提出影响安全生产的违法要求

B. 监理单位应当审查专项施工方案

C. 工程监理单位对建设工程安全生产不承担责任

D. 总承包单位应当自行完成建设工程主体结构的施工

E. 分包单位只接受总承包单位的安全生产管理

9. 根据《建设工程安全生产管理条例》的规定，应编制专项施工方案并附具安全验算结果的分部分项工程包括（　　）。

A. 深基坑工程　　　B. 脚手架工程

C. 楼地面工程　　　D. 高大模板工程

E. 起重吊装工程

10. 根据《建设工程安全生产管理条例》的规定，施工现场"应设置明显的、符合国家标准的安全警示标志"的危险部位包括（　　）。

A. 出入通道口　　　B. 孔洞口　　　C. 临时用电设施部位

D. 生活区　　　E. 基坑边沿

11. 施工单位采购、租赁的安全防护用具、机械设备、施工机具及配件，应当具有（　　）。

A. 生产（制造）许可证　　　B. 生产合格证　　　C. 准入许可证

D. 产品合格证　　　E. 产品许可证

12. 要取得安全生产许可证应具备的条件有（　　）。

A. 建立、健全安全生产责任制，制定完备的安全生产规章制度和操作规程

B. 资金投入符合安全生产要求

C. 依法参加工伤保险，为从业人员缴纳保险费

D. 企业生产过程未发生过安全事故

E. 按规定配备专职安全生产管理人员

13. 根据《安全生产许可证条例》和相关规定，下列选项中说法正确的有（　　）。
   A. 安全生产许可证的有效期为5年
   B. 未取得安全生产许可证的企业，不得从事建筑施工活动
   C. 建设主管部门在颁发施工许可证时，必须审查安全生产许可证
   D. 企业未发生死亡事故的，许可证有效期届满时自动延期
   E. 企业取得安全生产许可证后，不得降低安全生产条件

三、简答题
1. 建筑安全生产管理的方针和原则是什么？
2. 关于建设工程，法律确定了什么样的安全生产监督管理体制？
3. 生产经营单位的安全生产保障措施有哪些？
4. 从业人员在安全生产中享有哪些权利，应当履行哪些义务？
5. 简述建设单位、设计单位、施工企业和工程监理企业的安全责任和义务。
6. 简述施工现场消防管理、安全防护管理和环境保护的内容。
7. 简述施工现场生活区和作业区环境管理的内容。
8. 简述建筑装修和房屋拆除的安全生产管理内容。
9. 生产安全事故分为哪几个等级？
10. 简述生产安全事故的报告程序和要求。
11. 简述生产安全事故的调查程序和处理。

第八章

建设工程质量管理法规

学习重点：建筑从业单位质量体系认证制度；建设工程勘察设计质量管理制度；建设工程质量监督制度、责任制度、检测制度、保修制度；建筑材料使用许可制度；建设工程竣工验收制度；住宅室内装饰装修质量管理制度。

建设工程质量是指在国家现行的有关法律、法规、技术标准、设计文件和合同中，对工程的安全、可靠、适用、耐久、经济、美观等特性的综合要求。建设工程质量的好坏直接关系到国民经济的发展和人民生命财产安全，因此，加强建设工程质量的管理，具有十分重要的意义。

目前我国现行的建设工程质量管理体系包括纵向管理和横向管理两个方面。

纵向管理是国家对建设工程质量所进行的监督管理，它具体由建设行政主管部门及其授权机构实施，这种管理贯穿在工程建设的全过程和各个环节之中，它既对工程建设从计划、规划、土地管理、环保、消防等方面进行监督管理，又对工程建设的主体从资质认定和审查，成果质量检测、验证和奖惩等方面进行监督管理，还对工程建设中各种活动，如工程建设招投标、工程施工、验收、维修等进行监督管理。

横向管理又包括两个方面，一是工程承包单位，如勘察单位、设计单位、施工单位自己对所承担工作的质量管理。承包单位要按要求建立专门质检机构，配备相应的质检人员，建立相应的质量保证制度，如审核校对制、培训上岗制、质量抽检制、各级质量责任制和部门领导质量责任制等等。二是建设单位对所建工程的管理，它可成立相应的机构和人员，对所建工程的质量进行监督管理，也可委托社会监理单位对工程建设的质量进行监理。现在，世界上大多数国家都推行监理制，我国也正在推行和完善这一制度。

影响建设工程质量的因素很多，如决策、设计、材料、机械、地形、地质、水文、气象、施工工艺、操作方法、技术措施、人员素质、管理制度等等，但归纳起来，可分为五大方面，即通常所说的人、机械、材料、方法和环境。在工程建设全过程中严格控制好这五大因素，是保证建设工程质量的关键。

为了保证建设工程质量监督的有效进行，建筑法规在建设工程质量管理方面确立了建设工程质量标准化制度、企业质量体系认证制度、建设工程质量监督制度、建设工程质量责任制度、建设工程竣工验收制度、建设质量保修制度以及竣工验收备案管理制度。本章将对以上制度逐一加以阐述。

第一节　建筑从业单位质量体系认证制度

一、概述

（一）质量体系认证制度

《建筑法》五十三条规定："国家对从事建筑活动的单位推行质量体系认证制度。从事建筑活动的单位根据自愿原则可以向国务院产品质量监督管理部门或者国务院产品质量监督管理部门授权的部门认可的认证机构申请企业质量体系认证。经认证合格的，由认证机构颁发质量体系认证证书。"

产品质量认证是指依据产品标准和相应的技术要求，经认证机构确认并通过颁发认证证书和认证标志，来证明某一产品符合相应标准和相应技术要求的活动。产品质量认证制度实质上是一种提高商品信誉的标志，通过认证标志向社会和购买者提供产品的明示担保，证明经过产品质量认证的产品质量可以信赖。

我国《产品质量法》把质量体系认定制度分为两类，一类是企业质量体系认定制度，是国家根据国际通用的质量管理标准，推行的企业质量体系认证制度；二类是产品质量认证制度。我国对从事建筑活动的单位推行企业质量体系认证制度，其主要内容是：

（1）认证申请。根据自愿原则，企业可以申请企业质量体系认证，接受企业认证申请的部门是国务院产品质量监督管理部门或者国务院产品质量监督管理部门授权的认证机构。

（2）颁发证书。对企业提出的认证申请，经认证合格后，由认证机构颁发企业质量体系认证证书。

（二）推行企业质量体系认证制度的意义

1. 通过开展质量体系认证，有利于促进在管理和技术等方面采取有效措施，在企业内部建立起可靠的质量保证体系，以保证产品质量。如珠海市政府要求：2004年前，凡在本市承包工程的一、二级施工企业，均应按 GB/T 19000-ISO9000 质量管理和质量保证系列国家标准运作，并获得质量体系认证。2005年起，凡未获认证的施工企业，取消其对建筑面积在 10000m² 以上的单体工程和 50000m² 以上的住宅小区工程的投标资格。

2. 提高企业的质量信誉，扩大企业的知名度，增强企业竞争优势。企业通过质量管理体系认证机构的认证，就能获得权威性机构的认可，证明其具有保证工程实体质量的能力。因此，获得认证的企业信誉度提高，大大增强了市场竞争能力。目前，绝大多数甲级勘察、设计、监理企业和特级、一级施工企业都建立健全了质量保证体系，并通过了质量体系认证。

3. 有利于国际交往。在国际工程的招投标工作中，要求经过 GB/T 19000 标准认证已是惯用的做法，由此可见，只有企业取得质量管理体系的认证，才能打入国际市场。

二、ISO 9000 族质量管理体系标准的产生和发展

20世纪70年代，世界经济随着地区化、集团化、全球化经济的发展，市场竞争日趋激烈，顾客对质量的期望越来越高，每个组织为了竞争和保持良好的经济效益，努力提高自身的竞争能力以适应市场竞争的需要。各国的质量保证标准又形成了新的贸易壁垒和障碍，这就迫切需要一个国际标准来解决上述问题。于是国际标准化组织（ISO）在英国标准化协会（BSI）的建议下，于1980年5月在加拿大渥太华成立了质量管理和质量保证技术委员会（TC 176），该会从事研究质量管理和质量保证领域的国际标准化

问题,在通过6年的研究和总结了世界各国在该领域经验的基础上,首先于1986年6月发布了ISO-6402《质量——术语》国际标准。随后又于1987年3月正式发布了ISO 9000族标准。该标准发布后受到世界许多国家和地区的欢迎和采用。同时也提出了许多建设性意见。1990年质量管理和质量保证技术委员会着手对标准进行了修改。ISO 9000族标准的修改分两个阶段进行。第一阶段为"有限修改",即在标准结构上不做大的变动,仅对标准的内容进行小范围的修改,经修改的ISO 9000标准即为1994年标准。第二阶段为"彻底修改",即在总体结构和内容上做全面修改。1996年ISO/TC176(国际标准化组织质量管理和质量保证技术委员会)开始在世界各国广泛征求标准使用者的意见,了解顾客对标准的修订要求,1997年正式提出了八项质量管理原则,作为2000版ISO 9000族标准的修订依据和设计思想,经过4年若干稿的修订,于2000年12月15日正式发布了2000版ISO 9000族标准,即ISO 9000:2000族标准。

简言之,ISO 9000族标准是由ISO/TC176编制的,由国际标准化组织(ISO)批准、发布的,有关质量管理和质量保证的一整套国际标准的总称。

ISO 9000系列标准的颁布,使各国的质量管理和质量保证活动统一在ISO 9000系列标准的基础上。标准总结了工业发达国家先进企业的质量管理实践经验,统一了质量管理和质量保证的术语和概念,对推动组织的质量管理,实现组织的质量目标,消除贸易壁垒,提高产品质量和顾客的满意程度等产生了积极的影响,受到了世界各国的普遍关注和采用。迄今为止,它已经被世界150多个国家和地区等同采用为国家标准,成为国际标准化组织(ISO)最成功、最受欢迎的国际标准。

三、我国GB/T 19000族标准

随着ISO 9000的发布和修订,我国及时、等同地发布和修订了GB/T 19000族国家标准。2000版ISO 9000族标准发布后,我国又等同地转换为GB/T 19000:2000族国家标准。

GB/T 19000:2000族系列标准主要由4个核心标准组成。

(1) ISO 9000《质量管理体系——基础和术语》

此标准明确了质量管理的八项原则,表述了建立和运行质量管理体系应遵循的12个方面的质量管理体系基础知识,并确定了相关的术语。

(2) ISO 9001《质量管理体系——要求》

此标准提供了质量管理体系的要求,供组织需要证实其具有稳定地提供满足顾客要求和适用法律法规要求产品的能力时应用。组织可通过体系的有效应用,包括持续改进体系的过程及保证符合顾客与适用的法规要求,增强顾客满意度。

(3) ISO 9004《质量管理体系——业绩改进指南》

此标准以八项质量管理原则为基础,提供考虑质量管理体系的有效性和改进两方面的指南,该标准的目的是促进组织业绩改进和使顾客及其他相关方满意。

(4) ISO 19011《质量和(或)环境管理体系审核指南》

标准遵循"不同管理体系可以有共同管理和审核要求"的原则,为质量和环境管理

体系审核的基本原则、审核方案的管理、环境和质量管理审核的实施以及对环境和质量管理体系审核员的资格要求,提供了指南。它适用于所有运行质量和(或)环境管理体系的组织,指导其内审和外审的管理工作。

第二节　建设工程勘察设计质量管理制度

勘察设计工作是建设程序的先行环节,其质量的优劣直接关系到建设项目的经济效益和社会效益。为了加强对建设工程勘察、设计活动的管理,保证建设工程勘察、设计质量,保护人民生命和财产安全,2000年9月25日中华人民共和国国务院令第293号发布实施了《建设工程勘察设计管理条例》。

一、勘察设计活动的基本规定

1. 从事建设工程勘察、设计活动,应当坚持先勘察、后设计、再施工的原则。

2. 建设工程勘察、设计单位必须依法进行建设工程勘察、设计,严格执行工程建设强制性标准,并对建设工程勘察、设计的质量负责。

3. 建设单位、施工单位、监理单位不得修改建设工程勘察、设计文件;确需修改建设工程勘察、设计文件的,应当由原建设工程勘察、设计单位修改。经原建设工程勘察、设计单位书面同意,建设单位也可以委托其他具有相应资质的建设工程勘察、设计单位修改。修改单位对修改的勘察、设计文件承担相应责任。

4. 施工单位、监理单位发现建设工程勘察、设计文件不符合工程建设强制性标准、合同约定的质量要求的,应当报告建设单位,建设单位有权要求建设工程勘察、设计单位对建设工程勘察、设计文件进行补充、修改。

建设工程勘察、设计文件内容需要作重大修改的,建设单位应当报经原审批机关批准后方可修改。

5. 建设工程勘察、设计文件中规定采用的新技术、新材料,可能影响建设工程质量和安全,又没有国家技术标准的,应当由国家认可的检测机构进行试验、论证,出具检测报告,并经国务院有关部门或者省、自治区、直辖市人民政府有关部门组织的建设工程技术专家委员会审定后,方可使用。

6. 建设工程勘察、设计单位应当在建设工程施工前,向施工单位和监理单位说明建设工程勘察、设计意图,解释建设工程勘察、设计文件。

建设工程勘察、设计单位应当及时解决施工中出现的勘察、设计问题。

二、勘察工作的质量管理

根据建设部2002年12月发布的《建设工程勘察质量管理办法》,勘察单位要切实抓好勘察纲要的编制、原始资料的取得和成果资料的整理等各个环节的质量管理。

1. 工程勘察企业应当参与施工验槽与建设工程质量事故的分析，对因勘察原因造成的质量事故，提出相应的技术处理方案，及时解决工程设计和施工中与勘察工作有关的问题。

2. 工程勘察企业应当确保仪器、设备的完好。钻探、取样的机具设备、原位测试、室内试验及测量仪器等应当符合有关规范、规程的要求。

3. 工程勘察企业应当加强职工技术培训和职业道德教育，提高勘察人员的质量责任意识。观测员、试验员、记录员、机长等现场作业人员应当接受专业培训，方可上岗。

4. 工程勘察企业应当加强技术档案的管理工作。工程项目完成后，必须将全面资料分类编目，装订成册，归档保存。

5. 工程勘察企业的法定代表人、工程勘察项目负责人、审核人、审定人及有关技术人员应当具有相应的技术职称或者注册资格。工程勘察企业法定代表人对本企业勘察质量全面负责；项目负责人应当组织有关人员做好现场踏勘、调查，按照要求编写《勘察纲要》，并对勘察过程中各项作业资料验收和签字，他是项目勘察文件的主要质量责任者；项目审核人、审定人对其审核、审定项目的勘察文件负审核、审定的质量责任。

6. 工程勘察工作的原始记录应当在勘察过程中及时整理、核对，确保取样、记录的真实和准确，严禁离开现场追记或者补记。

三、设计工作的质量管理

（一）建立、健全岗位责任制，严格审批制度

1. 设计单位必须及时收集施工中和投产后对设计质量的意见，进行分析研究，不断改进设计工作，提高设计质量。

2. 必须建立、健全各级各类人员岗位责任制，严格执行，加强管理，做到工作有秩序，进度有控制，质量有保证。

3. 各级主管部门必须依据国家规定的审批办法，对设计文件进行严格的审批，不得随意下放审批权限。

（二）严格施工图设计文件审查制度

县级以上人民政府建设行政主管部门或者交通、水利等有关部门应对施工图设计文件中涉及公共利益、公众安全、工程建设强制性标准的内容进行审查。未经审查批准的施工图设计文件，不得使用。

第三节 建设工程质量监督制度

建设工程质量监督制度是建设工程质量管理过程中的基本法律制度之一，它包括政

府质量监督制度和群众质量监督制度。

一、建设工程政府质量监督制度

《建设工程质量管理条例》规定，国家实行建设工程质量监督管理制度。

政府质量监督作为一项制度，以行政法规的性质在《建设工程质量管理条例》中加以明确，强调了建设工程质量必须实行政府监督管理。政府的监督管理行为是宏观性质的，具体的技术监督可以委托给具有资质的工程质量监督机构进行。

（一）建设工程质量监督的主体

对建设工程质量进行质量监督管理的主体是各级政府建设行政主管部门和其他有关部门。具体职责划分是：

1. 国务院建设行政主管部门对全国的建设工程质量实施统一监督管理。国务院铁路、交通、水利等有关部门按照国务院规定的职责分工，负责对全国的有关专业建设工程质量的监督管理。

2. 县级以上地方人民政府建设行政主管部门对本行政区域内的建设工程质量实施监督管理。县级以上地方人民政府交通、水利等有关部门在各自的职责范围内，负责对本行政区域内的专业建设工程质量的监督管理。

（二）政府建设工程质量监督管理的基本原则

1. 监督的主要目的是保证建设工程使用安全和环境质量。

2. 监督的主要依据是法律法规和工程建设强制性标准。

3. 监督的主要方式是政府委托所属的工程质量监督机构实施。

4. 监督的主要内容是地基基础、主体结构、环境质量和与此相关的工程建设各方主体的质量行为。

5. 监督的主要手段是施工许可制度和竣工验收备案制度。

（三）建设工程质量监督机构及其职责

由于建设工程质量监督具有专业性强、周期长、程序繁杂等特点，政府部门通常不宜亲自进行日常检查工作。工程质量监督管理的具体工作可以由县级以上地方人民政府建设主管部门委托所属的工程质量监督机构（以下简称监督机构）实施。

住房和城乡建设部于 2010 年 8 月 1 日发布了《房屋建筑和市政基础设施工程质量监督管理规定》（中华人民共和国住房和城乡建设部令第 5 号），自 2010 年 9 月 1 日起施行。根据该规定，凡新建、扩建、改建房屋建筑和市政基础设施工程，均应接受建设行政主管部门及工程质量监督机构的监督。

1. 建设工程质量监督机构的性质和基本条件

《建设工程质量管理条例》规定，建设工程质量监督管理，可以由建设行政主管部门或者其他有关部门委托的建设工程质量监督机构具体实施。

根据《房屋建筑和市政基础设施工程质量监督管理规定》的有关规定，建设工程质量监督机构是经省、自治区、直辖市人民政府建设主管部门考核（每三年进行一次）认定的独立法人。建设工程质量监督机构应当具备下列条件：

(1) 具有符合规定的监督人员（①具有工程类专业大学专科以上学历或者工程类执业注册资格；②具有三年以上工程质量管理或者设计、施工、监理等工作经历；③熟悉掌握相关法律法规和工程建设强制性标准；④具有一定的组织协调能力和良好职业道德）。人员数量由县级以上地方人民政府建设主管部门根据实际需要确定。监督人员应当占监督机构总人数的75%以上；

(2) 有固定的工作场所和满足工程质量监督检查工作需要的仪器、设备和工具等；

(3) 有健全的质量监督工作制度，具备与质量监督工作相适应的信息化管理条件。

监督机构和监督人员经考核合格后，方可从事工程质量监督工作。

2. 建设工程质量监督机构实施质量监督的程序

建设工程质量监督机构按政府主管部门的委托，对工程项目实施质量监督时，应当依照下列程序进行：

(1) 受理建设单位办理质量监督手续；

(2) 制订工作计划并组织实施；

(3) 对工程实体质量、工程质量责任主体和质量检测等单位的工程质量行为进行抽查、抽测；

(4) 监督工程竣工验收，重点对验收的组织形式、程序等是否符合有关规定进行监督；

(5) 形成工程质量监督报告；

(6) 建立工程质量监督档案。

3. 建设工程质量监督的内容

建设工程质量监督包括工程实体质量监督和工程质量行为监督。

所谓工程实体质量监督，是指对涉及工程主体结构安全、主要使用功能的工程实体质量情况实施的监督。

所谓工程质量行为监督，是指对工程质量责任主体和质量检测等单位履行法定质量责任和义务情况实施的监督。主要内容有以下八个方面：

(1) 执行法律法规和工程建设强制性标准的情况；

(2) 抽查涉及工程主体结构安全和主要使用功能的工程实体质量；

(3) 抽查工程质量责任主体和质量检测等单位的工程质量行为；

(4) 抽查主要建筑材料、建筑构配件的质量；

(5) 对工程竣工验收进行监督；

(6) 组织或者参与工程质量事故的调查处理；

(7) 定期对本地区工程质量状况进行统计分析；

(8) 依法对违法违规行为实施处罚。

4. 建设行政主管部门及工程质量监督机构实施监督检查时，有权采取下列措施：

(1) 要求被检查单位提供有关工程质量的文件和资料；

(2) 进入被检查单位的施工现场进行检查；

(3) 发现有影响工程质量的问题时，责令改正。

（四）工程质量事故报告制度

建设工程发生质量事故，有关单位应当在 24 小时内向当地建设行政主管部门和其他有关部门报告。

对重大质量事故，事故发生地的建设行政主管部门和其他有关部门应当按照事故类别和等级向当地人民政府和上级建设行政主管部门和其他有关部门报告。特别重大质量事故的调查程序按照国务院有关规定办理。

发生重大工程质量事故隐瞒不报、谎报或者拖延报告期限的，对直接负责的主管人员和其他责任人员依法给予行政处分。

国家机关工作人员在建设工程质量监督管理工作中玩忽职守、滥用职权、徇私舞弊，构成犯罪的，依法追究刑事责任；尚不构成犯罪的，依法给予行政处分。

二、建设工程质量群众监督制度

我国《消费者权益保护法》规定："消费者有权检举、控告侵害消费者权益的行为"。《建筑法》第六十三条规定："任何单位和个人对建筑工程的质量事故、质量缺陷都有权向建设行政主管部门和其他有关部门进行检举、控告、投诉。"

建设工程质量是个永恒的主题。要保证建设工程质量，除了政府监督，建设单位、勘察设计单位、施工单位、监理单位以及建材生产经销单位的努力外，还需要整个社会和广大人民群众增强质量意识，依法监督，维护自己和他人、国家、集体的合法权益，这样，才能全方位、多角度地搞好建筑工程质量管理工作。上述两部法律的有关规定为建筑工程质量的群众监督制度提供了法律依据。

（一）质量事故与质量缺陷

建设工程质量事故是在工程建设过程中，由于责任过失造成工程倒塌或者报废、机械设备破坏、安全设备失当，造成人身伤亡或者重大经济损失的事故。建筑工程质量缺陷是指工程不符合有关标准规定，存在危及人身与财产安全的危险性。质量缺陷按其形成原因有勘察缺陷、设计缺陷、施工缺陷、指示缺陷四种。勘察、设计缺陷是工程在勘察、设计中存在的不合理或不达标的状况或危险性。施工缺陷是工程在施工过程中因施工原因使建筑产品存在的缺陷。指示缺陷是建筑工程设计和施工都不存在问题，但由于产品具有特殊性和使用方法、使用条件等，对产品没有必要的指示、说明，而在使用中可能出现或已经出现的不合理危险性或缺陷。

质量事故和质量缺陷都可能给公民和社会造成经济损失和生命财产的损害。在建筑工程质量管理中，广大人民群众从自身合法权益或国家社会利益方面，都可以依法运用投诉、检举、控告等手段，伸张正义，维护法律的尊严和建筑工程质量的严肃性。

（二）建设工程质量群众监督制度的形式

建设工程质量群众监督制度的形式主要有检举、投诉和控告。检举是公民对自己无利害关系的建筑工程质量事故和缺陷向有关机关和部门进行举报，提请有关部门进行查处的活动；投诉是用户或消费者对不合格的产品向有关部门反映，并请求处理以维护自己合法权益的活动；控告是质量事故、质量缺陷的受害者，向有关机关和部门进行举报,提请有关部门进行查处的活动。

第四节 建设工程质量检测制度

一、建设工程质量检测机构的性质

建筑工程质量检测工作是对建筑工程质量进行监督管理的重要手段之一。建筑工程质量检测机构需经省级以上人民政府建设行政主管部门或国务院工业、交通行政主管部门(或其授权的机构)考核合格后,方可承担建筑工程质量的检测任务。它是对建筑工程和建筑构件、制品及建筑材料和设备的质量进行检测的法定单位。它所出具的检测报告具有法定效力。国家级检测机构出具的检测报告,在国内为最终裁定;在国外具有代表国家的性质。

二、各级建设工程质量检测机构的任务

建设工程质量检测机构,分为国家、省、市(地区)、县四级。

1. 建设工程质量国家检测中心是国家级的建设工程质量检测机构。其主要任务是:①承担重大建设工程质量的检测和试验任务;②负责建筑工程所用的构件、制品及有关材料、设备的质量认证和仲裁检测工作;③负责对结构安全、建设功能的鉴定,参加重大工程质量事故的处理和仲裁检测工作等。

2. 各省、自治区、直辖市的建设工程质量检测中心和市(地区)、县级的建设工程质量检测站则主要是承担本地区建设工程和建筑构件、制品以及建筑现场所用材料质量的检测工作和参加本地区工程质量事故的处理和仲裁检测工作。此外,还可参与本地区建筑新结构、新技术、新产品的科技成果鉴定等工作。

三、各级建设工程质量检测机构的权限

国家级检测机构受国务院建设行政主管部门的委托,有权对指定的国家重点工程进行检测复核,并向国务院建设行政主管部门提出检测复核报告和建议。各地检测机构有权对本地区正在施工的建设工程所用的建筑材料和建筑构件等进行随机抽样检测,并向本地建设工程质量主管部门和质量监督部门提出抽检报告和建议。

受国家建设主管部门和国家标准部门委托,国家级检测机构有权对建筑构件、制品及有关的材料、设备等产品进行抽样检验。省、市(地区)、县级检测机构,受同级建设主管部门和标准部门委托,有权对本省、市(地区)、县的建筑构件、制品进行抽样检测。对违反技术标准、失去质量控制的产品,检测单位有权提出请主管部门作出责令停止生产、不合格产品不准出厂、已出厂的不得使用的决定。

第五节　建筑材料使用许可制度

为保证建设工程中使用的建筑材料性能符合规定标准，从而确保建设工程质量，我国实行了建材使用许可制。这一制度包括建材产品质量认证制、建材产品推荐使用制及建材进场检验制等制度。

一、建材产品质量认证制

国家质量监督检验检疫总局规定，对重要的建筑材料和设备，推行产品质量认证制度。经认证合格的，由认证机构颁发质量认证证书，准许企业在产品或其包装上使用质量认证标志。使用单位经检验发现认证的产品质量不合格的，有权向产品质量认证机构投诉。同时规定，销售已经过质量认证的建材产品时，在产品或其包装上除标有产品质量检验合格证明外，还应标明质量认证的编号、批准日期和有效期限。

二、建材产品推荐使用制

国家推广使用民用建筑节能的新技术、新工艺、新材料和新设备，限制使用或者禁止使用能源消耗高的技术、工艺、材料和设备。国务院节能工作主管部门、建设行政主管部门应当制定、公布并及时更新推广使用、限制使用、禁止使用目录。住房和城乡建设部对尚未经过产品质量认证的节能降耗建筑材料，各省、自治区、直辖市建设行政主管部门可以推荐使用，如墙体保温材料、玻璃、门窗型材等。

三、建筑材料进场检验制

根据我国《建筑法》、《建设工程质量管理条例》和《工程建设标准强制性条文》，建筑施工企业必须加强对进场的建筑材料、构配件及设备的质量检查、检测。对所有建筑材料、构配件等，都必须按规定进行复检。凡涉及结构安全的试块、试件以及有关材料，应按规定进行见证取样检测。质量不合格的建筑材料、构配件及设备，不得在工程上使用。

第六节　建设工程质量责任制度

一、建设单位的质量责任与义务

建设单位（亦称业主）是投资建设工程，并对工程项目享有所有权的主体。按理说，它对建设工程质量应最为关心。但在我国，工程建设的投资者主要还是国家及一些开发商，代表建设单位直接参与工程管理的人并不是工程最后的所有人和使用者，建设工程质量的好坏与其自身利益并无十分密切的关系，他们享有建设单位的权利，但不承担工程质量低劣的后果。另外，我国建筑行业竞争十分激烈，基本上是僧多粥少的局面，承包方与建设单位处于不平等的地位，建设单位压造价、压工期等一些不合理要求得不到抵制，使得工程建设中建设单位的行为缺乏约束，其主观随意性很大，大量工程在建设单位恣意干涉下，以违背正常建设规律的方式建成，造成建设工程质量事故层出不穷。有鉴于此，国务院于2000年1月30日发布的《建设工程质量管理条例》特别对建设单位的质量责任和义务作出了明确规定。

（一）依法发包工程的责任

建设单位应当将工程发包给具有相应资质等级的单位，不得将工程肢解发包。建设单位应当依法行使工程发包权。

（二）依法对材料设备进行招标的责任

建设单位应当依法对工程建设项目的勘察、设计、施工、监理以及与工程建设有关的重要设备、材料等的采购进行招标。

（三）不得干预投标人的责任

建设工程发包单位，不得迫使承包方以低于成本的价格竞标，不得任意压缩合理工期。建设单位不得明示或者暗示设计单位或者施工单位违反工程建设强制性标准，降低建设工程质量。建设单位也不得明示和暗示施工单位使用不合格的建筑材料、建筑构配件和设备。按合同约定由建设单位自己提供的建筑材料、建筑构配件和设备，也必须保证其符合设计文件和合同的要求。

（四）委托监理的责任

建设单位对工程建设应进行必要的监督、管理，对于国家规定强制实行监理的工程，建设单位应委托具有相应资质等级的工程监理单位进行监理。也可以委托具有工程监理相应资质等级并与被监理工程的施工承包单位没有隶属关系或其他利害关系的该工程的设计单位进行监理。

（五）送审施工图的责任及接受政府监督的责任

建设单位在工程设计完成后，应将施工图设计文件报县级以上人民政府建设行政主管部门或其他有关部门审查，未经审查批准的施工图设计文件，不得使用。建设单位在领取施工许可证或进行开工报告前，应按国家有关规定办理工程质量监督手续。

（六）确保提供的物资符合要求的责任

按照合同约定，由建设单位采购建筑材料、建筑构配件和设备的，建设单位应当保证建筑材料、建筑构配件和设备符合设计文件和合同要求。

如果建设单位提供的建筑材料、建筑构配件和设备不符合设计文件和合同要求，属于违约行为，应当向施工单位承担违约责任，施工单位有权拒绝接收这些货物。

（七）提供原始资料的责任

在工程建设的各个阶段，建设单位都负有向有关的勘察、设计、施工、工程监理等单位提供工程有关原始资料,并保证其真实、准确、齐全的责任。

(八)不得擅自改变主体和承重结构进行装修的责任

涉及建筑主体和承重结构变动的装修工程,建设单位应当在施工前委托原设计单位或者具有相应资质等级的设计单位提出设计方案;没有设计方案的,不得施工。

(九)组织验收的责任

在收到工程竣工报告后,建设单位应负责组织设计、施工、工程监理等有关单位对工程进行验收。

(十)移交建设项目档案的责任

建设单位还应当严格按照国家有关档案管理的规定,向建设行政主管部门或者其他有关部门移交建设项目档案。

二、工程勘察设计单位的质量责任与义务

(一)勘察、设计单位共同的责任

1. 依法承揽工程的责任

从事建设工程勘察、设计的单位应当依法取得相应等级的资质证书,并在其资质等级许可的范围内承揽工程。

禁止勘察、设计单位超越其资质等级许可的范围或者以其他勘察、设计单位的名义承揽工程。禁止勘察、设计单位允许其他单位或者个人以本单位的名义承揽工程。

勘察、设计单位不得转包或者违法分包所承揽的工程。

2. 执行强制性标准的责任

勘察、设计单位必须按照工程建设强制性标准进行勘察、设计,并对其勘察、设计的质量负责。注册建筑师、注册结构工程师等注册执业人员应当在设计文件上签字,对设计文件负责。

(二)勘察单位的质量责任

工程勘察文件要反映工程地质、地形地貌、水文地质状况,其勘察成果必须真实准确,评价应准确可靠。

(三)设计单位的质量责任

1. 科学设计的责任

设计单位要根据勘察成果文件进行设计,设计文件的深度应符合国家规定,满足相应设计阶段的技术要求,并注明工程合理使用年限;所完成的施工图应当配套,细部节点应交代清楚,标注说明应清晰、完整。

2. 选择材料设备的责任

凡设计所选用的建筑材料、建筑构配件和设备,应注明规格、型号、性能等技术指标,其质量必须符合国家规定的标准;除有特殊要求的建筑材料、专用设备、工艺生产线等以外,设计单位不得指定生产厂家或供应商。

3. 解释设计文件的责任

设计单位应当就审查合格的施工图向施工单位作出详细说明,做好设计文件的技术

交底工作。对大中型建设工程、超高层建筑以及采用新技术、新结构的工程，设计单位还应向施工现场派驻设计代表。

4. 参与质量事故分析的责任

设计单位应当参与建设工程质量事故分析，并对因设计造成的质量事故，提出相应的技术处理方案。

三、施工单位的质量责任与义务

（一）依法承揽工程的责任

施工单位必须在其资质等级许可的范围内承揽工程施工任务，不得超越本单位资质等级许可的业务范围或以其他施工单位的名义承揽工程。禁止施工单位允许其他单位或个人以本单位的名义承揽工程。施工单位也不得将自己承包的工程再进行转包或非法分包。

（二）建立质量保证体系的责任

施工单位应当建立健全质量保证体系，要明确工程项目的项目经理、技术负责人和管理负责人。施工单位必须建立健全并落实质量责任制度，严格工序管理，做好隐蔽工程的质量检查和记录。隐蔽工程在掩埋前，应通知建设单位和建设工程质量监督机构进行检验。施工单位还应当建立健全质量教育培训制度，加强对职工的质量教育培训，未经教育培训或考核不合格的人员，不得上岗作业。施工单位还应加强计量、检测等基础工作。

（三）遵守技术标准、严格按图施工的责任

施工单位必须按照工程设计图纸和施工技术标准施工，不得擅自修改工程设计，不得偷工减料。施工过程中如发现设计文件和图纸的差错，应及时向设计单位提出意见和建议，不得擅自处理。施工单位必须按照工程设计要求、施工技术标准和合同约定，对建筑材料、建筑构配件、设备及商品混凝土进行检验，并做好书面记录，由专人签字，未经检验或检验不合格的上述物品，不得使用。施工单位必须按有关施工技术标准留取试块、试件及有关材料的取样，取样应在建设单位或工程监理单位监督下，在现场进行。施工单位对施工中出现质量问题的建设工程或竣工验收不合格的工程，应负责返修。

（四）总包单位与分包单位之间的质量责任

建筑工程实行总承包的，总承包单位应对全部建筑工程质量负责；实行勘察、设计、施工、设备采购的一项或多项总承包的，总承包单位应对其承包工程或采购设备的质量负责。总承包单位依法进行分包的，分包单位应按分包合同的约定对其分包工程的质量向总承包单位负责，总承包单位与分包单位对分包工程的质量承担连带责任。

（五）对建筑材料、构配件和设备进行检验的责任

施工单位必须按照工程设计要求、施工技术标准和合同约定，对建筑材料、建筑构配件、设备和商品混凝土进行检验，检验应当有书面记录和专人签字；未经检验或者检验不合格的，不得使用。

第八章　建设工程质量管理法规

（六）对施工质量进行检验的责任

施工单位必须建立健全施工质量的检验制度，严格工序管理，作好隐蔽工程的质量检查和记录。隐蔽工程在隐蔽前，施工单位应当通知建设单位和建设工程质量监督机构。

（七）见证取样的责任

施工人员对涉及结构安全的试块、试件以及有关材料，应当在建设单位或者工程监理单位监督下现场取样，并送具有相应资质等级的质量检测单位进行检测。

在建设工程施工过程中，为了控制施工质量，需要依据有关技术标准和规定的方法，对用于工程的材料和构件抽取一定数量的样品进行检测，并根据检测结果判断其所代表部位的质量。为了加强对建设工程质量检测的管理，根据《建筑法》和《建设工程质量管理条例》，建设部于2005年9月20日发布了《建设工程质量检测管理办法》（建设部令第141号，2005年11月1日起实施），明确规定：

1. 检测机构是具有独立法人资格的中介机构。检测机构从事规定的质量检测业务，应当依据该办法取得相应的资质证书。检测机构资质按照其承担的检测业务内容分为专项检测机构资质和见证取样检测机构资质。检测机构未取得相应的资质证书，不得承担该办法规定的质量检测业务。

2. 该办法规定的质量检测业务，由工程项目建设单位委托具有相应资质的检测机构进行检测。

3. 质量检测试样的取样应当严格执行有关工程建设标准和国家有关规定，在建设单位或者工程监理单位监督下现场取样。提供质量检测试样的单位和个人，应当对试样的真实性负责。

4. 检测机构不得与行政机关，法律、法规授权的具有管理公共事务职能的组织以及所检测工程项目相关的设计单位、施工单位、监理单位有隶属关系或者其他利害关系。

5. 检测机构应当将检测过程中发现的建设单位、监理单位、施工单位违反有关法律、法规和工程建设强制性标准的情况，以及涉及结构安全检测结果的不合格情况，及时报告工程所在地建设主管部门。

（八）返修保修的责任

施工单位对施工中出现质量问题的建设工程或者竣工验收不合格的建设工程，应当负责返修。

在建设工程竣工验收合格前，施工单位应对质量问题履行返修义务；建设工程竣工验收合格后，施工单位应对保修期内出现的质量问题履行保修义务。《合同法》第二百八十一条对施工单位的返修义务也有相应规定："因施工人原因致使建设工程质量不符合约定的，发包人有权要求施工人在合理期限内无偿修理或者返工、改建。经过修理或者返工、改建后，造成逾期交付的，施工人应当承担违约责任。"返修包括修理和返工。

四、工程建设监理单位的质量责任与义务

（一）依法承揽业务的责任

工程监理单位应在其资质等级许可的范围内承担工程监理业务，不得超越本单位资质等级许可的范围或以其他工程监理单位的名义承担工程监理业务。禁止工程监理单位允许其他单位或个人以本单位的名义承担工程监理业务。工程监理单位也不得将自己承担的工程监理业务进行转让。

（二）依法回避、独立监理的责任

工程监理单位与被监理工程的施工承包单位以及建筑材料、建筑构配件和设备供应单位有隶属关系或其他利害关系的，不得承担该项建设工程的监理业务，以保证监理活动的公平、公正。

独立是公正的前提条件，监理单位如果不独立是不可能保持公正的。

（三）坚持质量标准、依法进行现场监理的责任

工程监理单位应选派具有相应资格的总监理工程师进驻施工现场。监理工程师应依据有关技术标准、设计文件和建设工程承包合同及工程监理规范的要求，采取旁站、巡视和平行检验等形式，对建筑工程实施监理，对违反有关规范及技术标准的行为进行制止、责令改正；对工程使用的建筑材料、建筑构配件和设备的质量进行检验，不合格者，不得准许使用。工程监理单位不得与建设单位或施工单位串通一气，弄虚作假，降低工程质量。

（四）确认工程质量的责任

工程监理单位应当选派具备相应资格的总监理工程师和监理工程师进驻施工现场。

未经监理工程师签字，建筑材料、建筑构配件和设备不得在工程上使用或者安装，施工单位不得进行下一道工序的施工。未经总监理工程师签字，建设单位不拨付工程款，进行竣工验收。

五、材料、设备供应单位的质量责任与义务

（一）建筑材料、构配件生产及设备供应单位应当具备的基本条件

建筑材料、构配件生产及设备供应单位必须具备相应的生产条件、技术装备和质量保证体系，具备必要的检测人员和设备，并且应当把好产品看样、订货、存储、运输和核验的质量关。建筑材料、构配件及设备的供需双方均应签订购销合同，并按合同条款进行质量验收。建筑材料、构配件生产及设备供应单位对其生产或供应的产品质量负责。

（二）建筑材料、构配件生产及设备的质量要求

1. 符合国家或行业现行有关技术标准规定的合格标准和设计要求；
2. 符合在建筑材料、构配件生产及设备或其包装上注明采用的标准；
3. 符合以其产品说明、实物样品等方式表明的质量状况。

（三）建筑材料、构配件生产及设备产品或其包装上的标识要求

1. 有产品质量检验合格证明；

2. 有中文标明的产品名称、生产厂的厂名和厂址；

3. 产品包装和商标样式符合国家有关规定和标准要求；

4. 设备应有详细的产品使用说明书，电器设备还应附有线路图；

5. 获得生产许可证或使用产品质量认证标志的产品，应有生产许可证或质量认证的编号、批准日期和有效期限。

（四）建筑材料、构配件生产及设备供应单位的禁止性规定

建筑材料、构配件生产及设备供应单位不得生产国家明令淘汰的产品，不得伪造产地，不得伪造或冒用他人的厂名、厂址，不得伪造或冒用认证标志等质量标志，不得掺杂、掺假，不得以假充真、以次充好，不得以不合格产品冒充合格产品。

第七节 建设工程竣工验收制度

竣工验收是工程建设过程的最后一环，是全面考核固定资产投资成果、检验设计和工程质量的重要步骤，也是固定资产投资转入生产或使用的标志。通过竣工验收，一是检验设计和工程质量，保证项目按设计要求的技术经济指标正常生产；二是有关部门和单位可以总结经验教训；三是建设单位对经验收合格的项目可以及时移交固定资产，使其由基础系统转入生产系统或投入使用。

一、竣工验收的条件和类型

（一）竣工验收的条件

根据《建筑法》第六十一条和《建设工程质量管理条例》第十六条的规定，交付竣工验收的建筑工程，应当符合以下条件：

1. 完成建设工程设计和合同约定的各项内容。建设工程设计和合同约定的内容，主要是指设计文件所确定的、在承包合同"承包人承揽工程项目一览表"中载明的工作范围，也包括监理工程师签发的变更通知单中所确定的工作内容。承包单位必须按合同约定，按质、按量、按时完成上述工作内容，使工程具有正常的使用功能。

2. 有完整的技术档案和施工管理资料。工程技术档案和施工管理资料是工程竣工验收和质量保证的重要依据之一，主要包括以下档案和资料：①工程项目竣工报告；②分项、分部工程和单位工程技术人员名单；③图纸会审和设计交底记录；④设计变更通知单，技术变更核实单；⑤工程质量事故发生后调查和处理资料；⑥隐蔽验收记录及施工日志；⑦竣工图；⑧质量检验评定资料等；⑨合同约定的其他资料。

3. 有材料、设备、构配件的质量合格证明资料和试验、检验报告。

4. 有勘察、设计、施工、工程监理等单位分别签署的质量合格文件。

5. 有施工单位签署的工程质量保修书。

2000年6月30日建设部颁布的《房屋建筑工程和市政基础设施工程验收暂行规定》对建筑工程竣工验收条件又作出了详细规定。工程符合下列要求方可进行竣工验收：

（1）完成工程设计和合同约定的各项内容。

（2）施工单位在工程完工后对工程质量进行了检查，确认工程质量符合有关法律、法规和工程建设强制性标准，符合设计文件及合同要求，并提出工程竣工报告。工程竣工报告应经项目经理和施工单位有关负责人审核签字。

（3）对于委托监理的工程项目，监理单位对工程进行了质量评估，具有完整的监理资料，并提出工程质量评估报告。工程质量评估报告应经总监理工程师和监理单位有关负责人审核签字。

（4）勘察、设计单位对勘察、设计文件及施工过程中由设计单位签署的设计变更通知书进行了检查，并提出质量检查报告。质量检查报告应经该项目勘察、设计负责人和勘察、设计单位有关负责人审核签字。

（5）完整的技术档案和施工管理资料。

（6）具有工程使用的主要建筑材料、建筑构配件和设备的进场试验报告。

（7）建设单位已按合同约定支付工程款。

（8）具有施工单位签署的工程质量保修书。

（9）城乡规划行政主管部门对工程是否符合规划设计要求进行检查，并出具认可文件。

（10）有公安消防、环保等部门出具的认可文件或者准许使用文件。

（11）建设行政主管部门及其委托的工程质量监督机构等有关部门责令整改的问题全部整改完毕。

（二）竣工验收的类型

在工程实践中，竣工验收一般有两种类型：

1. 单项工程验收

是指在一个总体建设项目中，一个单项工程或一个车间已按设计要求建设完成，能满足生产要求或具备使用条件，且施工单位已预验，监理工程师已初验通过，在此条件下进行的正式验收。由几个施工单位负责施工的单项工程，当其中一个单位所负责的部分已按设计完成，也可组织正式验收，办理交工手续，交工时应请施工总承包单位参加。

对于建成的住宅可分幢进行正式验收，以便及早交付使用，提高投资效益。

2. 全部验收

是指整个建设项目已按设计要求全部建设完成，并已符合竣工验收标准，施工单位预验通过，监理工程师初验认可，由监理工程师组织以建设单位为主，有设计、施工等单位参加的正式验收。在整个项目进行全部验收时，对已验收过的单项工程，可以不再进行正式验收和办理验收手续，但应将单项工程验收单作为全部工程验收的附件而加以说明。

《建筑法》第六十一条第二款规定："建筑工程竣工经验收合格后，方可交付使用；未经验收或者验收不合格的，不得交付使用"。因此，无论是单项工程提前交付使用（例如单幢住宅），还是全部工程整体交付使用，都必须经过竣工验收这一环节，而且必须验收合格，否则，不能交付使用。

二、竣工验收的范围和标准

（一）竣工验收的范围

根据国家现行规定，所有建设项目按照上级批准的设计文件所规定的内容和施工图纸的要求全部建成，工业项目经负荷试运转和试生产考核能够生产合格产品，非工业项目符合设计要求，能够正常使用，都要及时组织验收。

（二）竣工验收的标准

建设项目竣工验收、交付生产和使用，应达到下列标准：

1. 生产性工程和辅助公用设施已按设计要求建造完毕，能满足生产要求；

2. 主要工艺设备已安装配套，经联动负荷试车合格，构成生产线，形成生产能力，能够生产出设计文件中规定的产品；

3. 职工宿舍和其他必要的生产福利设施，能适应投产初期的需要；

4. 生产准备工作能适应投产初期的需要。

有的固定资产投资项目（工程）基本符合竣工验收标准，只是零星土建工程和少数非主要设备未按设计的内容全部建成，但不影响正常生产，亦应办理竣工验收手续。对剩余工程，应按设计留足投资，限期完成。有的项目投资初期一时不能达到设计能力所规定的产量，不应因此拖延办理验收和移交固定资产手续。国家规定，已具备竣工验收条件的项目（工程），3个月内不办理验收投产和移交固定资产手续的，取消企业和主管部门（或地方）的基建试车收入分成，由银行监督全部上缴财政。如3个月内办理竣工验收确有困难，经验收主管部门批准，可以适当延长期限。

三、竣工验收的程序

（一）申报竣工验收的准备工作

建设单位应认真做好竣工验收的准备工作，其主要内容有：

1. 整理技术资料。各有关单位（包括设计，施工单位）应将技术资料进行系统整理，由建设单位分类立卷，交给生产单位或使用单位统一保管。技术资料主要包括土建卷、安装卷及各种有关的文件、合同和试生产的情况报告等。

2. 绘制竣工图纸。与其他技术资料一样，竣工图纸是建设单位移交生产单位的重要资料，是生产单位必须长期保存的技术档案，也是国家的重要技术档案。竣工图必须准确、完整、符合归档要求，方能交工验收。

3. 编制竣工决算。建设单位必须及时清理所有财产、物资和未花完或应收回的资金，编制工程竣工决算，分析预（概）算执行情况，考核投资效益，报主管部门审查。编制竣工决算是固定资产投资管理工作的重要组成部分，竣工决算是反映建设项目实际造价和投资效益的文件，是办理交付使用新增固定资产的依据，是竣工验收报告的重要组成部分。

（二）竣工验收的程序

根据建设部颁布的《房屋建筑工程和市政基础设施工程验收暂行规定》，工程竣工验收应当按以下程序进行：

1. 工程完工后，施工单位向建设单位提交工程竣工报告，申请工程竣工验收。实行监理的工程，工程竣工报告须经总监理工程师签署意见。

2. 建设单位收到工程竣工报告后，对符合竣工验收要求的工程，组织勘察、设计、施工、监理等单位和其他有关方面的专家组成验收组，制定验收方案。

3. 建设单位应当在工程竣工验收 7 个工作日前将验收的时间、地点及验收组名单书面通知负责监督该工程质量的监督机构。

4. 建设单位组织工程竣工验收，具体包括以下内容：

（1）建设、勘察、设计、施工、监理单位分别汇报工程合同履约情况和在工程建设各个环节执行法律、法规和工程建设强制性标准的情况；

（2）审阅建设、勘察、设计、施工、监理单位的工程档案资料；

（3）实地查验工程质量；

（4）对工程勘察、设计、施工、设备安装质量和各管理环节等方面作出全面评价，形成经验收组人员签署的工程竣工验收意见。

当参与工程竣工验收的建设、勘察、设计、施工、监理等各方不能形成一致意见时，应当协商提出解决的方法，等意见一致后，重新组织工程竣工验收。

工程竣工验收合格后，建设单位应当及时提出工程竣工验收报告。工程竣工验收报告主要包括工程概况，建设单位执行固定资产投资程序情况，对工程勘察、设计、施工、监理等方面的评价，工程竣工验收时间、程序、内容和组织形式，工程竣工验收意见等内容。

工程竣工验收报告还应附有下列文件：①施工许可证；②施工图设计文件审查意见；③竣工验收条件所规定的文件；④验收组人员签署的工程竣工验收意见；⑤市政基础设施工程应附有质量检测和功能性试验资料；⑥施工单位签署的工程质量保修书；⑦法规、规章规定的其他有关文件。

（三）竣工日期和投产日期

投产日期是指经验收合格、达到竣工验收标准、正式移交生产（或使用）的时间。在正常情况下，建设项目的全部投产日期应当同竣工日期是一致的，但实际上有些项目的竣工日期往往晚于全部投产日期，这是因为当建设项目设计规定的生产性工程的全部生产作用线建成，经试运转，验收鉴定合格，移交生产部门时，便可算为全部投产，而竣工则要求该项目的生产性、非生产性工程全部建成，投产项目遗留的收尾工程全部完工。

四、竣工验收备案管理制度

2009年10月19日住房和城乡建设部发布了《房屋建筑工程和市政基础设施工程竣工验收备案管理办法》，对房屋建筑工程和市政基础设施工程的竣工验收备案管理作出了具体规定。

国务院建设行政主管部门负责全国房屋建筑工程和市政基础设施工程（以下统称工程）的竣工验收备案管理工作。

县级以上地方人民政府建设行政主管部门负责本行政区域内工程的竣工验收备案管理工作。

（一）备案时间

建设单位应当自工程竣工验收合格之日起15日内，按照规定向工程所在地的县级以上地方人民政府建设行政主管部门（以下简称备案机关）备案。

（二）建设单位办理工程竣工验收备案应当提交的文件

1. 工程竣工验收备案表；

2. 工程竣工验收报告。竣工验收报告应当包括工程报建日期，施工许可证号，施工图设计文件审查意见，勘察、设计、施工、工程监理等单位分别签署的质量合格文件及验收人员签署的竣工验收原始文件，市政基础设施的有关质量检测和功能性试验资料以及备案机关认为需要提供的有关资料；

3. 法律、行政法规规定应当由规划、环保等部门出具的认可文件或者准许使用文件；

4. 法律规定应当由公安消防部门出具的对大型的人员密集场所和其他特殊建设工程验收合格的证明文件；

5. 施工单位签署的工程质量保修书；

6. 法规、规章规定必须提供的其他文件。如商品住宅还应当提交《住宅质量保证书》和《住宅使用说明书》。

备案机关收到建设单位报送的竣工验收备案文件，验证文件齐全后，应当在工程竣工验收备案表上签署文件收讫。

工程竣工验收备案表一式二份，一份由建设单位保存，一份留备案机关存档。

（三）提交工程质量监督报告的时间

工程质量监督机构应当在工程竣工验收之日起5日内，向备案机关提交工程质量监督报告。

（四）违法行为及其法律责任

1. 建设单位在工程竣工验收合格之日起15日内未办理工程竣工验收备案的，备案机关责令限期改正，处20万元以上50万元以下罚款。

2. 建设单位采用虚假证明文件办理工程竣工验收备案的，工程竣工验收无效，备案机关责令停止使用，重新组织竣工验收，处20万元以上50万元以下罚款；构成犯罪的，依法追究刑事责任。

3. 备案机关发现建设单位在竣工验收过程中有违反国家有关建设工程质量管理规定行为的，应当在收讫竣工验收备案文件15日内，责令停止使用，重新组织竣工验收。

4. 备案机关决定重新组织竣工验收并责令停止使用的工程，建设单位在备案之前已投入使用或者建设单位擅自继续使用造成使用人损失的，由建设单位依法承担赔偿责任。

5. 建设单位将备案机关决定重新组织竣工验收的工程，在重新组织竣工验收前，擅自使用的，备案机关责令停止使用，处工程合同价款2%以上4%以下罚款。

6. 竣工验收备案文件齐全，备案机关及其工作人员不办理备案手续的，由有关机关责令改正，对直接责任人员给予行政处分。

第八节 建设工程质量保修制度

建设工程质量保修制度是《建筑法》所确定的重要法律制度。健全、完善的建筑工程质量保修制度对于促进承包方加强质量管理，保护用户及消费者的合法权益有着重要的意义。

建设工程保修制度是指建筑工程办理交工验收手续后，在规定的保修期限内，因施工、材料等原因造成的质量缺陷，应当由施工单位负责维修。建设工程承包单位在向建设单位提交工程竣工验收报告时，应当向建设单位出具质量保修书。质量保修书中应当明确建设工程的保修范围、保修期限和保修责任等。

一、建筑工程质量的保修范围及保修期限

（一）保修范围

根据《建筑法》第六十二条的规定，建筑工程保修范围包括地基基础工程、主体结构工程、屋面防水工程、其他土建工程。以及相配套的电气管线、上下水管线的安装工程；供热供冷系统工程等项目。

（二）保修期限

根据《建设工程质量管理条例》第四十条的规定，在正常使用条件下，建设工程的最低保修期限为：

1. 基础设施工程、房屋建筑的地基基础工程和主体结构工程，为设计文件规定的该工程的合理使用年限；

2. 屋面防水工程、有防水要求的卫生间、房间和外墙面的防渗漏，5年；

3. 供热与供冷系统，两个采暖期、供冷期；

4. 电气管线、给排水管道、设备安装和装修工程，2年。

其他项目的保修期限由发包方与承包方约定。

二、建筑工程保修的经济责任

建设工程的保修期，自竣工验收合格之日起计算。建筑工程在保修范围内和保修期限内发生质量问题，由施工单位履行保修义务，但要区别保修责任的承担问题。依法由施工单位负责进行维修的，并不意味着都是由施工单位承担维修责任，对于维修的经济责任的确定，应当根据具体情况，分清责任方，由责任方承担。

1. 施工单位未按国家有关规范、标准和设计要求施工造成的质量缺陷，由施工单位负责返修并承担经济责任；

2. 由于设计方面的原因造成的质量缺陷，由设计单位承担经济责任。由施工单位负责维修，其费用按有关规定通过建设单位向设计单位索赔；不足部分由建设单位负责；

3. 因建筑材料、构配件和设备质量不合格引起的质量缺陷，属于施工单位采购的或经其验收同意的，由施工单位承担经济责任；属于建设单位采购的，由建设单位承担经济责任；

4. 因使用单位使用不当造成的质量缺陷，由使用单位自行负责；

5. 因地震、洪水、台风等不可抗拒造成的质量问题，施工单位、设计单位不承担经济责任。

对于超过合理使用年限后仍需要继续使用的建筑工程，产权所有人应委托具有相应资质等级的勘察、设计单位鉴定，并根据鉴定结果采取加固、维修等措施，重新界定使用期。

三、建筑工程保修的程序

就工程质量保修事宜，建设单位和施工单位应遵守如下基本程序：

1. 建设工程在保修期限内出现质量缺陷，建设单位应当向施工单位发出保修通知。

2. 施工单位接到保修通知后，应当到现场核查情况，在保修书约定的时间内予以保修。发生涉及结构安全或者严重影响使用功能的紧急抢修事故，施工单位接到保修通知后，应当立即到达现场抢修。

3. 施工单位不按工程质量保修书约定保修的，建设单位可以另行委托其他单位保修，由原施工单位承担相应责任。

4. 保修费用由造成质量缺陷的责任方承担。

四、建设工程质量保证金

2005年1月12日，建设部、财政部联合颁发了《建设工程质量保证金管理暂行办法》，该《办法》的实施，将有助于进一步规范质量保修制度的经济保障措施。

（一）质量保证金的含义

建设工程质量保证金（保修金）是指发包人与承包人在建设工程承包合同中约定，从应付的工程款中预留，用以保证承包人在缺陷责任期内对建设工程出现的缺陷进行维修的资金。

缺陷是指建设工程质量不符合工程建设强制性标准、设计文件，以及承包合同的约定。

（二）缺陷责任期

缺陷责任期从工程通过竣工验收之日起计。由于承包人原因导致工程无法按规定期限进行竣工验收的，缺陷责任期从实际通过竣工验收之日起计。由于发包人原因导致工程无法按规定期限进行竣工验收的，在承包人提交竣工验收报告90天后，工程自动进入缺陷责任期。

缺陷责任期一般为6个月、12个月或24个月，具体可由发、承包双方在合同中约定。

缺陷责任期内，由承包人原因造成的缺陷，承包人应负责维修，并承担鉴定及维修费用。如承包人不维修也不承担费用，发包人可按合同约定扣除保证金，并由承包人承担违约责任。承包人维修并承担相应费用后，不免除对工程的一般损失赔偿责任。

由他人原因造成的缺陷，发包人负责组织维修，承包人不承担费用，且发包人不得从保证金中扣除费用。

（三）质量保证金的数额

发包人应当在招标文件中明确保证金预留、返还等内容，并与承包人在合同条款中对涉及保证金的下列事项进行约定：

1. 保证金预留、返还方式；
2. 保证金预留比例、期限；
3. 保证金是否计付利息，如计付利息，利息的计算方式；
4. 缺陷责任期的期限及计算方式；
5. 保证金预留、返还及工程维修质量、费用等争议的处理程序；
6. 缺陷责任期内出现缺陷的索赔方式。

建设工程竣工结算后，发包人应按照合同约定及时向承包人支付工程结算价款并预留保证金。

全部或者部分使用政府投资的建设项目，按工程价款结算总额5%左右的比例预留保证金。社会投资项目采用预留保证金方式的，预留保证金的比例可参照执行。

采用工程质量保证担保、工程质量保险等其他保证方式的，发包人不得再预留保证金。

（四）质量保证金的返还

缺陷责任期内，承包人认真履行合同约定的责任，到期后，承包人向发包人申请返还保证金。

发包人在接到承包人返还保证金申请后，应于14日内会同承包人按照合同约定的内容进行核实。如无异议，发包人应当在核实后14日内将保证金返还给承包人，逾期支付的，从逾期之日起，按照同期银行贷款利率计付利息，并承担违约责任。发包人在接到承包人返还保证金申请后14日内不予答复，经催告后14日内仍不予答复，视同认可承包人的返还保证金申请。

第九节 住宅室内装饰装修质量管理制度

为加强住宅室内装饰装修管理，保证装饰装修工程质量和安全，维护公共安全和公众利益，根据有关法律、法规，建设部于2002年3月5日发布了《住宅室内装饰装修管理办法》，自2002年5月1日起施行。

《住宅室内装饰装修管理办法》所称住宅室内装饰装修，是指住宅竣工验收合格后，业主或者住宅使用人（以下简称装修人）对住宅室内进行装饰装修的建筑活动。在城市从事住宅室内装饰装修活动，实施对住宅室内装饰装修活动的监督管理，均应当遵守《住宅室内装饰装修管理办法》。

一、室内装饰装修活动的一般规定

（一）住宅室内装饰装修行为的禁止性规定

进行住宅室内装饰装修活动，禁止下列行为：

1. 未经原设计单位或者具有相应资质等级的设计单位提出设计方案，变动建筑主体和承重结构。

建筑主体，是指建筑实体的结构构造，包括屋盖、楼盖、梁、柱、支撑、墙体、连接接点和基础等；承重结构，是指直接将本身自重与各种外加作用力系统地传递给基础地基的主要结构构件和其连接接点，包括承重墙体、立杆、柱、框架柱、支墩、楼板、梁、屋架、悬索等。

2. 将没有防水要求的房间或者阳台改为卫生间、厨房间。
3. 扩大承重墙上原有的门窗尺寸，拆除连接阳台的砖、混凝土墙体。
4. 损坏房屋原有节能设施，降低节能效果。
5. 其他影响建筑结构和使用安全的行为。

（二）装修人从事住宅室内装饰装修活动的行为规范

装修人从事住宅室内装饰装修活动，下列行为，须经有关部门批准；未经批准，严格禁止进行。

1. 搭建建筑物、构筑物以及改变住宅外立面，在非承重外墙上开门、窗，要报请城市规划行政主管部门批准后方能实施。
2. 拆改供暖管道和设施，要经过供暖管理单位批准后才能进行。
3. 拆改燃气管道和设施，要经过燃气管理单位批准后才能进行。

（三）室内装饰装修活动的义务性规定

1. 住宅室内装饰装修应当保证工程质量和安全，符合工程建设强制性标准。

2. 住宅室内装饰装修超过设计标准或者规范增加楼面荷载的，应当经原设计单位或者具有相应资质等级的设计单位提出设计方案。

3. 改动卫生间、厨房间防水层的，应当按照防水标准制订施工方案，并做闭水试验。

4. 装修人经原设计单位或者具有相应资质等级的设计单位提出设计方案变动建筑主体和承重结构的，或者装修活动涉及上述第（二）及第（三）中的2、3条内容的，必须委托具有相应资质的装饰装修企业承担。

5. 装饰装修企业必须按照工程建设强制性标准和其他技术标准施工，不得偷工减料，确保装饰装修工程质量。

6. 装饰装修企业从事住宅室内装饰装修活动，应当遵守施工安全操作规程，按照规定采取必要的安全防护和消防措施，不得擅自动用明火和进行焊接作业，保证作业人员和周围住房及财产的安全。

7. 装修人和装饰装修企业从事住宅室内装饰装修活动，不得侵占公共空间，不得损害公共部位和设施。

二、室内环境质量控制制度

1. 装饰装修企业从事住宅室内装饰装修活动，应当严格遵守规定的装饰装修施工时间，降低施工噪声，减少环境污染。

2. 住宅室内装饰装修过程中所形成的各种固体、可燃液体等废物，应当按照规定的位置、方式和时间堆放和清运。严禁违反规定将各种固体、可燃液体等废物堆放于住宅垃圾道、楼道或者其他地方。

3. 住宅室内装饰装修工程使用的材料和设备必须符合国家标准，有质量检验合格证明，有中文标识的产品名称、规格、型号、生产厂的厂名和厂址等。禁止使用国家明令淘汰的建筑装饰装修材料和设备。

室内装饰装修材料中的有害物质有氨，甲醛，挥发性有机化合物，苯、甲苯和二甲苯，游离甲苯二异氰酸酯，氯乙烯单体，苯乙烯单体，可溶性的铅、镉、铬、汞、砷等。这些有害元素如果超量就会对人体健康和人身安全构成严重危害，甚至危及人们的生命，必须加以限制。为此，国家发布了10项室内装饰装修材料有害物质限量标准，并将其确定为强制性国家标准。这10项标准是：

（1）室内装饰装修材料人造板及其制品中甲醛释放限量（GB 18580—2001）；

（2）室内装饰装修材料溶剂型木器涂料中有害物质限量（GB 18581—2001）；

（3）室内装饰装修材料内墙涂料中有害物质限量（GB 18582—2001）；

（4）室内装饰装修材料胶粘剂中有害物质限量（GB 18583—2001）；

（5）室内装饰装修材料木家具中有害物质限量（GB 18584—2001）；

（6）室内装饰装修材料壁纸中有害物质限量（GB 18585—2001）；

（7）室内装饰装修材料聚氯乙烯卷材地板中有害物质限量（GB 18586—2001）；

（8）室内装饰装修材料地毯、地毯衬垫及地毯胶粘剂有害物质释放限量（GB

18587—2001);

(9) 混凝土外加剂中释放氨的限量 (GB 18588—2001);

(10) 建筑材料放射性核素限量 (GB 6566—2001)。

4. 装修人委托企业对住宅室内进行装饰装修的，装饰装修工程竣工后，空气质量应当符合国家有关标准。装修人可以委托有资格的检测单位对空气质量进行检测。检测不合格的，装饰装修企业应当返工，并由责任人承担相应损失。

三、室内装饰装修工程竣工验收与保修制度

1. 住宅室内装饰装修工程竣工后，装修人应当按照工程设计合同约定和相应的质量标准进行验收。验收合格后，装饰装修企业应当出具住宅室内装饰装修质量保修书。

物业管理单位应当按照装饰装修管理服务协议进行现场检查，对违反法律、法规和装饰装修管理服务协议的，应当要求装修人和装饰装修企业纠正，并将检查记录存档。

2. 住宅室内装饰装修工程竣工后，装饰装修企业负责采购装饰装修材料及设备的，应当向业主提交说明书、保修单和环保说明书。

3. 在正常使用条件下，住宅室内装饰装修工程的最低保修期限为2年，有防水要求的厨房、卫生间和外墙面的防渗漏为5年。保修期自住宅室内装饰装修工程竣工验收合格之日起计算。

第十节 法律责任

一、建设单位的违法行为及其法律责任

（一）建设单位将建设工程发包给不具有相应资质等级的勘察、设计、施工、工程监理单位应负的法律责任

根据《建设工程质量管理条例》第五十四条的规定，建设单位有上述违法行为，应当承担如下的法律责任：

1. 责令改正。即建设行政主管部门或其他有关部门发现建设单位有上述违规行为，要以行政命令的方式及时制止其违规行为，并宣布确定的承包单位无效，责令建设单位重新将建设工程发包给具有相应资质条件的勘察、设计、施工、工程监理单位。

2. 罚款。在责令改正的同时，视情节对建设单位处以50万元以上100万元以下的罚款。

（二）建设单位将建设工程肢解发包应负的法律责任

根据《建设工程质量管理条例》第五十五条的规定，建设单位将建设工程肢解发包的，应当承担如下的法律责任：

1. 责令改正。一旦建设行政主管部门或其他有关部门发现，则应及时向建设单位发出通知，命令其改正，将不应肢解的建设工程重新发包给一个承包单位。

2. 罚款。在责令改正的同时，视情节对建设单位处以工程合同价款0.5%以上1%以下的罚款。工程合同价款是指发包人用以支付承包人按照合同约定完成承包范围内全部工程并承担质量保修责任的款项。

3. 对全部或者部分使用国有资金的项目，并可以暂停项目执行或者暂停资金拨付。国有资金，是指国家财政性资金（包括预算内资金和预算外资金），国家机关、国有企事业单位和社会团体的自有资金及借贷资金，其中，国有企业是指国有独资公司和国有控股企业。国有控股企业包括国有资本占企业资本50%以上的企业以及虽不足50%，但国有资产投资者实质上拥有控制权的企业。全部或者部分使用国有资金的项目，是指一切使用国有资金（不论其在总投资中所占比例大小）进行建设的项目。

（三）建设单位不履行或不正当履行其工程管理的有关职责应负的法律责任

根据《建设工程质量管理条例》第五十六条的规定，建设单位有下列行为之一的，责令改正，处20万元以上50万元以下的罚款：

1. 迫使承包方以低于成本的价格竞标的；

2. 任意压缩合理工期的；

3. 明示或者暗示设计单位或者施工单位违反工程建设强制性标准，降低工程质量的；

4. 施工图纸设计文件未经审查或者审查不合格，擅自施工的；

5. 建设项目必须实行工程监理而未实行工程监理的；

6. 未按照国家规定办理工程质量监督手续的；

7. 明示或者暗示施工单位使用不合格的建筑材料、建筑构配件和设备的；

8. 未按照国家规定将竣工报告、有关认可文件或者准许使用文件报送备案的。

（四）建设单位未取得施工许可证或者开工报告未经批准擅自施工应负的法律责任

根据《建设工程质量管理条例》第五十七条的规定，建设单位若有上述违规行为，应当承担如下的法律责任：

1. 责令停止施工，限期改正，尽快补办有关手续。

2. 在责令改正的同时，视情节对建设单位处工程合同价款1%以上2%以下的罚款。

（五）建设单位在竣工验收中有不规范行为应负的法律责任

竣工验收是工程交付使用前的一道关键程序，根据《建设工程质量管理条例》第十六条第三款之规定："建设工程经验收合格的，方可交付使用。"如果建设单位：①未组织竣工验收就擅自交付使用；②或虽进行了验收程序，但验收不合格擅自交付使用；③或验收时，把不合格工程按合格工程验收；根据《建设工程质量管理条例》第五十八条之规定，建设单位则要承担下列法律责任：

1. 责令改正。即没有经过竣工验收的，停止使用，补办验收手续；验收不合格就使用的，停止使用，进行返修，重新组织验收；把不合格工程按合格工程验收的，进行返修，重新组织验收。

2. 责令改正的同时，视情节处工程合同价款2%以上4%以下的罚款。

3. 造成损失的，依法承担赔偿责任。

（六）建设单位未向有关部门移交建设项目档案应负的法律责任

《建设工程质量管理条例》第十七条和《房屋建筑工程和市政基础设施工程竣工验收备案管理暂行办法》，对建设单位向有关部门移交建设项目档案做了明确的规定，建设单位应当及时收集、整理建设项目各环节的文件资料，建立健全建设项目档案，并在建设项目竣工验收后，及时向建设行政主管部门或其他有关部门移交建设项目档案。建设单位若有违规行为，则要承担下列法律责任：

1. 建设单位在竣工验收过程中有违反国家有关建设工程质量管理规定行为的，在收清竣工验收备案文件15日内，责令停止使用，重新组织竣工验收。

2. 建设单位在工程竣工验收合格之日起15日内未办理工程竣工验收备案的，备案机关责令限期改正，处20万元以上30万元以下罚款。

3. 建设单位将备案机关决定重新组织竣工验收的工程，在重新组织竣工验收前，擅自使用的，备案机关责令停止使用，处工程合同价款2%以上4%以下罚款。

4. 建设单位采用虚假证明文件办理工程竣工验收备案的，工程竣工验收无效，备案机关责令停止使用，重新组织竣工验收，处20万元以上50万元以下罚款；构成犯罪的，依法追究刑事责任。

5. 备案机关决定重新组织竣工验收并责令停止使用的工程，建设单位在备案之前已投入使用或者建设单位擅自继续使用造成使用人损失的，由建设单位依法承担赔偿责任。

二、施工单位的违法行为及其法律责任

（一）施工单位偷工减料，使用不合格建筑材料、建筑构配件、设备或不按设计图纸和施工技术标准施工应承担的法律责任

根据《建设工程质量管理条例》第六十四条的规定，对上述违规行为的处罚是：

1. 责令改正，处工程合同价款2%以上4%以下的罚款；

2. 情节严重的，责令停业整顿，降低资质等级，或者吊销资质证书；

3. 因上述违法行为已造成工程质量不符合规定的质量标准，还要承担负责返工、修理，并赔偿因此造成的损失的民事法律责任。

（二）施工单位未按规定对建筑材料、建筑构配件和设备等进行检验应负的法律责任

根据《建设工程质量管理条例》第六十五条的规定，施工单位未对建筑材料、建筑构配件、设备和商品混凝土进行检验，或者未对涉及结构安全的试块、试件以及有关材料取样检测的，则要承担下列法律责任：

1. 责令改正，处10万元以上20万元以下的罚款；

2. 情节严重的，责令停业整顿，降低资质等级，或者吊销资质证书；

3. 因上述违法行为造成损失的还要依法承担赔偿责任。

（三）施工单位不履行保修义务或者拖延履行保修义务应承担的法律责任

根据《建设工程质量管理条例》第六十六条的规定，施工单位有上述违法行为，要受到如下的处罚：

1. 责令改正，视情节处10万元以上20万元以下的罚款；

2. 对在保修期内因质量缺陷造成的损失还要承担赔偿责任。在量大面广的住宅工程中工程质量缺陷比较突出，广大住户对此感受深、意见大。施工单位应当依其实际损失给予补偿，可以实物给付，也可以金钱给付。如果质量缺陷是由勘察设计原因、工程监理原因或者建筑材料、构配件和设备等原因造成的，施工单位可以向有关单位追偿。

三、工程监理单位的违法行为及其法律责任

（一）工程监理单位在监理过程中弄虚作假应负的法律责任

根据《建设工程质量管理条例》第六十七条的规定，工程监理单位有下列行为之一的，责令改正，处50万元以上100万元以下的罚款，降低资质等级或者吊销资质证书；有违法所得的，予以没收；造成损失的，依法承担赔偿责任：

1. 与建设单位或者施工单位串通，弄虚作假、降低工程质量的；

2. 将不合格的建设工程、建筑材料、建筑构配件和设备按照合格签字的。

（二）监理单位与被监理单位有隶属关系或其他利害关系应负的法律责任

监理单位若违反上述规定，根据《建设工程质量管理条例》第六十八条，则要承担下列法律责任：

1. 责令改正，视情节处5万元以上10万元以下的罚款，降低资质等级，或者吊销资质证书；被吊销资质证书后，工商行政主管部门应当吊销其营业执照；

2. 有违法所得的，予以没收。

四、建设、勘察、设计、施工、工程监理单位单独或共同的违法行为及其法律责任

（一）勘察、设计单位在勘察、设计中有违规行为应承担的法律责任

《建设工程质量管理条例》第十九条规定："勘察、设计单位必须按照工程建设强制性标准进行勘察、设计"；第二十一条规定："设计单位应当根据勘察成果文件进行建设工程设计"；第二十二条规定：除有特殊情况外，设计单位不得指定生产厂、供应商。勘察、设计单位在勘察、设计中若违反上述规定，根据《建设工程质量管理条例》第六十三条，则要承担下列法律责任：

1. 责令改正，处10万元以上30万元以下的罚款。

2. 因上述违法行为造成工程质量事故的，责令停业整顿，降低资质等级；情节严

第八章 建设工程质量管理法规

重的，吊销资质证书；造成损失的，依法承担赔偿责任。

（二）勘察、设计、施工、工程监理单位在承包活动中有违规行为应承担的法律责任

依照《建筑法》第二十六条，《建设工程质量管理条例》第十八条、第二十五条、第三十四条的规定，从事建设工程的勘察、设计、施工、工程监理单位应当依法取得相应等级的资质证书，并在其资质等级许可的范围内承揽工程。禁止超越其资质等级许可的范围承揽工程。这些单位若在承包活动中违反了上述法律、法规的规定，则要承担下列法律责任：

1. 勘察、设计、施工、工程监理单位超越本单位资质等级承揽工程的，要受到如下的行政处罚：

（1）责令停止违法行为并处罚款。罚款的幅度和数额分别为：①对勘察、设计、监理单位视情节处合同约定的勘察费、设计费、监理酬金1倍以上2倍以下的罚款；②对施工单位视情节处工程施工合同价款2%以上4%以下的罚款。

（2）视情节可责令以上单位停业整顿，降低资质等级；情节严重的，可吊销资质证书；有违法所得的，予以没收。

2. 未取得资质证书承揽工程勘察、设计、施工、监理任务的，因其本身就不具备行为资格能力，其行为是严重违法行为，无论是否造成危害后果都应当给予取缔，同时按照上面的规定处以罚款。有违法所得的，予以没收。

3. 以欺骗手段取得资质证书承揽工程的，由于其本身就不够资质条件，就不能有行为资格，因此，无论是否造成危害后果都应当吊销资质证书。与此同时，对于这种明知违法而采取不正当的行为，还应按照上面的规定处以罚款。有违法所得的，予以没收。

（三）勘察、设计、施工、工程监理单位允许他人以本单位名义承揽工程应承担的法律责任

根据《建筑法》第二十六条，《建设工程质量管理条例》第十八条、第二十五条、第三十四条的规定，禁止勘察、设计、施工、工程监理单位允许其他单位或者个人以本单位名义承揽工程。

这些单位若违反了上述法律、法规的规定，则要承担下列法律责任：

1. 由主管部门责令违法单位改正违法行为；

2. 有违法所得者，没收违法所得；

3. 对违法单位罚款。罚款的幅度和数额分别为：

（1）勘察、设计、监理单位视情节处合同约定的勘察费、设计费、监理酬金1倍以上2倍以下的罚款；

（2）施工单位视情节处工程施工合同价款2%以上4%以下的罚款。

4. 对违法单位并处其他行政处罚，视情节可责令停业整顿，降低资质等级；严重的，吊销资质证书。

（四）勘察、设计、施工、工程监理等承包单位转包工程或者进行非法分包应承担

的法律责任

1. 承包单位将承包的工程转包的，或者将不可再分的部分工程进行分包的，将工程分包给不具备相应资质条件的单位承包的，根据《建设工程质量管理条例》第六十二条第一款的规定，处罚措施为：

（1）由主管部门责令改正；

（2）没收其违法所得；

（3）并处罚款。罚款的幅度分别为：对勘察、设计单位处合同约定的勘察费、设计费25%以上50%以下；对施工单位处工程合同价款0.5%以上1%以下；

（4）视情节可责令停业整顿，降低资质等级；严重的，吊销资质证书。

2. 工程监理单位转让工程监理业务的，根据《建设工程质量管理条例》第六十二条第二款的规定，处罚措施为：

（1）由主管部门责令改正；

（2）没收其违法所得；

（3）并处罚款。罚款的幅度为合同约定的监理酬金25%以上50%以下；

（4）视情节可责令停业整顿，降低资质等级；严重的，吊销资质证书。

（五）建设、设计、施工、工程监理单位降低工程质量标准，造成重大安全事故应承担的法律责任

依照《刑法》第一百三十七条的规定，建设单位、设计单位、施工单位、工程监理单位违反国家规定，降低工程质量标准，造成重大安全事故的，则构成工程重大安全事故罪。对直接责任人员，处5年以下有期徒刑或者拘役，并处罚金；后果特别严重的，处5年以上10年以下有期徒刑，并处罚金。

五、工程质量直接主管人员和直接责任人员的法律责任

（一）发生重大工程质量事故隐瞒不报、谎报或者拖延报告期限的直接主管人员和直接责任人员的法律责任

根据《建设工程质量管理条例》第七十条的规定，对发生上述情况的直接主管人员和直接责任人员给以行政处分。

这里需要说明的是，处分的对象应该包括事故发生单位直接负责工程质量的主管人员或者其他直接责任人员；也包括各级建设行政主管部门失职的主管人员和直接责任人员。

（二）注册建筑师、注册结构工程师、监理工程师等注册执业人员因过错造成质量事故应承担的法律责任

1. 注册建筑师、注册结构工程师、监理工程师等注册执业人员违反《建设工程质量管理条例》的有关规定，由于本身的过错造成质量事故的，责令停止执业1年；

2. 造成重大质量事故的，吊销执业资格证书，5年内不予注册，情节特别恶劣的，终身不予注册。

凡注册执业人员一经吊销执业资格证书，就不得再从事该项业务活动，因此，是一

项很严重的处罚。

（三）备案机关及其工作人员不办理备案手续应承担的法律责任

对于竣工验收备案文件齐全的工程，备案机关及其工作人员应当及时予以办理备案手续。不给办理的，由有关机关责令改正，对直接责任人员给予行政处分。

（四）建设工程参与各方中受到罚款的单位的主管人员和其他直接责任人员的处罚规定

这里的单位直接负责的主管人员是指在单位违法行为中负有领导责任的人员，包括违法行为的决策人，事后对单位违法行为予以认可和支持的领导人员，以及由于疏于管理或放任，对单位违法行为负有不可推卸责任的领导人员。其他直接责任人员是指直接实施单位违法行为，具体完成单位违法行为的人员。罚款的幅度视情节处单位罚款数额的5%以上10%以下。

六、其他情况的违法行为和法律责任

（一）国家机关工作人员玩忽职守、滥用职权、徇私舞弊应负的法律责任

1. 国家机关工作人员在建设工程质量监督管理中玩忽职守、滥用职权、徇私舞弊、构成犯罪的，依法追究刑事责任。根据《刑法》规定，玩忽职守、滥用职权构成犯罪的，处3年以下有期徒刑或者拘役；情节特别严重的，处3年以上7年以下有期徒刑。徇私舞弊构成犯罪的，处5年以下有期徒刑或者拘役；情节特别严重的，处5年以上10年以下有期徒刑。

2. 国家机关工作人员玩忽职守、滥用职权、徇私舞弊，造成后果，但尚不构成犯罪的，由其所在单位或上级主管部门依法给予行政处分。

（二）建设工程参与各方人员违反建设法规造成严重后果者应负的法律追溯责任

根据《建设工程质量管理条例》第七十七条的规定，建设、勘察、设计、施工、工程监理单位的工作人员因调动工作、退休等原因离开该单位后，被发现在该单位工作期间违反国家有关建设工程质量管理规定，造成重大工程质量事故的，仍应当依法追究刑事责任。这是对建设工程参与各方人员违反法律法规，造成严重后果者的法律处罚行为进行追溯处罚的规定，也是国务院以行政法规的方式对工程质量终身责任制的表述。

（三）涉及建筑主体和承重结构变动的装修工程擅自施工应负的法律责任

根据《建筑法》第七十条和《建设工程质量管理条例》第六十九条的规定，有上述违法行为的，应负下列行政责任和民事责任：

1. 决定擅自施工的建设单位，视情节处50万元以上100万元以下的罚款；对在装修工程中擅自变动房屋建筑主体和承重结构的，责令改正，处5万元以上10万元以下的罚款。

2. 因上述违法行为造成损失的，依法承担赔偿责任。构成犯罪的，依法追究刑事责任。

复习思考题

一、单项选择题

1. 根据《建设工程质量管理条例》的有关规定，应按照国家有关规定组织竣工验收的建设主体是（　　）。
   A. 建设单位　　　B. 施工单位　　　C. 工程监理单位　　　D. 设计单位

2. 某监理工程师因过错造成重大质量事故，情节特别恶劣。对他的处罚应是（　　）。
   A. 责令停止执业 1 年　　　　　　　B. 责令停止执业 3 年
   C. 吊销执业资格，5 年以内不予注册　　D. 终身不予注册

3. 建筑工程质量的缺陷责任期从实际通过竣（交）工验收之日起计。如果由于发包人原因导致工程无法按规定期限进行竣（交）工验收的，在承包人提交竣（交）工验收报告（　　）天后，工程自动进入缺陷责任期。
   A. 30　　　　B. 90　　　　C. 120　　　　D. 150

4. 某勘察单位超越本单位资质等级承揽工程未造成直接损失，按照建设工程质量管理条例的规定，应责令停止违法行为，没收非法所得，处以（　　）。
   A. 合同约定的勘察费 1 倍以上 2 倍以下的罚款
   B. 合同约定的勘察费 25% 以上 50% 以下的罚款
   C. 10 万元以上 30 万元以下的罚款
   D. 20 万元以上 50 万元以下的罚款

5. 建设工程发生质量事故后，有关单位应向当地建设行政主管部门和其他有关部门报告。时间从发生质量事故时起算，最晚不迟于（　　）小时。
   A. 8　　　　B. 12　　　　C. 24　　　　D. 28

6. 发包人负责采购的建筑材料，到货后与承包人共同验收时发现规格和等级与施工合同内清单规定不符，承包人应（　　）。
   A. 自行将其运出工地
   B. 要求发包人将其运出工地
   C. 要求供货的运输公司将其运回发货单位
   D. 要求供货商将其运出工地

7. 2006 年 1 月 15 日，某住宅工程竣工验收合格，则办理竣工验收备案的截止时间是（　　）。
   A. 2006 年 1 月 22 日　　　　B. 2006 年 1 月 25 日
   C. 2006 年 1 月 30 日　　　　D. 2006 年 2 月 15 日

8. 根据《建设工程质量管理条例》关于质量保修制度的规定，电气管线、给水排水管道、设备安装工程的最低保修期为（　　）。
   A. 6 个月　　　B. 1 年　　　C. 2 年　　　D. 5 年

9. 某高校的图书馆工程，甲是总承包单位，甲经过业主同意将该图书馆的玻璃幕墙的安装分包给乙施工单位，乙在施工过程中出现了质量事故。则该高校可要求（　　）。
   A. 甲承担责任　　　　　　　　B. 乙承担责任
   C. 甲和乙承担连带责任　　　　D. 甲和乙与自己分担责任

10. 工程建设标准批准部门应当对工程项目执行强制性标准情况进行监督检查，监督检查可以采

取的方式不包括（　　）。

A. 重点检查　　B. 平行检查　　C. 抽查　　D. 专项检查

二、多项选择题

1. 某建设单位在其新厂房建设工程中出现了下述行为，其中必须承担相应法律责任的行为有（　　）。

A. 暗示承包人违反工程建设强制性标准，降低建设工程质量

B. 迫使承包方以低于成本的价格竞标

C. 任意压缩合理工期

D. 施工图设计文件未经审查就擅自施工

E. 未对涉及结构安全的试件取样检测

2. 施工单位必须建立、健全施工质量的检验制度，严格工序管理，作好隐蔽工程的质量检查和记录。隐蔽工程在隐蔽前，施工单位应当通知（　　）。

A. 设计单位　　B. 建设工程质量监督机构

C. 建设单位　　D. 安全生产监督管理部门

E. 勘察单位

3. 某监理公司在其承担的一项监理工程中出现了下述行为，其中由监理公司必须承担法律责任的情况有（　　）。

A. 该工程超越了本公司资质等级

B. 与施工单位串通弄虚作假、降低工程质量

C. 将不合格的建设工程、建筑材料、建筑构配件和设备按照合格签字

D. 未对建筑材料、建筑构配件、设备和商品混凝土进行检验

E. 未按照工程建设强制性标准进行设计

4. 某设计院在其承担的一项设计工程中出现了下述行为，其中由设计院必须承担法律责任的情况有（　　）。

A. 将该工程委托给不具有相应资质等级的工程监理单位

B. 未按照工程建设强制性标准进行勘察

C. 未根据勘察成果文件进行工程设计

D. 指定了建筑材料、建筑构配件的生产厂、供应商

E. 未向建设行政主管部门或者其他有关部门移交建设项目档案

5. 建设工程质量监督机构的主要任务包括（　　）。

A. 制定质量监督方案

B. 检查建设工程的实体质量

C. 组织工程竣工验收

D. 检查施工现场工程建设各方主体的质量行为

E. 根据政府主管部门委托，受理建设工程项目质量监督

6. 根据《建设工程质量管理条例》，以下内容属于设计单位质量责任和义务的有（　　）。

A. 依法取得相应资质等级的证书，并在其资质等级许可的范围内承揽工程

B. 参与工程质量事故分析

C. 注册执业人员应当在设计文件上签字，对设计文件负责

D. 任何情况下设计单位不得指定材料的生产厂、供应商

E. 建设工程竣工验收时应出具完整的技术档案

7. 根据《建设工程质量管理条例》，下列符合建设单位质量责任和义务的有（   ）。

A. 将工程发包给具有相应资质等级的单位

B. 不得将工程肢解发包

C. 有权改变结构主体和承重部分进行装修

D. 施工图设计文件未经审查批准的，建设单位不得使用

E. 对必须实施监理的工程，应委托具有相应资质等级的工程监理单位进行监理

8. 下列工程建设国家标准属于强制性标准的有（   ）。

A. 工程建设通用的有关安全、卫生和环境保护的标准

B. 工程建设通用的建筑模数和制图方法标准

C. 工程建设通用的试验、检验和评定方法等标准

D. 工程建设通用的信息技术标准

E. 工程建设通用的质量标准

三、简答题

1. 按照标准的级别不同，工程建设标准可分为哪几个级别？

2. 在工程建设国家标准、行业标准中，属于强制性标准的有哪些？

3. 简述推行建筑从业单位质量体系认证制度的意义。

4. 简述建设工程质量监督机构实施监督的程序和内容。

5. 简述建材生产许可证制和建筑材料进场检验制。

6．简述建设单位、勘察单位、设计单位、施工企业、监理单位、材料与设备供应单位的质量责任与义务。

7. 简述建设工程竣工验收的条件和程序。

8. 简述建设工程质量的保修范围、保修期限和保修程序。

9. 什么是缺陷责任期？

10. 简述质量保证金的含义、数额及返还。

11. 建设单位应当何时办理工程竣工验收备案？办理时应当提交哪些文件？

12. 简述住宅室内装饰装修质量管理制度。

第九章

建设工程纠纷处理法规

学习重点：解决建设工程纠纷的途径；作为法律概念的调解类型；仲裁的范围、特点和原则；仲裁协议的法律效力；仲裁的程序；应当撤销仲裁裁决的情形；民事诉讼的特点；民事诉讼的管辖；第一审普通程序；行政复议的范围和程序；行政诉讼的范围和程序；证据的种类；证据的保全和应用；建设工程施工合同纠纷案件的相关司法解释。

在工程建设过程中,纠纷是普遍存在的。纠纷若不能得到妥善解决,不仅会损害当事人合法的民事权益,而且可能波及第三者甚至影响社会的安定。因此,各国都很重视工程建设中纠纷的解决并建立了相应的处理纠纷的制度。

解决建设工程纠纷的途径有四种,即协商、调解、仲裁和诉讼。《合同法》第一百二十八条规定:当事人可以通过和解或者调解解决合同争议。当事人不愿和解、调解或者和解、调解不成的,可以根据仲裁协议向仲裁机构申请仲裁。当事人没有订立仲裁协议或者仲裁协议无效的,可以向人民法院起诉。当事人应当履行发生法律效力的判决、仲裁裁决、调解书;拒不履行的,对方可以请求人民法院执行。和解、调解、仲裁、诉讼各有特点,正确把握其特点,才能根据具体纠纷的情况,选择合适的处理方式。

第一节 和解和调解

一、和解

(一) 和解的概念

和解,是指合同当事人依据有关法律规定和合同约定,在自愿友好的基础上,互相谅解,就已经发生的争议进行协商并达成协议,从而自行解决合同争议的一种方法。和解应以合法、自愿、平等为原则。

和解达成的协议不具有强制执行的效力。但是可以成为原合同的补充部分。当事人不按照和解达成的协议执行,另一方当事人不可以申请强制执行,但是却可以追究其违约责任。

(二) 和解的特点

通常建设工程合同纠纷发生后,解决纠纷的首选方式是和解。合同双方应本着解决问题与分歧的诚意,直接进行协商,以求相互谅解,从而消除分歧与异议,解决纠纷。

这种解决工程合同纠纷方式的优点在于无须第三人介入,既可以节省解决费用,及时解决问题,又可以保持友好合作关系,以利于下一步对协商协议的执行。其缺点是,双方就解决纠纷所达成的协议不具备强制执行的效力,当事人较易反悔。

(三) 和解的适用

1. 未经仲裁和诉讼的和解。发生争议后,当事人可以自行和解。如果达成一致意见,就无需仲裁或诉讼。

2. 申请仲裁后和解。当事人申请仲裁后，可以自行和解。达成和解协议的，可以请求仲裁庭根据和解协议作出裁决书，也可以撤回仲裁申请。当事人达成和解协议，撤回仲裁申请后反悔的，可以根据仲裁协议申请仲裁。

3. 诉讼后和解。当事人在诉讼中和解的，应由原告申请撤诉，经法院裁定撤诉后结束诉讼。

4. 执行中的和解。在执行中，双方当事人在自愿协商的基础上，达成的和解协议，产生结束执行程序的效力。如果一方当事人不履行和解协议或者反悔的，对方当事人只可以申请人民法院按照原生效法律文书强制执行。

二、调解

（一）调解的概念

调解，是在第三方的主持下，通过对当事人进行说服教育，促使双方互相作出适当的让步，自愿达成协议，从而解决合同争议的方法。调解也是以合法、自愿、平等为原则。

（二）调解的特点

合同争议的调解往往是当事人经过协商仍不能解决争议时采取的方式，因此，与协商和解相比，它面临的争议要大一些。但与仲裁、诉讼相比，调解仍具有与协商和解相似的优点，它能够较经济较及时地解决争议，节省时间和费用，不伤害争议双方的感情，维护双方的长期合作关系。同时，由于调解有第三者介入，便于当事人双方较为冷静、理智地考虑问题，看问题可能客观、全面一些，有利于消除当事人双方的对立情绪，有利于争议的公正解决。

（三）调解的类型

在我国，调解作为法律概念，包括民间调解、行政调解、仲裁机构调解和法庭调解四种类型。

1. 民间调解。是指当事人临时选择的社会组织或者个人作为调解人，对合同争议进行调解。如果在调解人的调解下，双方当事人达成协议，经双方签署的调解协议书对当事人不具有法律强制约束力，但具有与合同同等的法律效力。

2. 行政调解。是指在有关行政机关的主持下，依据有关法律、行政法规和政策，处理纠纷的方式。行政调解达成的协议也不具有法律强制约束力。

3. 仲裁机构调解。仲裁机构调解，是指由仲裁庭主持进行的调解。当事人将合同争议提交仲裁机构后，经双方当事人同意，将调解纳入仲裁程序，调解成功后，制作调解书，双方签署后生效。调解书与仲裁书具有同等的效力。

4. 法庭调解。法庭调解，是指由法庭主持进行的调解。当事人将合同争议提起诉讼后，可以请求法庭调解，调解成功的，法院制作调解书，调解书经双方当事人签署后生效。调解书与判决书具有同等的效力。

第二节 仲 裁

一、仲裁的概念、范围、特点和原则

（一）仲裁的概念

仲裁，亦称"公断"，是指发生争议的双方当事人在合同争议发生前或争议发生后达成协议，自愿将该争议提交中立的第三者（仲裁机构）作出裁决，并负有自觉履行义务的一种解决争议的方式。

在我国，《中华人民共和国仲裁法》是调整和规范仲裁制度的基本法律。

（二）仲裁的范围

《仲裁法》第二条规定："平等主体的公民、法人和其他组织之间发生的合同纠纷和其他财产权益纠纷可适用仲裁。"

根据《仲裁法》第三条的规定，下列纠纷不能仲裁：①婚姻、收养、监护、扶养、继承纠纷；②依法应当由行政机关处理的行政争议。

根据《仲裁法》第七十七条的规定，劳动争议与农业集体经济组织内部的农业承包合同纠纷不受《仲裁法》的调整。

（三）仲裁的特点

作为一种解决财产权益纠纷的民间性裁判制度，仲裁既不同于解决同类争议的司法、行政途径，也不同于人民调解委员会的调解和当事人的自行和解。其具有以下特点：

1. 自愿性。当事人的自愿性是仲裁最突出的特点。仲裁以双方当事人的自愿为前提，即当事人之间的纠纷是否提交仲裁，交与谁仲裁，仲裁庭如何组成，由谁组成，以及仲裁的审理方式、开庭形式等都是在当事人自愿的基础上，由双方当事人协商确定的。因此，仲裁是最能充分体现当事人意思自治原则的争议解决方式。

2. 专业性。民事、商事纠纷往往涉及特殊的知识领域，会遇到许多复杂的法律、经济贸易和有关的技术性问题，故专家裁判更能体现专业权威性。因此，具有一定专业水平和能力的专家担任仲裁员，对当事人之间的纠纷进行裁决是仲裁公正性的重要保障。专家仲裁是民事、商事仲裁的重要特点之一。

3. 灵活性。由于仲裁充分体现当事人的意思自治，仲裁中的许多具体程序都是由当事人协商确定和选择的，因此，与诉讼相比，仲裁程序更加灵活更具弹性。

4. 保密性。仲裁以不公开审理为原则。有关的仲裁法律和仲裁规则也同时规定了仲裁员及仲裁秘书人员的保密义务。仲裁的保密性较强。

5. 快捷性。仲裁实行一裁终局制，仲裁裁决一经仲裁庭作出即发生法律效力。这使当事人之间的纠纷能够迅速得以解决。

6. 经济性。由于时间上的快捷性使得仲裁所需费用相对减少，往往低于诉讼费。

7. 独立性。仲裁机构独立于行政机构，仲裁机构之间也无隶属关系，仲裁庭独立进行仲裁，不受任何机关、社会团体和个人的干涉，不受仲裁机构的干涉，显示出最大的独立性。

（四）仲裁的原则

1. 协议仲裁原则

当事人采用仲裁方式解决纠纷，应当双方自愿，达成仲裁协议。没有仲裁协议，一方申请仲裁的，仲裁委员会不予受理。

2. 或裁或审原则

当事人选择解决争议途径时，在仲裁与审判中只能二者取其一的原则。当事人选择了以仲裁途径解决争议，就不可以再选择诉讼；当事人若选择了诉讼就不可以同时选择仲裁。

3. 一裁终局原则

仲裁裁决作出后，当事人就同一纠纷再申请仲裁或者向人民法院起诉，仲裁委员会或者人民法院不予受理。

二、仲裁协议

在民事、商事仲裁中，仲裁协议是仲裁的前提，没有仲裁协议，就不存在有效的仲裁。

（一）仲裁协议的法律效力

仲裁协议是指当事人自愿将他们之间已经发生或者可能发生的争议提交仲裁解决的协议。仲裁协议法律效力表现为：

1. 对双方当事人的法律效力

仲裁协议是双方当事人就纠纷解决方式达成的一致意思表示。发生纠纷后，当事人只能通过向仲裁协议中所确定的仲裁机构申请仲裁的方式解决纠纷，而丧失了就该纠纷提起诉讼的权利。如果一方当事人违背仲裁协议就该争议起诉的，另一方当事人有权要求法院停止诉讼，法院也应当驳回当事人的起诉。

2. 对法院的法律效力。有效的仲裁协议可以排除法院对订立于仲裁协议中的争议事项的司法管辖权。这是仲裁协议法律效力的重要体现。

3. 对仲裁机构的效力。仲裁协议是仲裁委员会受理仲裁案件的依据。没有仲裁协议就没有仲裁机构对案件的管辖权。同时，仲裁机构的管辖权又受到仲裁协议的严格限制。仲裁庭只能对当事人在仲裁协议中约定的争议事项进行仲裁，而对仲裁协议约定范围之外的其他争议无权仲裁。

（二）仲裁协议的内容

合法有效的仲裁协议应当具备以下法定内容：

1. 请求仲裁的意思表示

这是仲裁协议的首要内容,因为当事人以仲裁方式解决纠纷的意愿正是通过请求仲裁的意思表示体现出来的。对仲裁协议中意思表示的要求是要明确、肯定。

2. 仲裁事项

仲裁事项是当事人提交仲裁的具体争议事项。仲裁庭只能在仲裁协议确定的仲裁事项的范围内进行仲裁,超出这一范围进行仲裁,所作的仲裁裁决,经一方当事人申请,法院可以不予执行或者撤销。按照我国《仲裁法》的规定,对仲裁事项没有约定或者约定不明的,当事人应就此达成补充协议,达不成补充协议的,仲裁协议无效。

3. 选定的仲裁委员会

仲裁委员会是受理仲裁案件的机构。由于仲裁没有法定管辖的规定,因此,仲裁委员会是由当事人自主选定的。如果当事人在仲裁协议中不选定仲裁委员会,仲裁就无法进行。

(三)仲裁协议效力的确认

1. 确认方式

当事人对仲裁协议效力有异议的,应当在仲裁庭首次开庭前提出。当事人既可以请求仲裁委员会作出决定,也可以请求人民法院作出裁定。一方请求仲裁委员会作出决定,另一方请求人民法院作出裁定的,由人民法院裁定。

当事人协议选择国内的仲裁机构仲裁后,一方对仲裁协议的效力有异议请求人民法院裁定的,由该仲裁委员会所在地的中级人民法院管辖。当事人对仲裁委员会没有约定或者约定不明的,由被告所在地的中级人民法院管辖。

当事人对仲裁协议的效力有异议,一方申请仲裁机构确认协议有效,另一方请求人民法院确认仲裁协议无效,如果仲裁机构先于人民法院接受申请并已作出决定,人民法院不予受理;如果仲裁机构接受申请后尚未作出决定的,人民法院应予受理,同时通知仲裁机构中止仲裁。

2. 仲裁协议无效的情形

仲裁协议在下列情形下无效:

(1)以口头方式订立的仲裁协议无效。仲裁协议必须以书面方式订立,以口头方式订立的仲裁协议不受法律保护;

(2)约定的仲裁事项超过法律规定的仲裁范围。根据法律规定,婚姻、收养、监护、扶养、继承纠纷以及依法应当由行政机关处理的行政争议不能仲裁;

(3)无民事行为能力人或者限制行为能力人订立的仲裁协议无效;

(4)一方采取胁迫手段,迫使对方订立仲裁协议的,该仲裁协议无效;

(5)仲裁协议对仲裁事项、仲裁委员会没有约定或者约定不明确,当事人对此又达不成补充协议的,仲裁协议无效。

仲裁协议无效,使得仲裁协议不再具有约束力。当事人之间的纠纷既可以通过诉讼方式解决,也可以重新达成仲裁协议以仲裁的方式解决。对于法院来说,由于排斥司法管辖权的原因已经消失,法院对于当事人的纠纷恢复了管辖权,而仲裁机构则因仲裁协议的无效不能对当事人之间的纠纷进行审理和裁决。

三、仲裁程序

仲裁的具体程序,是指当事人从提出仲裁申请直至仲裁庭作出裁决的程序,它包括:

(一)提出仲裁申请

当事人提出申请仲裁必须符合下列条件

1. 要有有效的仲裁协议;
2. 有具体的仲裁请求和事实、理由;
3. 属于仲裁委员会的受理范围。

当事人申请仲裁,应当向仲裁委员会递交仲裁协议、仲裁申请书及副本。

(二)受理仲裁申请

仲裁委员会收到仲裁申请书之后,应当在5日之内决定受理或不受理。认为符合受理仲裁条件的,应当受理并通知当事人;认为不符合受理条件的,应当书面通知当事人不予受理,并说明理由。如果仲裁委员会在审查中发现仲裁申请书有欠缺,应当让申请人予以完备;如果认为仲裁协议需要补充,也应当让当事人补充仲裁协议。仲裁委员会自当事人递交经完备的仲裁申请书或者补充仲裁协议之日起5日内予以受理。

(三)组成仲裁庭

仲裁庭是行使仲裁权的主体。在我国,仲裁庭的组成形式有两种,即合议仲裁庭和独任仲裁庭。仲裁庭的组成必须按照法定程序进行。

1. 仲裁庭组成形式的确定

当事人收到仲裁委员会的仲裁规则和仲裁员名册后,应约定仲裁庭的组成形式,并在仲裁规则规定的期间内加以确定。对于仲裁庭的组成形式,当事人既可以选择合议仲裁庭,也可以选择独任仲裁庭。如果当事人没有在仲裁规则规定的期限内约定仲裁庭形式,则由仲裁委员会主任指定。

2. 仲裁员的产生

(1)合议仲裁庭仲裁员的产生。根据《仲裁法》,当事人约定由3名仲裁员组成仲裁庭的,应当各自选定或者各自委托仲裁委员会主任指定1名仲裁员,第三名仲裁员由当事人共同选定或者共同委托仲裁委员会主任指定。第三名仲裁员是首席仲裁员。

(2)独任仲裁庭仲裁员的产生。独任仲裁员应当由当事人共同选定或者共同委托仲裁委员会主任指定该独任仲裁员。

当事人没有在规定期限内选定的,由仲裁委员会主任指定。

(四)仲裁审理

仲裁审理的主要任务是审查、核实证据,查明案件事实,分清是非责任,正确适用法律,确认当事人之间的权利义务关系,解决当事人之间的纠纷。

1. 仲裁审理的方式

仲裁审理的方式可以分为开庭审理和书面审理两种。

(1)开庭审理。开庭审理不公开进行,当事人协议公开的,可以公开进行,但涉及国家秘密的除外。

（2）书面审理。是指在双方当事人及其他仲裁参与人不到庭参加审理的情况下，仲裁庭根据当事人提供的仲裁申请书、答辩书以及其他书面材料作出裁决的过程。书面审理是开庭审理的必要补充。

2. 开庭审理程序

（1）开庭通知。仲裁委员会应当在仲裁规则规定的期限内将开庭日期通知双方当事人。如果申请人经书面通知，无正当理由不到庭可以视为撤回仲裁申请；被申请人经书面通知，无正当理由不到庭可以缺席裁决。

（2）开庭仲裁。由首席仲裁员或者独任仲裁员宣布开庭。随后，首席仲裁员或者独任仲裁员核对当事人，宣布案由，宣布仲裁庭组成人员和记录人员名单，告知当事人有关权利义务，询问是否提出回避申请。

（3）开庭调查。仲裁庭通常按照下列顺序进行开庭调查：当事人陈述；证人作证；出示书证、物证和视听资料；宣读勘验笔录、现场笔录；宣读鉴定结论。

（4）当事人辩论。辩论通常按照下列顺序进行：申请人及其代理人发言；被申请人及其代理人发言；双方相互辩论。

（五）仲裁和解、调解

1. 仲裁和解。是指仲裁当事人通过协商，自行解决已提交仲裁的争议事项的行为。《仲裁法》规定，当事人申请仲裁后，可以自行和解。当事人达成和解协议的，可以请求仲裁庭根据和解协议作出裁决书，也可以撤回仲裁申请。如果当事人撤回仲裁申请后反悔的，则可以仍根据原仲裁协议申请仲裁。

2. 仲裁调解。是指在仲裁庭的主持下，仲裁当事人在自愿协商、互谅互让基础上达成协议从而解决纠纷的一种制度。《仲裁法》规定，在作出裁决前可以先行调解。当事人自愿调解的，仲裁庭应当调解。调解不成的，应当及时作出裁决。

经仲裁庭调解，双方当事人达成协议的，仲裁庭应当制作调解书，经双方当事人签收后即发生法律效力。如果在调解书签收前当事人反悔的，仲裁庭应当及时作出裁决。仲裁庭除了可以制作仲裁调解书之外，也可以根据协议的结果制作裁决书。调解书与裁决书具有同等的法律效力。

（六）仲裁裁决

仲裁裁决是指仲裁庭对当事人之间所争议的事项进行审理后所作出的终局的权威性判定。仲裁裁决的作出，标志着当事人之间的纠纷的最终解决。

仲裁裁决是由仲裁庭作出的。独任仲裁庭审理的案件由独任仲裁员作出仲裁裁决。合议仲裁庭审理的案件由3名仲裁员集体做出仲裁裁决。当仲裁庭成员不能形成一致意见时，按多数仲裁员的意见作出仲裁裁决；在仲裁庭无法形成多数意见时，按首席仲裁员的意见作出裁决。

仲裁裁决书是仲裁庭对纠纷案件作出裁决的法律文书。根据《仲裁法》第五十四条的规定，仲裁裁决书应当写明仲裁请求、争议事实、裁决理由、裁决结果、仲裁费用的负担和裁决日期。如果当事人协议不愿写明争议事实和裁决理由的，可以不写。仲裁裁决书由仲裁员签名,加盖仲裁委员会的印章。对仲裁裁决持不同意见的仲裁员可以不签名。

仲裁裁决从裁决书作出之日起发生法律效力。其效力体现在以下几点:①当事人不得就已经裁决的事项再行申请仲裁,也不得就此提起诉讼;②仲裁机构不得随意变更已经生效的仲裁裁决;③其他任何机关或个人均不得变更仲裁裁决;④仲裁裁决具有执行力。

四、仲裁裁决的撤销

仲裁实行一裁终局制度,仲裁裁决一经作出,即发生法律效力。如果仲裁裁决发生错误就必然损害当事人的合法权益,而仲裁制度没有内部的监督制度,因此,只能由法院进行外部监督,具体体现在仲裁裁决的撤销与不予执行。

(一)仲裁裁决撤销的概念

仲裁裁决撤销,是指对符合法定应予撤销情形的仲裁裁决,当事人申请,人民法院裁定撤销仲裁裁决的行为。

(二)撤销仲裁裁决的条件

仲裁裁决作出后,撤销仲裁裁决必须符合下列条件:

1. 提出撤销仲裁裁决申请的主体必须是仲裁当事人。
2. 必须向有管辖权的人民法院提出撤销的申请。根据规定,当事人申请撤销仲裁裁决,必须向仲裁委员会所在地的中级人民法院提出。
3. 必须在法定的期限内提出撤销申请。我国仲裁法规定,当事人申请撤销仲裁裁决的,应当自收到裁决书之日起6个月内提出。
4. 必须有证据证明仲裁裁决有法律规定的应予撤销的情形。

(三)法律规定应当撤销仲裁裁决的情形

有下列情形之一的,应当撤销仲裁裁决:

1. 没有仲裁协议。
2. 仲裁的事项不属于仲裁协议约定的范围或者仲裁委员会无权仲裁。
3. 仲裁庭的组成或者仲裁的程序违反法定程序。
4. 仲裁裁决所依据的证据是伪造的。
5. 对方当事人隐瞒了足以影响公正裁决的证据。
6. 仲裁员在仲裁该案时有索贿、徇私舞弊、枉法裁决的行为。

五、仲裁裁决的执行

仲裁裁决能否得以执行事关当事人实体权利的实现。在裁决履行期限内,若义务方不履行仲裁裁决,权利方可申请人民法院强制执行,义务方也可提出证明仲裁裁决有法定不予执行的情形,请求人民法院不予执行。

(一)仲裁裁决的执行

仲裁裁决的执行,是指人民法院经当事人申请,采取强制措施将仲裁裁决书中的内容付诸实现的行为和程序。

义务方在规定的期限内不履行仲裁裁决时，权利方在符合前述条件的情况下，有权请求人民法院强制执行。当事人申请执行时应当向人民法院递交申请书，在申请书中应说明对方当事人的基本情况以及申请执行的事项和理由，并向法院提交作为执行依据的生效仲裁裁决书或仲裁调解书。受申请的人民法院应当根据民事诉讼法规定的执行程序予以执行。

（二）仲裁裁决的不予执行

人民法院接到当事人的执行申请后，应当及时按照仲裁裁决予以执行。但是，如果被申请执行人提出证据证明仲裁裁决有法定不予执行情形的，被申请执行人可以请求人民法院不予执行该仲裁裁决，人民法院组成合议庭审查核实后，裁定不予执行。

根据《仲裁法》和《民事诉讼法》的规定，不予执行仲裁裁决的情形包括：

（1）当事人在合同中没有仲裁条款或者事后没有达成书面仲裁协议的；
（2）裁决的事项不属于仲裁协议的范围或者仲裁机构无权仲裁的；
（3）仲裁庭的组成或者仲裁的程序违反法定程序的；
（4）认定事实的主要证据不足的；
（5）适用法律确有错误的；
（6）仲裁员在仲裁该案时有索贿受贿、徇私舞弊、枉法裁决行为的。

六、仲裁时效与诉讼时效

所谓仲裁时效，是指当事人在法定申请仲裁的期限内没有将其纠纷提交仲裁机关进行仲裁的，即丧失请求仲裁机关保护其权利的权利。在明文约定合同纠纷由仲裁机关仲裁的情况下，若合同当事人在法定提出仲裁申请的期限内没有依法申请仲裁的，则该权利人的民事权利不受法律保护，债务人可以依法免于履行债务。

所谓诉讼时效，是指权利人在法定提起诉讼的期限内如不主张其权利，即丧失请求法院依诉讼程序强制债务人履行债务的权利。诉讼时效实质上就是消灭时效，诉讼时效期间届满后，债务人依法可免除其应负之义务。

我国《仲裁法》第七十四条规定，法律对仲裁时效有规定的，适用该规定，法律对仲裁时效没有规定的，适用诉讼时效的规定。

与工程建设有关的仲裁时效期间和诉讼时效期间为：

（1）追索工程款、勘察费、设计费，仲裁时效期间和诉讼时效期间均为2年，从工程竣工之日起计算，双方对付款时间有约定的，从约定的付款期限届满之日起计算。

工程因建设单位的原因中途停工的，仲裁时效期间和诉讼时效期间应当从工程停工之日起计算。

工程竣工或工程中途停工，施工单位应当积极主张权利。实践中，施工单位提出工程竣工结算报告，对停工提出中间工程竣工结算报告，系施工单位主张权利的基本方式，可引起诉讼时效的中断。

（2）追索材料款、劳务款，仲裁时效期间和诉讼时效期间亦为 2 年，从双方约定的付款期间届满之日起计算；没有约定期限的，从购方验收之日起计算，或从劳务工作完成之日起计算。

（3）出售质量不合格的商品未声明的，仲裁时效期间和诉讼时效期间均为 1 年，从商品售出之日起计算。

第三节 民事诉讼

一、民事诉讼的概念和特点

（一）民事诉讼的概念

民事诉讼即老百姓所讲的"打官司"，是指法院在当事人和其他诉讼参与人的参加下，以审理、判决、执行等方式解决民事纠纷的活动。

建设工程纠纷主要表现为合同纠纷。由于合同争议往往具有法律性质，涉及到当事人的切身利益，通过诉讼，当事人的权利可以得到法律的严格保护，尤其是当事人发生争议后，在缺少或达不成仲裁协议的情况下，诉讼也就成了必不可少的补救手段了。

在我国，《中华人民共和国民事诉讼法》是调整和规范法院和诉讼参与人的各种民事诉讼活动的基本法律。

诉讼参与人包括原告、被告、第三人、证人、鉴定人、勘验人等。

（二）民事诉讼的特点

民事诉讼与调解、仲裁这些非诉讼解决纠纷的方式相比，有如下特征：

1. 公权性。民事诉讼是由法院代表国家行使审判权解决民事争议。它既不同于群众自治组织性质的人民调解委员会以调解方式解决纠纷，也不同于由民间性质的仲裁委员会以仲裁方式解决纠纷。

2. 强制性。民事诉讼的强制性既表现在案件的受理上，又反映在裁判的执行上。调解、仲裁均建立在当事人自愿的基础上，只要有一方不愿意选择上述方式解决争议，调解、仲裁就无从进行。民事诉讼则不同，只要原告起诉符合民事诉讼法规定的条件，无论被告是否愿意，诉讼均会发生。同时，若当事人不自动履行生效裁判所确定的义务，法院可以依法强制执行。

3. 程序性。民事诉讼是依照法定程序进行的诉讼活动，无论是法院还是当事人或者其他诉讼参与人，都应按照《民事诉讼法》设定的程序实施诉讼行为，违反诉讼程序常常会引起一定的法律后果。而人民调解没有严格的程序规则，仲裁虽然也需要按预先设定的程序进行，但其程序相当灵活，当事人对程序的选择权也较大。

二、诉讼管辖

诉讼所遵循的是司法程序，较之仲裁有很大的不同。向人民法院提起诉讼，应当遵循地域管辖、级别管辖和专属管辖的原则。民事诉讼中的管辖，是指各级法院之间和同级法院之间受理第一审民事案件的分工和权限。当事人在不违反级别管辖和专属管辖原则的前提下，可以选择管辖法院。任何一方当事人都有权起诉，而无须征得对方当事人同意。人民法院审理案件，实行两审终审制度。当事人对人民法院作出的一审判决、裁定不服的，有权上诉。对生效判决、裁定不服的，尚可向人民法院申请再审。

（一）级别管辖

级别管辖，是人民法院对受理第一审民事案件的分工，即基层人民法院、中级人民法院、高级人民法院和最高人民法院，分别受理自己管辖范围内的第一审民事案件。我国《民事诉讼法》主要根据案件的性质、复杂程度和案件影响来确定级别管辖。各级人民法院都管辖第一审民事案件。

1. 基层人民法院管辖第一审民事案件，法律另有规定除外。

2. 中级人民法院管辖下列第一审民事案件：①重大涉外案件；②在本辖区有重大影响的案件；③最高人民法院确定由中级人民法院管辖的案件。

3. 高级人民法院管辖在本辖区有重大影响的第一审民事案件。

4. 最高人民法院管辖下列第一审民事案件：①在全国有重大影响的案件；②认为应当由本院审理的案件。

（二）地域管辖

地域管辖，是指按照各法院的辖区和民事案件的隶属关系，划分同级法院受理第一审民事案件的分工和权限。地域管辖实际上是着重于法院与当事人、诉讼标的以及法律事实之间的隶属关系和关联关系来确定的，主要包括如下几种情况：

1. 一般地域管辖。一般地域管辖，通常实行"原告就被告"原则。即以被告住所地作为确定管辖的标准。

2. 特殊地域管辖。是指以被告住所地、诉讼标的所在地或法律事实所在地为标准确定的管辖。我国《民事诉讼法》规定了9种特殊地域管辖的诉讼，其中与建设工程关系最为密切的是因合同纠纷提起的诉讼。

《民事诉讼法》第二十四条规定："因合同纠纷提起的诉讼，由被告住所地或者合同履行地人民法院管辖。"《民事诉讼法》第二十五条规定："合同的当事人可以在书面合同中协议选择被告住所地、合同履行地、合同签订地、原告住所地、标的物所在地人民法院管辖。但不得违反本法对级别管辖和专属管辖的规定。"

（三）专属管辖

专属管辖是指法律规定某些特殊类型的案件专门由特定的法院管辖。专属管辖是排他性管辖，排除了诉讼当事人协议选择管辖法院的权利。专属管辖与一般地域管辖和特殊地域管辖的关系是：凡法律规定为专属管辖的诉讼，均适用专属管辖。

我国《民事诉讼法》第三十四条规定了3种适用专属管辖的案件。其中，因不动产纠纷提起的诉讼，由不动产所在地人民法院管辖，如房屋买卖纠纷、土地使用权转让纠纷等。但建设工程施工合同纠纷不适用专属管辖，而应当适用合同纠纷的地域管辖原则，即由被告住所地或合同履行地人民法院管辖。发包人和承包人也可在发包人住所地、承包人住所地、合同签订地、施工行为地（工程所在地）的范围内，通过协议确定管辖法院。

（四）移送管辖和指定管辖

1. 移送管辖

人民法院发现受理的案件不属于本院管辖的，应当移送有管辖权的人民法院，受移送的人民法院应当受理。受移送的人民法院认为受移送的案件依照规定不属于本院管辖的，应当报请上级人民法院指定管辖，不得再自行移送。

2. 指定管辖

有管辖权的人民法院由于特殊原因，不能行使管辖权的，由上级人民法院指定管辖。人民法院之间因管辖权发生争议，由争议双方协商解决；协商解决不了的，报请它们的共同上级人民法院指定管辖。

三、回避制度

审判人员、书记员、翻译人员、鉴定人、勘验人有下列情形之一的，必须回避，当事人有权用口头或者书面方式申请回避：①是本案当事人或者当事人、诉讼代理人的近亲属；②与本案有利害关系；③与本案当事人有其他关系，可能影响对案件公正审理的。

根据《民事诉讼法》的有关规定，当事人提出回避申请，应当说明理由，在案件开始审理时提出。回避事由在案件开始审理后知道的，也可以在法庭辩论终结前提出。院长担任审判长时的回避，由审判委员会决定；审判人员的回避，由院长决定；其他人员的回避，由审判长决定。人民法院对当事人提出的回避申请，应当在申请提出的 3 日内，以口头或者书面形式作出决定。申请人对决定不服的，可以在接到决定时申请复议一次。复议期间，被申请回避的人员，不停止参与本案的工作。人民法院对复议申请，应当在 3 日内作出复议决定，并通知复议申请人。

四、诉讼参加人

诉讼参加人既包括当事人，还包括诉讼代理人，他们是民事诉讼活动中重要的主体。

（一）当事人

民事诉讼中的当事人，是指因民事权利和义务发生争议，以自己的名义进行诉讼，请求人民法院进行裁判的公民、法人或其他组织。民事诉讼当事人主要包括原告和被告。

根据《民事诉讼法》第四十九条的规定，公民、法人和其他组织可以作为民事诉讼的当事人。法人由其法定代表人进行诉讼。其他组织由其主要负责人进行诉讼。

工程发包过程中可能有时候存在转包的现象，针对这种情况，依据《最高人民法院关于审理建设工程施工合同纠纷案件适用法律问题的解释》，因建设工程质量发生争议的，发包人可以以总承包人、分包人和实际施工人为共同被告提起诉讼。

实际施工人以转包人、违法分包人为被告起诉的，人民法院应当依法受理。实际施工人以发包人为被告主张权利的，人民法院可以追加转包人或者违法分包人为本案当事人。发包人只在欠付工程价款范围内对实际施工人承担责任。

（二）诉讼代理人

诉讼代理人，是指根据法律规定或当事人的委托，在民事诉讼活动中为维护当事人的合法权益而代为进行诉讼活动的人。民事诉讼代理人可分为法定诉讼代理人与委托诉讼代理人。

1. 法定诉讼代理人

法定代理人，是依照法律规定代无民事行为能力的当事人行使诉讼权利、承担诉讼义务的人。

2. 委托诉讼代理人

委托代理人，是指受当事人、法定代表人、法定代理人和诉讼代表人的委托，代为实施诉讼行为的人。委托诉讼代理人既可以是律师，也可以是当事人的近亲属、有关的社会团体或者所在单位推荐的人，以及经人民法院许可的其他公民。当事人、法定代理人可以委托1~2人作为诉讼代理人。

委托权限分为一般授权和特别授权。一般授权，委托代理人仅有程序性的诉讼权利。特别授权可以行使实体性的诉讼权利，即代为承认、放弃、变更诉讼请求，进行和解，提起反诉或者上诉。若授权委托书仅写"全权代理"而无具体授权的情形，视为诉讼代理人没有获得特别授权，无权行使实体性诉讼权利。

委托代理权可以因诉讼终结、当事人解除委托、代理人辞去委托、委托代理人死亡或丧失行为能力而消灭。

五、审判程序

审判程序是民事诉讼法规定的最为重要的内容，可以分为第一审程序、第二审程序和审判监督程序。

（一）第一审程序

一审程序包括普通程序和简易程序，普通程序是指人民法院审理第一审民事案件通常适用的程序。普通程序是第一审程序中最基本的程序，具有独立性和广泛性，是整个民事审判程序的基础。普通程序分以下几个阶段：

1. 起诉

起诉，是指公民、法人和其他组织在其民事权益受到侵害或者发生争议时，请求人民法院通过审判给予司法保护的诉讼行为。起诉是当事人获得司法保护的手段，也是人民法院对民事案件行使审判权的前提。

起诉的条件有：①原告是与本案有直接利害关系的公民、法人和其他组织。②有明确的被告。③有具体的诉讼请求、事实和理由。④属于人民法院受理民事诉讼的范围和受诉人民法院管辖的范围。

起诉的方式分书面形式和口头形式两种。起诉应向人民法院递交起诉状。起诉状应当写明当事人的姓名、住所地等基本情况，并写明诉讼请求和所根据的事实理由，以及证据和证据来源、证人姓名和住所。起诉状应按被告人数递交副本。

2. 审查与受理

人民法院对原告的起诉情况进行审查后，认为符合起诉条件的，即应在7日内立案，并通知当事人。认为不符合起诉条件的，应当在7日内裁定不予受理，原告对不予受理裁定不服的，可以提起上诉。如果人民法院在立案后发现起诉不符合法定条件的，裁定驳回起诉，当事人对驳回起诉不服的，可以上诉。

3. 开庭审理

开庭审理是指人民法院在当事人和其他诉讼参与人参加下，对案件进行实体审理的诉讼活动。

在开庭审理之前，由承办案件的审判员依法做好各种准备工作，包括经当事人申请，人民法院可以组织当事人在开庭审理前交换证据；可以调查收集证据，或者在法定情况下，依职权调查收集证据或委托外地人民法院调查等。

开庭审理主要有以下几个步骤：

（1）准备开庭。即由书记员查明当事人和其他诉讼参与人是否到庭，宣布法庭纪律，由审判长核对当事人，宣布开庭并公布法庭组成人员。

（2）法庭调查阶段。法庭调查按照下列程序进行：①当事人陈述；②告知证人的权利义务，证人作证，宣读未到庭的证人证言；③出示书证、物证和视听资料；④宣读鉴定结论；⑤宣读勘验笔录。

法庭调查实质上就是一个举证、质证、认证的过程。经过庭审质证的证据，能够当即认定的应当当庭认定。未经庭审质证的证据资料不能作为定案的依据。审判员如果认为案情已经查清，即可宣布终结法庭调查，转入法庭辩论阶段。

（3）法庭辩论。其顺序为：原告及其诉讼代理人发言；被告及其诉讼代理人答辩；第三人及其诉讼代理人发言或答辩；相互辩论。法庭辩论终结后，由审判长按原告、被告、第三人的先后顺序征得各方面最后意见。

法庭辩论结束后，法院作出判决前，对于能够调解的，可以在事实清楚的基础上进行调解，调解不成的，应当及时判决。

（4）合议庭评议和宣判。法庭辩论结束后，调解又没达成协议的，合议庭成员退庭进行评议。评议是秘密进行的。合议庭评议完毕后应制作判决书，宣告判决公开进行。宣告判决时，须告知当事人上诉的权利、上诉期限和上诉法院。

人民法院适用普通程序审理的案件，应在立案之日起6个月内审结，有特殊情况需延长的，由本院院长批准，可延长6个月；还需要延长的，报请上级人民法院批准。

（二）第二审程序

第二审程序又叫终审程序，是指民事诉讼当事人不服地方各级人民法院未生效的第一审裁判,在法定期限内向上级人民法院提起上诉,上一级人民法院对案件进行审理所适用的程序。第二审程序并不是每一个民事案件的必经程序,如果当事人在案件一审过程中达成调解协议或者在上诉期内未提起上诉,一审法院的裁判就发生法律效力,第二审程序也因无当事人的上诉而无从发生,当事人的上诉是第二审程序发生的前提。

1. 提起上诉

(1) 上诉的时间。对判决不服,提起上诉的时间为15天;对裁定不服,提起上诉的期限为10天。只有当双方的上诉期都届满,均未提起上诉的,裁判才发生法律效力。

(2) 上诉的条件。上诉须符合下列条件:①上诉人都是第一审程序中的当事人;②上诉的对象必须是依法可以上诉的判决和裁定;③须在法定的上诉期限内提起;④须递交上诉状。上诉应提交上诉状,当事人口头表示上诉的,也应在上诉期内补交上诉状。

2. 上诉的受理

上级人民法院接到上诉状后,认为符合法定条件的,应当立案审理。上诉人在第二审人民法院受理上诉后,到第二审作出终审判决以前,认为上诉理由不充分,或接受了第一审人民法院的裁判,而向第二审人民法院申请,要求撤回上诉,这种行为,称为上诉的撤回。撤回是否准许,由第二审人民法院裁定。

3. 上诉的审理

(1) 审理范围。第二审人民法院应当对上诉请求的有关事实和适用法律进行审查。但判决违反法律禁止性规定、侵害社会公共利益或者他人利益者除外。当事人没有提出请求的,不予审查。

被上诉人在答辩中要求变更或者补充第一审判决内容的,可以不予审查。

(2) 审理方式。第二审人民法院对上诉案件可以根据案件的具体情况分别采取以下两种方式进行审理:①开庭审理;②径行裁判。

4. 对上诉案件的裁判

二审法院经过审理后根据案件的情况分别作出以下处理:

(1) 维持原判。即原判认定事实清楚,适用法律正确的,判决驳回上诉,维持原判。

(2) 依法改判。如原判决适用法律错误的,依法改判。

(3) 发回重审。即原判决违反法定程序,可能影响案件正确判决的,裁定撤销原判决,发回原审人民法院重审。

(4) 发回重审或查清事实后改判。原判决认定事实错误或原判决认定事实不清,证据不足,裁定撤销原判,发回原审人民法院重审,或查清事实后改判。

5. 二审裁判的法律效力

我国实行两审终审制度,第二审法院对上诉案件作出裁判后,该裁判发生如下效力:

(1) 当事人不得再行上诉;

(2) 不得就同一诉讼标的,以同一事实和理由再行起诉;

(3) 对具有给付内容的裁判具有强制执行的效力。

(三) 审判监督程序

审判监督程序也叫再审程序，是指由有审判监督权的法定机关和人员提起，或由当事人申请，或由人民检察院抗诉，由人民法院对发生法律效力的判决、裁定、调解书再次审理的程序。

1. 人民法院提起再审的程序

人民法院提起再审，必须是已经发生法律效力的判决裁定确有错误。其程序为：各级人民法院院长发现本院作出的已生效的判决、裁定确有错误，认为需要再审的，应当裁定中止原判决、裁定的执行。最高人民法院对地方各级人民法院已生效的判决、裁定，上级人民法院对下级人民法院已生效的判决、裁定，发现确有错误的，有权提审或指令下级人民法院再审。再审的裁定中同时写明中止原判决、裁定的执行。

2. 当事人申请再审的程序

当事人申请不一定引起审判监督程序，只有在同时符合下列条件的前提下，由人民法院依法决定，才可以启动再审程序：

(1) 只能向作出生效判决、裁定、调解书的人民法院或其上一级人民法院申请。

(2) 当事人的申请应在判决、裁定、调解书发生法律效力之日起2年内提出。

(3) 必须有法定的事实和理由。当事人的申请符合下列情形之一的，人民法院应当再审：①有新的证据，足以推翻原判决、裁定的；②原判决、裁定认定事实的主要证据不足的；③原判决、裁定适用法律确有错误的；④人民法院违反法定程序，可能影响案件正确判决、裁定的；⑤审判人员在审理该案件时有贪污受贿、徇私舞弊、枉法裁判行为的。

(4) 只有当事人才有提出申请的权利。如果当事人为无诉讼行为能力的人，可由其法定代理人代为申请。

3. 人民检察院抗诉提起再审的程序

是指人民检察院对人民法院发生法律效力的判决、裁定，发现有提起抗诉的法定情形，提请人民法院对案件重新审理。最高人民检察院对各级人民法院已经发生法律效力的判决、裁定，上级人民检察院对下级人民法院已经发生法律效力的判决、裁定，发现有下列情形之一的，应当按照审判监督程序提起抗诉：

(1) 原判决裁定认定事实的主要证据不足的；

(2) 原判决、裁定适用法律确有错误的；

(3) 人民法院违反法定程序，可能影响案件正确判决、裁定的；

(4) 审判人员在审理该案件时有贪污受贿、徇私舞弊、枉法裁判行为的。

地方各级人民检察院对同级人民法院已发生法律效力的判决、裁定，不得直接提起抗诉，只能提请上级人民检察院提起抗诉。

六、执行程序

审判程序与执行程序是并列的独立程序。审判程序是产生裁判书的过程，执行程序是实现裁判书内容的过程。

（一）执行程序的概念

执行程序，是指人民法院的执行组织依照法定的程序，对发生法律效力的法律文书确定的给付内容，以国家强制力为后盾，依法采取强制措施，迫使义务人履行义务的行为。

执行应当具备以下条件：①执行以生效法律文书为根据；②执行根据必须具备给付内容；③执行必须以负有义务的一方当事人无故拒不履行义务为前提。

（二）执行根据

执行根据是当事人申请执行，人民法院移交执行以及人民法院采取强制措施的依据。执行根据是执行程序发生的基础，没有执行根据，当事人不能向人民法院申请执行，人民法院也不得采取强制措施，执行根据主要有：

1. 人民法院制作的发生法律效力的民事判决书、裁定书以及生效的调解书等；
2. 人民法院作出的具有财产给付内容的发生法律效力的刑事判决书、裁定书；
3. 仲裁机构制作的依法由人民法院执行的仲裁裁决书、生效的仲裁调解书；
4. 公证机关依法作出的赋予强制执行效力的公证债权文书；
5. 人民法院作出的先予执行的裁定、执行回转的裁定以及承认并协助执行外国判决、裁定或裁决的裁定；
6. 我国行政机关作出的法律明确规定由人民法院执行的行政决定。

（三）执行案件的管辖

（1）人民法院制作的具有财产给付内容的生效民事判决书、裁定书、调解书和刑事判决书、裁定书中的财产部分，由第一审人民法院执行。

（2）法律规定由人民法院执行的其他法律文书，由被执行人住所地或被执行财产所在地人民法院执行。

（3）法律规定两个以上人民法院都有执行管辖权的，由最先接受申请的人民法院执行。

（四）执行程序

1. 申请执行

人民法院作出的判决、裁定等法律文书，当事人必须履行。如果无故不履行，另一方当事人可向有管辖权的人民法院申请强制执行。申请强制执行应提交申请强制执行书，并附作为执行根据的法律文书。申请强制执行，还须遵守《民事诉讼法》规定的申请执行期限。即双方或一方当事人是自然人的为一年，双方当事人是法人或其他组织的为6个月。从法律文书规定履行期限的最后一日起计算，如是分期履行的，从规定的每次履行期限的最后一日起计算本次应履行的义务的申请执行期限。

2. 移交执行

人民法院的裁判生效后，由审判该案的审判人员将案件直接交付执行人员，随即开始执行程序。提交执行的案件有三类：判决、裁定具有交付赡养费、抚养费、医药费等内容的案件；具有财产执行内容的刑事判决书；审判人员认为涉及国家、集体或公民重大利益的案件。

第九章　建设工程纠纷处理法规

（五）执行措施

执行措施是指人民法院依照法定程序强制执行生效法律文书的方法和手段。在执行中，执行措施和执行程序是合为一体的。

执行措施主要有：①查封、冻结、划拨被执行人的存款；②扣留、提取被执行人的收入；③查封、扣押、拍卖、变卖被执行人的财产；④对被执行人及其住所或财产隐匿地进行搜查；⑤强制被执行人交付法律文书指定的财物或票证；⑥强制被执行人迁出房屋或退出土地；⑦强制被执行人履行法律文书指定的行为；⑧办理财产权证照转移手续；⑨强制被执行人支付迟延履行期间的债务利息或迟延履行金；⑩债权人可以随时请求人民法院执行。

（六）执行中止和终结

1. 执行中止

有下列情况之一的，人民法院应裁定中止执行：①申请人表示可以延期执行的；②案外人对执行标的提出确有理由异议的；③作为一方当事人的公民死亡，需要等待继承人继承权利或承担义务的；④作为一方当事人的法人或其他组织终止，尚未确定权利义务承受人的；⑤人民法院认为应当中止执行的其他情形如被执行人确无财产可供执行等。

中止的情形消失后，恢复执行。

2. 执行终结

有下列情况之一的，人民法院应当裁定终结执行：①申请人撤销申请的；②据以执行的法律文书被撤销的；③作为被执行人的公民死亡，无遗产可供执行，又无义务承担人的；④追索赡养费、抚养费、抚育费案件的权利人死亡的；⑤作为被执行人的公民因生活困难无力偿还借款，无收入来源，又丧失劳动能力的；⑥人民法院认为应当终结执行的其他情形。

七、财产保全与先予执行

（一）财产保全

1. 财产保全的概念

财产保全，是指遇到有关财产可能被转移、隐匿、毁灭等情形从而将会造成对利害关系人权益的损害或可能使人民法院的判决难以执行或不能执行时，根据利害关系人或当事人的申请或人民法院的决定，对有关财产采取保护措施的制度。

2. 财产保全的种类

财产保全有两种，即诉前财产保全和诉讼财产保全。

（1）诉前财产保全。诉前财产保全，是指在起诉前，人民法院根据利害关系人的申请，对被申请人的有关财产采取的强制措施。采取诉前保全，须符合下列条件：①必须是紧急情况，不立即采取财产保全将会使申请人的合法权益受到难以弥补的损害。②必须由利害关系人向财产所在地的人民法院提出申请，法院不依职权主动采取财产保全措施。③申请人必须提供担保，否则，法院驳回申请。

人民法院接受申请后,必须在48小时内作出裁定。裁定采取诉前财产保全措施的,应当立即开始执行。当事人不服人民法院财产保全裁定的,可以申请复议一次,复议期间不停止裁定的执行。申请人在人民法院采取保全措施后15日内不起诉的,人民法院应当解除财产保全。

(2) 诉讼财产保全。是指人民法院在诉讼过程中,为保证将来生效判决的顺利执行,对当事人的财产或争议的标的物采取的强制措施。采取诉讼财产保全,应符合下列条件:①可能因当事人一方的行为或者其他原因,使判决不能执行或难以执行的案件。②须在诉讼过程中应当事人提出申请,或者必要时法院也可依职权作出。③人民法院可以责令申请人提供担保。

若情况紧急时,人民法院接受申请后,必须在48小时内作出裁定。

3. 财产保全的对象及范围

根据《民事诉讼法》的有关规定,"财产保全限于请求的范围,或者与本案有关的财物"。其中,"请求的范围"一般指保全的财产其价值与诉讼请求相当或与利害关系人的请求相当;"与本案有关的财物"一般指本案的标的物。

被申请人提供担保的,人民法院应当解除财产保全。申请有错误的,申请人应当赔偿被申请人因财产保全所遭受的损失。

4. 财产保全措施

财产保全措施有查封、扣押、冻结或法律规定的其他方法。

(二) 先予执行

1. 先予执行的概念

先予执行,是指人民法院对某些民事案件在作出终局判决前,为了解决权利人的生活或生产经营急需,根据其申请,裁定另一方当事人预先履行一定义务的诉讼措施。

2. 先予执行的适用范围

人民法院对下列案件,根据当事人的申请,可以书面裁定先予执行:①追索赡养费、扶养费、抚育费、抚恤金、医疗费用的。②追索劳动报酬的。③因情况紧急需要先予执行的。

先予执行应当仅限于当事人诉讼请求的范围,并以当事人的生活、生产经营急需为限。

3. 先予执行的适用条件

先予执行须符合下列条件:①当事人之间权利义务关系明确;②申请人有实现权利的迫切需要,不先予执行将严重影响申请人的正常生活或生产经营;③被申请人有履行能力。

人民法院应当在受理案件后终审判决前裁定先予执行。

4. 先予执行的程序

(1) 申请。先予执行根据当事人的申请而开始。

(2) 责令提供担保。人民法院应据案件具体情况来决定是否要求申请人提供担保。如果认为有必要让申请人提供担保,可以责令其提供;不提供的,驳回申请。

(3) 裁定。人民法院对当事人先予执行的申请，经审查认为符合法定条件的，应当及时作出先予执行的裁定。裁定经送达当事人，即发生法律效力，当事人不服的，可申请复议一次。

5. 先予执行的补救

人民法院裁定先予执行后，经过审理，判决申请人败诉的，申请人应返还因先予执行所取得的利益。拒不返还的，由法院强制执行，被申请人因先予执行遭受损失的，还应赔偿被申请人的损失。

第四节 行政复议和行政诉讼

一、行政复议

当事人对行政处罚不服，发生争议时，根据我国《行政处罚法》的规定，有权向作出行政处罚决定的机关的上一级机关申请复议或者直接向人民法院提起行政诉讼。

（一）行政复议的概念

行政复议，是指行政机关根据上级行政机关对下级行政机关的监督权，在当事人的申请和参加下，按照行政复议程序对具体行政行为进行合法性和适当性审查，并作出裁决解决行政侵权争议的活动。行政复议的基本法律依据是《中华人民共和国行政复议法》。

（二）行政复议的范围

1. 可以申请行政复议的事项

行政复议保护的是公民、法人或其他组织的合法权益。行政争议当事人认为行政机关的行政行为侵犯其合法权益的，有权依法提出行政复议申请。当事人可以申请复议的情形通常包括：

（1）行政处罚。即当事人对行政机关作出的警告、罚款、没收违法所得、没收非法财物、责令停产停业、暂扣或者吊销许可证、暂扣或者吊销执照、行政拘留等行政处罚决定不服的；

（2）行政强制措施。即当事人对行政机关作出的限制人身自由或者查封、扣押、冻结财产等行政强制措施决定不服的；

（3）行政许可。包括：当事人对行政机关作出的有关许可证、执照、资质证、资格证等证书变更、中止、撤销的决定不服的，以及当事人认为符合法定条件，申请行政机关颁发许可证、执照、资质证、资格证等证书，或者申请行政机关审批、登记等有关事项，行政机关没有依法办理的；

（4）认为行政机关侵犯其合法的经营自主权的；

（5）认为行政机关违法集资、征收财物、摊派费用或者违法要求履行其他义务的；

（6）认为行政机关的其他具体行政行为侵犯其合法权益的等等。

2. 不得申请行政复议的事项

下列事项应按规定的纠纷处理方式解决，而不能提起行政复议：

（1）行政机关的行政处分或者其他人事处理决定。当事人不服行政机关作出的行政处分的，应当依照有关法律、行政法规的规定（如《中华人民共和国公务员法》等）提起申诉。

（2）行政机关对民事纠纷作出的调解或者其他处理。当事人不服行政机关对民事纠纷作出的调解或者处理，如建设行政管理部门对有关建设工程合同争议进行的调解、劳动部门对劳动争议的调解、公安部门对治安争议的调解等，当事人应当依法申请仲裁，或者向法院提起民事诉讼。

（三）行政复议的程序

根据《行政复议法》的有关规定，行政复议应当遵守如下程序：

1. 行政复议申请

当事人认为具体行政行为侵犯其合法权益的，可以自知道该具体行政行为之日起60日内提出行政复议申请，但法律规定的申请期限超过60日的除外。因不可抗力或者其他正当理由耽误法定申请期限的，申请期限自障碍消除之日起继续计算。

申请人对县级以上地方各级人民政府工作部门的具体行政行为不服的，申请人可以向该部门的本级人民政府申请行政复议，也可以向上一级主管部门申请行政复议。

2. 行政复议受理

行政复议机关收到行政复议申请后，应当在5日内进行审查，对不符合规定的行政复议申请，决定不予受理，并书面告知申请人；对符合规定，但是不属于本机关受理的行政复议申请，应当告知申请人向有关行政复议机关提出。

依照规定接受行政复议申请的县级地方人民政府，对属于其他行政复议机关受理的行政复议申请，应当自接到该行政复议申请之日起7日内，转送有关行政复议机关，并告知申请人。接受转送的行政复议机关应当依照规定办理。

法律、法规规定应当先向行政复议机关申请行政复议、对行政复议决定不服再向人民法院提起行政诉讼的，行政复议机关决定不予受理或者受理后超过行政复议期限不作答复的，公民、法人或者其他组织可以自收到不予受理决定书之日起或者行政复议期满之日起15日内，依法向人民法院提起行政诉讼。

公民、法人或者其他组织依法提出行政复议申请，行政复议机关无正当理由不予受理的，上级行政机关应当责令其受理；必要时，上级行政机关也可以直接受理。

行政复议期间具体行政行为不停止执行。但是，有下列情形之一的，可以停止执行：

（1）被申请人认为需要停止执行的；

（2）行政复议机关认为需要停止执行的；

（3）申请人申请停止执行，行政复议机关认为其要求合理，决定停止执行的；

（4）法律规定停止执行的。

3. 行政复议决定

行政复议机关负责法制工作的机构应当自行政复议申请受理之日起 7 日内，将行政复议申请书副本或者行政复议申请笔录复印件发送被申请人。被申请人应当自收到申请书副本或者申请笔录复印件之日起 10 日内，提出书面答复，并提交当初作出具体行政行为的证据、依据和其他有关材料。申请人、第三人可以查阅被申请人提出的书面答复、作出具体行政行为的证据、依据和其他有关材料，除涉及国家秘密、商业秘密或者个人隐私外，行政复议机关不得拒绝。

在行政复议过程中，被申请人不得自行向申请人和其他有关组织或者个人收集证据。

行政复议决定做出前，申请人要求撤回行政复议申请的，经说明理由，可以撤回；撤回行政复议申请的，行政复议终止。

行政复议机关负责法制工作的机构应当对被申请人作出的具体行政行为进行审查，提出意见，经行政复议机关的负责人同意或者集体讨论通过后，按照下列规定作出行政复议决定：

（1）具体行政行为认定事实清楚，证据确凿，适用法律正确，程序合法，内容适当的，决定维持；

（2）被申请人不履行法定职责的，决定其在一定期限内履行；

（3）具体行政行为有下列情形之一的，决定撤销、变更或者确认该具体行政行为违法：①主要事实不清、证据不足的；②适用依据错误的；③违反法定程序的；④超越或者滥用职权的；⑤具体行政行为明显不当的。

决定撤销或者确认该具体行政行为违法的，可以责令被申请人在一定期限内重新作出具体行政行为。

（4）被申请人不按照法律规定提出书面答复，提交当初作出具体行政行为的证据、依据和其他材料的，视为该具体行政行为没有证据、依据，决定撤销该具体行政行为。

《行政复议法》还规定，申请人在申请行政复议时，可以一并提出行政赔偿请求。行政复议机关对于符合法律规定的赔偿要求，在作出行政复议决定时，应当同时决定被申请人依法给予赔偿。

除非法律另有规定，行政复议机关一般应当自受理申请之日起 60 日内作出行政复议决定。行政复议决定书一经送达，即发生法律效力。申请人不服行政复议决定的，除法律规定为最终裁决的行政复议决定外，可以根据《行政诉讼法》的规定，在法定期间内提起行政诉讼。

二、行政诉讼

（一）行政诉讼的概念

行政诉讼，是指人民法院应当事人的请求，通过审查行政行为合法性的方式，解决特定范围内行政争议的活动。行政诉讼的基本法律依据是《中华人民共和国行政诉讼法》。行政诉讼和民事诉讼、刑事诉讼构成我国基本诉讼制度。

行政复议与行政诉讼的基本关系是:除法律、法规规定必须先申请行政复议的以外,行政纠纷当事人可以自由选择申请行政复议还是提起行政诉讼。

(二)建筑行政诉讼的适用情况

有关建筑行政诉讼的适用情况有三种:

1. 当事人对建设行政主管部门等机关作出的行政处罚不服,向人民法院起诉,被告是作出行政处罚的机关。

2. 当事人对建设行政主管部门等机关拒绝颁发许可证、资质证书和营业执照的不作为行为不服,向人民法院起诉,被告是不作为的行政机关。

3. 当事人申请复议后,对复议机关作出的行政复议决定不服,向人民法院起诉。复议机关维持原行政处罚决定的,作出行政处罚的机关是被告;复议机关变更原行政处罚决定的,复议机关是被告。

(三)行政诉讼的受理范围

1. 予以受理的行政案件

人民法院受理公民、法人和其他组织对下列具体行政行为不服提起的诉讼:

(1)对拘留、罚款、吊销许可证和执照、责令停产停业、没收财物等行政处罚不服的;

(2)对限制人身自由或者对财产的查封、扣押、冻结财产等行政强制措施不服的;

(3)认为行政机关侵犯法律规定的经营自主权的;

(4)认为符合法定条件申请行政机关颁发许可证和执照,行政机关拒绝颁发或者不予答复的;

(5)申请行政机关履行保护人身权、财产权的法定职责,行政机关拒绝履行或者不予答复的;

(6)认为行政机关没有依法发给抚恤金的;

(7)认为行政机关违法要求履行其他义务的;

(8)认为行政机关侵犯其他人身权、财产权的。

2. 不予受理的行政案件

人民法院不予受理公民、法人或者其他组织对下列事项提起的诉讼:

(1)国防、外交等国家行为;

(2)行政法规、规章或者行政机关制定、发布的具有普遍约束力的决定、命令;

(3)行政机关对行政机关工作人员的奖惩、任免等决定;

(4)法律规定由行政机关最终裁决的具体行政行为。

(四)行政诉讼程序

行政诉讼程序是国家审判机关为解决行政争议,运用司法程序而依法实施的整个诉讼行为及其过程,它包括第一审程序、第二审程序和审判监督程序。但并非每个案件都必须全部经过三个程序。

1. 第一审程序

(1) 起诉。提起行政诉讼应符合以下条件：①原告是认为具体行政行为侵犯其合法权益的公民、法人或者其他组织；②有明确的被告；③有具体的诉讼请求和事实根据；④属于人民法院受理范围和管辖范围。

申请人不服行政复议决定的，可以在收到行政复议决定书之日起 15 日内向人民法院提起诉讼。复议机关逾期不做决定的，申请人可以在复议期满之日起 15 日内起诉，法律另有规定的从其规定。公民、法人或者其他组织直接向人民法院提起公诉的，应当在知道做出具体行政行为之日起 3 个月内提出，法律另有规定的除外。起诉应以书面形式进行。

(2) 受理。这是指人民法院对公民、法人或者其他组织的起诉进行审查，认为符合法律规定的起诉条件而决定立案并予审理的诉讼行为。对起诉审查的内容包括：法定条件、法定起诉程序、法定起诉期限、是否重复起诉等。

人民法院接到起诉状后应当在 7 日内审查立案或者裁定不予受理。原告对裁定不服的可以提起上诉。

(3) 审理。人民法院应当在立案之日起 5 日内，将起诉状副本发送被告，被告应当在收到起诉状副本之日起 10 日内向人民法院提交做出具体行为的有关材料，并提交答辩状。人民法院应当在收到答辩状之日起 5 日内，将答辩状副本发送原告，被告不提出答辩状的不影响人民法院审理。人民法院组成合议庭对案件公开审理，但涉及国家秘密、个人隐私和法律另有规定的可以不进行公开审理。

合议庭由审判员组成，或者由审判员、陪审员组成。合议庭成员，应当是 3 人以上的单数。开庭审理分为：审理开始阶段、法庭调查阶段、法庭辩论阶段、合议庭评议阶段和判决裁定阶段。

(4) 判决。人民法院经过审理，根据不同情况作出以下判决：①维持原判；②撤销判决；③履行判决；④变更判决。

当事人对第一审判决不服的，有权在判书送达之日起 15 日内向上一级人民法院提起上诉，逾期不上诉的，一审判决即发生法律效力。

2. 第二审程序

第二审程序是人民法院对下级人民法院第一审案件所作出的判决、裁定在发生法律效力之前，基于当事人的上诉，依据事实和法律，对案件进行审理的程序。二审法院审理上诉案件，除《行政诉讼法》有特别规定外、均适用一审程序的规定。

(1) 上诉期限

当事人不服人民法院第一审判决的，有权在判决书送达之日起 15 日内向上一级人民法院提起上诉。当事人不服人民法院第一审裁定的，有权在裁定书送达之日起 10 日内向上一级人民法院提起上诉。逾期不提起上诉的，人民法院的第一审判决或者裁定发生法律效力。

(2) 审理方式

人民法院对上诉案件，认为事实清楚的，可以实行书面审理。

(3) 上诉的判决

人民法院审理上诉案件，按照下列情形，分别处理：①维持原判。原判决认定事实清楚，适用法律、法规正确的，驳回上诉，维持原判；②依法改判。原判决认定事实清楚，但是适用法律、法规错误的，依法改判；③撤销原判。原判决认定事实不清，证据不足，或者由于违反法定程序可能影响案件正确判决的，裁定撤销原判，发回原审人民法院重审。也可以查清事实后改判。当事人对重审案件的判决、裁定，可以上诉。

第二审判决、裁定是终审判决、裁定。当事人对已经发生法律效力的判决、裁定，认为确有错误的，可以提出申诉，申请再审，但判决、裁定不停止执行。

3. 执行

《行政诉讼法》规定，当事人必须履行人民法院发生法律效力的判决、裁定。原告拒绝履行判决、裁定的，被告行政机关可以向第一审法院申请强制执行，或者依法强制执行。被告行政机关拒绝履行判决、裁定的，第一审法院可以采取以下措施：

（1）对应当归还的罚款或者应当给付的赔偿金，通知银行从该行政机关的账户内划拨；

（2）在规定期限内不履行的，从期满之日起，对该行政机关按日处以罚款；

（3）向该行政机关的上一级行政机关或者监察、人事机关提出司法建议。接受司法建议的机关，根据有关规定进行处理，并将处理情况告知人民法院；

（4）拒不履行判决、裁定，情节严重构成犯罪的，依法追究主管人员和直接责任人员的刑事责任。

第五节　证据的保全和应用

证据，是指在诉讼中能够证明案件真实情况的各种资料。当事人要证明自己提出的主张，需要向法院提供相应的证据资料。

诉讼证据与科学研究或日常生活中的证据不同之处在于，前者是纳入国家诉讼活动的范围，并受国家的诉讼法规范所调整和制约。在诉讼中，证据是认定案情的根据。只有正确认定案情，才能正确适用法律，从而正确处理案件。因此，证据问题历来是诉讼中的关键问题。对证据制度的研究已经形成一门学科，称为证据学或证据法学。

证据制度在中国诉讼法中占有重要地位。我国《刑事诉讼法》第一编第五章、《民事诉讼法》第一编第六章、《行政诉讼法》第五章，都对证据的种类、收集、保全和判断等问题作了专门的规定。

一、证据的种类

证据的种类指法律上规定证据来源表现形式的分类。

我国《刑事诉讼法》规定证据有7种：①物证、书证；②证人证言；③被害人陈述；④犯罪嫌疑人、被告人供述和辩解；⑤鉴定结论；⑥勘验、检查笔录；⑦视听资料。

我国《民事诉讼法》把证据也是分为7种：①书证；②物证；③视听资料；④证人证言；⑤当事人陈述；⑥鉴定结论；⑦勘验笔录。

《行政诉讼法》对证据的分类与《民事诉讼法》基本相同。

下面主要介绍《民事诉讼法》的证据分类。

（一）书证

书证，是指以文字、符号、图形等形式所记载的内容或表达的思想来证明案件事实的证据，如合同文本、信函、电报、传真、图纸、图表等各种书面文件或纸面文字材料，但书证的物质载体并不限于纸质材料，非纸类的物质也可成为载体，如木、竹、金属等等均不限。

（二）物证

物证，是指证明案件真实情况的一切物品和痕迹。证明民事法律关系成立的物品，所有权有争议的物品、合同纠纷中质量有争议的物品、侵权损害的客体物等等，都是常见的物证。

（三）视听资料

视听资料，是指利用录音、录像等技术手段反映的声音、图像以及电子计算机储存的数据证明案件事实的证据。

（四）证人证言

证人，是指了解案件事实情况并向法院或当事人提供证词的人。证言，是指证人将其了解的案件事实向法院所作的陈述或证词。在我国证人包括单位证人和自然人证人两大类。单位作为证人要出庭作证时，应当由单位的法定代表人、负责人或经其授权的人代表单位作证。

证人有出庭作证的义务。因为如果证人不出庭作证当事人就无法对其进行质询，不易判断证言的真实性。如果证人在人民法院组织双方当事人交换证据时出席陈述证言的，可视为出庭作证。根据法律规定，证人如果确有困难不能出庭的，经法院许可，可以提交书面证词或者视听资料或者通过视听传输手段作证。与当事人有亲属关系和其他密切关系的人虽然可以作为证人出庭作证，但由于上述关系的特殊性，其证言的证明力一般要小于其他证人的证言。

下列几类人不能作为证人：①不能正确表达意志的人；②诉讼代理人；③审判员、陪审员、书记员；④鉴定人员；⑤参与民事诉讼的检察人员。

（五）当事人陈述

当事人陈述，是指当事人在诉讼中就本案的事实向法院所作的说明。作为证据的当事人陈述是指那些能够证明案件事实的陈述。法律规定，人民法院对当事人的陈述，应当结合本案的其他证据，审查确定能否作为认定事实的根据，只有本人陈述而不能提供其他相关证据的，其主张不予支持，但对方当事人认可的除外。

（六）鉴定结论

鉴定结论，是指鉴定人运用自己的专门知识，对案件中的专门性问题进行鉴定后所作出的书面结论。

1. 申请鉴定的主体与方式

当事人可以向人民法院申请鉴定。也可以由一方当事人自行委托有关部门鉴定。但一方自行委托有关部门作出的鉴定结论，另一方当事人有证据足以反驳并申请重新鉴定的，人民法院应予准许。

2. 申请鉴定期间

当事人申请鉴定的，应当在举证期限内提出，只有在申请重新鉴定，并经人民法院同意时除外。对需要鉴定的事项负有举证责任的当事人，在人民法院指定的期限内无正当理由不提出鉴定申请或者不预交鉴定费用或者拒不提供相关资料，致使无法通过鉴定结论予以认定的，应当对该事实承担举证不能的后果。

3. 鉴定机构及鉴定人的确定方式

基于对当事人意思自治的尊重，当事人申请鉴定经人民法院同意后，双方协商确定有资格的鉴定机构和鉴定人员；协商不成的，由人民法院指定。

4. 对法院委托鉴定申请重新鉴定的情形

当事人对人民法院委托的鉴定部门作出的鉴定结论有异议可以申请重新鉴定，提出证据证明存在下列情形之一的，人民法院应予准许：①鉴定程序或者鉴定人员不具备相关的鉴定资格的；②鉴定程序严重违法的；③鉴定结论明显依据不足的；④经过质证认定不能作为证据使用的其他情形。

对于有缺陷的鉴定结论，可以通过补充鉴定、重新质证或者补充质证等方法解决的，不予重新鉴定。

（七）勘验笔录

勘验笔录，是指人民法院审判人员或者行政机关工作人员对能够证明案件事实的现场或者对不能、不便拿到人民法院的物证，就地进行分析、检验、测量、勘察后所作的记录。包括文字记录、绘图、照相、录像、模型等材料。由于勘验笔录是办案人员依照法定程序并运用一定的设备和技术手段对勘验对象情况的客观记载，所以，它的客观性较强，也比较可靠。它的主要作用在于固定证据及其所表现的各种特征，供进一步研究分析使用。

勘验笔录是否全面和准确往往会受到主观因素的影响和客观因素的制约，所以，必须经过审查核实后才能作为定案的依据。

二、证据的保全

（一）证据保全的概念和意义

证据保全是指在证据可能灭失或以后难以取得的情况下，法院根据申请人的申请或依职权，对证据加以固定和保护的制度。

诉讼是以证据为基础展开的。依据有关证据，当事人和法院才能够了解或查明案件真相，明确争议的原因，正确、合理地解决纠纷。然而从纠纷的发生到开庭审理必然有一段时间间隔，在这段时间内，某些证据由于自然原因或人为原因，可能会灭失或者到开庭时难以取得。为了防止出现这类情况给当事人的举证和法院的审理带来困难，保障当事人的合法权益《民事诉讼法》规定了证据保全制度。在出现证据可能灭失或以后难以取得的情况下，法院通过对证据的固定和保护，可以避免在开庭审理时，由于证据的灭失或难以取得给案件的审理带来的困难，维护当事人的合法权益。

（二）证据保全的申请

向人民法院申请保全证据的，不得迟于举证期限届满前7日。

当事人申请保全证据的，人民法院可以要求其提供相应的担保。

（三）证据保全的实施

人民法院进行证据保全，可以根据具体情况，采用查封、扣押、拍照、录音、录像、复制、鉴定、勘验、制作笔录等方法。人民法院进行证据保全，可以要求当事人或者诉讼代理人到场。

三、证据的应用

（一）证明对象

证明对象，就是需要证明主体运用证据加以证明的案件事实。

1. 证明对象的范围

在民事诉讼中，需要运用证据加以证明的对象包括：①当事人主张的实体权益的法律事实。如当事人主张权利产生、变更、消灭的事实。②当事人主张的程序法事实。如当事人的资格与行为能力等问题。③证据事实。如书证是否客观真实，所反映内容与本案待证事实是否相关。④习惯、地方性法规。

2. 不需要证明的事实

根据最高人民法院《关于民事诉讼证据的若干规定》，对下列事实当事人无需举证证明：①众所周知的事实；②自然规律及定理；③根据法律规定或者已知事实和日常生活经验法则，能推定出的另一事实；④已为人民法院发生法律效力的裁判所确认的事实；⑤已为仲裁机构的生效裁决所确认的事实；⑥已为有效公证文书所证明的事实。

3. 不能单独作为认定案件事实依据的证据

下列证据不能单独作为认定案件事实的依据：①未成年人所作的与其年龄和智力状况不相当的证言；②与一方当事人或者其代理人有利害关系的证人出具的证言；③存有疑点的视听资料；④无法与原件、原物核对的复印件、复制品；⑤无正当理由未出庭作证的证人证言。

（二）民事诉讼举证责任的分配原则

举证责任，又称证明责任，即当事人对自己主张的事实，应当提供证据加以证明，以及不能证明时将承担诉讼上的不利后果。

1. 一般原则

谁主张相应的事实，谁就应当对该事实加以证明，即"谁主张，谁举证"。

（1）在合同纠纷诉讼中，主张合同成立并生效的一方当事人对合同订立和生效的事实承担举证责任。主张合同变更、解除、终止、撤销的一方当事人对引起合同变动的事实承担举证责任。对合同是否履行发生争议的，由负有履行义务的当事人承担举证责任。代理权发生争议的，由主张有代理权的一方当事人承担举证责任。

(2) 在侵权纠纷诉讼中，主张损害赔偿的权利人应当对损害赔偿请求权产生的事实加以证明，即存在侵害事实、侵害行为与侵害事实之间存在因果关系、行为具有违法性以及行为人存在过错。另一方面，关于免责事由就应由行为人加以证明，如损害是受害人的故意造成的。

(3) 在劳动争议纠纷案件中，因用人单位作出开除、除名、辞退、解除劳动合同、减少劳动报酬、结算劳动者工作年限等决定而发生劳动争议的，由用人单位负举证责任。

2. 举证责任的倒置

举证责任倒置，是为了弥补一般原则的不足，针对一些特殊的案件，将按照一般原则本应由己方承担的某些证明责任，改为由对方当事人承担的证明分法。证明责任倒置必须由法律的规定，法官不可以在诉讼中任意将证明责任分配加以倒置。如因医疗行为引起的侵权诉讼，由医疗机构就医疗行为与损害结果之间不存在因果关系及不存在医疗过错承担举证责任。

(三) 证据的收集

证据收集，是指审判人员为了查明案件事实，按照法定获取证据的行为。一般可以通过以下方法收集证据：①当事人提供证据。②人民法院认为审理案件需要，依职权主动调查收集。③当事人依法申请人民法院调查收集证据。

在证据可能灭失或以后难以取得的情况下，法院根据申请人的申请或依职权，对证据加以保全。

(四) 证明过程

证明过程是一个动态的过程。一般认为，证明过程由举证、质证与认证组成。

1. 举证时限

所谓举证时限，是指法律规定或法院、仲裁机构指定的当事人能够有效举证的期限。

当事人应当在举证期限内向人民法院提交证据材料，当事人在举证期限内不提交的，视为放弃举证权利。对于当事人逾期提交的证据材料，人民法院审理时不组织质证。当事人增加、变更诉讼请求或者提起反诉的，也应当在举证期限届满前提出。当事人在举证期限内提交证据材料确有困难的，应在举证期限内申请延期举证，经人民法院批准，可以适当延长举证期限。

2. 证据交换

我国民事诉讼中的证据交换，是指在诉讼答辩期届满后开庭审理前，在人民法院的主持下，当事人之间相互明示其持有证据的过程。证据交换制度的设立，有利于当事人之间明确争议焦点，集中辩论；有利于法院尽快了解案件争议焦点，集中审理；有利于当事人尽快了解对方的事实依据，促进当事人进行和解和调解。

根据最高人民法院《关于民事诉讼证据的若干规定》的有关规定，人民法院对于证据较多或者复杂疑难的案件，应当组织当事人在答辩期届满后、开庭审理前交换证据。人民法院组织当事人交换证据的，交换证据之日举证期限届满。当事人申请延期举证经人民法院准许的，交换证据日相应顺延。

3. 质证

质证，是指当事人在法庭的主持下，围绕证据的真实性、合法性、关联性，针对证据证明力有无以及证明力大小，进行质疑、说明与辩驳的过程。根据最高人民法院《关于民事诉讼证据的若干规定》第四十七条的规定，证据应当在法庭上出示，由当事人质证。未经质证的证据，不能作为认定案件事实的依据。

4. 认证

认证，即证据的审核认定，是指人民法院对经过质证或当事人在证据交换中认可的各种证据材料作出审查判断，确认其能否作为认定案件事实的根据。

人民法院及审判人员在对证据的审核认定过程中，人民法院就数个证据对同一事实的证明力，可以依照下列原则认定：

（1）国家机关、社会团体依职权制作的公文书证的证明力一般大于其他书证；

（2）物证、档案、鉴定结论、勘验笔录或者经过公证、登记的书证，其证明力一般大于其他书证、视听资料和证人证言；

（3）证人提供的对与其亲属或者其他密切关系的当事人有利的证言，其证明力一般小于其他证人证言。

第六节　建设工程施工合同纠纷案件的相关司法解释

建设工程合同履行过程中会产生大量的纠纷，有一些纠纷并不容易直接适用现有的法律条款予以解决。针对这些特殊的纠纷，可以通过相关司法解释来进行处理。2002年6月11日，最高人民法院审判委员会第1225次会议通过了《最高人民法院关于建设工程价款优先受偿权问题的批复》，2004年9月29日由最高人民法院审判委员会第1327次会议通过了《最高人民法院关于审理建设工程施工合同纠纷案件适用法律问题的解释》（下文简称《解释》）。此批复和司法解释为我们解决一些特殊的建设工程合同纠纷提供了可供遵循的原则性规定。

一、解除建设工程施工合同问题

在合同履行过程中，由于一些条件的出现会导致合同当事人解除合同，《解释》中对于解除合同的条件及其法律后果在《合同法》的基础上作出了进一步的规定。

（一）发包人请求解除合同的条件

承包人具有下列情形之一，发包人请求解除建设工程施工合同的，应予支持：

1. 明确表示或者以行为表明不履行合同主要义务的；
2. 合同约定的期限内没有完工，且在发包人催告的合理期限内仍未完工的；
3. 已经完成的建设工程质量不合格，并拒绝修复的；
4. 将承包的建设工程非法转包、违法分包的。

（二）承包人请求解除合同的条件

发包人具有下列情形之一，致使承包人无法施工，且在催告的合理期限内仍未履行相应义务，承包人请求解除建设工程施工合同的，应予支持：

1. 未按约定支付工程价款的；
2. 提供的主要建筑材料、建筑构配件和设备不符合强制性标准的；
3. 不履行合同约定的协助义务的。

上述三种情形均属于发包人违约。因此，合同解除后，发包人还要承担违约责任。

（三）合同解除后的法律后果

1.《合同法》关于合同解除的相关法律规定

《合同法》第九十七条规定："合同解除后，尚未履行的，终止履行；已经履行的，根据履行情况和合同性质，当事人可以要求恢复原状、采取其他补救措施，并有权要求赔偿损失。"

《合同法》第九十八条规定："合同的权利义务终止，不影响合同中结算和清理条款的效力。"

2.《解释》中关于合同解除的相关规定

《解释》第十条就合同解除问题规定如下：

（1）建设工程施工合同解除后，已经完成的建设工程质量合格的，发包人应当按照约定支付相应的工程价款；

（2）已经完成的建设工程质量不合格的，按照下列情况处理：

① 修复后的建设工程经竣工验收合格，发包人请求承包人承担修复费用的，应予支持；

② 修复后的建设工程经竣工验收不合格，承包人请求支付工程价款的，不予支持。因建设工程不合格造成的损失，发包人有过错的，也应承担相应的民事责任；

③ 因一方违约导致合同解除的，违约方应当赔偿因此而给对方造成的损失。

二、建设工程质量不符合约定的责任承担问题

导致工程质量不合格的原因很多，其中有发包人的原因，也有承包商的原因，其责任的承担应该根据具体的情况分别作出处理。

（一）因承包商过错导致质量不符合约定的处理

《合同法》第二百八十一条规定："因施工人的原因致使建设工程质量不符合约定的，发包人有权要求施工人在合理期限内无偿修理或者返工、改建。经过修理或者返工、改建后，造成逾期交付的，施工人应当承担违约责任。"

第九章　建设工程纠纷处理法规

《解释》第十一条规定，因承包人的过错造成建设工程质量不符合约定，承包人拒绝修理、返工或者改建，发包人请求减少支付工程价款的，应予支持。

有的时候，承包商造成工程质量不合格的原因可能会触犯法律，例如偷工减料、擅自修改图纸等。如果其行为触犯了相关的法律，还将接受法律的制裁。

《建筑法》第七十四条规定："建筑施工企业在施工中偷工减料的，使用不合格的建筑材料、建筑构配件和设备的，或者有其他不按照工程设计图纸或者施工技术标准施工的行为的，责令改正，处以罚款；情节严重的，责令停业整顿，降低资质等级或者吊销资质证书；造成建筑工程质量不符合规定的质量标准的，负责返工、修理，并赔偿因此造成的损失；构成犯罪的，依法追究刑事责任。"

（二）因发包人过错导致质量不符合约定的处理

在实际工作中，经常出现建设单位违反规定，造成建设工程质量缺陷的情形。这些情形的出现，有的是源于过失，有的则是建设单位出于为自身谋取利益。

《解释》第十二条规定：发包人具有下列情形之一，造成建设工程质量缺陷，应当承担过错责任：①提供的设计有缺陷；②提供或者指定购买的建筑材料、建筑构配件、设备不符合强制性标准；③直接指定分包人分包专业工程。

承包人有过错的，也应当承担相应的过错责任。

（三）发包人擅自使用后出现质量问题的处理

有的时候建设单位为了能够提前投入生产，在没有经过竣工验收的前提下就擅自使用了工程。由于工程质量问题都需要经过一段时间才能显现出来，所以，这种未经竣工验收就使用工程的行为往往就导致了其后的工程质量的纠纷。

《解释》第十三条规定："建设工程未经竣工验收，发包人擅自使用后，又以使用部分质量不符合约定为由主张权利的，不予支持；但是承包人应当在建设工程的合理使用寿命内对地基基础工程和主体结构质量承担民事责任。"

上述规定体现了对于建设单位的擅自使用工程行为的惩罚，认定了建设单位使用工程即是对工程质量的认可。但是，上述规定却并没有全部免除承包商的责任，要求承包商对于地基基础工程和主体结构的质量承担相应的责任。这是基于《建设工程质量管理条例》对于地基基础工程和主体结构工程的最低保修期限的规定。《建设工程质量管理条例》第四十条规定了对于基础设施工程、房屋建筑的地基基础工程和主体结构工程，为设计文件规定的该工程的合理使用年限。这就等于是终身保修，因此并不因建设单位是否提前使用工程而免除保修的责任。

发包人未经验收而提前使用工程不仅在工程质量上要承担更大的责任，同时还将由于这样的行为而接受法律的制裁。

《建设工程质量管理条例》第五十八条规定："违反本条例规定，建设单位有下列行为之一的，责令改正，处工程合同价款2%以上4%以下的罚款；造成损失的，依法承担赔偿责任：

（1）未组织竣工验收，擅自交付使用的；

（2）验收不合格，擅自交付使用的；

(3) 对不合格的建设工程按照合格工程验收的。"

三、对竣工日期的争议问题

竣工日期可以分为合同中约定的竣工日期和实际竣工日期。合同中约定的竣工日期是指发包人和承包人在协议书中约定的承包人完成承包范围内工程的绝对或相对的日期。实际竣工日期是指承包人全面、适当履行了施工承包合同时的日期。合同中约定的竣工日期是发包人限定的竣工日期的底线，如果承包人超过了这个日期竣工就将为此承担违约责任。而实际竣工日期则是承包人可以全面主张合同中约定的权利的开始之日，如果该日期先于合同中约定的竣工日期，承包商可以因此获得奖励。

正是由于确定实际竣工日期涉及到发包人和承包人的利益，对于工程竣工日期的争议就时有发生。

我国建设工程施工合同（示范文本）第 32.4 款规定：工程竣工验收通过，承包人送交竣工验收报告的日期为实际竣工日期。工程按发包人要求修改后通过竣工验收的，实际竣工日期为承包人修改后提请发包人验收的日期。

但是在实际操作过程中却容易出现一些特殊的情形并最终导致关于竣工日期的争议的产生。这些情形主要表现在：

（一）由于建设单位和施工单位对于工程质量是否符合合同约定产生争议而导致对竣工日期的争议

工程质量是否合格涉及到多方面因素，当事人双方很容易就其影响因素产生争议。而一旦产生争议，就需要权威部门来鉴定。鉴定结果如果不合格就不涉及到竣工日期的争议了，而如果鉴定结果是合格的，就涉及到以哪天作为竣工日期的问题了。承包商认为应该以提交竣工验收报告之日作为竣工日期，而建设单位则认为应该以鉴定合格之日为实际竣工日期。

对此，《解释》第十五条规定，建设工程竣工前，当事人对工程质量发生争议，工程质量经鉴定合格的，鉴定期间为顺延工期期间。

从这个规定我们看到，应该以提交竣工验收报告之日为实际竣工日期。

（二）由于发包人拖延验收而产生的对实际竣工日期的争议

有的时候由于主观的或者客观的原因，发包人没能按照约定的时间组织竣工验收。最后施工单位和建设单位就实际竣工之日产生了争议，对此，《解释》第十四条规定，建设工程经竣工验收合格的，以竣工验收合格之日为竣工日期。承包人已经提交竣工验收报告，发包人拖延验收的，以承包人提交验收报告之日为竣工日期。

（三）由于发包人擅自使用工程而产生的对于实际竣工验收日期的争议

有的时候，建设单位为了能够提前使用工程而取消了竣工验收这道法律规定的程序。而这样的后果之一就是容易对实际竣工日期产生争议，因为没有提交的竣工验收报告和竣工验收试验可供参考。对于这种情形，《解释》第十四条同时做出了下面的规定，建设工程未经竣工验收，发包人擅自使用的，以转移占有建设工程之日为竣工日期。

四、对计价方法的争议问题

在工程建设合同中,当事人双方会约定计价的方法,这是后来建设单位向承包商支付工程款的基础。如果合同双方对于计价方法产生了纠纷且不能得到及时妥善地解决,就必然会影响到当事人的切身利益。

对计价方法的纠纷主要表现在以下几个方面:

（一）因变更引起的纠纷

在工程建设过程中,变更是普遍存在的。尽管变更的表现形式纷繁复杂,但是其对于工程款的支付的影响却仅仅表现在两个方面:

1. 工程量的变化导致价格的纠纷

从经济学的角度看,成本的组成包括两部分,即固定成本和可变成本。固定成本不因产量的增加而增加,可变成本却是产量的函数,因产量的增加而增加。当产量增加时,单位产量上摊销的固定成本就会减少,而可变成本不发生变化,其总成本将减少。在原有价格不变的前提下,会导致利润率增加。因此,当工程量发生变化后,当事人一方就会提出增加或者减少单价,以维持原有的利润率水平。如果工程量增加了,建设单位就会要求减少单价。相反,如果工程量减少了,施工单位就会要求增加单价。

调整单价时会涉及到两个因素:一是工程量增减幅度达到多少就要调整单价。二是将单价调整到多少。如果在承包合同中没有对此进行约定,就会导致纠纷。

2. 工程质量标准的变化导致价格的纠纷

工程质量标准有很多种分类的方法。由于工程质量标准的多样性,常常会发生因工程标准发生变化而导致计价方法的纠纷,《解释》第十六条对此作出了规定:当事人对建设工程的计价标准或者计价方法有约定的,按照约定结算工程价款。因设计变更导致建设工程的工程量或者质量标准发生变化,当事人对该部分工程价款不能协商一致的,可以参照签订建设工程施工合同时当地建设行政主管部门发布的计价方法或者计价标准结算工程价款。

（二）因工程质量验收不合格导致的纠纷

工程合同中的价款针对的是合格工程而言的,而在工程实践中,不合格产品也是普遍存在的,对于不合格产品如何计价也就自然成为了合同当事人关注的问题。在这个问题中也涉及到两方面的问题:一是工程质量与合同约定的不符合程度,二是针对该工程质量如何支付工程款。

对此,《解释》第十六条也同时作出了规定:建设工程施工合同有效,但建设工程经竣工验收不合格的,工程价款结算参照本《解释》第三条规定处理。也即:

1. 修复后的建设工程经竣工验收合格,发包人请求承包人承担修复费用的,应予支持;

2. 修复后的建设工程经竣工验收不合格,承包人请求支付工程价款的,不予支持。因建设工程不合格造成的损失,发包人有过错的,也应承担相应的民事责任。

（三）因利息而产生的纠纷

根据《合同法》的规定，如果建设单位不及时向承包商支付工程款，承包商在要求建设单位继续履行的前提下，可以要求建设单位为此支付利息。因为利息是建设单位如果按期支付工程款后承包商的预期利益。

在实践中，对于利息的支付容易在两个方面产生纠纷：一是利息的计付标准，二是何时开始计付利息。

《解释》第十七条对于计付标准做出了规定：当事人对欠付工程价款利息计付标准有约定的，按照约定处理；没有约定的，按照中国人民银行发布的同期同类贷款利率计息。

同时，《解释》第十八条也对何时开始计付利息做出了规定：利息从应付工程价款之日计付。当事人对付款时间没有约定或者约定不明的，下列时间视为应付款时间：

(1) 建设工程已实际交付的，为交付之日；

(2) 建设工程没有交付的，为提交竣工结算文件之日；

(3) 建设工程未交付，工程价款也未结算的，为当事人起诉之日。

(四) 因合同计价方式产生的纠纷

合同价有三种方式，即固定价、可调价和成本加酬金。由于工程建设的外部环境处于不断的变化之中，这些外部条件的变化就可能会使得施工单位的成本增加，导致承包商要求建设单位支付增加部分的成本。对于上面的三种计价方式，如果采用的是可调价合同或者成本加酬金合同，建设单位就应该在合同约定的范围内支付这笔款项。但是，如果采用的是固定价合同，则建设单位就不必为此支付。

《解释》第二十二条规定，当事人约定按照固定价结算工程价款，一方当事人请求对建设工程造价进行鉴定的，不予支持。

五、对工程量的争议问题

在工程款支付的过程中，确认完成的工程量是一个重要的环节。只有确认了完成的工程量，才能进行下一步的结算。

(一) 工程结算的程序

《建筑工程施工发包与承包计价管理办法》第十六条规定了工程结算的程序。

工程竣工验收合格，应当按照下列规定进行竣工结算：

(1) 承包方应当在工程竣工验收合格后的约定期限内提交竣工结算文件。

(2) 发包方应当在收到竣工结算文件后的约定期限内予以答复。逾期未答复的，竣工结算文件视为已被认可。

(3) 发包方对竣工结算文件有异议的，应当在答复期内向承包方提出，并可以在提出之日起的约定期限内与承包方协商。

(4) 发包方在协商期内未与承包方协商或者经协商未能与承包方达成协议的，应当委托工程造价咨询单位进行竣工结算审核。

(5) 发包方应当在协商期满后的约定期限内向承包方提出工程造价咨询单位出具的竣工结算审核意见。

发包承包双方在合同中对上述事项的期限没有明确约定的，可认为其约定期限均为28日。

发包承包双方对工程造价咨询单位出具的竣工结算审核意见仍有异议的，在接到该审核意见后一个月内可以向县级以上地方人民政府建设行政主管部门申请调解，调解不成的，可以依法申请仲裁或者向人民法院提起诉讼。

工程竣工结算文件经发包方与承包方确认即应当作为工程决算的依据。

（二）关于确认工程量引起的纠纷

1. 对未经签证但事实上已经完成的工程量的确认

工程量的确认应以工程师的确认为依据，只有经过工程师确认的工程量才能进行工程款的结算，否则，即使施工单位完成了相应的工程量，也由于属于单方面变更合同内容而不能得到相应的工程款。

工程师的确认以签证为依据，也就是说只要工程师对于已完工程进行了签证，建设单位就要支付这部分工程量的工程款。但是，有的时候却存在另一种情形，工程师口头同意进行某项工程的修建，但是由于主观的或者客观的原因而没能及时提供签证。对于这部分工程量的确认就很容易引起纠纷。

我国《合同法》第三十六条规定："法律、行政法规规定或者当事人约定采用书面形式订立合同，当事人未采用书面形式但一方已经履行主要义务，对方接受的，该合同成立。"

依据这个条款，《解释》第十九条规定："当事人对工程量有争议的，按照施工过程中形成的签证等书面文件确认。承包人能够证明发包人同意其施工，但未能提供签证文件证明工程量发生的，可以按照当事人提供的其他证据确认实际发生的工程量。"

2. 对于确认工程量时间的纠纷

如果建设单位迟迟不确认施工单位完成的工程量，就会导致施工单位不能及时得到工程款，这样就损害了施工单位的利益。

为了保护合同当事人的合法权益，《解释》第二十条规定："当事人约定，发包人收到竣工结算文件后，在约定期限内不予答复，视为认可竣工结算文件的，按照约定处理。承包人请求按照竣工结算文件结算工程价款的，应予支持。"这与《建筑工程施工发包与承包计价管理办法》第十六条的规定也是一致的。

六、建设工程价款优先受偿权问题

（一）《担保法》与《合同法》在工程款优先受偿权问题上的冲突

在工程建设中，建设单位为了筹措资金，经常会向银行贷款。作为条件，银行会要求建设单位提供相应的担保。有的时候，建设单位可以以拟建的建设工程（主要是商品房）作为抵押来为贷款作担保。于是，在建设单位和银行之间就会签订一个抵押合同。根据《中华人民共和国担保法》第五十三条的规定："债务履行期届满抵押权人未受清偿的，可以与抵押人协议以抵押物折价或者以拍卖、变卖该抵押物所得的价款受偿；协议不成的，抵押权人可以向人民法院提起诉讼。抵押物折价或者拍卖、变卖后，其价款超过债权数额的部分归抵押人所有，不足部分由债务人清偿。"这就是说，如果建设单位在应该偿还贷款的期限届满而没有清偿贷款的话，银行就可以将建成的工程项目（主要是指商品房）折价、拍卖或者变卖，然后将所得的收入占有。

但是，根据《中华人民共和国合同法》二百八十六条的规定："发包人未按照约定支付价款的，承包人可以催告发包人在合理期限内支付价款。发包人逾期不支付的，除按照建设工程的性质不宜折价、拍卖的以外，承包人可以与发包人协议将该工程折价，也可以申请人民法院将该工程依法拍卖。建设工程的价款就该工程折价或者拍卖的价款优先受偿。"这就意味着如果建设单位不及时支付工程款，则施工单位可以将建成的建设项目折价、拍卖并将所得占有。

（二）建设工程价款优先受偿权问题的司法解释

这样一来就出现了一个问题，在上面两个条件都存在的情况下，银行和施工单位都可以将建成的工程项目拍卖并将所得款项占有。那么到底优先将这笔款项支付给谁呢？针对这个问题，2002年6月11日，最高人民法院审判委员会第1225次会议通过了《最高人民法院关于建设工程价款优先受偿权问题的批复》，作出了如下解释：

1. 人民法院在审理房地产纠纷案件和办理执行案件中，应当依照《合同法》第二百八十六条的规定，认定建筑工程的承包人的优先受偿权优于抵押权和其他债权。

2. 消费者交付购买商品房的全部或者大部分款项后，承包人就该商品房享有的工程价款优先受偿权不得对抗买受人。

3. 建筑工程价款包括承包人为建设工程应当支付的工作人员报酬、材料款等实际支出的费用，不包括承包人因发包人违约所造成的损失。

4. 建设工程承包人行使优先权的期限为6个月，自建设工程竣工之日或者建设工程合同约定的竣工之日起计算。

复习思考题

一、单项选择题

1. 某施工单位于6月1日提交竣工验收报告，建设单位因故迟迟不予组织竣工验收；同年10月8日建设单位组织竣工验收时因监理单位的过错未能正常进行；10月20日建设单位实际使用该工程。施工单位承担的保修期应于（　　）起计算。

A. 6月1日　　B. 8月30日　　C. 10月8日　　D. 10月20日

2. 建筑材料供应单位甲因施工企业乙拖欠货款，将乙诉至人民法院。法院开庭审理后，在主审法官的主持下，乙向甲出具了还款计划。人民法院制作了调解书，则此欠款纠纷解决的方式是（　　）。

A. 和解　　B. 调解　　C. 诉讼　　D. 诉讼与调解相结合

3. 承包商与建设单位的合同纠纷不可以通过（　　）方式解决。

A. 和解　　B. 行政裁决　　C. 仲裁　　D. 诉讼

4. 承包商与建设单位如果在施工承包合同中约定了仲裁，则（　　）。

A. 当事人可以选择仲裁，也可以选择诉讼

第九章 建设工程纠纷处理法规

B. 当事人不可以选择诉讼

C. 当事人不可以选择和解

D. 当事人不可以选择调解

5. 建设工程纠纷案件审理中,建设单位对材料证据保全的请求应当在（　　）之前提出。

   A. 提交答辩状　　　　　　B. 举证期限届满

   C. 举证期限届满之前 7 天　　D. 判决前

6. 建设工程纠纷案件审理中,建设单位要求对工程质量进行鉴定的申请应当在（　　）之前提出。

   A. 提交答辩状　　　　　　B. 举证期限届满

   C. 开庭　　　　　　　　　D. 判决

7. 某房地产开发商拖欠施工企业部分工程款,在多次催要无果的情形下,施工企业决定采用诉讼方式解决问题。法院决定采用普通程序开庭审理此纠纷案件,开庭后正确的审理顺序应当是（　　）。

   A. 法庭调查、法庭辩论、宣判、法庭笔录

   B. 法庭调查、法庭辩论、合议庭评议、宣判

   C. 法庭辩论、法庭调查、法庭笔录、宣判

   D. 法庭辩论、法庭笔录、法庭调查、宣判

8. 甲房地产开发公司在与农民工工资纠纷的诉讼中败诉,法庭判决其 2006 年 8 月 5 日前支付农民工工资 8 万元,但该公司在判决规定的支付日期截止日期没有支付,则农民工可以在（　　）之前申请强制执行。

   A. 2006 年 9 月 5 日　　　B. 2007 年 2 月 5 日

   C. 2007 年 8 月 5 日　　　D. 2008 年 8 月 5 日

9. 仲裁委员会仲裁某施工合同纠纷案件,首席仲裁员甲认为应裁决合同无效,仲裁庭组成人员乙、丙认为应裁决合同有效,但乙认为应裁决解除合同,丙认为应裁决继续履行合同,则仲裁庭应（　　）。

   A. 按甲的意见作出

   B. 重新组成仲裁庭经评议后作出

   C. 按乙或丙的意见作出

   D. 请示仲裁委员会主任并按其意见作出

二、多项选择题

1. 建设工程民事纠纷的处理方式包括（　　）。

   A. 行政调解　B. 仲裁调解　C. 诉讼　D. 行政复议　E. 和解

2. 采用和解的方式解决纠纷,既有利于维持和发展双方的合作关系,又使当事人之间的争议得以较为经济和及时地解决。以下关于和解的理解错误的有（　　）。

   A. 和解应该发生在仲裁、诉讼程序之外

   B. 当事人申请仲裁后,达成和解协议的,必须撤回仲裁申请

   C. 当事人达成和解协议,撤回仲裁申请后反悔的,可以根据仲裁协议申请仲裁

   D. 发生争议后,当事人可以自行和解。如果达成一致意见,就无需仲裁或诉讼

   E. 当事人在诉讼中和解的,应由原告申请撤诉,经法院裁定撤诉后结束诉讼

3. 根据《仲裁法》,在下列纠纷中,当事人可以申请仲裁的有（　　）。

A. 孙某与某建设集团公司之间的劳动争议
B. 张某与村民委员会之间土地承包经营合同纠纷
C. 王某的房屋被李某倒车时撞坏的侵权纠纷
D. 王某与其家人的遗产纠纷
E. 甲乙之间的运输合同纠纷

4. 在以诉讼方式解决建设工程合同纠纷的过程中,能够作为证据的有（　　）。
A. 工程图纸　　　　　B. 造价鉴定　　　C. 律师辩论
D. 被告人弟弟的证言　　E. 偷拍的谈判录像

5. 建设工程合同纠纷的当事人可根据《民事诉讼法》的规定,协议选择（　　）法院管辖。
A. 发包人住所地　　　B. 承包人住所地　　C. 合同签订地
D. 施工行为地　　　　E. 合同变更地

6. 下列关于先予执行的条件,正确的有（　　）。
A. 当事人之间权利义务关系明确　B. 申请人有实现权利的迫切需要
C. 人民法院依职权适用　　　　　D. 被申请人有履行能力
E. 在提起诉讼之前

7. 房屋开发公司与建材公司签订一份装饰材料购销合同,后因该批装饰材料的质量问题双方发生纠纷,起诉至人民法院。人民法院经过审理后,判决建材公司退还货款。建材公司不服上诉,二审法院经审理认为上诉请求不成立,判决维持原判。该判决产生的法律效力有（　　）。
A. 双方的购销合同解除
B. 双方的装饰材料质量争议消灭
C. 人民法院非经法定审判监督程序,不得撤销该判决
D. 建材公司不履行义务时,房屋开发公司可申请人民法院强制执行
E. 二审法院审理后,诉讼程序即告终结

8. 某工程在订立施工合同过程中,双方协商一致采用仲裁的方式处理合同纠纷,则关于仲裁协议说法错误的有（　　）。
A. 仲裁协议应当采用书面形式
B. 仲裁协议可以采用口头形式,只要双方认可
C. 仲裁协议应当在纠纷发生前达成
D. 仲裁协议应当是独立于施工合同之外的仲裁协议书
E. 没有仲裁协议,就不存在有效的仲裁

9. 仲裁过程中的调解是双方解除纠纷的有效办法,以下说法错误的有（　　）。
A. 仲裁庭在作出裁决前,必须先行调解
B. 调解不成的,应当及时作出裁决
C. 调解达成协议的,仲裁庭只能制作调解书而不能制作裁决书
D. 调解书不具备强制约束力
E. 在调解书签收前当事人反悔的,仲裁庭应当及时作出裁决

10. 在执行仲裁裁决时,被申请人提出证据证明,经人民法院组成合议庭审查核实,裁定不予执行的情形包括（　　）。
A. 双方约定的仲裁事项仅涉及合同价款,裁决中包含了质量
B. 双方争议的款项是劳务工资

C. 仲裁庭成员应该回避而没有回避
D. 没有书面仲裁协议,仅在合同中有仲裁条款
E. 仲裁庭认定事实的主要证据不足

三、简答题

1. 解决建设工程合同纠纷的途径有哪些?
2. 适用和解解决建设工程纠纷的情形有哪些?
3. 作为法律概念的调解,有哪些类型?
4. 简述仲裁的范围、特点和原则。
5. 仲裁协议的法律效力表现在哪些方面?
6. 简述仲裁的程序。
7. 法律规定应当撤销仲裁裁决的情形有哪些?
8. 民事诉讼有哪些特点?
9. 对于民事诉讼的管辖,法律是如何规定的?
10. 简述第一审普通程序。
11. 行政复议的范围有哪些?行政复议要遵照什么样的程序?
12. 什么情况下适用行政诉讼?行政诉讼要遵照什么样的程序?
13. 简述民事诉讼中的举证责任。
14. 证据有哪些种类?
15. 简述建设工程施工合同纠纷案件的相关司法解释。

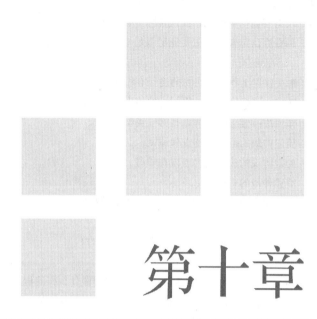

第十章

有关工程建设的其他法规知识

学习重点：环境影响评价制度和环境保护"三同时"制度；水污染、大气污染、环境噪声污染和固体废物污染防治法律制度；建筑节能法律制度；建设工程档案的验收和移交管理制度；劳动合同法律制度；劳动保护和劳动争议的解决；建筑工程消防法律制度；纳税人的权利和义务；税务管理制度和建设工程相关的主要税种。

第十章 有关工程建设的其他法规知识

第一节 标准化法规中与工程建设相关的内容

一、工程建设标准的概念

标准,是指对重复性事物和概念所做的统一规定,它以科学、技术和实践经验的综合成果为基础,经有关方面协商一致,由主管机关批准,以特定形式发布,作为共同遵守的准则和依据。标准是在一定范围内获得最佳秩序,对活动或其结果规定共同的和重复使用的规则、导则或特性的文件。

标准化是指在经济、技术、科学及管理等社会实践中,对重复性事物和概念通过制订、发布和实施标准,达到统一,以获得最佳秩序和社会效益的活动。

为了发展社会主义市场经济,促进技术进步,改进产品质量,提高社会经济效益,维护国家和人民的利益,使标准化工作适应社会主义现代化建设和发展对外经济关系的需要,1988年12月20日第七届全国人民代表大会常务委员会第五次全体会议正式讨论通过了《中华人民共和国标准化法》(以下简称《标准化法》),自1989年4月1日起施行。

《标准化法》分为5章26条,其主要内容是:确定了标准体系和标准化管理体制,规定了制定标准的对象与原则以及实施标准的要求,明确了违法行为的法律责任和处罚办法。

《标准化法》是中国标准化工作的基本法。《标准化法》的颁布实施,标志着我国的标准化工作从此走上法制化轨道。

工程建设标准是指建设工程设计、施工方法和安全保护的统一的技术要求及有关工程建设的技术术语、符号、代号、制图方法的一般原则。《标准化法》第二条规定:对建设工程的设计、施工方法和安全要求应当制定标准。这就为工程建设标准的制定确立了法律依据。工程建设标准化工作是加强基本建设全过程的重要基础工作,工程建设各类标准规范是工程建设工业化、现代化的基础。随着我国社会主义市场经济建设的完善,工程建设标准化工作也得到了迅猛发展,标准规范的数量成倍增长,技术水平不断提高,到1999年底已有国家标准、行业标准和地方标准共计3400多项,这些标准规范为推动我国现代化建设,推广应用先进的生产经验和科技成果,加速科学技术转化为生产力,保证工程质量,促进技术进步,提高投资效益,发挥了重要作用。

依据《标准化法》,我国陆续发布了与工程建设标准有关的一系列行政法规、部门规章。其中主要有:

1990年4月6日国务院第53号令发布实施的《中华人民共和国标准化法实施条例》;

1991年12月30日建设部第24号令发布实施的《工程建设国家标准管理办法》;

1992年12月30日建设部第25号令发布实施的《工程建设行业标准管理办法》;

2000年8月25日建设部第81号令发布实施的《实施工程建设强制性标准监督规定》。

二、工程建设标准的种类

（一）根据标准的约束性划分

按标准的约束性分为强制性标准和推荐性标准。《标准化法》规定，国家标准和行业标准分为强制性标准和推荐性标准。保障人体健康，人身财产安全的标准和法律、行政法规规定强制执行的标准是强制性标准，其他标准是推荐性标准。

省、自治区、直辖市标准化行政主管部门制定的工业产品的安全、卫生要求的地方标准，在本行政区域内是强制性标准。与上述规定相对应，工程建设标准也分为强制性标准和推荐性标准。强制性标准，必须执行。推荐性标准，国家鼓励企业自愿采用。

根据《工程建设国家标准管理办法》第三条的规定，下列工程建设国家标准属于强制性标准：

1. 工程建设勘察、规划、设计、施工（包括安装）及验收等通用的综合标准和重要的通用的质量标准；

2. 工程建设通用的有关安全、卫生和环境保护的标准；

3. 工程建设通用的术语、符号、代号、量与单位、建筑模数和制图方法标准；

4. 工程建设重要的通用的试验、检验和评定方法等标准；

5. 工程建设重要的通用的信息技术标准；

6. 国家需要控制的其他工程建设通用的标准。

根据《工程建设行业标准管理办法》第三条的规定，下列工程建设行业标准属于强制性标准：

1. 工程建设勘察、规划、设计、施工（包括安装）及验收等行业专用的综合性标准和重要的行业专用的质量标准；

2. 工程建设行业专用的有关安全、卫生和环境保护的标准；

3. 工程建设重要的行业专用的术语、符号、代号、量与单位和制图方法等标准；

4. 工程建设重要的行业专用的试验、检验和评定方法等标准；

5. 工程建设重要的行业专用的信息技术标准；

6. 行业需要控制的其他工程建设标准。

（二）根据标准的内容划分

1. 设计标准

设计标准是指从事工程设计所依据的技术文件。设计标准一般可分为：

（1）建筑设计标准。建筑设计标准包括建筑设计、建筑物理、建筑暖通与空调等方面的技术标准与规程。

（2）结构设计标准。结构设计标准包括建筑结构、工程抗震、勘察、地基与基础等

第十章 有关工程建设的其他法规知识

方面的技术标准和规程。

(3) 防火设计标准。防火设计标准包括建筑物的耐火性能、建筑物防火防爆措施、消防、给水与排水、通风与采暖、疏散通道等技术标准和规程。

2. 施工及验收标准

施工标准是指施工操作程序及其技术要求的标准。施工标准一般分为建筑工程施工标准和安装工程施工标准两大类。验收标准是指检验、接收竣工工程项目的规程、办法与标准。

3. 建设定额

建设定额是指国家规定的消耗在单位建筑产品中活劳动和物化劳动的数量标准，以及用货币表现的某些必要费用的额度。

三、我国标准的分级

根据《标准化法》的规定，我国的标准分为四级：国家标准、行业标准、地方标准、企业标准。

1. 国家标准

国家标准是对需要在全国范围内统一的技术要求制定的标准。需要在全国范围内统一的下列技术要求，应制定国家标准（含标准样品的制作）：

通用的技术术语、符号、代号（含代码）、制图方法等通用技术语言要求；保障人体健康和人身、财产安全的技术要求；基本原料、材料、燃料的技术要求；通用基础件的技术要求；通用的试验、检验方法；工程建设勘察、规划、设计、施工及验收的重要技术要求；工程建设、交通运输、资源等通用的管理技术要求；国家需要控制的其他重要产品和工程建设的通用技术要求等。国家标准由国务院标准化行政主管部门编制计划，协调项目分工，组织制定、修订、统一编审、编号、发布。工程建设国家标准由建设行政主管部门审批，国务院标准化行政主管部门统一编号，由工程建设行政主管部门和标准化行政主管部门联合发布。

2. 行业标准

行业标准是对没有国家标准而又需要在全国某个行业范围内统一的技术要求所制定的标准。行业标准不得与国家标准相抵触。有关行业标准之间应保持协调、统一，不得重复。行业标准在相应的国家标准公布后，即行废止。需要在行业内统一的下列技术要求，可以制定行业标准：技术术语、符号、代号（含代码）、制图方法等；工程建设勘察、规划、设计、施工及验收的技术要求及方法；交通运输、资源等的技术要求及其管理技术要求等。

行业标准是由国务院该行业行政主管部门组织制定的，并由该部门统一审批、编号、发布，送国务院标准化行政主管部门备案。

3. 地方标准

地方标准是对没有国家标准和行业标准而又需要在该地区范围内统一的技术要求所制定的标准（含标准样品的制作）。地方标准不得违反有关法律、法规和国家、行业的强制性标准。地方标准由省、自治区、直辖市标准化行政主管部门统一编制计划、组织审定、编号和发布。地方标准发布后,应由省、自治区、直辖市标准化行政主管部门向国务院标准化行政主管部门和有关行政主管部门备案。

4. 企业标准

企业标准是对企业范围内需要协调、统一的技术要求、管理事项和工作事项所制定的标准。企业标准是企业组织生产、经营活动的依据。企业标准不得违反有关法律、法规和国家、行业的强制性标准。在同一企业内,企业标准之间应协调一致。企业标准由企业制定,由法人代表或法人代表授权的主管领导批准、发布。企业标准一般应由企业按企业的隶属关系报当地政府标准化行政主管部门备案。国家标准、行业标准的强制性标准,企业必须严格执行。推荐性标准,企业一经采用也具有了强制的性质,因此应严格执行。对于企业已经备案的企业标准也应严格执行。

四、工程建设强制性标准的实施

(一)实施工程建设强制性标准的意义

依据2000年8月25日建设部发布的《实施工程建设强制性标准监督规定》(建设部第81号令)的第三条,工程建设强制性标准是指直接涉及工程质量、安全、卫生及环境保护等方面的工程建设标准强制性条文。

国家工程建设标准强制性条文由国务院建设行政主管部门会同国务院有关行政主管部门确定。

2000年11月3日,建设部发布了《关于加强〈工程建设标准强制性条文〉实施工作的通知》。通知中谈到:为了贯彻执行国务院发布的《建设工程质量管理条例》,我部会同国务院有关部门共同编制了《工程建设标准强制性条文》(以下简称《强制性条文》)。《强制性条文》是工程建设全过程中的强制性技术规定,是参与建设活动各方执行工程建设强制性标准的依据,也是政府对执行工程建设强制性标准情况实施监督的依据。《强制性条文》中的条款都必须严格执行。执行《强制性条文》是贯彻落实《建设工程质量管理条例》的重要内容,是从技术上确保建设工程质量的关键。因此,必须高度重视《强制性条文》的实施与监督。

(二)工程建设强制性标准实施的特殊情况

工程建设中拟采用的新技术、新工艺、新材料,不符合现行强制性标准规定的,应当由拟采用单位提请建设单位组织专题技术论证,报批准标准的建设行政主管部门或者国务院有关主管部门审定。

工程建设中采用国际标准或者国外标准,现行强制性标准未作规定的,建设单位应当向国务院建设行政主管部门或者国务院有关行政主管部门备案。

五、实施工程建设强制性标准的监督管理

《关于加强〈工程建设标准强制性条文〉实施工作的通知》中要求:各级建设行政主管部门要健全本地区实施《强制性条文》的监督机构,明确职责,责任到人,按建设

第十章 有关工程建设的其他法规知识

部令第 81 号的规定，认真履行实施《强制性条文》的监督职责。在工程建设活动中，要强化各方自觉执行《强制性条文》的意识，保证《强制性条文》在工程建设的规划、勘察设计、施工和竣工验收的各个环节得以有效实施，同时要通过多种渠道，加强社会舆论监督。

（一）监督机构

《实施工程建设强制性标准监督规定》规定了实施工程建设强制性标准的监督机构，包括：

1. 建设项目规划审查机关应当对工程建设规划阶段执行强制性标准的情况实施监督。

2. 施工图设计审查单位应当对工程建设勘察、设计阶段执行强制性标准的情况实施监督。

3. 建筑安全监督管理机构应当对工程建设施工阶段执行施工安全强制性标准的情况实施监督。

4. 工程质量监督机构应当对工程建设施工、监理、验收等阶段执行强制性标准的情况实施监督。

5. 工程建设标准批准部门应当对工程项目执行强制性标准情况进行监督检查。监督检查可以采取重点检查、抽查和专项检查的方式。

（二）监督检查的方式

工程建设标准批准部门应当定期对建设项目规划审查机关、施工图设计文件审查单位、建筑安全监督管理机构、工程质量监督机构实施强制性标准的监督进行检查，对监督不力的单位和个人，给予通报批评，建议有关部门处理。

工程建设标准批准部门应当对工程项目执行强制性标准情况进行监督检查。监督检查可以采取重点检查、抽查和专项检查的方式。

工程建设标准批准部门应当将强制性标准监督检查结果在一定范围内公告。

（三）监督检查的内容

根据《实施工程建设强制性标准监督规定》，强制性标准监督检查的内容包括：

1. 有关工程技术人员是否熟悉、掌握强制性标准；

2. 工程项目的规划、勘察、设计、施工、验收等是否符合强制性标准的规定；

3. 工程项目采用的材料、设备是否符合强制性标准的规定；

4. 工程项目的安全、质量是否符合强制性标准的规定；

5. 工程中采用的导则、指南、手册、计算机软件的内容是否符合强制性标准的规定。

第二节 环境保护法规中与工程建设相关的内容

环境保护是我国一项基本国策。建设项目由于既要消耗大量的自然资源，又要向自然界排放大量的废水、废气、废渣以及产生噪声等，是造成环境问题的主要根源之一。因此，加强项目建设的环境保护管理，是整个环境保护工作的基础和重点。

目前我国制定的与环境保护有关的法律法规有：《中华人民共和国环境保护法》；《中华人民共和国环境影响评价法》；《中华人民共和国水污染防治法》；《中华人民共和国大气污染防治法》；《中华人民共和国环境噪声污染防治法》；《中华人民共和国固体废物污染防治法》；《建设项目环境保护管理条例》；《建设项目环境保护管理程序》；《建设项目竣工环境保护验收管理办法》等。由于工程建设与环境保护息息相关，所以，工程建设从业人员应当熟悉上述这些法律法规中与工程建设相关的内容。

一、建设项目各阶段环境管理及程序

（一）项目建议书阶段或预可行性研究阶段的环境管理

建设单位结合选址，对建设项目建成投产后可能造成的环境影响进行简要说明（或环境影响初步分析），环保部门参加厂址现场踏勘，省级环境保护部门签署意见，纳入项目建议书作为立项依据。

（二）可行性研究（设计任务书）阶段的环境管理

国家环保部及行业主管部门根据国家发改委及有关部门立项批复，督促建设单位执行环境影响报告书（表）审查制度。

建设单位征求部意见，确定作报告书或报告表。委托持甲级评价证书的单位，编制环境影响报告表、或评价大纲（环评实施方案）。

建设单位向部申报环境影响评价大纲（环评实施方案），抄送行业主管部门，同时附立项文件及环境评价经费概算，部组织专家审查后，提出审查意见。评价单位与建设单位按照审查意见的要求签订合同，开展评价工作，编制环境影响报告书。

建设项目如有重大变动，建设单位及评价单位应及时向环保部门报告。建设单位将编制完成的环境影响报告书（表），按审批权限上报主管部门的环保机构，抄报部和项目所在地省、市环保部门。

主管部门组织报告书（表）预审，将预审意见和修改确定的两套环评报告书报部审批。省级环保部门应同时向部报送审查意见；部在接到预审意见之日起，2个月内批复或签署意见，逾期不批复或未签署意见，可视其上报方案已被确认。

部可委托省级环保部门审查"大纲"或审批"报告书"。

部参加对环境有重大影响的项目可行性研究报告评估。

（三）设计阶段的环境管理

一般建设项目按两个阶段进行设计，即初步设计和施工图设计。对于技术上复杂而又缺乏设计经验的项目，经行业主管部门确定，可增加技术设计阶段；为解决总体开发方案和建设部署等重大问题，有些行业，可包括总体规划设计或总体设计。

1. 初步设计阶段的环境管理

建设项目初步设计必须按照《建设项目环境保护设计规定》编制环境保护篇章，具体落实环境影响报告书（表）及其审批意见所确定的各项环境保护措施和投资概算。建

设单位在设计会审前向政府环保部门报送设计文件。特大型（重点）建设项目按审查权限由部或由部委托省级政府环保部门参加设计审查，一般建设项目由省级政府环保部门参加设计审查。必要时环保部门可单独审查环保篇章。

2. 施工图设计阶段的环境管理

根据初步设计审查的审批意见，建设单位会同设计单位，在施工图中落实有关环保工程的设计及其环保投资。环保部门组织监督检查。建设单位报批开工报告。批准后，建设项目列入年度计划，其中应包括相应环保投资。

3. 施工阶段的环境管理

建设单位会同施工单位做好环保工程设施的施工建设、资金使用情况等资料、文件的整理建档工作备查。以季报的形式将环保工程进度情况上报政府环保部门。

环保部门检查环保报批手续是否完备，环保工程是否纳入施工计划及建设进度和资金落实情况，提出意见。

建设单位与施工单位负责落实环保部门对施工阶段的环保要求以及施工过程中的环保措施。主要是保护施工现场周围的环境，防止对自然环境造成不应有的破坏；防止和减轻各种粉尘、废气、废水、固体废弃物以及噪声、振动等对环境和周围生活居住区的污染和危害。建设项目竣工后，施工单位应当修整和恢复在建设过程中受到破坏的环境。

4. 试生产和竣工验收阶段的环境管理

建设单位向主管部门和政府环保部门提交试运转申请报告。经批准后，环保工程与主体工程同时投入试运行，做好试运转记录，并应由当地环保监测机构进行监测。

建设单位向行业主管部门和政府环保部门提交环保工程预验收申请报告，附试运转监测报告。省级政府环保部门组织环保工程的预验收。建设单位根据环保部门在预验收中提出的要求，认真组织实施，预验收合格后，方可进行正式竣工验收。

特大型（重点）建设项目国家环保局参加或委托省级政府环保部门参加正式竣工验收并办理建设项目环保工程验收合格证。

二、建设工程项目的环境影响评价制度

环境影响评价，是指对规划和建设项目实施后可能造成的环境影响进行分析、预测和评估，提出预防或者减轻不良环境影响的对策和措施，并进行跟踪监测的方法与制度。1998年11月29日国务院令第253号发布了《建设项目环境保护管理条例》，2002年12月28日全国人民代表大会常务委员会通过了《中华人民共和国环境影响评价法》，进一步以法律的形式确立了环境影响评价制度。

（一）建设项目环境影响评价的分类管理制度

根据国家环保总局2002年7月发布的《建设项目环境影响评价文件分级审批规定》，我国根据建设项目对环境的影响程度，对建设项目的环境影响评价实行分类管理，建设单位应当依法组织编制相应的环境影响评价文件：

1. 可能造成重大环境影响的，应当编制环境影响报告书，对产生的环境影响进行

全面评价。

2. 可能造成轻度环境影响的，应当编制环境影响报告表，对产生的环境影响进行分析或者专项评价。

3. 对环境影响很小、不需要进行环境影响评价的，应当填报环境影响登记表。

（二）建设项目环境影响评价文件的审批管理制度

根据《环境影响评价法》的规定，建设项目的环境影响评价文件，由建设单位按照国务院的规定报有审批权的环境保护行政主管部门审批；建设项目有行业主管部门的，其环境影响报告书或者环境影响报告表应当经行业主管部门预审后，报有审批权的环境保护行政主管部门审批。建设项目的环境影响评价文件未经法律规定的审批部门审查或者审查后未予批准的，该项目审批部门不得批准其建设，建设单位不得开工建设。

建设项目的环境影响评价文件经批准后，建设项目的性质、规模、地点、采用的生产工艺或者防治污染、防止生态破坏的措施发生重大变动的，建设单位应当重新报批建设项目的环境影响评价文件。建设项目的环境影响评价文件自批准之日起超过 5 年，方决定该项目开工建设的，其环境影响评价文件应当报原审批部门重新审核。

（三）环境影响的后评价和跟踪管理制度

在项目建设、运行过程中产生不符合经审批的环境影响评价文件的情形的，建设单位应当组织环境影响的后评价，采取改进措施，并报原环境影响评价文件审批部门和建设项目审批部门备案；原环境影响评价文件审批部门也可以责成建设单位进行环境影响的后评价，采取改进措施。

环境保护行政主管部门应当对建设项目投入生产或者使用后所产生的环境影响进行跟踪检查，对造成严重环境污染或者生态破坏的，应当查清原因、查明责任。

三、环境保护"三同时"制度

所谓环境保护"三同时"制度，是指建设项目需要配套建设的环境保护设施，必须与主体工程同时设计、同时施工、同时投产使用。《环境影响评价法》第二十六条规定："建设项目建设过程中，建设单位应当同时实施环境影响报告书、环境影响报告表以及环境影响评价文件审批部门审批意见中提出的环境保护对策措施。"环境保护"三同时"制度是建设项目环境保护法律制度的重要组成部分，《建设项目环境保护管理条例》在第三章"环境保护设施建设"中，对环境保护"三同时"制度进行了详细规定：

1. 建设项目的初步设计，应当按照环境保护设计规范的要求，编制环境保护篇章，并依据经批准的建设项目环境影响报告书或者环境影响报告表，在环境保护篇章中落实防治环境污染和生态破坏的措施以及环境保护设施投资概算。

2. 建设项目的主体工程完工后，需要进行试生产的，其配套建设的环境保护设施必须与主体工程同时投入试运行。建设项目试生产期间，建设单位应当对环境保护设施运行情况和建设项目对环境的影响进行监测。

3. 建设项目竣工后，建设单位应当向审批环境影响评价文件的环境保护行政主管部门申请该建设项目需要配套建设的环境保护设施竣工验收。环境保护设施竣工验收，应当与主体工程竣工验收同时进行。

4. 需要进行试生产的建设项目，建设单位应当自建设项目投入试生产之日起3个月内，向审批环境影响评价文件的环境保护行政主管部门申请该建设项目需要配套建设的环境保护设施竣工验收。

环境保护行政主管部门应当自收到环境保护设施竣工验收申请之日起30日内，完成验收。建设项目需要配套建设的环境保护设施经验收合格，该建设项目方可正式投入生产或者使用。

5. 分期建设、分期投入生产或者使用的建设项目，其相应的环境保护设施应当分期验收。

四、水污染防治法律制度

水污染，是指水体因某种物质的介入，而导致其化学、物理、生物或者放射性等方面特性的改变，从而影响水的有效利用，危害人体健康或者破坏生态环境，造成水质恶化的现象。

（一）防止地表水污染

《中华人民共和国水污染防治法》第四章第二十七条至第四十条对防止地表水污染作出了规定，主要内容有：

1. 在生活饮用水源地、风景名胜区水体、重要渔业水体和其他有特殊经济文化价值的水体的保护区内，不得新建排污口。在保护区附近新建排污口，必须保证保护区水体不受污染。本法公布前已有的排污口，排放污染物超过国家或者地方标准的，应当治理；危害饮用水源的排污口，应当搬迁。

2. 排污单位发生事故或者其他突然性事件，排放污染物超过正常排放量，造成或者可能造成水污染事故的，必须立即采取应急措施，通报可能受到水污染危害和损害的单位，并向当地环境保护部门报告。船舶造成污染事故的，应当向就近的航政机关报告，接受调查处理。造成渔业污染事故的，应当接受渔政监督管理机构的调查处理。

3. 禁止向水体排放油类、酸液、碱液或者剧毒废液。

4. 禁止在水体清洗装贮过油类或者有毒污染物的车辆和容器。

5. 禁止将含有汞、镉、砷、铬、铅、氰化物、黄磷等的可溶性剧毒废渣向水体排放、倾倒或者直接埋入地下。存放可溶性剧毒废渣的场所，必须采取防水、防渗漏、防流失的措施。

6. 禁止向水体排放、倾倒工业废渣、城市垃圾和其他废弃物。

7. 禁止在江河、湖泊、运河、渠道、水库最高水位线以下的滩地和岸坡堆放、存贮固体废弃物和其他污染物。

8. 禁止向水体排放或者倾倒放射性固体废弃物或者含有高放射性和中放射性物质的废水。向水体排放含低放射性物质的废水，必须符合国家有关放射防护的规定和标准。

9. 向水体排放含热废水，应当采取措施，保证水体的水温符合水环境质量标准，防止热污染危害。

10. 排放含病原体的污水，必须经过消毒处理；符合国家有关标准后，方准排放。

（二）防止地下水污染

《中华人民共和国水污染防治法》第五章第四十一条至第四十五条对防止地下水污染作出了规定，主要内容有：

1. 禁止企业事业单位利用渗井、渗坑、裂隙和溶洞排放、倾倒含有毒污染物的废水、含病原体的污水和其他废弃物。

2. 在无良好隔渗地层的情况下，禁止企业事业单位使用无防渗漏措施的沟渠、坑塘等输送或者存贮含有毒污染物的废水、含病原体的污水和其他废弃物。

3. 在开采多层地下水的时候，如果各含水层的水质差异大，应当分层开采；对已受污染的潜水和承压水，不得混合开采。

4. 兴建地下工程设施或者进行地下勘探、采矿等活动，应当采取防护性措施，防止地下水污染。

5. 人工回灌补给地下水，不得恶化地下水质。

五、大气污染防治法律制度

大气污染，是指有害物质进入大气，对人类和生物造成危害的现象。如果对它不加以控制和防治，将严重破坏生态系统和人类生存条件。

依据《中华人民共和国大气污染防治法》，与工程建设相关的主要内容包括：

1. 在国务院和省、自治区、直辖市人民政府划定的风景名胜区、自然保护区、文物保护单位附近地区和其他需要特别保护的区域内，不得建设污染环境的工业生产设施；建设其他设施，其污染物排放不得超过规定的排放标准。在本法施行前企业事业单位已经建成的设施，其污染物排放超过规定的排放标准的，依照本法的规定限期治理。

2. 国务院按照城市总体规划、环境保护规划目标和城市大气环境质量状况，划定大气污染防治重点城市。

直辖市、省会城市、沿海开放城市和重点旅游城市应当列入大气污染防治重点城市。

未达到大气环境质量标准的大气污染防治重点城市，应当按照国务院或者国务院环境保护行政主管部门规定的期限，达到大气环境质量标准。该城市人民政府应当制定限期达标规划，并可以根据国务院的授权或者规定，采取更加严格的措施，按期实现达标规划。

3. 在人口集中地区存放煤炭、煤矸石、煤渣、煤灰、砂石、灰土等物料，必须采取防燃、防尘措施，防止污染大气。

4. 向大气排放粉尘的排污单位，必须采取除尘措施。严格限制向大气排放含有毒物质的废气和粉尘；确需排放的，必须经过净化处理，不超过规定的排放标准。

5. 在人口集中地区和其他依法需要特殊保护的区域内，禁止焚烧沥青、油毡、橡胶、塑料、皮革、垃圾以及其他产生有毒有害烟尘和恶臭气体的物质。禁止在人口集中地区、机场周围、交通干线附近以及当地人民政府划定的区域露天焚烧秸秆、落叶等产生烟尘污染的物质。

6. 运输、装卸、贮存能够散发有毒有害气体或者粉尘物质的，必须采取密闭措施或者其他防护措施。

7. 在城市市区进行建设施工或者从事其他产生扬尘污染活动的单位，必须按照当地环境保护的规定，采取防治扬尘污染的措施。

六、环境噪声污染防治法律制度

环境噪声污染，是指所产生的环境噪声超过国家规定的环境噪声排放标准，并干扰他人正常生活、工作和学习的现象。与工程建设有关的噪声是建筑施工噪声和交通运输噪声。

依据《中华人民共和国环境噪声污染防治法》，与工程建设相关的主要内容包括：

1. 城市规划部门在确定建设布局时，应当依据国家声环境质量标准和民用建筑隔声设计规范，合理划定建筑物与交通干线的防噪声距离，并提出相应的规划设计要求。

2. 新建、改建、扩建的建设项目，必须遵守国家有关建设项目环境保护管理的规定。建设项目可能产生环境噪声污染的，建设单位必须提出环境影响报告书，规定环境噪声污染的防治措施，并按照国家规定的程序报环境保护行政主管部门批准。环境影响报告书中，应当有该建设项目所在地单位和居民的意见。

3. 建设项目的环境噪声污染防治设施必须与主体工程同时设计、同时施工、同时投产使用。建设项目在投入生产或者使用之前，其环境噪声污染防治设施必须经原审批环境影响报告书的环境保护行政主管部门验收；达不到国家规定要求的，该建设项目不得投入生产或者使用。

4. 在城市市区范围内向周围生活环境排放建筑施工噪声的，应当符合国家规定的建筑施工场界环境噪声排放标准。

5. 在城市市区范围内，建筑施工过程中使用机械设备，可能产生环境噪声污染的，施工单位必须在工程开工15日以前向工程所在地县级以上地方人民政府环境保护行政主管部门申报该工程的项目名称、施工场所和期限、可能产生的环境噪声值以及所采取的环境噪声污染防治措施的情况。

6. 在城市市区噪声敏感建筑物集中区域内，禁止夜间进行产生环境噪声污染的建筑施工作业，但抢修、抢险作业和因生产工艺上要求或者特殊需要必须连续作业的除外。

因特殊需要必须连续作业的，必须有县级以上人民政府或者其有关主管部门的证明。

前款规定的夜间作业，必须公告附近居民。

7. 建设经过已有的噪声敏感建筑物集中区域的高速公路和城市高架、轻轨道路，有可能造成环境噪声污染的，应当设置隔声屏障或者采取其他有效的控制环境噪声污染的措施。

"噪声敏感建筑物"是指医院、学校、机关、科研单位、住宅等需要保持安静的建筑物。"噪声敏感建筑物集中区域"是指医疗区、文教科研区和以机关或者居民住宅为主的区域。

8. 在已有的城市交通干线的两侧建设噪声敏感建筑物的，建设单位应当按照国家规定间隔一定距离，并采取减轻、避免交通噪声影响的措施。

9. 在已竣工交付使用的住宅楼进行室内装修活动，应当限制作业时间，并采取其他有效措施，以减轻、避免对周围居民造成环境噪声污染。

七、固体废物污染防治法律制度

固体废物污染是指固体废物在产生、收集、贮存、运输、利用、处置的过程中产生的危害环境的现象。

（一）固体废物污染环境的防治制度

固体废物，是指在生产建设、日常生活和其他活动中产生的污染环境的固态、半固态废弃物质。依据《中华人民共和国固体废物污染环境防治法》，与工程建设相关的主要内容有：

1. 建设产生固体废物的项目以及建设贮存、利用、处置固体废物的项目，必须依法进行环境影响评价，并遵守国家有关建设项目环境保护管理的规定。

2. 建设项目的环境影响评价文件确定需要配套建设的固体废物污染环境防治设施，必须与主体工程同时设计、同时施工、同时投入使用。固体废物污染环境防治设施必须经原审批环境影响评价文件的环境保护行政主管部门验收合格后，该建设项目方可投入生产或者使用。对固体废物污染环境防治设施的验收应当与对主体工程的验收同时进行。

3. 产生固体废物的单位和个人，应当采取措施，防止或者减少固体废物对环境的污染。

4. 收集、贮存、运输、利用、处置固体废物的单位和个人，必须采取防扬散、防流失、防渗漏或者其他防止污染环境的措施。不得在运输过程中沿途丢弃、遗撒固体废物。

禁止任何单位或者个人向江河、湖泊、运河、渠道、水库及其最高水位线以下的滩地和岸坡等法律、法规规定禁止倾倒、堆放废弃物的地点倾倒、堆放固体废物。

5. 产品和包装物的设计、制造，应当遵守国家有关清洁生产的规定，防止过度包装造成环境污染。

6. 在国务院和国务院有关主管部门及省、自治区、直辖市人民政府划定的自然保护区、风景名胜区、生活饮用水源地和其他需要特别保护的区域内，禁止建设工业固体废物集中贮存、处置设施、场所和生活垃圾填埋场。

7. 转移固体废物出省、自治区、直辖市行政区域贮存、处置的，应当向固体废物移出地的省级人民政府环境保护行政主管部门报告，并经固体废物接受地的省级人民政府环境保护行政主管部门许可。

第十章 有关工程建设的其他法规知识

8. 禁止中国境外的固体废物进境倾倒、堆放、处置。

9. 国家禁止进口不能用作原料的固体废物；限制进口可以用作原料的固体废物。

10. 露天贮存冶炼渣、化工渣、燃煤灰渣、废矿石、尾矿和其他工业固体废物的，应当设置专用的贮存设施、场所。

11. 施工单位应当及时清运、处置建筑施工过程中产生的垃圾，并采取措施，防止污染环境。

（二）危险废物污染环境防治的特别规定

危险废物，是指列入国家危险废物名录或者根据国家规定的危险废物鉴别标准和鉴别方法认定的具有危险特性的废物。依据《中华人民共和国固体废物污染环境防治法》，与工程建设相关的主要内容有：

1. 对危险废物的容器和包装物以及收集、贮存、运输、处置危险废物的设施、场所，必须设置危险废物识别标志。识别标志应当符合国家的有关规定。

2. 以填埋方式处置危险废物不符合国务院环境保护行政主管部门的规定的，应当缴纳危险废物排污费。危险废物排污费征收的具体办法由国务院规定。危险废物排污费用于危险废物污染环境的防治，不得挪作他用。

3. 从事收集、贮存、处置危险废物经营活动的单位，必须向县级以上人民政府环境保护行政主管部门申请领取经营许可证，具体管理办法由国务院规定。禁止无经营许可证或者不按照经营许可证规定从事危险废物收集、贮存、处置的经营活动。禁止将危险废物提供或者委托给无经营许可证的单位从事收集、贮存、处置的经营活动。

4. 收集、贮存危险废物，必须按照危险废物特性分类进行。禁止混合收集、贮存、运输、处置性质不相容而未经安全性处置的危险废物。贮存危险废物必须采取符合国家环境保护标准的防护措施，并不得超过一年。禁止将危险废物混入非危险废物中贮存。

5. 转移危险废物的，必须按照国家有关规定填写危险废物转移联单，并向危险废物移出地设区的市级以上地方人民政府环境保护行政主管部门提出申请。移出地设区的市级以上地方人民政府环境保护行政主管部门应当商接受地设区的市级以上地方人民政府环境保护行政主管部门，同意后，方可批准转移该危险废物。未经批准的，不得转移。转移危险废物途经移出地、接受地以外行政区域的，危险废物移出地设区的市级以上地方人民政府环境保护行政主管部门应当及时通知沿途经过的设区的市级以上地方人民政府环境保护行政主管部门。

6. 运输危险废物，必须采取防止污染环境的措施，并遵守国家有关危险货物运输管理的规定。禁止将危险废物与旅客在同一运输工具上载运。

7. 收集、贮存、运输、处置危险废物的场所、设施、设备和容器、包装物及其他物品转作他用时，必须经过消除污染的处理，方可使用。

8. 直接从事收集、贮存、运输、利用、处置危险废物的人员，应当接受专业培训，经考核合格，方可从事该项工作。

9. 产生、收集、贮存、运输、利用、处置危险废物的单位，应当制定在发生意外事故时采取的应急措施和防范措施，并向所在地县级以上地方人民政府环境保护行政主管部门报告;环境保护行政主管部门应当进行检查。

10. 禁止经中华人民共和国过境转移危险废物。

第三节 消防法规中与工程建设相关的内容

1998年4月29日第九届全国人民代表大会常务委员会第二次会议通过了《中华人民共和国消防法》,2008年10月28日第十一届全国人民代表大会常务委员会第五次会议对其进行了修订,修订后的《消防法》自2009年5月1日起施行。

《消防法》的目的在于为了预防火灾和减少火灾危害,保护公民人身、公共财产和公民财产的安全,维护公共安全。其中含有涉及工程建设活动的规定,工程建设从业人员应当熟悉这些相关的规定。

消防工作应贯彻预防为主、防消结合的原则,并实行防火安全责任制。国务院公安部门对全国的消防工作实施监督管理,县级以上地方各级人民公安机关对行政区域内的消防工作实施监督管理,并由本级人民政府公安机关消防机构负责实施。

任何单位、个人都有维护消防安全、保护消防设施、预防火灾、报告火灾、报告火警的义务。任何单位、成年公民都有参加有组织的灭火工作的义务。各级人民政府应当经常进行消防宣传教育,提高公民的消防意识。

一、建设工程消防设计的审核与验收

(一)消防设计文件的审核与备案

《消防法》第九条规定,建设工程的消防设计、施工必须符合国家工程建设消防技术标准。建设、设计、施工、工程监理等单位依法对建设工程的消防设计、施工质量负责。

1. 需要进行消防设计审核的工程范围

国务院公安部门规定的大型的人员密集场所和其他特殊建设工程,建设单位应当将消防设计文件报送公安机关消防机构审核。公安机关消防机构依法对审核的结果负责。

依法应当经公安机关消防机构进行消防设计审核的建设工程,未经依法审核或者审核不合格的,负责审批该工程施工许可的部门不得给予施工许可,建设单位、施工单位不得施工;其他建设工程取得施工许可后经依法抽查不合格的,应当停止施工。

2. 需要进行消防设计备案的工程范围

按照国家工程建设消防技术标准需要进行消防设计的建设工程,除上文需要进行消防设计审核的工程外,建设单位应当自依法取得施工许可之日起7个工作日内,将消防设计文件报公安机关消防机构备案,公安机关消防机构应当进行抽查。

(二)消防设计的竣工验收与备案

第十章 有关工程建设的其他法规知识

1. 需要进行消防设计竣工验收的工程范围

按照国家工程建设消防技术标准需要进行消防设计的建设工程竣工，属于国务院公安部门规定的大型的人员密集场所和其他特殊建设工程的，建设单位应当向公安机关消防机构申请消防验收。

未经消防验收或者消防验收不合格的，禁止投入使用。

2. 需要进行消防设计竣工备案的工程范围

其他按照国家工程建设消防技术标准需要进行消防设计的建设工程竣工，建设单位在验收后应当报公安机关消防机构备案，公安机关消防机构应当进行抽查。

经依法抽查不合格的，应当停止使用。

（三）建设工程投入使用前的消防安全检查

公众聚集场所在投入使用、营业前，建设单位或者使用单位应当向场所所在地的县级以上地方人民政府公安机关消防机构申请消防安全检查。

公安机关消防机构应当自受理申请之日起 10 个工作日内，根据消防技术标准和管理规定，对该场所进行消防安全检查。

未经消防安全检查或者经检查不符合消防安全要求的，不得投入使用、营业。

二、工程建设中应采取的消防安全措施

在工程建设中应采取的消防安全措施主要包括：

1. 生产、储存、经营易燃易爆危险品的场所不得与居住场所设置在同一建筑物内，并应当与居住场所保持安全距离。

生产、储存、经营其他物品的场所与居住场所设置在同一建筑物内的，应当符合国家工程建设消防技术标准。

2. 禁止在具有火灾、爆炸危险的场所吸烟、使用明火。因施工等特殊情况需要使用明火作业的，应当按照规定事先办理审批手续，采取相应的消防安全措施；作业人员应当遵守消防安全规定。进行电焊、气焊等具有火灾危险作业的人员和自动消防系统的操作人员，必须持证上岗，并遵守消防安全操作规程。

3. 生产、储存、装卸易燃易爆危险品的工厂、仓库和专用车站、码头的设置，应当符合消防技术标准。易燃易爆气体和液体的充装站、供应站、调压站，应当设置在符合消防安全要求的位置，并符合防火防爆要求。

已经设置的生产、储存、装卸易燃易爆危险品的工厂、仓库和专用车站、码头，易燃易爆气体和液体的充装站、供应站、调压站，不再符合前款规定的，地方人民政府应当组织、协调有关部门、单位限期解决，消除安全隐患。

4. 生产、储存、运输、销售、使用、销毁易燃易爆危险品，必须执行消防技术标准和管理规定。进入生产、储存易燃易爆危险品的场所，必须执行消防安全规定。禁止非法携带易燃易爆危险品进入公共场所或者乘坐公共交通工具。

储存可燃物资仓库的管理，必须执行消防技术标准和管理规定。

5. 建筑构件、建筑材料和室内装饰装修材料的防火性能必须符合国家标准；没有

国家标准的，必须符合行业标准。

人员密集场所室内装饰装修，应当按照消防技术标准的要求，使用不燃、难燃材料。

6. 任何单位、个人不得损坏、挪用或者擅自拆除、停用消防设施、器材，不得埋压、圈占、遮挡消火栓或者占用防火间距，不得占用、堵塞、封闭疏散通道、安全出口、消防车通道。人员密集场所的门窗不得设置影响逃生和灭火救援的障碍物。

7. 负责公共消防设施维护管理的单位，应当保持消防供水、消防通信、消防车通道等公共消防设施的完好有效。在修建道路以及停电、停水、截断通信线路时有可能影响消防队灭火救援的，有关单位必须事先通知当地公安机关消防机构。

三、消防组织与火灾救援

各级人民政府应根据经济和社会发展的需要，建立多种形式的消防组织，加强消防组织建设，增强扑救火灾的能力。

1. 城市人民政府应当按照国家规定的消防站建设标准建立公安消防队，承担火灾扑救工作。镇人民政府可以根据当地经济发展和消防工作需要，建立本职消防队、义务消防队，承担火灾扑救工作。另外，核电厂、民用机场、大型港口、生产易燃易爆危险物品的大型企业，应当建立本职消防队。距离当地公安消防队较远的列为全国重点文物保护单位的古建筑群的管理单位也应当建立本职消防队。

本职消防队的建立，应当符合国家有关规定，并报省级人民政府公安机关消防机构验收。

2. 机关、企业、事业单位以及乡村可以根据需要建立由职工或村民组成的义务消防队。公安消防机构应当对义务消防队进行业务指导。

3. 任何人发现火灾，都应当立即报警。任何单位、个人都应当无偿为报警提供便利，不得阻拦报警。严禁谎报火警。公共场所发生火灾时，该公共场所的现场工作人员有组织引导在场群众疏散的义务。发生火灾的单位必须立即组织力量扑救火灾。临近单位应当给予支援。消防队接到火灾报警后，必须立即赶赴火场，救助遇险人员，排除险情，扑灭火灾。

第四节　节约能源法规中与工程建设相关的内容

所谓节能，是指加强用能管理，采取技术上可行、经济上合理以及环境和社会可以承受的措施，减少从能源生产到消费各个环节中的损失和浪费，更加有效、合理地利用能源。

为了推进全社会节约能源，提高能源利用效率和经济效益，保护环境，保障国民经

第十章 有关工程建设的其他法规知识

济和社会的发展，满足人民生活需要，我国于 1997 年 11 月 1 日发布了《中华人民共和国节约能源法》（以下简称《节约能源法》）。2007 年 10 月 28 日第十届全国人民代表大会常务委员会第三十次会议作了修订，修订后的《节约能源法》于 2008 年 4 月 1 日施行。

国务院第 530 号令发布了《民用建筑节能条例》，自 2008 年 10 月 1 日起施行；建设部第 143 号令发布了《民用建筑节能管理规定》，自 2006 年 1 月 1 日起施行。

以上三部法律法规构成了关于节能的法律体系。

一、建设工程项目的节能管理

（一）节能的含义

根据《能源百科全书》，能源是可以直接或经转换提供人类所需的光、热、动力等任一形式能量的载能体资源。节约能源（以下简称节能），是指加强用能管理，采取技术上可行、经济上合理以及环境和社会可以承受的措施，从能源生产到消费的各个环节，降低消耗、制止浪费，有效、合理地利用能源。节约资源是我国的基本国策。

（二）节能管理的基本思路

依据《节约能源法》，我国进行节能管理的基本思路包括：

1. 编制节能计划

国务院和县级以上地方各级人民政府应当将节能工作纳入国民经济和社会发展规划、年度计划，并组织编制和实施节能中长期专项规划、年度节能计划。

国务院和县级以上地方各级人民政府每年向本级人民代表大会或者其常务委员会报告节能工作。

2. 节能考核评价

国家实行节能目标责任制和节能考核评价制度，将节能目标完成情况作为对地方人民政府及其负责人考核评价的内容。省、自治区、直辖市人民政府每年向国务院报告节能目标责任的履行情况。

3. 节能产业政策

国家实行有利于节能和环境保护的产业政策，限制发展高耗能、高污染行业，发展节能环保型产业。

国务院和省、自治区、直辖市人民政府应当加强节能工作，合理调整产业结构、企业结构、产品结构和能源消费结构，推动企业降低单位产值能耗和单位产品能耗，淘汰落后的生产能力，改进能源的开发、加工、转换、输送、储存和供应，提高能源利用效率。

国家鼓励、支持开发和利用新能源、可再生能源。

4. 节能技术创新

国家鼓励、支持节能科学技术的研究、开发、示范和推广，促进节能技术创新与进步。

5. 节能监督

任何单位和个人都应当依法履行节能义务,有权检举浪费能源的行为。新闻媒体应当宣传节能法律、法规和政策,发挥舆论监督作用。

国务院管理节能工作的部门主管全国的节能监督管理工作。国务院有关部门在各自的职责范围内负责节能监督管理工作,并接受国务院管理节能工作的部门的指导。

县级以上地方各级人民政府管理节能工作的部门负责本行政区域内的节能监督管理工作。县级以上地方各级人民政府有关部门在各自的职责范围内负责节能监督管理工作,并接受同级管理节能工作的部门的指导。

(三)建筑节能

《节约能源法》等法律法规对于建筑节能提出了原则性规定:

1. 建筑节能的监督管理

国务院建设主管部门负责全国建筑节能的监督管理工作。县级以上地方各级人民政府建设主管部门负责本行政区域内建筑节能的监督管理工作。县级以上地方各级人民政府建设主管部门会同同级管理节能工作的部门编制本行政区域内的建筑节能规划。建筑节能规划应当包括既有建筑节能改造计划。

2. 参建单位的节能义务

对于属于工程建设强制性标准中的节能标准,根据《建设工程质量管理条例》及相关规定,建设工程项目各参建单位,包括建设单位、设计单位、施工图设计文件审查机构、监理单位以及施工单位等,均应当严格遵守。

(1)不符合建筑节能标准的建筑工程,建设主管部门不得批准开工建设;已经开工建设的,应当责令停止施工、限期改正;已经建成的,不得销售或者使用。

建设主管部门应当加强对在建建筑工程执行建筑节能标准情况的监督检查。房地产开发企业在销售房屋时,应当向购买人明示所售房屋的节能措施、保温工程保修期等信息,在房屋买卖合同、质量保证书和使用说明书中载明,并对其真实性、准确性负责。

(2)建设单位应当按照节能政策要求和节能标准委托工程项目的设计。建设单位不得以任何理由要求设计单位、施工单位擅自修改经审查合格的节能设计文件,降低节能标准。

(3)设计单位应当依据节能标准的要求进行设计,保证节能设计质量。

(4)施工图设计文件审查机构在进行审查时,应当审查节能设计的内容,在审查报告中单列节能审查章节;不符合节能强制性标准的,施工图设计文件审查结论应当定为不合格。

(5)监理单位应当依照法律、法规以及节能标准、节能设计文件、建设工程承包合同及监理合同对节能工程建设实施监理。

(6)施工单位应当按照审查合格的设计文件和节能施工标准的要求进行施工,保证工程施工质量。

3. 建筑节能制度

(1)室内温度控制制度

使用空调采暖、制冷的公共建筑应当实行室内温度控制制度。

第十章 有关工程建设的其他法规知识

(2) 分户计量、按照用热量收费的制度

国家采取措施,对实行集中供热的建筑分步骤实行供热分户计量、按照用热量收费的制度。新建建筑或者对既有建筑进行节能改造,应当按照规定安装用热计量装置、室内温度调控装置和供热系统调控装置。

(3) 发展节能技术和节能产品制度

县级以上地方各级人民政府有关部门应当加强城市节约用电管理,严格控制公用设施和大型建筑物装饰性景观照明的能耗。国家鼓励在新建建筑和既有建筑节能改造中使用新型墙体材料等节能建筑材料和节能设备,安装和使用太阳能等可再生能源利用系统。根据《民用建筑节能管理规定》,国家鼓励发展下列建筑节能技术和产品:

① 新型节能墙体和屋面的保温、隔热技术与材料;
② 节能门窗的保温隔热和密闭技术;
③ 集中供热和热、电、冷联产联供技术;
④ 供热采暖系统温度调控和分户热量计量技术与装置;
⑤ 太阳能、地热等可再生能源应用技术及设备;
⑥ 建筑照明节能技术与产品;
⑦ 空调制冷节能技术与产品;
⑧ 其他技术成熟、效果显著的节能技术和节能管理技术。

4. 固定资产投资项目节能评估和审查制度

国家实行固定资产投资项目节能评估和审查制度。不符合强制性节能标准的项目,依法负责项目审批或者核准的机关不得批准或者核准建设;建设单位不得开工建设;已经建成的,不得投入生产、使用。具体办法由国务院管理节能工作的部门会同国务院有关部门制定。

二、民用建筑节能制度

(一) 民用建筑节能的含义

民用建筑,是指居住建筑和公共建筑。民用建筑节能,是指民用建筑在规划、设计、建造和使用过程中,在保证建筑物使用功能和室内热环境质量的前提下,降低建筑能源消耗,合理、有效地利用能源的活动。

国家鼓励和扶持在新建建筑和既有建筑节能改造中采用太阳能、地热能等可再生能源。在具备太阳能利用条件的地区,有关地方人民政府及其部门应当采取有效措施,鼓励和扶持单位、个人安装使用太阳能热水系统、照明系统、供热系统、采暖制冷系统等太阳能利用系统。

民用建筑节能项目依法享受税收优惠。

(二) 新建建筑节能

1. 节能材料与设备的使用

国家推广使用民用建筑节能的新技术、新工艺、新材料和新设备,限制使用或者禁止使用能源消耗高的技术、工艺、材料和设备。国务院节能工作主管部门、建设主管部门应当制定、公布并及时更新推广使用、限制使用、禁止使用目录。

国家限制进口或者禁止进口能源消耗高的技术、材料和设备。

建设单位、设计单位、施工单位不得在建筑活动中使用列入禁止使用目录的技术、工艺、材料和设备。

2. 建设节能主体的节能义务

(1) 城乡规划主管部门与建设主管部门的节能义务

编制城市详细规划、镇详细规划，应当按照民用建筑节能的要求，确定建筑的布局、形状和朝向。城乡规划主管部门依法对民用建筑进行规划审查，应当就设计方案是否符合民用建筑节能强制性标准征求同级建设主管部门的意见；建设主管部门应当自收到征求意见材料之日起10日内提出意见。征求意见时间不计算在规划许可的期限内。对不符合民用建筑节能强制性标准的，不得颁发建设工程规划许可证。

(2) 施工图审查机构的节能义务

施工图设计文件审查机构应当按照民用建筑节能强制性标准对施工图设计文件进行审查；经审查不符合民用建筑节能强制性标准的，县级以上地方人民政府建设主管部门不得颁发施工许可证。

(3) 建设单位的节能义务

建设单位不得明示或者暗示设计单位、施工单位违反民用建筑节能强制性标准进行设计、施工，不得明示或者暗示施工单位使用不符合施工图设计文件要求的墙体材料、保温材料、门窗、采暖制冷系统和照明设备。

按照合同约定由建设单位采购墙体材料、保温材料、门窗、采暖制冷系统和照明设备的，建设单位应当保证其符合施工图设计文件要求。

建设单位组织竣工验收，应当对民用建筑是否符合民用建筑节能强制性标准进行查验；对不符合民用建筑节能强制性标准的，不得出具竣工验收合格报告。

房地产开发企业销售商品房，应当向购买人明示所售商品房的能源消耗指标、节能措施和保护要求、保温工程保修期等信息，并在商品房买卖合同和住宅质量保证书、住宅使用说明书中载明。

(4) 设计单位、施工单位、工程监理单位的节能义务

设计单位、施工单位、工程监理单位及其注册执业人员，应当按照民用建筑节能强制性标准进行设计、施工、监理。

施工单位应当对进入施工现场的墙体材料、保温材料、门窗、采暖制冷系统和照明设备进行查验；不符合施工图设计文件要求的，不得使用。

工程监理单位发现施工单位不按照民用建筑节能强制性标准施工的，应当要求施工单位改正；施工单位拒不改正的，工程监理单位应当及时报告建设单位，并向有关主管部门报告。

墙体、屋面的保温工程施工时，监理工程师应当按照工程监理规范的要求，采取旁站、巡视和平行检验等形式实施监理。

未经监理工程师签字，墙体材料、保温材料、门窗、采暖制冷系统和照明设备不得

第十章 有关工程建设的其他法规知识

在建筑上使用或者安装,施工单位不得进行下一道工序的施工。

(三) 既有建筑节能

1. 既有建筑节能的含义

既有建筑节能改造,是指对不符合民用建筑节能强制性标准的既有建筑的围护结构、供热系统、采暖制冷系统、照明设备和热水供应设施等实施节能改造的活动。

既有建筑节能改造应当根据当地经济、社会发展水平和地理气候条件等实际情况,有计划、分步骤地实施分类改造。

2. 节能改造

国家机关办公建筑、政府投资和以政府投资为主的公共建筑的节能改造,应当制定节能改造方案,经充分论证,并按照国家有关规定办理相关审批手续方可进行。各级人民政府及其有关部门、单位不得违反国家有关规定和标准,以节能改造的名义对前款规定的既有建筑进行扩建、改建。

此外的其他公共建筑和居住建筑不符合民用建筑节能强制性标准的,在尊重建筑所有权人意愿的基础上,可以结合扩建、改建,逐步实施节能改造。

实施既有建筑节能改造,应当符合民用建筑节能强制性标准,优先采用遮阳、改善通风等低成本改造措施。既有建筑围护结构的改造和供热系统的改造应当同步进行。

(四) 法律责任

1. 建设单位的法律责任

(1) 建设单位对不符合民用建筑节能强制性标准的民用建筑项目出具竣工验收合格报告的,由县级以上地方人民政府建设主管部门责令改正,处民用建筑项目合同价款2‰以上4‰以下的罚款;造成损失的,依法承担赔偿责任。

(2) 建设单位有下列行为之一的,由县级以上地方人民政府建设主管部门责令改正,处20万元以上50万元以下的罚款:

1) 明示或者暗示设计单位、施工单位违反民用建筑节能强制性标准进行设计、施工的;

2) 明示或者暗示施工单位使用不符合施工图设计文件要求的墙体材料、保温材料、门窗、采暖制冷系统和照明设备的;

3) 采购不符合施工图设计文件要求的墙体材料、保温材料、门窗、采暖制冷系统和照明设备的;

4) 使用列入禁止使用目录的技术、工艺、材料和设备的。

2. 设计单位的法律责任

设计单位未按照民用建筑节能强制性标准进行设计,或者使用列入禁止使用目录的技术、工艺、材料和设备的,由县级以上地方人民政府建设主管部门责令改正,处10万元以上30万元以下的罚款;情节严重的,由颁发资质证书的部门责令停业整顿,降低资质等级或者吊销资质证书;造成损失的,依法承担赔偿责任。

3. 施工单位的法律责任

(1) 施工单位未按照民用建筑节能强制性标准进行施工的,由县级以上地方人民政府建设主管部门责令改正，处民用建筑项目合同价款2%以上4%以下的罚款；情节严重的，由颁发资质证书的部门责令停业整顿，降低资质等级或者吊销资质证书；造成损失的，依法承担赔偿责任。

（2）施工单位有下列行为之一的，由县级以上地方人民政府建设主管部门责令改正，处10万元以上20万元以下的罚款；情节严重的，由颁发资质证书的部门责令停业整顿，降低资质等级或者吊销资质证书；造成损失的，依法承担赔偿责任：

1) 未对进入施工现场的墙体材料、保温材料、门窗、采暖制冷系统和照明设备进行查验的；

2) 使用不符合施工图设计文件要求的墙体材料、保温材料、门窗、采暖制冷系统和照明设备的；

3) 使用列入禁止使用目录的技术、工艺、材料和设备的。

4. 工程监理单位的法律责任

（1）对不符合施工图设计文件要求的墙体材料、保温材料、门窗、采暖制冷系统和照明设备，按照符合施工图设计文件要求签字的，责令改正，处50万元以上100万元以下的罚款，降低资质等级或者吊销资质证书；有违法所得的，予以没收；造成损失的，承担连带赔偿责任。

（2）工程监理单位有下列行为之一的，由县级以上地方人民政府建设主管部门责令限期改正；逾期未改正的，处10万元以上30万元以下的罚款；情节严重的，由颁发资质证书的部门责令停业整顿，降低资质等级或者吊销资质证书；造成损失的，依法承担赔偿责任：

①未按照民用建筑节能强制性标准实施监理的；

②墙体、屋面的保温工程施工时，未采取旁站、巡视和平行检验等形式实施监理的。

第五节　档案法规中与工程建设相关的内容

《中华人民共和国档案法》于1987年9月5日第六届全国人民代表大会常务委员会第二十二次会议通过，1996年7月5日第八届全国人民代表大会常务委员会第二十次会议对其进行了修正。

依据《档案法》，2001年3月5日，建设部、国家质量监督总局联合发布了《建设工程文件归档整理规范》（GB/T 50328—2001）。该规范适用于建设工程文件的归档整理以及建设工程档案的验收。

为了做好重大项目的档案验收，国家档案局制定了《重大建设项目档案验收办法》。该办法对重大建设项目档案验收的组织、验收申请、验收要求作出了更具体的规定。

第十章 有关工程建设的其他法规知识

一、建设工程档案的种类

建设工程档案，是指在工程建设活动中直接形成的具有归档保存价值的文字、图表、声像等各种形式的历史记录。根据《建设工程文件归档整理规范》，应当归档的建设工程文件主要包括工程准备阶段文件、监理文件、施工文件、竣工图及竣工验收文件。

1. 工程准备阶段文件

工程准备阶段文件，指工程开工以前，在立项、审批、征地、勘察、设计、招投标等工程准备阶段形成的文件。主要包括：①立项文件；②建设用地、征地、拆迁文件；③勘察、测绘、设计文件；④招投标文件；⑤开工审批文件；⑥财务文件；⑦建设、施工、监理机构及负责人名单等。

2. 监理文件

监理文件，指工程监理单位在工程监理过程中形成的文件。主要包括：①监理规划；②监理月报中的有关质量问题；③监理会议纪要中的有关质量问题；④进度控制文件；⑤质量控制文件；⑥造价控制文件；⑦分包资质文件；⑧监理通知；⑨合同与其他事项管理文件；⑩监理工作总结。

3. 施工文件

施工文件，是指施工单位在工程施工过程中形成的文件。不同专业的工程对施工文件的要求不尽相同，一般包括：①施工技术准备文件；②施工现场准备文件；③地基处理记录；④工程图纸变更记录；⑤施工材料、预制构件质量证明文件及复试试验报告；⑥设备、产品质量检查、安装记录；⑦施工试验记录、隐蔽工程检查记录；⑧施工记录；⑨工程质量事故处理记录；⑩工程质量检验记录。

4. 竣工图和竣工验收文件

竣工图是指工程竣工验收后，真实反映建设工程项目施工结果的图样。竣工验收文件是指建设工程项目竣工验收活动中形成的文件。竣工验收文件主要包括：①工程竣工总结；②竣工验收记录；③财务文件；④声像、缩微、电子档案。

二、建设工程档案的移交程序

（一）参建单位向建设单位移交工程文件

1. 各参建单位的归档职责

《建设工程文件归档整理规范》规定，建设、勘察、设计、施工、监理等单位应将工程文件的形成和积累纳入工程建设管理的各个环节和有关人员的职责范围。

（1）建设单位的归档职责

在工程招标及与勘察、设计、施工、监理等单位签订合同时，建设单位应对工程文件的套数、费用、质量、移交时间等提出明确要求。

建设单位应当收集和整理工程准备阶段、竣工验收阶段形成的文件，并应进行立卷归档。

建设单位还应当负责组织、监督和检查勘察、设计、施工、监理等单位的工程文件的形成、积累和立卷归档工作，并收集和汇总勘察、设计、施工、监理等单位立卷归档的工程档案。

（2）勘察、设计、施工、监理等单位的归档职责

勘察、设计、施工、监理等单位应将本单位形成的工程文件立卷后向建设单位移交。

建设工程项目实行总承包的，总包单位负责收集、汇总各分包单位形成的工程档案，并应及时向建设单位移交；各分包单位应将本单位形成的工程文件整理、立卷后及时移交总包单位。建设工程项目由几个单位承包的，各承包单位负责收集、整理立卷其承包项目的工程文件，并应及时向建设单位移交。

2. 工程文件的归档范围

对与工程建设有关的重要活动、记载工程建设主要过程和现状、具有保存价值的各种载体的文件，均应收集齐全，整理立卷后归档。归档的工程文件应为原件。工程文件的内容及其深度必须符合国家有关工程勘察、设计、施工、监理等方面的技术规范、标准和规程。

3. 工程文件归档的质量要求

归档文件必须完整、准确、系统，能够反映工程建设活动的全过程。归档的文件必须经过分类整理，并应组成符合要求的案卷。根据建设程序和工程特点，归档可以分阶段进行，也可以在单位或分部工程通过竣工验收后进行。勘察、设计单位应当在任务完成时，施工、监理单位应当在工程竣工验收前，将各自形成的有关工程档案向建设单位归档。凡设计，施工及监理单位需要向本单位归档的文件，应按国家有关规定单独立卷归档。

4. 工程文件的移交

勘察、设计、施工单位在收齐工程文件并整理立卷后，建设单位、监理单位应根据城建管理机构的要求对档案文件完整、准确、系统情况和案卷质量进行审查。审查合格后向建设单位移交。工程档案一般不少于两套，一套由建设单位保管，一套（原件）移交当地城建档案馆（室）。勘察、设计、施工、监理等单位向建设单位移交档案时，应编制移交清单，双方签字、盖章后方可交接。

（二）建设单位向政府主管机构移交建设项目档案

《建设工程质量管理条例》第十七条规定：“建设单位应当严格按照国家有关档案管理的规定，及时收集、整理建设项目各环节的文件资料，建立、健全建设项目档案，并在建设工程竣工验收后，及时向建设行政主管部门或者其他有关部门移交建设项目档案。"

列及城建档案馆（室）档案接收范围的工程，建设单位在组织工程竣工验收前，应提请城建档案管理机构对工程档案进行预验收。建设单位未取得城建档案管理机构出具的认可文件，不得组织工程竣工验收。

城建档案管理部门在进行工程档案验收时，应重点验收以下内容：①工程档案齐全、系统、完整；②工程档案的内容真实、准确地反映工程建设活动和工程实际状况；

第十章 有关工程建设的其他法规知识

③工程档案已整理立卷，立卷符合规定；④竣工图绘制方法、图式及规格等符合专业技术要求，图面整洁，盖有竣工图章；⑤文件的形成、来源符合实际，要求单位或个人签章的文件，其签章手续完备；⑥文件材质、幅面、书写、绘图、用墨、托裱等符合要求。

列入城建档案馆（室）接收范围的工程，建设单位在工程竣工验收后3个月内，必须向城建档案馆（室）移交一套符合规定的工程档案。

停建、缓建建设工程的档案，暂由建设单位保管。对改建、扩建和维修工程，建设单位应当组织设计、施工单位据实修改、补充和完善原工程档案。对改变的部件，应当重新编制工程档案，并在工程竣工验收后3个月内向城建档案馆（室）移交。

建设单位向城建档案馆（室）移交工程档案时，应办理移交手续，填写移交目录，双方签字、盖章后交接。

建设工程竣工验收后，建设单位未按规定移交建设工程档案的，依据《建设工程质量管理条例》第五十九条的规定，建设单位除应被责令改正外，还应当受到罚款的行政处罚。

三、重大建设项目档案验收

为加强重大建设项目档案管理工作，确保重大建设项目档案的完整、准确、系统和安全，根据《中华人民共和国档案法》和国家有关规定，2006年6月14日国家档案局和国家发改委联合制定了《重大建设项目档案验收办法》。该办法对重大建设项目档案验收的组织、验收申请、验收要求作出了具体规定。

《重大建设项目档案验收办法》规定，项目建设单位（法人）应将项目档案工作纳入项目建设管理程序，与项目建设实行同步管理，建立项目档案工作领导责任制和相关人员岗位责任制。未经档案验收或档案验收不合格的项目，不得进行或通过项目的竣工验收。

（一）验收组织

1. 项目档案验收的组织

（1）国家发展和改革委员会组织验收的项目，由国家档案局组织项目档案的验收；

（2）国家发展和改革委员会委托中央主管部门（含中央管理企业，下同）、省级政府投资主管部门组织验收的项目，由中央主管部门档案机构、省级档案行政管理部门组织项目档案的验收、验收结果报国家档案局备案；

（3）省以下各级政府投资主管部门组织验收的项目，由同级档案行政管理部门组织项目档案的验收；

（4）国家档案局对中央主管部门档案机构、省级档案行政管理部门组织的项目档案验收进行监督、指导。项目主管部门、各级档案行政管理部门应加强项目档案验收前的指导和咨询，必要时可组织预检。

2. 项目档案验收组的组成

（1）国家档案局组织的项目档案验收，验收组由国家档案局、中央主管部门、项目所在地省级档案行政管理部门等单位组成。

（2）中央主管部门档案机构组织的项目档案验收，验收组由中央主管部门档案机构及项目所在地省级档案行政管理部门等单位组成。

（3）省级及省以下各级档案行政管理部门组织的项目档案验收，由档案行政管理部门、项目主管部门等单位组成。

（4）凡在城市规划区范围内建设的项目，项目档案验收组成员应包括项目所在地的城建档案接收单位。

（5）项目档案验收组人数为不少于5人的单数，组长由验收组织单位人员担任。必要时可邀请有关专业人员参加验收组。

（二）验收申请

项目建设单位（法人）应向项目档案验收组织单位报送档案验收申请报告，并填报《重大建设项目档案验收申请表》。项目档案验收组织单位应在收到档案验收申请报告的10个工作日内作出答复。

1. 申请项目档案验收应具备的条件

申请项目档案验收应具备下列条件：①项目主体工程和辅助设施已按照设计建成，能满足生产或使用的需要；②项目试运行指标考核合格或者达到设计能力；③完成了项目建设全过程文件材料的收集、整理与归档工作；④基本完成了项目档案的分类、组卷、编目等整理工作。

项目档案验收前，项目建设单位（法人）应组织项目设计、施工、监理等方面负责人以及有关人员，根据档案工作的相关要求，依照《重大建设项目档案验收内容及要求》进行全面自检。

2. 项目档案验收申请报告的主要内容

项目档案验收申请报告的主要内容包括：①项目建设及项目档案管理概况；②保证项目档案的完整、准确、系统所采取的控制措施；③项目文件材料的形成、收集、整理与归档情况，竣工图的编制情况及质量状况；④档案在项目建设、管理、试运行中的作用；⑤存在的问题及解决措施。

（三）验收要求

1. 项目档案验收会议

项目档案验收应在项目竣工验收3个月之前完成。项目档案验收以验收组织单位召集验收会议的形式进行。项目档案验收组全体成员参加项目档案验收会议，项目的建设单位（法人）、设计、施工、监理和生产运行管理或使用单位的有关人员列席会议。

项目档案验收会议的主要议程包括：①项目建设单位（法人）汇报项目建设概况、项目档案工作情况；②监理单位汇报项目档案质量的审核情况；③项目档案验收组检查项目档案及档案管理情况；④项目档案验收组对项目档案质量进行综合评价；⑤项目档案验收组形成并宣布项目档案验收意见。

2. 档案质量的评价

检查项目档案，采用质询、现场查验、抽查案卷的方式。抽查档案的数量应不少于100卷，抽查重点为项目前期管理性文件、隐蔽工程文件、竣工文件、质检文件、重要合同、协议等。

项目档案验收应根据《国家重大建设项目文件归档要求与档案整理规范》(DA/T 28—2002),对项目档案的完整性、准确性、系统性进行评价。

3. 项目档案验收意见的主要内容

项目档案验收意见的主要内容包括:①项目建设概况;②项目档案管理情况,包括:项目档案工作的基础管理工作,项目文件材料的形成、收集、整理与归档情况,竣工图的编制情况及质量,档案的种类、数量,档案的完整性、准确性、系统性及安全性评价,档案验收的结论性意见;③存在问题、整改要求与建议。

4. 档案验收结果

项目档案验收结果分为合格与不合格。项目档案验收组半数以上成员同意通过验收的为合格。

项目档案验收合格的项目,由项目档案验收组出具项目档案验收意见。

项目档案验收不合格的项目,由项目档案验收组提出整改意见,要求项目建设单位(法人)于项目竣工验收前对存在的问题限期整改,并进行复查。复查后仍不合格的,不得进行竣工验收,并由项目档案验收组提请有关部门对项目建设单位(法人)通报批评。造成档案损失的,应依法追究有关单位及人员的责任。

第六节 税收法规中与工程建设相关的内容

税法是调整税收关系的法律规范的总称。与工程建设密切相关的税收法规,主要包括:《税收征收管理法》、《中华人民共和国营业税暂行条例》、《营业税暂行条例实施细则》、《城市维护建设税暂行条例》、《中华人民共和国企业所得税法》和《中华人民共和国个人所得税法》。

一、纳税人的权利和义务

(一)纳税人的权利

1. 特殊情况下延期纳税的权利

根据《税收征收管理法》的有关规定,纳税人因有特殊困难,不能按期缴纳税款的,经批准可以延期缴纳税款,但是最长不得超过3个月。纳税人未按照规定期限缴纳税款的,扣缴义务人未按照规定期限解缴税款的,税务机关除责令限期缴纳外,从滞纳税款之日起,按日加收滞纳税款万分之五的滞纳金。

未按规定解缴税款是指扣缴义务人已将纳税人应缴的税款代扣、代收,但没有按时缴入国库的行为。

2. 收取完税凭证的权利

税务机关征收税款时，必须给纳税人开具完税凭证。扣缴义务人代扣、代收税款时，纳税人要求扣缴义务人开具代扣、代收税款凭证的，扣缴义务人应当开具。

（二）纳税人的义务

1. 依法纳税。纳税人、扣缴义务人应按照法律、行政法规规定或者税务机关依照法律、行政法规的规定确定的期限，缴纳或者解缴税款。

2. 出境清税。欠缴税款的纳税人或者他的法定代表人需要出境的，应当在出境前向税务机关结清应纳税款、滞纳金或者提供担保。未结清税款、滞纳金，又不提供担保的，税务机关可以通知出境管理机关阻止其出境。

3. 欠税报告。欠缴税款数额较大的纳税人在处分其不动产或者大额资产之前，应当向税务机关报告。

二、税务管理制度

税务管理是税收征管程序中的基础性环节，主要包括三项制度，分别是税务登记制度、账簿凭证管理制度和纳税申报制度。

（一）税务登记制度

1. 开业、变更及注销登记

根据《中华人民共和国税收征收管理法》（以下简称《税收征收管理法》）的有关规定，企业及其在外地设立的分支机构等从事生产、经营的纳税人，应当自领取营业执照之日起30日内，向税务机关申报办理税务登记。税务登记内容发生变化的，纳税人应当自办理工商变更登记之日起30日内或办理工商注销登记前，向税务机关申报办理变更或者注销税务登记。

从事生产、经营的纳税人应当按照国家有关规定，持税务登记证件，在银行或者其他金融机构开立基本存款账户和其他账户，并将其全部账号向税务机关报告。

2. 税务登记证件

纳税人应当按照国家有关规定使用税务登记证件，不得转借、涂改、损毁、买卖或者伪造税务登记证件。税务登记证件具有重要作用，纳税人办理下列事项时，必须持税务登记证件：

（1）开立银行账户；

（2）申请减税、免税、退税；

（3）申请办理延期申报、延期缴纳税款；

（4）领购发票；

（5）申请开具外出经营活动税收管理证明；

（6）办理停业、歇业等。

（二）账簿凭证管理制度

根据《税收征收管理法》的有关规定，纳税人、扣缴义务人按照有关法律、行政法规和国务院财政、税务主管部门的规定设置账簿，根据合法、有效凭证记账，进行核算。从事生产、经营的纳税人、扣缴义务人必须按照国务院财政、税务主管部门规定的

第十章 有关工程建设的其他法规知识

保管期限保管账簿、记账凭证、完税凭证及其他有关资料，账簿、记账凭证、完税凭证及其他有关资料不得伪造、变造或者擅自损毁。

（三）纳税申报管理制度

根据《税收征收管理法》的有关规定，纳税人必须依照法律、行政法规规定或者税务机关依照法律、行政法规的规定确定的申报期限、申报内容如实办理纳税申报，报送纳税申报表、财务会计报表以及税务机关根据实际需要要求纳税人报送的其他纳税资料。扣缴义务人必须依照法律、行政法规规定或者税务机关依照法律、行政法规的规定确定的申报期限、申报内容如实报送代扣代缴、代收代缴税款报告表以及税务机关根据实际需要要求扣缴义务人报送的其他有关资料。

纳税人、扣缴义务人不能按期办理纳税申报或者报送代扣代缴、代收代缴税款报告表的，经税务机关核准，可以延期申报，但应在核准的延期内办理税款结算。

三、建设工程相关的主要税种

（一）企业所得税

企业所得税是以企业和其他取得收入的组织（以下统称企业）为纳税义务人，对其一定经营期间的所得额征收的一种税。2007年3月16日第十届全国人民代表大会第五次会议通过了《中华人民共和国企业所得税法》，自2008年1月1日开始施行。

（二）城镇土地使用税

城镇土地使用税是国家在城市、县城、建制镇和工矿区范围内，对使用土地的单位和个人，以其实际占用土地面积为计税依据，按照规定的税额计算征收的一种税。1988年9月27日国务院发布了《中华人民共和国城镇土地使用税暂行条例》，2006年12月31日对该《条例》又作了修订。

（三）土地增值税

土地增值税是对转让国有土地使用权、地上建筑物及其附着物并取得收入的单位和个人，就其转让房地产所取得的增值额征收的一种税。1993年12月13日国务院颁布了《中华人民共和国土地增值税暂行条例》，并自1994年月1月1日起施行。为了配合该条理的贯彻执行，便于在税收实践中加强操作性，财政部于1995年，月27日又发布了《中华人民共和国土地增值税暂行条例实施细则》。

第七节 劳动法规中与工程建设相关的内容

《中华人民共和国劳动法》（以下简称《劳动法》）于1994年7月5日第八届全国人民代表大会常务委员会第八次会议通过，自1995年1月1日起施行。

《中华人民共和国劳动合同法》（以下简称《劳动合同法》）于2007年6月29日第

十届全国人民代表大会常务委员会第二十八次会议通过，自 2008 年 1 月 1 日起施行。

《中华人民共和国劳动争议调解仲裁法》（以下简称《劳动争议调解仲裁法》）于 2007 年 12 月 29 日第十届全国人民代表大会常务委员会第 31 次会议通过，自 2008 年 5 月 1 日起施行。这三部法律的立法目的均在于保护劳动者的合法权益，构建和发展和谐的劳动关系。

为了贯彻实施《劳动合同法》，国务院制定了《中华人民共和国劳动合同法实施条例》（以下简称《劳动合同法实施条例》），自 2008 年 9 月 18 日起施行。《劳动合同法实施条例》分为 6 章，共 38 条。

一、劳动合同的概念和类型

（一）劳动合同的概念

劳动合同是劳动者与用人单位确立劳动关系、明确双方权利和义务的协议。

1. 劳动关系

劳动关系是指劳动者与用人单位（包括各类企业、个体工商户、事业单位等）在实现劳动过程中建立的社会经济关系。从广义上讲，生活在城市和农村的任何劳动者与任何性质的用人单位之间因从事劳动而结成的社会关系都属于劳动关系的范畴。从狭义上讲，现实经济生活中的劳动关系是指依照国家劳动法律法规规范的劳动法律关系，其权利和义务的实现是由国家强制力来保障的。劳动法律关系的一方（劳动者）必须加入某一个用人单位，成为该单位的一员，并参加单位的生产劳动，遵守单位内部的劳动规则；而另一方（用人单位）则必须按照劳动者的劳动数量或质量给付其报酬，提供工作条件，并不断改进劳动者的物质文化生活。

2. 确认建立劳动关系的时间

用人单位自用工之日起即与劳动者建立劳动关系。用人单位与劳动者在用工前订立劳动合同的，劳动关系自用工之日起建立。

用人单位应当建立职工名册备查。职工名册应当包括劳动者姓名、性别、公民身份证号码、户籍地址及现住址、联系方式、用工形式、用工起始时间、劳动合同期限等内容。

3. 建立劳动关系时当事人的权利和义务

用人单位招用劳动者时，应当如实告知劳动者工作内容、工作条件、工作地点、职业危害、安全生产状况、劳动报酬，以及劳动者要求了解的其他情况；用人单位有权了解劳动者与劳动合同直接相关的基本情况，劳动者应当如实说明。

用人单位招用劳动者，不得扣押劳动者的居民身份证和其他证件，不得要求劳动者提供担保或者以其他名义向劳动者收取财物。

（二）劳动合同的类型

劳动合同分为固定期限劳动合同、无固定期限劳动合同和以完成一定工作任务为期限的劳动合同。

1. 固定期限劳动合同

第十章 有关工程建设的其他法规知识

固定期限劳动合同，是指用人单位与劳动者约定合同终止时间的劳动合同。用人单位与劳动者协商一致，可以订立固定期限劳动合同。

2. 无固定期限劳动合同

无固定期限劳动合同，是指用人单位与劳动者约定无确定终止时间的劳动合同。

用人单位与劳动者协商一致，可以订立无固定期限劳动合同。有下列情形之一，劳动者提出或者同意续订、订立劳动合同的，除劳动者提出订立固定期限劳动合同外，应当订立无固定期限劳动合同：

（1）劳动者在该用人单位连续工作满10年的；

（2）用人单位初次实行劳动合同制度或者国有企业改制重新订立劳动合同时，劳动者在该用人单位连续工作满10年且距法定退休年龄不足10年的；

（3）连续订立两次固定期限劳动合同，且劳动者没有《劳动合同法》第三十九条（即用人单位可以解除劳动合同的条件）和第四十条第1项、第2项规定（即劳动者患病或者非因工负伤，在规定的医疗期满后不能从事原工作，也不能从事由用人单位另行安排的工作的；劳动者不能胜任工作，经过培训或者调整工作岗位，仍不能胜任工作的）的情形，续订劳动合同的。

若劳动者依据此处的规定提出订立无固定期限劳动合同的，用人单位应当与其订立无固定期限劳动合同。对劳动合同的内容，双方应当按照合法、公平、平等自愿、协商一致、诚实信用的原则协商确定。

对于这里的"10年"的计算，《实施条例》作出了详细的规定：

连续工作满10年的起始时间，应当自用人单位用工之日起计算，包括劳动合同法施行前的工作年限。

劳动者非因本人原因从原用人单位被安排到新用人单位工作的，劳动者在原用人单位的工作年限合并计算为新用人单位的工作年限。原用人单位已经向劳动者支付经济补偿的，新用人单位在依法解除、终止劳动合同计算支付经济补偿的工作年限时，不再计算劳动者在原用人单位的工作年限。

3. 以完成一定工作任务为期限的劳动合同

以完成一定工作任务为期限的劳动合同，是指用人单位与劳动者约定以某项工作的完成为合同期限的劳动合同。用人单位与劳动者协商一致，可以订立以完成一定工作任务为期限的劳动合同。

二、劳动合同的订立

（一）劳动合同订立的形式

《劳动合同法》第十条规定：建立劳动关系，应当订立书面劳动合同。同时要求劳动合同文本由用人单位和劳动者各执一份。

劳动合同的当事人为用人单位和劳动者。《劳动合同法实施条例》进一步规定：用人单位设立的分支机构，依法取得营业执照或者登记证书的，该分支机构可作为用人单位与劳动者订立劳动合同；未依法取得营业执照或者登记证书的，该分支机构受用人单位委托可以与劳动者订立劳动合同。

（二）订立劳动合同的时间限制

《劳动合同法》规定：已建立劳动关系，未同时订立书面劳动合同的，应当自用工之日起一个月内订立书面劳动合同。

1. 因劳动者的原因未能订立劳动合同的法律后果

自用工之日起一个月内，经用人单位书面通知后，劳动者不与用人单位订立书面劳动合同的，用人单位应当书面通知劳动者终止劳动关系，无需向劳动者支付经济补偿，但是应当依法向劳动者支付其实际工作时间的劳动报酬。

2. 因用人单位的原因未能订立劳动合同的法律后果

用人单位自用工之日起超过一个月不满一年未与劳动者订立书面劳动合同的，应当依照《劳动合同法》第八十二条的规定向劳动者每月支付两倍的工资，并与劳动者补订书面劳动合同；劳动者不与用人单位订立书面劳动合同的，用人单位应当书面通知劳动者终止劳动关系，并依照《劳动合同法》第四十七条的规定支付经济补偿。

这里，用人单位向劳动者每月支付两倍工资的起算时间为用工之日起满一个月的次日，截止时间为补订书面劳动合同的前一日。

用人单位自用工之日起满一年未与劳动者订立书面劳动合同的，自用工之日起满一个月的次日至满一年的前一日应当依照劳动合同法的规定向劳动者每月支付两倍的工资，并视为自用工之日起满一年的当日已经与劳动者订立无固定期限劳动合同，应当立即与劳动者补订书面劳动合同。

（三）劳动合同的生效与无效劳动合同

1. 劳动合同的生效

劳动合同由用人单位与劳动者协商一致，并经用人单位与劳动者在劳动合同文本上签字或者盖章生效。劳动合同文本由用人单位和劳动者各执一份。

2. 劳动合同的无效

下列劳动合同无效或者部分无效：

（1）以欺诈、胁迫的手段或者乘人之危，使对方在违背真实意思的情况下订立或者变更劳动合同的；

（2）用人单位免除自己的法定责任、排除劳动者权利的；

（3）违反法律、行政法规强制性规定的。

对劳动合同的无效或者部分无效有争议的，由劳动争议仲裁机构或者人民法院确认。

劳动合同部分无效，不影响其他部分效力的，其他部分仍然有效。

劳动合同被确认无效，劳动者已付出劳动的，用人单位应当向劳动者支付劳动报酬。劳动报酬的数额，参照本单位相同或者相近岗位劳动者的劳动报酬确定。

（四）劳动合同的必备条款

劳动合同的条款，一般分为必备条款和可备条款。劳动合同的必备条款是法律规定的生效劳动合同所必须具备的条款。可备条款是劳动合同的约定条款，是除法定必备条

第十章 有关工程建设的其他法规知识

款外劳动合同当事人可以协商约定、也可以不约定的条款,一般包括试用期条款、培训条款、保守秘密条款、补充保险和福利待遇等其他事项条款。约定条款的缺少,并不影响劳动合同的成立。

《劳动合同法》第十七条规定了劳动合同的必备条款:

1. 用人单位的名称、住所和法定代表人或者主要负责人;
2. 劳动者的姓名、住址和居民身份证或者其他有效身份证件号码;
3. 劳动合同期限;
4. 工作内容和工作地点;
5. 工作时间和休息休假;
6. 劳动报酬;
7. 社会保险;
8. 劳动保护、劳动条件和职业危害防护;
9. 法律、法规规定应当纳入劳动合同的其他事项。

劳动合同对劳动报酬和劳动条件等标准约定不明确,引发争议的,用人单位与劳动者可以重新协商;协商不成的,适用集体合同规定;没有集体合同或者集体合同未规定劳动报酬的,实行同工同酬;没有集体合同或者集体合同未规定劳动条件等标准的,适用国家有关规定。

(五)试用期条款

劳动合同的试用期是劳动者与用人单位为相互了解、选择而约定的考察期。试用期满,被试用者即成为正式职工。对劳动合同的试用期,《劳动合同法》作了如下规范。

1. 试用期的时间长度限制

劳动合同期限3个月以上不满1年的,试用期不得超过1个月;劳动合同期限1年以上不满3年的,试用期不得超过2个月;3年以上固定期限和无固定期限的劳动合同,试用期不得超过6个月。

2. 试用期的次数限制

同一用人单位与同一劳动者只能约定一次试用期。

以完成一定工作任务为期限的劳动合同或者劳动合同期限不满3个月的,不得约定试用期。

试用期包含在劳动合同期限内。劳动合同仅约定试用期的,试用期不成立,该期限为劳动合同期限。

3. 试用期内的最低工资

《劳动合同法》规定,劳动者在试用期的工资不得低于本单位相同岗位最低档工资或者劳动合同约定工资的80%,并不得低于用人单位所在地的最低工资标准。

《劳动合同法实施条例》对此进一步解释为:劳动者在试用期的工资不得低于本单位相同岗位最低档工资的80%或者不得低于劳动合同约定工资的80%,并不得低于用人单位所在地的最低工资标准。

4. 试用期内合同解除条件的限制

在试用期中，除劳动者有本法第三十九条（即用人单位可以解除劳动合同的条件）和第四十条第1项、第2项（即劳动者患病或者非因工负伤，在规定的医疗期满后不能从事原工作，也不能从事由用人单位另行安排的工作的；劳动者不能胜任工作，经过培训或者调整工作岗位，仍不能胜任工作）规定的情形外，用人单位不得解除劳动合同。用人单位在试用期解除劳动合同的，应当向劳动者说明理由。

（六）服务期协议

服务期，是指法律规定的因用人单位为劳动者提供专业技术培训，双方约定的劳动者为用人单位必须服务的期间。

法律规定，用人单位为劳动者提供专项培训费用，对其进行专业技术培训的，可以与该劳动者订立协议，约定服务期。劳动合同期满，但是用人单位与劳动者依照劳动合同法的规定约定的服务期尚未到期的，劳动合同应当续延至服务期满；双方另有约定的，从其约定。

劳动者违反服务期约定的，应当按照约定向用人单位支付违约金。违约金的数额不得超过用人单位提供的培训费用。用人单位要求劳动者支付的违约金不得超过服务期尚未履行部分所应分摊的培训费用。

根据《劳动合同法实施条例》，这里的培训费用包括：①用人单位为了对劳动者进行专业技术培训而支付的有凭证的培训费用；②培训期间的差旅费用；③因为培训而产生的用于该劳动者的其他直接费用。

用人单位与劳动者约定了服务期，劳动者依照《劳动合同法》第三十九条的规定（即"劳动者可以解除劳动合同的情形"）解除劳动合同的，不属于违反服务期的约定，用人单位不得要求劳动者支付违约金。

有下列情形之一，用人单位与劳动者解除约定服务期的劳动合同的，劳动者应当按照劳动合同的约定向用人单位支付违约金：

1. 劳动者严重违反用人单位的规章制度的；
2. 劳动者严重失职，营私舞弊，给用人单位造成重大损害的；
3. 劳动者同时与其他用人单位建立劳动关系，对完成本单位的工作任务造成严重影响，或者经用人单位提出，拒不改正的；
4. 劳动者以欺诈、胁迫的手段或者乘人之危，使用人单位在违背真实意思的情况下订立或者变更劳动合同的；
5. 劳动者被依法追究刑事责任的。

用人单位与劳动者约定服务期的，不影响按照正常的工资调整机制提高劳动者在服务期期间的劳动报酬。

（七）保密协议与竞业限制条款

用人单位与劳动者可以在劳动合同中约定保守用人单位的商业秘密和与知识产权相关的保密事项。

对负有保密义务的劳动者，用人单位可以在劳动合同或者保密协议中与劳动者约定竞业限制条款，并约定在解除或者终止劳动合同后，在竞业限制期限内按月给予劳动者经济补偿。劳动者违反竞业限制约定的，应当按照约定向用人单位支付违约金。

竞业限制的人员限于用人单位的高级管理人员、高级技术人员和其他负有保密义务的人员。竞业限制的范围、地域、期限由用人单位与劳动者约定，竞业限制的约定不得违反法律、法规的规定。

在解除或者终止劳动合同后，前款规定的人员到与本单位生产或者经营同类产品、从事同类业务的有竞争关系的其他用人单位，或者自己开业生产或者经营同类产品、从事同类业务的竞业限制期限，不得超过二年。

除本法第二十二条（关于服务期的规定）和第二十三条（关于保密协议与竞业限制条款的规定）规定的情形外，用人单位不得与劳动者约定由劳动者承担违约金。

三、劳动合同的履行与变更

《劳动合同法》第二十九条至第三十五条规定了劳动合同的履行和变更。

（一）劳动合同的履行

用人单位与劳动者应当按照劳动合同的约定，全面履行各自的义务。

用人单位应当按照劳动合同约定和国家规定，向劳动者及时足额支付劳动报酬。

用人单位拖欠或者未足额支付劳动报酬的，劳动者可以依法向当地人民法院申请支付令，人民法院应当依法发出支付令。

用人单位应当严格执行劳动定额标准，不得强迫或者变相强迫劳动者加班。用人单位安排加班的，应当按照国家有关规定向劳动者支付加班费。

劳动者拒绝用人单位管理人员违章指挥、强令冒险作业的，不视为违反劳动合同。

劳动者对危害生命安全和身体健康的劳动条件，有权对用人单位提出批评、检举和控告。

（二）劳动合同的变更

用人单位变更名称、法定代表人、主要负责人或者投资人等事项，不影响劳动合同的履行。

用人单位发生合并或者分立等情况，原劳动合同继续有效，劳动合同由承继其权利和义务的用人单位继续履行。

用人单位与劳动者协商一致，可以变更劳动合同约定的内容。变更劳动合同，应当采用书面形式。

变更后的劳动合同文本由用人单位和劳动者各执一份。

四、劳动合同的解除

劳动合同的解除是指劳动合同当事人在劳动合同期限届满之前依法提前终止劳动合同关系的行为。劳动合同的解除可分为协商解除、劳动者单方解除和用人单位单方解除等。

（一）协商解除劳动合同

用人单位与劳动者协商一致，可以解除劳动合同。用人单位向劳动者提出解除劳动合同并与劳动者协商一致解除劳动合同的，用人单位应当向劳动者给予经济补偿。

劳动者提前 30 日以书面形式通知用人单位，可以解除劳动合同。劳动者在试用期内提前 3 日通知用人单位，可以解除劳动合同。

（二）劳动者单方解除劳动合同

《劳动合同法》第三十八条规定，用人单位有下列情形之一的，劳动者可以解除劳动合同，用人单位应当向劳动者支付经济补偿：

1. 未按照劳动合同约定提供劳动保护或者劳动条件的；
2. 未及时足额支付劳动报酬的；
3. 未依法为劳动者缴纳社会保险费的；
4. 用人单位的规章制度违反法律、法规的规定，损害劳动者权益的；
5. 因《劳动合同法》第二十六条第一款（即以欺诈、胁迫的手段或者乘人之危，使对方在违背真实意思的情况下订立或者变更劳动合同的）规定的情形致使劳动合同无效的；
6. 法律、行政法规规定劳动者可以解除劳动合同的其他情形。

用人单位以暴力、威胁或者非法限制人身自由的手段强迫劳动者劳动的，或者用人单位违章指挥、强令冒险作业危及劳动者人身安全的，劳动者可以立即解除劳动合同，不需事先告知用人单位。

在此基础上，《劳动合同法实施条例》进一步规定，具备下列情形之一的，劳动者可以与用人单位解除固定期限劳动合同、无固定期限劳动合同或者以完成一定工作任务为期限的劳动合同：

（1）劳动者与用人单位协商一致的；
（2）劳动者提前 30 日以书面形式通知用人单位的；
（3）劳动者在试用期内提前 3 日通知用人单位的；
（4）用人单位在劳动合同中免除自己的法定责任、排除劳动者权利的；
（5）用人单位违反法律、行政法规强制性规定的。

（三）用人单位单方解除劳动合同

具备法律规定的条件时，用人单位享有单方解除权，无须双方协商达成一致意见。用人单位单方解除劳动合同，应当事先将理由通知工会。用人单位违反法律、行政法规规定或者劳动合同约定的，工会有权要求用人单位纠正。用人单位应当研究工会的意见，并将处理结果书面通知工会。

用人单位单方解除劳动合同有以下 3 种情形：

1. 随时解除

因劳动者有过错时，用人单位有权单方解除劳动合同，且用人单位无须支付劳动者解除劳动合同的经济补偿金。《劳动合同法》第三十九条规定，劳动者有下列情形之一的，用人单位可以解除劳动合同：

（1）在试用期间被证明不符合录用条件的；
（2）严重违反用人单位的规章制度的；

(3) 严重失职,营私舞弊,给用人单位造成重大损害的;

(4) 劳动者同时与其他用人单位建立劳动关系,对完成本单位的工作任务造成严重影响,或者经用人单位提出,拒不改正的;

(5) 因劳动者以欺诈、胁迫的手段或者乘人之危,使对方在违背真实意思的情况下订立或者变更劳动合同的情形致使劳动合同无效的;

(6) 被依法追究刑事责任的。

2. 预告解除

《劳动合同法》第四十条规定:有下列情形之一的,用人单位提前 30 日以书面形式通知劳动者本人或者额外支付劳动者 1 个月工资后,可以解除劳动合同,同时用人单位还应当承担向劳动者支付经济补偿金的义务:

(1) 劳动者患病或者非因工负伤,在规定的医疗期满后不能从事原工作,也不能从事由用人单位另行安排的工作的;

(2) 劳动者不能胜任工作,经过培训或者调整工作岗位,仍不能胜任工作的;

(3) 劳动合同订立时所依据的客观情况发生重大变化,致使劳动合同无法履行,经用人单位与劳动者协商,未能就变更劳动合同内容达成协议的。

用人单位依照此规定,选择额外支付劳动者 1 个月工资解除劳动合同的,其额外支付的工资应当按照该劳动者上 1 个月的工资标准确定。

3. 经济性裁员

裁员是指用人单位为降低劳动成本,改善经营管理,因经济或技术等原因裁减一定数量的劳动者。

《劳动合同法》第四十一条规定:有下列情形之一,需要裁减人员 20 人以上或者裁减不足 20 人但占企业职工总数 10% 以上的,用人单位提前 30 日向工会或者全体职工说明情况,听取工会或者职工的意见后,裁减人员方案经向劳动行政部门报告,可以裁减人员,用人单位应当向劳动者支付经济补偿:

(1) 依照企业破产法规定进行重整的;

(2) 生产经营发生严重困难的;

(3) 企业转产、重大技术革新或者经营方式调整,经变更劳动合同后,仍需裁减人员的;

(4) 其他因劳动合同订立时所依据的客观经济情况发生重大变化,致使劳动合同无法履行的。

裁减人员时,应当优先留用下列人员:①与本单位订立较长期限的固定期限劳动合同的;②与本单位订立无固定期限劳动合同的;③家庭无其他就业人员,有需要抚养的老人或者未成年人的。

用人单位依照企业破产法规定进行重整后,在 6 个月内重新招用人员的,应当通知被裁减的人员,并在同等条件下优先招用被裁减的人员。

(四) 用人单位不得解除劳动合同的情形

为了保护劳动者的合法权益,防止用人单位滥用解除权,法律还规定了用人单位不

得解除劳动合同的情形,即劳动者有下列情形之一的,用人单位不得依照《劳动合同法》第四十条、第四十一条的规定解除劳动合同:

(1) 从事接触职业病危害作业的劳动者未进行离岗前职业健康检查,或者疑似职业病病人在诊断或者医学观察期间的;

(2) 在本单位患职业病或者因工负伤并被确认丧失或者部分丧失劳动能力的;

(3) 患病或者非因工负伤,在规定的医疗期内的;

(4) 女职工在孕期、产期、哺乳期的;

(5) 在本单位连续工作满15年,且距法定退休年龄不足5年的;

(6) 法律、行政法规规定的其他情形。

五、劳动合同的终止

劳动合同的终止,是指符合法律规定情形时,双方当事人的权利和义务不复存在,劳动合同的法律效力即行消灭。

有下列情形之一的,劳动合同终止:

1. 劳动者达到法定退休年龄的。
2. 劳动合同期满的。
3. 劳动者开始依法享受基本养老保险待遇的。
4. 劳动者死亡,或者被人民法院宣告死亡或者宣告失踪的。
5. 用人单位被依法宣告破产的。
6. 用人单位被吊销营业执照、责令关闭、撤销或者用人单位决定提前解散的。
7. 法律、行政法规规定的其他情形。

《劳动合同法》为了对某些特殊劳动者进行保护,规定:劳动合同期满,有本法第四十二条(即用人单位不得解除劳动合同的规定)规定情形之一的,劳动合同应当续延至相应的情形消失时终止。但是,本法第四十二条第二项规定丧失或者部分丧失劳动能力劳动者的劳动合同的终止,按照国家有关工伤保险的规定执行。

六、解除和终止劳动合同的经济补偿

经济补偿是用人单位解除或终止劳动合同时,给予劳动者的一次性货币补偿。经济补偿的目的在于从经济方面制约用人单位的解雇行为,对失去工作的劳动者给予经济上的补偿,并解决劳动合同短期化问题。

(一) 经济补偿的情形

根据《劳动合同法》第四十六条规定,用人单位应当在下列情形下向劳动者支付经济补偿金。

1. 因用人单位违法、违约迫使劳动者依照《劳动合同法》第三十八条规定(即劳动者单方解除劳动合同的情形)解除劳动合同的;

2. 用人单位向劳动者提出解除劳动合同并与劳动者协商一致解除劳动合同的;

3. 用人单位依照《劳动合同法》第四十条规定(即预告解除)解除劳动合同的;

4. 用人单位依照《劳动合同法》第四十一条第一款规定解除劳动合同的（即以裁员的方式解除劳动合同）；

5. 劳动合同期满，除用人单位维持或者提高劳动合同约定条件续订劳动合同，劳动者不同意续订的情形外，依照《劳动合同法》第四十四条第一项规定终止固定期限劳动合同的（即在劳动合同期满时，用人单位以低于原劳动合同约定的条件要求与劳动者续订劳动合同，而劳动者不同意续订）；

6. 依照《劳动合同法》第四十四条第四项、第五项规定终止劳动合同的（即用人单位因被依法宣告破产、被吊销营业执照、责令关闭、撤销或者用人单位决定提前解散而终止劳动合同）；

7. 法律、行政法规规定的其他情形。

（二）补偿标准

《劳动合同法》第四十七条规定了终止劳动合同的补偿标准：

1. 经济补偿按劳动者在本单位工作的年限，每满1年支付1个月工资的标准向劳动者支付。6个月以上不满1年的，按1年计算；不满6个月的，向劳动者支付半个月工资的经济补偿。

2. 劳动者月工资高于用人单位所在直辖市、设区的市级人民政府公布的本地区上年度职工月平均工资3倍的，向其支付经济补偿的标准按职工月平均工资3倍的数额支付，向其支付经济补偿的年限最高不超过12年。

3. 本条所称月工资是指劳动者在劳动合同解除或者终止前12个月的平均工资。按照劳动者应得工资计算，包括计时工资或者计件工资以及奖金、津贴和补贴等货币性收入。劳动者在劳动合同解除或者终止前12个月的平均工资低于当地最低工资标准的，按照当地最低工资标准计算。劳动者工作不满12个月的，按照实际工作的月数计算平均工资。

（三）工伤职工的劳动合同终止的补偿

用人单位依法终止工伤职工的劳动合同的，除依照《劳动合同法》第四十七条的规定支付经济补偿外，还应当依照国家有关工伤保险的规定支付一次性工伤医疗补助金和伤残就业补助金。

（四）违反《劳动合同法》的规定解除或者终止劳动合同的补偿

用人单位违反《劳动合同法》的规定解除或者终止劳动合同，劳动者要求继续履行劳动合同的，用人单位应当继续履行；劳动者不要求继续履行劳动合同或者劳动合同已经不能继续履行的，用人单位应当依照本法第四十七条（即经济补偿额的计算）规定的经济补偿标准的2倍向劳动者支付赔偿金。

七、关于集体合同、劳务派遣、非全日制用工的特别规定

（一）集体合同

集体合同是指企业职工一方与用人单位就劳动报酬、工作时间、休息休假、劳动安全卫生、保险福利等事项，通过平等协商达成的书面协议。集体合同实际上是一种特殊

的劳动合同。

1. 集体合同的当事人

集体合同的当事人一方是由工会代表的企业职工，另一方当事人是用人单位。

集体合同草案应当提交职工代表大会或者全体职工讨论通过。集体合同由工会代表企业职工一方与用人单位订立，尚未建立工会的用人单位，由上级工会指导劳动者推举的代表与用人单位订立。

2. 集体合同的分类

集体合同可分为专项集体合同、行业性集体合同和区域性集体合同。

企业职工一方与用人单位可以订立劳动安全卫生、女职工权益保护、工资调整机制等专项集体合同。

在县级以下区域内，建筑业、采矿业、餐饮服务业等行业可以由工会与企业方面代表订立行业性集体合同，或者订立区域性集体合同。

3. 集体合同的效力

（1）集体合同的生效。集体合同订立后，应当报送劳动行政部门；15日内未提出异议的，集体合同即行生效。

（2）集体合同的约束范围。依法订立的集体合同对用人单位和劳动者具有约束力。行业性、区域性集体合同对当地本行业、本区域的用人单位和劳动者具有约束力。

（3）集体合同中劳动报酬和劳动条件条款的效力。集体合同中劳动报酬和劳动条件等标准不得低于当地人民政府规定的最低标准；用人单位与劳动者订立的劳动合同中劳动报酬和劳动条件等标准不得低于集体合同规定的标准。

（4）集体合同的维权

用人单位违反集体合同，侵犯职工劳动权益的，工会可以依法要求用人单位承担责任；因履行集体合同发生争议，经协商解决不成的，工会可以依法申请仲裁、提起诉讼。

（二）劳务派遣

劳务派遣是指劳务派遣单位与被派遣劳动者订立劳动合同后，将该劳动者派遣到用工单位从事劳动的一种特殊的用工形式。

1. 劳务派遣当事人

劳务派遣当事人包括劳务派遣单位、劳动者和用工单位。

劳务派遣单位指的是将劳动者派遣到用工单位的单位，是《劳动合同法》中所指的用人单位。用人单位或者其所属单位出资或者合伙设立的劳务派遣单位，不得向本单位或者所属单位派遣劳动者。

劳动者是指被劳务派遣单位派遣到用工单位工作的人。

用工单位是指接受劳务派遣单位派遣的劳动者的劳动并为其支付劳动报酬的单位。

2. 劳务派遣的劳动合同

劳务派遣的劳动合同由劳务派遣单位与劳动者签订。该劳动合同除了应当具备一般劳动合同应当具备的条款外，还应当载明被派遣劳动者的用工单位以及派遣期限、工作

第十章 有关工程建设的其他法规知识

岗位等情况。

劳务派遣单位应当与被派遣劳动者订立 2 年以上的固定期限劳动合同，按月支付劳动报酬；被派遣劳动者在无工作期间，劳务派遣单位应当按照所在地人民政府规定的最低工资标准，向其按月支付报酬。

3. 劳务派遣协议

劳务派遣单位派遣劳动者应当与接受以劳务派遣形式用工的单位订立劳务派遣协议。劳务派遣协议应当约定派遣岗位和人员数量、派遣期限、劳动报酬和社会保险费的数额与支付方式以及违反协议的责任。

用工单位应当根据工作岗位的实际需要与劳务派遣单位确定派遣期限，不得将连续用工期限分割订立数个短期劳务派遣协议。

4. 劳务派遣单位的权利与义务

（1）劳务派遣单位依照《劳动合同法》有关规定，享有与劳动者解除劳动合同的权利。

（2）劳务派遣单位应当履行以下义务：①劳务派遣单位应当将劳务派遣协议的内容告知被派遣劳动者；②劳务派遣单位不得克扣用工单位按照劳务派遣协议支付给被派遣劳动者的劳动报酬；③劳务派遣单位和用工单位不得向被派遣劳动者收取费用。

5. 用工单位的权利与义务

（1）被派遣劳动者有劳务派遣单位可以与劳动者解除劳动合同的情形的，用工单位有权将劳动者退回劳务派遣单位。

（2）用工单位应当履行下列义务：①执行国家劳动标准，提供相应的劳动条件和劳动保护；②告知被派遣劳动者的工作要求和劳动报酬；③支付加班费、绩效奖金，提供与工作岗位相关的福利待遇；④对在岗被派遣劳动者进行工作岗位所必需的培训；⑤连续用工的，实行正常的工资调整机制；⑥用工单位不得将被派遣劳动者再派遣到其他用人单位。

6. 被派遣劳动者的权利

被派遣劳动者享有以下权利：

（1）最低劳动报酬和劳动条件的权利。劳务派遣单位跨地区派遣劳动者的，被派遣劳动者享有的劳动报酬和劳动条件，按照用工单位所在地的标准执行。

被派遣劳动者享有与用工单位的劳动者同工同酬的权利。用工单位无同类岗位劳动者的，参照用工单位所在地相同或者相近岗位劳动者的劳动报酬确定。

（2）参加或者组织工会的权利。被派遣劳动者有权在劳务派遣单位或者用工单位依法参加或者组织工会，维护自身的合法权益。

（3）依法解除劳动合同的权利。被派遣劳动者可以依照《劳动合同法》与用人单位协商一致解除劳动合同，在用人单位有违法、违约情形时，有权与劳务派遣单位解除劳动合同。用人单位以暴力、威胁或者非法限制人身自由的手段强迫劳动者劳动的，或者用人单位违章指挥、强令冒险作业危及劳动者人身安全的，劳动者可以立即解除劳动合同，不需事先告知用人单位。

（三）非全日制用工

非全日制用工，是指以小时计酬为主，劳动者在同一用人单位一般平均每日工作时间不超过4小时，每周工作时间累计不超过24小时的用工形式。

《劳动合同法》对非全日制用工作出了如下特别规定：

1. 非全日制用工双方当事人可以订立口头协议。

2. 从事非全日制用工的劳动者可以与一个或者一个以上用人单位订立劳动合同；但是，后订立的劳动合同不得影响先订立的劳动合同的履行。

3. 非全日制用工双方当事人不得约定试用期。

4. 非全日制用工双方当事人任何一方都可以随时通知对方终止用工。终止用工，用人单位不向劳动者支付经济补偿。

5. 非全日制用工小时计酬标准不得低于用人单位所在地人民政府规定的最低小时工资标准。

6. 非全日制用工劳动报酬结算支付周期最长不得超过15日。

《劳动合同法实施条例》规定，劳务派遣单位不得以非全日制用工形式招用被派遣劳动者。

八、劳动保护

（一）劳动安全卫生

劳动安全卫生，又称劳动保护，是指直接保护劳动者在劳动中的安全和健康的法律保障。根据《劳动法》的有关规定，用人单位和劳动者应当遵守如下有关劳动安全卫生的法律规定：

1. 用人单位必须建立、健全劳动安全卫生制度，严格执行国家劳动安全卫生规程和标准，对劳动者进行劳动安全卫生教育，防止劳动过程中的事故，减少职业危害。

2. 劳动安全卫生设施必须符合国家规定的标准。新建、改建、扩建工程的劳动安全卫生设施必须与主体工程同时设计、同时施工、同时投入生产和使用。

3. 用人单位必须为劳动者提供符合国家规定的劳动安全卫生条件和必要的劳动防护用品，对从事有职业危害作业的劳动者应当定期进行健康检查。

4. 从事特种作业的劳动者必须经过专门培训并取得特种作业资格。

5. 劳动者在劳动过程中必须严格遵守安全操作规程。劳动者对用人单位管理人员违章指挥、强令冒险作业，有权拒绝执行；对危害生命安全和身体健康的行为，有权提出批评、检举和控告。

（二）女职工的特殊保护

根据《劳动法》，对女职工的特殊保护规定主要包括：

1. 禁止安排女职工从事矿山井下、国家规定的第四级体力劳动强度的劳动和其他禁忌从事的劳动。

2. 不得安排女职工在经期从事高处、低温、冷水作业和国家规定的第三级体力劳动强度的劳动。

第十章 有关工程建设的其他法规知识

3. 不得安排女职工在怀孕期间从事国家规定的第三级体力劳动强度的劳动和孕期禁忌从事的劳动。对怀孕 7 个月以上的女职工，不得安排其延长工作时间和夜班劳动。

4. 女职工生育享受不少于 90 天的产假。

5. 不得安排女职工在哺乳未满一周岁的婴儿期间从事国家规定的第三级体力劳动强度的劳动和哺乳期禁忌从事的其他劳动，不得安排其延长工作时间和夜班劳动。

（三）未成年工特殊保护

所谓未成年工，是指年满 16 周岁未满 18 周岁的劳动者。根据《劳动法》，对未成年工的特殊保护规定主要包括：

1. 不得安排未成年工从事矿山井下、有毒有害、国家规定的第四级体力劳动强度的劳动和其他禁忌从事的劳动。

2. 用人单位应当对未成年工定期进行健康检查。

（四）法律责任

1. 劳动安全设施和劳动卫生条件不符合要求应承担的法律责任

用人单位的劳动安全设施和劳动卫生条件不符合国家规定或者未向劳动者提供必要的劳动防护用品和劳动保护设施的，由劳动行政部门或者有关部门责令改正，可以处以罚款；情节严重的，提请县级以上人民政府决定责令停产整顿；对事故隐患不采取措施，致使发生重大事故，造成劳动者生命和财产损失的，对责任人员比照刑法第一百八十七条的规定追究刑事责任。

2. 强令劳动者违章冒险作业应承担的法律责任

用人单位强令劳动者违章冒险作业，发生重大伤亡事故，造成严重后果的，对责任人员依法追究刑事责任；

3. 非法雇用童工应承担的法律责任

用人单位非法招用未满 16 周岁的未成年人的，由劳动行政部门责令改正，处以罚款；情节严重的，由工商行政管理部门吊销营业执照。

4. 侵害女职工和未成年工合法权益应承担的法律责任

用人单位违反本法对女职工和未成年工的保护规定，侵害其合法权益的，由劳动行政部门责令改正，处以罚款；对女职工或者未成年工造成损害的，应当承担赔偿责任。

九、劳动争议的解决

劳动争议，又称劳动纠纷，是指劳动关系当事人之间关于劳动权利和义务的争议。我国《劳动法》第七十七条明确规定："用人单位与劳动者发生劳动争议，当事人可以依法申请调解、仲裁、提起诉讼，也可以协商解决。"2008 年 5 月 1 日开始施行的《中华人民共和国劳动争议调解仲裁法》第五条进一步规定：发生劳动争议，当事人不愿协商、协商不成或者达成和解协议后不履行的，可以向调解组织申请调解；不愿调解、调解不成或者达成调解协议后不履行的，可以向劳动争议仲裁委员会申请仲裁；对仲裁裁决不服的，除本法另有规定的外，可以向人民法院提起诉讼。

（一）通过协商解决劳动争议

协商，是指当事人各方在自愿、互谅的基础上，按照法律、政策的规定，通过摆事实讲道理解决纠纷的一种方法。协商的方法是一种简便易行、最有效、最经济的方法，能及时解决争议，消除分歧，提高办事效率，节省费用，也有利于双方的团结和相互的协作关系。

《劳动争议调解仲裁法》第四条规定：发生劳动争议，劳动者可以与用人单位协商，也可以请工会或者第三方共同与用人单位协商，达成和解协议。

（二）通过调解解决劳动争议

1. 调解组织

发生劳动争议，当事人可以到下列调解组织申请调解：①企业劳动争议调解委员会；②依法设立的基层人民调解组织；③在乡镇、街道设立的具有劳动争议调解职能的组织。

企业劳动争议调解委员会由职工代表和企业代表组成。职工代表由工会成员担任或者由全体职工推举产生，企业代表由企业负责人指定。企业劳动争议调解委员会主任由工会成员或者双方推举的人员担任。

当事人申请劳动争议调解可以书面申请，也可以口头申请。口头申请的，调解组织应当当场记录申请人基本情况、申请调解的争议事项、理由和时间。

2. 调解协议书

经调解达成协议的，应当制作调解协议书。调解协议书由双方当事人签名或者盖章，经调解员签名并加盖调解组织印章后生效，对双方当事人具有约束力，当事人应当履行。

自劳动争议调解组织收到调解申请之日起15日内未达成调解协议的，当事人可以依法申请仲裁。

3. 调解协议的履行

达成调解协议后，一方当事人在协议约定期限内不履行调解协议的，另一方当事人可以依法申请仲裁。

因支付拖欠劳动报酬、工伤医疗费、经济补偿或者赔偿金事项达成调解协议，用人单位在协议约定期限内不履行的，劳动者可以持调解协议书依法向人民法院申请支付令。人民法院应当依法发出支付令。

（三）通过劳动争议仲裁委员会裁决解决劳动争议

1. 劳动争议仲裁的原则

劳动争议仲裁原则是指劳动争议仲裁机构在仲裁程序中应遵守的准则，它与《仲裁法》规定的仲裁原则有着本质的区别。它是劳动争议仲裁的特有原则，反映了劳动争议仲裁的本质要求。

（1）一次裁决原则

即劳动争议仲裁实行一个裁级一次裁决制度，一次裁决即为终局裁决。当事人如不服仲裁裁决，只能依法向人民法院起诉，不得向上一级仲裁委员会申请复议或要求重新处理。

第十章 有关工程建设的其他法规知识

(2) 合议原则

仲裁庭裁决劳动争议案件,实行少数服从多数的原则。合议原则是民主集中制在仲裁工作中的体现,其目的是为了保证仲裁裁决的公正性。

(3) 强制原则

劳动争议仲裁实行强制原则,主要表现为:当事人申请仲裁无须双方达成一致协议,只要一方申请,仲裁委员会即可受理;在仲裁庭对争议调解不成时,无须得到当事人的同意,可直接行使裁决权;对发生法律效力的仲裁文书,可申请人民法院强制执行。

2. 劳动争议仲裁委员会

劳动争议仲裁委员会是依法成立的,通过仲裁方式处理劳动争议的专门机构,它独立行使劳动争议仲裁权。

(1) 劳动争议仲裁委员会的设立

劳动争议仲裁委员会按照统筹规划、合理布局和适应实际需要的原则设立。省、自治区人民政府可以决定在市、县设立;直辖市人民政府可以决定在区、县设立。直辖市、设区的市也可以设立一个或者若干个劳动争议仲裁委员会。劳动争议仲裁委员会不按行政区划层层设立。

(2) 劳动争议仲裁案件的当事人

发生劳动争议的劳动者和用人单位为劳动争议仲裁案件的双方当事人。

劳务派遣单位或者用工单位与劳动者发生劳动争议的,劳务派遣单位和用工单位为共同当事人。

(3) 劳动争议仲裁委员会的管辖

劳动争议仲裁委员会负责管辖本区域内发生的劳动争议。

劳动争议由劳动合同履行地或者用人单位所在地的劳动争议仲裁委员会管辖。双方当事人分别向劳动合同履行地和用人单位所在地的劳动争议仲裁委员会申请仲裁的,由劳动合同履行地的劳动争议仲裁委员会管辖。

(4) 仲裁员

仲裁员应当公道正派并符合下列条件之一:①曾任审判员的;②从事法律研究、教学工作并具有中级以上职称的;③具有法律知识、从事人力资源管理或者工会等专业工作满5年的;④律师执业满3年的。

劳动争议仲裁委员会应当设仲裁员名册。

3. 仲裁庭

劳动争议仲裁委员会裁决劳动争议案件实行仲裁庭制。仲裁庭由三名仲裁员组成,设首席仲裁员。简单劳动争议案件可以由一名仲裁员独任仲裁。

仲裁庭的首席仲裁员由仲裁委员会负责人或授权其办事机构负责人指定,另两名仲裁员由仲裁委员会授权其办事机构负责人指定或由当事人各选一名,具体办法由省、自治区、直辖市自行确定。

仲裁庭组成不符合规定的,由仲裁委员会予以撤销,重新组成仲裁庭。

仲裁委员会组成人员或者仲裁员有下列情形之一，应当回避，当事人也有权以口头或者书面方式提出回避申请：

（1）是本案当事人或者当事人、代理人的近亲属的；

（2）与本案有利害关系的；

（3）与本案当事人、代理人有其他关系，可能影响公正裁决的；

（4）私自会见当事人、代理人，或者接受当事人、代理人的请客送礼的。

4. 劳动争议仲裁的申请与受理

（1）申请

《劳动争议调解仲裁法》第二十七条规定，劳动争议申请仲裁的时效期间为一年。仲裁时效期间从当事人知道或者应当知道其权利被侵害之日起计算。

前款规定的仲裁时效，因当事人一方向对方当事人主张权利，或者向有关部门请求权利救济，或者对方当事人同意履行义务而中断。从中断时起，仲裁时效期间重新计算。

因不可抗力或者有其他正当理由，当事人不能在本条第一款规定的仲裁时效期间申请仲裁的，仲裁时效中止。从中止时效的原因消除之日起，仲裁时效期间继续计算。

劳动关系存续期间因拖欠劳动报酬发生争议的，劳动者申请仲裁不受本条第一款规定的仲裁时效期间的限制；但是，劳动关系终止的，应当自劳动关系终止之日起一年内提出。

申请人申请仲裁应当提交书面仲裁申请，并按照被申请人人数提交副本。

仲裁申请书应当载明下列事项：①劳动者的姓名、性别、年龄、职业、工作单位和住所，用人单位的名称、住所和法定代表人或者主要负责人的姓名、职务；②仲裁请求和所根据的事实、理由；③证据和证据来源、证人姓名和住所。

书写仲裁申请确有困难的，可以口头申请，由劳动争议仲裁委员会记入笔录，并告知对方当事人。

（2）受理

劳动争议仲裁委员会收到仲裁申请之日起5日内，认为符合受理条件的，应当受理，并通知申请人；认为不符合受理条件的，应当书面通知申请人不予受理，并说明理由。对劳动争议仲裁委员会不予受理或者逾期未作出决定的，申请人可以就该劳动争议事项向人民法院提起诉讼。

劳动争议仲裁委员会受理仲裁申请后，应当在5日内将仲裁申请书副本送达被申请人。

被申请人收到仲裁申请书副本后，应当在10日内向劳动争议仲裁委员会提交答辩书。

劳动争议仲裁委员会收到答辩书后，应当在5日内将答辩书副本送达申请人。被申请人提交答辩书的，不影响仲裁程序的进行。

5. 开庭和裁决

（1）仲裁庭应当在开庭5日前，将开庭日期、地点书面通知双方当事人。当事人有

第十章 有关工程建设的其他法规知识

正当理由的，可以在开庭 3 日前请求延期开庭。是否延期，由劳动争议仲裁委员会决定。

申请人收到书面通知，无正当理由拒不到庭或者未经仲裁庭同意中途退庭的，可以视为撤回仲裁申请。被申请人收到书面通知，无正当理由拒不到庭或者未经仲裁庭同意中途退庭的，可以缺席裁决。

仲裁庭应当将开庭情况记入笔录。当事人和其他仲裁参加人认为对自己陈述的记录有遗漏或者差错的，有权申请补正。如果不予补正，应当记录该申请。

笔录由仲裁员、记录人员、当事人和其他仲裁参加人签名或者盖章。

（2）当事人申请劳动争议仲裁后，可以自行和解。达成和解协议的，可以撤回仲裁申请。

（3）仲裁庭在作出裁决前，应当先行调解。

调解达成协议的，仲裁庭应当制作调解书。

调解书应当写明仲裁请求和当事人协议的结果。调解书由仲裁员签名，加盖劳动争议仲裁委员会印章，送达双方当事人。调解书经双方当事人签收后，发生法律效力。

调解不成或者调解书送达前，一方当事人反悔的，仲裁庭应当及时作出裁决。

（4）仲裁庭裁决劳动争议案件，应当自劳动争议仲裁委员会受理仲裁申请之日起 45 日内结束。案情复杂需要延期的，经劳动争议仲裁委员会主任批准，可以延期并书面通知当事人，但是延长期限不得超过 15 日。逾期未作出仲裁裁决的，当事人可以就该劳动争议事项向人民法院提起诉讼。

仲裁庭裁决劳动争议案件时，其中一部分事实已经清楚，可以就该部分先行裁决。

（5）仲裁庭对追索劳动报酬、工伤医疗费、经济补偿或者赔偿金的案件，根据当事人的申请，可以裁决先予执行，移送人民法院执行。

（6）裁决应当按照多数仲裁员的意见作出，少数仲裁员的不同意见应当记入笔录。仲裁庭不能形成多数意见时，裁决应当按照首席仲裁员的意见作出。

（7）下列劳动争议，除本法另有规定的外，仲裁裁决为终局裁决，裁决书自作出之日起发生法律效力：

① 追索劳动报酬、工伤医疗费、经济补偿或者赔偿金，不超过当地月最低工资标准 12 个月金额的争议；

② 因执行国家的劳动标准在工作时间、休息休假、社会保险等方面发生的争议。

劳动者对上述规定的仲裁裁决不服的，可以自收到仲裁裁决书之日起 15 日内向人民法院提起诉讼。

（8）当事人对发生法律效力的调解书和裁决书，应当依照规定的期限履行。一方当事人逾期不履行的，另一方当事人可以依照民事诉讼法的有关规定向人民法院申请强制执行。

（四）通过向人民法院提起诉讼解决劳动争议

人民法院受理劳动争议案件的前提条件是：①争议案件已经过劳动争议仲裁委员会仲裁；②争议案件的当事人在接到仲裁决定书之日起 15 日内向法院提起诉讼。人民法院处理劳动争议适用《民事诉讼法》规定的程序，由各级人民法院受理，实行两审终审。参见民事诉讼法的有关规定。

复习思考题

一、单项选择题

1. 需要进行试生产的建设项目，建设单位应当自建设项目投入试生产之日起（　　）内，向审批环境影响评价文件的环境保护行政主管部门申请该建设项目需要配套建设的环境保护设施竣工验收。

　　A. 15日　　　B. 1个月　　　C. 3个月　　　D. 6个月

2. 对不符合民用建筑节能强制性标准的，建设工程规划许可证（　　）颁发。

　　A. 不得　　　B. 可以　　　C. 应当　　　D. 延期

3. 按照合同约定由建设单位采购墙体材料、保温材料、门窗、采暖制冷系统和照明设备的，建设单位应当保证其符合（　　）要求。

　　A. 施工图设计文件　　　　B. 国家标准
　　C. 施工单位　　　　　　　D. 企业标准

4. 施工单位未按照民用建筑节能强制性标准进行施工的，由（　　）级以上地方人民政府建设主管部门责令改正。

　　A. 省　　　　B. 县　　　　C. 乡　　　　D. 地区

5. 企业应自领取营业执照起（　　）日内，向税务机关申报税务登记。

　　A. 10　　　　B. 15　　　　C. 30　　　　D. 60

6. 纳税人因有特殊困难，不能按期缴纳税款的，经省、自治区、直辖市国家税务局、地方税务局批准，可以（　　）。

　　A. 延期纳税　　B. 免税　　　C. 减税　　　D. 终止纳税

7. 根据《税收征收管理法》规定，公司延期缴纳税款的期限最长不得超过（　　）。

　　A. 3个月　　　B. 6个月　　　C. 9个月　　　D. 12个月

二、多项选择题

1. 我国根据建设项目对环境的影响程度，对建设项目的环境影响评价实行分类管理，建设单位应当依法组织编制相应的环境影响评价文件，其中表述正确的有（　　）。

　　A. 可能造成重大环境影响的，应当编制环境影响报告书
　　B. 可能造成重大环境影响的，应当编制环境影响报告表
　　C. 可能造成轻度环境影响的，应当编制环境影响报告表
　　D. 可能造成轻度环境影响的，应当编制环境影响报告书
　　E. 对环境影响很小、不需要进行环境影响评价的，应当填报环境影响登记表

2. 下列有关建设项目环境影响评价的叙述中，正确的有（　　）。

　　A. 建设项目环境影响评价的义务主体是建设单位
　　B. 建设项目环境影响评价文件未经建设单位审批，不得开工建设
　　C. 建设项目的环境影响评价文件自批准之日起，有效期为5年
　　D. 在项目建设、运行过程中产生不符合经审批的环境影响评价文件的情形的，环境保护主管部门应当组织环境影响的后评价
　　E. 环境影响的跟踪管理，主要是指环境保护行政主管部门对建设项目施工过程中产生的环境影

第十章　有关工程建设的其他法规知识

响进行跟踪检查

3. 环境保护"三同时"制度是指建设项目需要配套建设的环境保护设施,必须与主体工程（　　）。

　　A. 同时立项　　　　B. 同时施工　　　　C. 同时设计
　　D. 同时竣工　　　　E. 同时投产使用

4. 依据我国《固体废物污染环境防治法》,下列对固体废物污染防治的做法中,正确的有（　　）。

　　A. 运输固体废物时,采取了防扬散、防流失、防渗漏等防止污染的措施
　　B. 在国家级风景名胜区,严格限制建设工业固体废物处置设施
　　C. 禁止中国境外的固体废物进境倾倒、堆放、处置
　　D. 限制进口可以用作原料的固体废物
　　E. 施工单位及时清运、处置施工过程中产生的垃圾,并采取措施防止污染环境

5. 根据《消防法》的规定,下列选项中,消防产品的质量必须符合的标准有（　　）。

　　A. 国际标准　　　　B. 国家标准　　　　C. 行业标准
　　D. 地方标准　　　　E. 企业标准

6. 下列选项中,符合《劳动法》关于安全及劳动卫生规程规定的是（　　）。

　　A. 用人单位必须建立健全劳动安全卫生制度
　　B. 劳动安全卫生设施必须符合企业规定的标准
　　C. 用人单位必须为劳动者提供符合国家规定的劳动安全卫生条件和必要的劳动防护用品
　　D. 从事特种作业的劳动者必须经过专门培训并取得特种作业资格
　　E. 劳动者在劳动过程中必须严格遵守安全操作规程

7. 下列选项中,符合《劳动法》对未成年工特殊保护规定的是（　　）。

　　A. 不得安排未成年工从事矿山井下劳动
　　B. 不得安排未成年工从事有毒有害劳动
　　C. 不得安排未成年工从事国家规定的第四级体力劳动强度的劳动
　　D. 不得安排未成年工从事任何强度的劳动
　　E. 用人单位应当对未成年工定期进行健康检查

8. 下列选项中,符合《劳动法》对女职工特殊保护规定的是（　　）。

　　A. 甲企业对从事矿山作业的女工比其他岗位工作待遇高10%
　　B. 乙企业对所有女职工的工作岗位,全部限制在第三级体力劳动强度以下
　　C. 丙企业因为要赶订单,所以安排某怀孕8个月的女职工加夜班
　　D. 因工期紧张,丁企业安排为自己一周岁半的婴儿哺乳的某女工延长工作时间
　　E. 因某女工怀孕,所以戊企业将她从操作X光机岗位调换到档案室整理资料

9. 某建筑公司的技术员李某与公司发生劳动合同纠纷,并向劳动仲裁委员会提起仲裁,在此期间,李某对劳动仲裁制度有了下述认识,正确的是（　　）。

　　A. 所有的劳动争议仲裁都是遵循一裁终局的原则,当事人如果不服,另一方可申请人民法院强制执行
　　B. 对于发生法律效力的仲裁文书,可申请人民法院强制执行
　　C. 劳动仲裁实行一次裁决后,当事人不服裁决,只能依法向法院起诉
　　D. 仲裁庭作出裁决时,实行少数服从多数的原则,不同意见必须如实记录

E. 劳动争议发生后,当事人可以选择仲裁,或者选择诉讼

10. 某建筑公司的职工张某因劳动合同纠纷,向劳动仲裁委员会提起仲裁,甲是劳动行政主管部门的代表,乙是张某委托的律师,丙是建筑公司董事长,丁是工会代表,戊是建筑公司委托的律师。可以成为劳动仲裁委会组成人员的有(　　)。

　　A. 甲　　　　　　　B. 乙　　　　　　　C. 丙
　　D. 丁　　　　　　　E. 戊

11. 无效劳动合同,从订立的时候起,就没有法律约束力。下列属于无效劳动合同的有(　　)。

　　A. 报酬较低的劳动合同
　　B. 违反法律、行政法规的劳动合同
　　C. 采用欺诈、威胁等手段订立的严重损害国家利益的劳动合同
　　D. 未规定明确合同期限的劳动合同
　　E. 劳动内容约定不明确的劳动合同

12. 在下列(　　)情形下,用人单位不得解除劳动合同。

　　A. 劳动者被依法追究刑事责任
　　B. 女职工在孕期、产期、哺乳期
　　C. 患病或者负伤,在规定的治疗期内
　　D. 因工负伤并被确认丧失劳动能力
　　E. 劳动者不能胜任工作,经过培训,仍不能胜任工作

13. 有下列(　　)情形之一的,劳动者可以随时通知用人单位解除劳动合同。

　　A. 用人单位管理人员违章指挥
　　B. 劳动者在试用期内
　　C. 用人单位濒临破产
　　D. 用人单位未按照劳动合同约定提供劳动条件
　　E. 用人单位未按照劳动合同约定支付劳动报酬

14. 根据《重大建设项目档案验收办法》的规定,项目档案验收组可以采用(　　)的方式,对项目档案进行检查。

　　A. 问卷调查　　　　B. 随机走访　　　　C. 质询
　　D. 现场查验　　　　E. 抽查案卷

15. 根据《建设工程文件归档整理规范》,应当归档的施工文件包括(　　)。

　　A. 地基处理记录　　B. 工程图纸设计变更记录
　　C. 工程质量检验记录　　D. 建设工程竣工验收记录
　　E. 建设工程施工许可证

16. 根据《建设工程文件归档整理规范》,应当归档的监理文件包括(　　)。

　　A. 监理规划　　　　B. 监理通知
　　C. 监理委托合同　　D. 监理工作总结
　　E. 工程项目监理机构及负责人名单

三、简答题

1. 什么是建设项目环境影响评价?建设项目环境影响评价分为哪几类?
2. 什么是环境保护"三同时"制度?
3. 在建筑施工中如何防止地表水污染、地下水污染、大气污染、施工噪声污染、固体废物污染?

第十章 有关工程建设的其他法规知识

4. 在工程建设中应采取哪些消防安全措施？
5. 各参建单位的节能责任是什么？
6. 什么是建设工程档案？建设工程档案有哪些种类？
7. 建设工程档案的移交程序是什么？
8. 纳税人有哪些权利和义务？
9. 与建设工程相关的主要税种有哪些？
10. 劳动合同有哪些类型？哪些情况下的合同是无效劳动合同？
11. 什么情况下劳动者可以单方解除劳动合同？什么情况下用人单位可以单方解除劳动合同？
12. 什么情况下用人单位不得解除或终止劳动合同？
13. 解除和终止劳动合同应当给予经济补偿的情形有哪些？补偿的标准是什么？
14. 简述劳动保护的内容。
15. 如何解决劳动争议？

主要参考文献

[1] 闫铁流,张桂芹. 建筑法条文释义. 北京:中国建筑工业出版社,1998.
[2] 史敏,姚兵.《中华人民共和国建筑法》讲话. 经济管理出版社,1998.
[3] 李峻. 建筑法概论. 北京:中国建筑工业出版社,1999.
[4] 孙琬钟等. 中华人民共和国招标投标法释义与适用指南. 北京:中国人民公安大学出版社,1999.
[5] 卞耀武等. 中华人民共和国招标投标法实用问答. 北京:中国建材工业出版社,1999.
[6] 黄强光. 建设工程合同. 北京:法律出版社,1999.
[7] 河山,肖水. 合同法概要. 北京:中国标准出版社,1999.
[8] 国务院法制办农林资源环保司、建设部政策法规司、建筑管理司、勘察设计司. 建设工程质量管理条例释义,北京:中国城市出版社,2000.
[9] 何红锋. 工程建设中的合同法与招标投标法. 北京:中国计划出版社,2002.
[10] 刘闯. 外资工程合同管理. 北京:中国建筑工业出版社,2002.
[11] 中华人民共和国建设部人事教育司、政策法规司. 建设法规教程. 北京:中国计划出版社,2002.
[12] 黄景瑗. FIDIC条款应用指南. 北京:中国科学技术出版社,2003.
[13] 吴胜兴等. 土木工程建设法规. 北京:高等教育出版社,2003.
[14] 何佰洲. 工程建设合同与合同管理. 大连:东北财经大学出版社,2004.
[15] 张穹. 建设工程安全生产管理条例释义. 北京:中国物价出版社,2004.
[16] 国务院法制办农林资源环保法制司、建设部政策法规司、工程质量安全监督与行业发展司. 建设工程安全生产管理条例释义. 北京:知识产权出版社,2004.
[17] 冯小川. 建筑安全生产法律法规知识. 北京:中国环境科学出版社,2004.
[18] 庄民泉,林密. 建设监理概论. 北京:中国电力出版社,2004.
[19] 刘文锋等. 建设法规概论. 北京:高等教育出版社,2004.
[20] 郑润梅. 建设法规概论. 北京:中国建材工业出版社,2004.
[21] 朱永祥等. 工程招投标与合同管理. 武汉:武汉理工大学出版社,2004.
[22] 中国土木工程学会,北京交通大学. 建设工程法规及相关知识. 北京:中国建筑工业出版社,2005.
[23] 张培新. 建筑工程法规(第二版). 北京:中国电力出版社,2008.
[24] 高玉兰,江怒. 建设工程法规. 北京:中国建筑工业出版社,2009.
[25] 高玉兰. 建设工程法规. 北京:北京大学出版社,2010.
[26] 全国二级建造师执业资格考试用书编写委员会. 建设工程法规及相关知识(第三版). 北京:中国建筑工业出版社,2010.